O Esplendor da Liberdade no Enigma Conservador

Carlos Marques de Almeida

O Esplendor da Liberdade no Enigma Conservador

Sobre a Teoria Política de
MICHAEL OAKESHOTT

ALMEDINA

O ESPLENDOR DA LIBERDADE NO ENIGMA CONSERVADOR. SOBRE A TEORIA POLÍTICA DE MICHAEL OAKESHOTT

AUTOR:
Carlos Marques de Almeida

EDITOR
EDIÇÕES ALMEDINA, S.A.
Rua Fernandes Tomás, 76-80
3000-167 COIMBRA
Tel.: 239 851 904 · Fax: 239 851 901
www.almedina.net · editora@almedina.net

REVISÃO
Ana Breda

DESIGN DE CAPA
Paper Talk

PAGINAÇÃO
Aresta Criativa – Artes Gráficas

IMPRESSÃO E ACABAMENTO
?????

1.ª edição: novembro, 2019

DEPÓSITO LEGAL
?????

ALMEDINA | GRUPOALMEDINA

BIBLIOTECA NACIONAL DE PORTUGAL – CATALOGAÇÃO NA PUBLICAÇÃO

ALMEIDA, Carlos Marques de

O Esplendor da Liberdade no Enigma Conservador
978-972-40-8066-6

CDU 316

AGRADECIMENTOS

A nível moral e técnico, o percurso intelectual de aproximação à teoria política poderá parecer uma deslocação improvável. No entanto, a aventura revela o primado dos princípios em oposição ao pragmatismo das conveniências. No *ethos* da movimentação existe a convicção de uma consciência, existe a percepção de um código de conduta que reconhece na inquietação pessoal o sentido emergente de uma visão do Mundo. A possibilidade de tal percurso revela-se como expressão de um agradecimento implícito a todos aqueles que visível ou invisivelmente o acompanharam.

Haverá ainda a lucidez das palavras de Ludwig Wittgenstein: «Knowledge is in the end based on acknowledgement». Na circunstância, e no âmbito do Instituto de Estudos Políticos da Universidade Católica Portuguesa, o reconhecimento converge na pessoa do Professor Doutor João Carlos Espada, Orientador da Dissertação de Doutoramento em Ciência Política e Relações Internacionais, dissertação que está na base e no centro do livro que agora se apresenta a um público mais vasto. Fica ainda e sobretudo a evocação de uma atmosfera liberal em que a orientação permitiu que a reflexão seguisse naturalmente as infinitas implicações do pensamento na procura expressa de uma coerência e de um sentido.

O livro em muito beneficiou com a investigação realizada na Universidade de Oxford. Num primeiro momento, ao abrigo do programa de intercâmbio entre o Instituto de Estudos Políticos e o St. Antony's College, Oxford, e com a atribuição de uma bolsa pela Fundação Calouste Gulbenkian de Lisboa, foi possível desenvolver um trabalho de investigação com o estatuto de *Visiting Research Student* no St. Antony's College. A investigação decorreu com o patrocínio de um tutor, na circunstância *Sir* Noel Malcolm, *Senior Research Fellow* no All Souls College. Na personalidade académica de *Sir* Noel Malcolm repousa o agradecimento pela inteligência, pela intensidade nos temas e pela abertura de novos campos na investigação. Num segundo momento, com o beneplácito do Professor Timothy Garton Ash e com a *sponsorship* da Professora Kalypso Nicolaidis, foi possível concretizar a eleição pelo *Governing Body* para uma posição de *Senior Associate Member* no St. Antony's College pelo período de um *Full Academic Year*. Durante a permanência em Oxford, a investigação decorreu com o patrocínio de um novo tutor, na circunstância o Professor Kenneth Minogue, *Emeritus Professor of Political Science* na *London School of Economics*. Desaparecido em 2013, fica a homenagem póstuma e o agradecimento pelo profundo conhecimento da Teoria Política de Michael Oakeshott, mas sobretudo pela partilha de uma experiência pessoal de décadas como colega e amigo de tão ilustre e furtiva personalidade. Através de Kenneth Minogue, terá sido possível um breve relance sobre o homem que vivia na face oculta do filósofo.

Finalmente, uma nota pessoal. A memória da tranquilidade no Inverno do Botanic Garden, em Oxford. O silêncio solene de todos os livros na Bodleian. O labirinto de olhares que desce dos retratos e se cruza na atmosfera do Dining Hall no Christ Church. A sombra da Bell Tower do Magdalen College, uma presença constante que escapa à lei das distâncias. As tardes na biblioteca do Nuffield College. E a serenidade de uma viagem ao adro paroquial de Langton Matravers, Dorset, onde repousa numa laje de pedra a inscrição com o nome de Michael Oakeshott.

ÍNDICE

PRÓLOGO

Toda a interpretação envolve um ponto de vista. Na teoria política de Michael Oakeshott não será possível encontrar uma ideia fundacional, uma concepção filosófica e estrutural, com a dimensão de uma teoria da Lei Natural de John Locke, com a projecção civilizacional do imperativo categórico de Kant, com a relevância funcional do Utilitarismo de John Stuart Mill. De forma significativa, as três grandes tradições que suportam e justificam o conceito de liberalismo brilham com distinção pela respectiva ausência. Em flagrante contraste, a obra de Oakeshott respira uma atmosfera em que se destaca a permanente invocação de um modo de vida, a persistente constatação do indivíduo em movimento no interior de uma tradição, a perpétua retórica da persuasão que continuamente produz afirmações plausíveis face às intimações de uma tradição política. Em Oakeshott não se observa um conceito inicial e primeiro, mas sim a narrativa de um procedimento inscrito no concreto da história e na realidade do tempo, uma narrativa que produz um inegável reflexo conservador. No entanto, e tendo em consideração a ausência das fundamentações clássicas do liberalismo em associação com o apelo descrito como um reflexo conservador, sublinhe-se a propósito o comentário de Oakeshott quando se refere a John Locke como o «apóstolo» de um liberalismo mais «conservador que o próprio conservadorismo», apóstolo de um liberalismo cujo destino é a «morte pela negligência» e pelo esquecimento(1).

(1) Michael Oakeshott, «John Locke» in *The Concept of a Philosophical Jurisprudence: Essays and Reviews: 1926–51* (Org. Luke O'Sullivan) (Exeter: Imprint Academic, 2007), pág. 85. Originalmente publicado in *Cambridge Review*, 54 (1932), pp. 72–73.

A crítica oblíqua e algo paradoxal a Locke deverá certamente justificar uma investigação sobre a configuração e o carácter do conservadorismo oakeshottiano.

Ainda na sequência da avaliação e da percepção de Oakeshott sobre John Locke, será obviamente incontornável uma referência à importância da liberdade na estruturação do liberalismo lockeano. As palavras de Oakeshott exibem um tal coeficiente de idiossincrasia que legitimam por si só o rigor da citação original: «Locke's *steady love of liberty* appears worse than slavery to anyone who, like Montaigne, is *besotted with liberty*»(2). A contundência de Oakeshott coincide em absoluto com a enfatuação de Montaigne, mas o que se projecta como filosoficamente relevante e que certifica a necessidade de um inquérito será a determinação do lugar e do valor da liberdade na compleição integral da teoria política do autor e no carácter específico do conservadorismo oakeshottiano.

Essencial na proclamação de uma orientação geral será o facto de que, tanto na circunstância de uma investigação sobre o conservadorismo, como na evidência de uma profusa perplexidade sobre a presunção da liberdade, ambos os temas encontram uma fundamentação endógena na teoria política de Oakeshott, ambas as questões partem de uma percepção crítica da filosofia política de John Locke, consensualmente proclamado e reconhecido como fundador do liberalismo moderno. Tendo em consideração os argumentos apresentados, toda a fundamentação converge para uma cadência da investigação que aponta para o problema de interpretação central a toda a obra, a saber: Qual o lugar, a ideia e o valor da liberdade na teoria política de Oakeshott?

A propósito da liberdade e da especificidade das instituições e dos arranjos políticos ingleses, Ian Buruma refere que quando Alexander Herzen reflecte sobre a natureza e o carácter da tradição política britânica, o anglófilo expatriado e originário da Rússia assume no tom e no tema o registo típico de um «clássico filósofo Tory Inglês», uma espécie de Michael Oakeshott antes do seu tempo(3). Sem valorizar

(2) Michael Oakeshott, «John Locke» in *The Concept of a Philosophical Jurisprudence: Essays and Reviews: 1926–51*, pág. 85.

(3) Ian Buruma, *Voltaire's Coconuts or Anglomania in Europe* (London: Phoenix, 2000), pp. 121–122.

excessivamente a denominação Tory, mas preferindo a designação de clássico filósofo na tradição anglo-saxónica, Michael Oakeshott nasce em Chelsfield, Kent, no ano de 1901, tendo sido aluno na St. George's School, Harpenden, nos anos de 1912 a 1920. Estudante no Gonville and Caius College, Cambridge, entre 1920 e 1923, Oakeshott conclui o Tripos em História, Partes I e II, em 1922–23. Já na condição de *Fellow* do mesmo colégio, o autor inicia uma fase de estudos nas universidades de Tübingen e Marburg, na Alemanha, fase que se prolonga entre 1923 e 1926. No período que vai de 1929 a 1951, Oakeshott desempenha funções de *Official Fellow* and *Lecturer in History*, sempre no Gonville and Caius College, sendo ainda *University Lecturer in History* a partir de 1933 e até ao ano de 1950. Na Segunda Guerra Mundial, Oakeshott serve no exército britânico em Inglaterra, na França e na Alemanha, numa comissão que vai de 1942 a 1945. De regresso a Cambridge, funda o *The Cambridge Journal* no ano de 1947. Em 1950–51, o autor torna-se *Fellow* do Nuffield College, Oxford, e depois de 1951 *Professor of Political Science* na London School of Economics, posto que manteve até 1967, ano em que oficialmente se retira. Em 1966, Michael Oakeshott é ainda eleito *Fellow* da British Academy. O percurso dos seus dias termina em Acton, Dorset, no ano de 1990. A biografia de Michael Oakeshott percorre o termo e as instituições fundamentais ao desenho da identidade política inglesa, num movimento em expansão que simultaneamente se vai integrando na mais complexa e abrangente biografia do século XX.

Toda a interpretação envolve um conceito operacional. Na circunstância de Michael Oakeshott, a sua teoria política terá o dom da opacidade externa que contrasta sem tensão com uma profunda coerência interna. Este carácter intelectual suporta uma opção de estudo que privilegia a valorização e a reflexão na prossecução da lógica associada à progressão filosófica do argumento interno do autor. Oakeshott não se perspectiva como criador de um sistema filosófico, mas projecta-se como um filósofo político capaz de pensar de modo sistemático, proficiente na derivação racional das consequências de um argumento político levado ao limite da respectiva latitude. Numa constatação entre o paradoxal e o irónico, e recorrendo à avaliação de Oakeshott, o empreendimento oakeshottiano coincide conceptualmente com a aventura de Locke: «Nevertheless, Locke's instincts were those of a philosopher; and his great achievement is to have thought systematically and to have escaped making a system»([4]).

O factor da coerência interna terá uma óbvia implicação na auto-definição de um perfil intelectual que se estrutura em torno de uma imagem política pública e académica. Ou seja, a avaliação e o acesso à *persona* intelectual activa depende essencialmente das reflexões que o autor coloca na circulação dos argumentos que preenchem a grande conversação que constitui a civilização política do Ocidente. Neste sentido, a superfície externa observável da personalidade filosófica de Oakeshott resulta da sequência assinalada pela publicação de três obras paradigmáticas de um século, de uma época e de um pensamento: *Experience and Its Modes* (1933); *Rationalism in Politics* (1962); *On Human Conduct* (1975). Este constitui o cânone original de Oakeshott, e se a coerência do pensamento político e filosófico do autor não constitui um mito benevolente, então a coerência do pensamento político e filosófico poderá e deverá ser encontrada e reconhecida no retrato intelectual que Oakeshott lançou ao mundo como sendo o seu. Como tal, o presente livro desenvolve-se através da fluidez cronológica das três obras originais que delinearam a reputação filosófica do autor, incorporando sempre que o argumento político o justifique todo um acervo entretanto publicado e que constitui uma real e verdadeira oakeshottiana.

Neste sentido, o livro será desenvolvido em três partes complementares e interligadas, sem, no entanto, ter como propósito ou tese original a unificação da ideia de liberdade numa teoria geral. Relevante será, pois, a observação e análise da sequência interna do argumento, pois da fluência, da lógica e do elenco das relações filosóficas estabelecidas haverá de emergir o lugar e a ideia de liberdade na teoria política de Oakeshott. A Primeira Parte procede a uma análise da obra *Experience and Its Modes* e constitui o momento filosófico de uma percepção implícita da liberdade. Percorrendo a profundidade do argumento filosófico, a formalidade na explicação do mundo permite a determinação do lugar da liberdade, permite a elucidação do valor existencial da liberdade, uma ideia de liberdade que surge

([4]) Michael Oakeshott, «John Locke» in *The Concept of Philosophical Jurisprudence: Essays and Reviews 1926–51*, pág. 84.

no âmbito de uma dialéctica explícita, abstracta, filosófica, intemporal. A Segunda Parte explora os ensaios reunidos em *Rationalism in Politics* e constitui o momento histórico de uma percepção explícita e política da liberdade. Percorrendo a pluralidade da cadência dos ensaios, a formalidade na explicação e no entendimento de um particular modo de vida permite a compreensão de uma prática da liberdade, permite a elucidação de uma concretização local do valor da liberdade, uma ideia de liberdade que surge no âmbito de uma dialéctica implícita, concreta, histórica e temporal. A Terceira Parte centra-se nos ensaios que perfazem o conjunto de *On Human Conduct* e constitui o momento de ascensão filosófica entre uma prática da liberdade vigente e corrente e uma configuração teórica dos arranjos políticos que suportam e garantem um modo de vida alicerçado precisamente no pressuposto da liberdade. A disposição dos ensaios constitutivos do livro pretende respeitar uma lógica intrínseca de dedução por inferência que, de certo modo, caracteriza a postura filosófica, política e intelectual de Michael Oakeshott.

O principal contributo deste livro para os estudos oakeshottianos poderá residir num entendimento da ideia de liberdade como uma categoria transversal à filosofia de Oakeshott, e não como uma evidência isolada e exclusiva da teoria política do autor. Oakeshott não será um pensador político comum, pois pela leitura próxima e atenta da obra pressente-se a complexidade de uma personalidade que, para além da aptidão filosófica, revela um estilo e um talento literário que lhe permite a criação de um imaginário que integra e representa o carácter de uma civilização. Neste sentido, a ideia de liberdade não poderá ser resumida a um entusiasmo doutrinário ou ao reflexo de uma melancolia dogmática, pois deverá ser perspectivada no contexto alargado de um aparato e de uma urbanidade civilizacional. A ideia de liberdade em Oakeshott não terá nunca a vacuidade abstracta e temerária de uma ideia simplesmente súbita e sublime. O propósito da presente reflexão no âmbito da teoria política reside exactamente numa orientação que pretende demonstrar que os arranjos políticos de *On Human Conduct* dependem do entendimento concreto da prática de uma liberdade, objecto da narrativa em *Rationalism in Politics*; tal como a prática da liberdade em *Rationalism in Politics* não terá a mesma profundidade nem o mesmo sentido sem a experiência do itinerário filosófico contido em *Experience and Its Modes*. O critério não pretende atribuir ao pensamento de Oakeshott uma qualquer disposição holística, pois resulta exclusivamente da aplicação rigorosa e controlada da modulação da coerência na exploração do argumento interno na conversação da liberdade. «The world is the best of all possible worlds, and *everything* in it is a necessary evil».

PRIMEIRA PARTE

EXPERIENCE AND ITS MODES E A EXPLICAÇÃO DO MUNDO PARA UMA CONCEPÇÃO IMPLÍCITA DA LIBERDADE

CAPÍTULO I

MICHAEL OAKESHOTT E A PERSISTÊNCIA DA LIBERDADE

I.1. Introdução

De acordo com John Gray, e considerando a realidade da reflexão filosófica na sequência da tradição ocidental, existirá sempre uma particular concepção de liberdade no centro de uma teoria política([1]). Em primeiro lugar, sublinhe-se, no entanto, que com esta afirmação Gray não pretende certificar que em toda e qualquer teoria política o espírito da liberdade deverá surgir no topo de uma hierarquia de valores. Em segundo lugar, Gray não pretende igualmente declarar que, na circunstância do valor da liberdade não figurar no topo da hierarquia ou no epicentro da reflexão, tal não significará a negação da teoria política ou a impossibilidade de uma concepção filosófica da vida política. A centralidade de uma ideia de liberdade poderá não atingir a dignidade de uma verdade universal, mas no pensamento político ocidental será virtualmente impossível ignorar as pretensões e as exigências de uma concepção de liberdade que se projecta invariavelmente sobre o conjunto dos arranjos políticos que suportam uma sociedade organizada. Como tal, todo o pensador político haverá de se defrontar com a questão da natureza e da origem da liberdade, todo o filósofo político haverá de se debater com a dúvida sobre o alcance e os limites de uma concepção de liberdade, toda a reflexão sobre a política haverá de se confrontar com as justificações e implicações

---

([1]) John Gray, «Introduction» in *Conceptions of Liberty in Political Philosophy* (Org. Zbigniew Pełczyński and John Gray) (New York: St. Martin's Press, 1984), pág. 1.

do predomínio da liberdade face à promoção e à garantia de «outros valores igualmente estimáveis», na clássica expressão de Isaiah Berlin. E estas preocupações seriam objecto comum, quer dos filósofos apologistas da liberdade, quer dos pensadores antagonistas da liberdade. Na interpretação de John Gray, o apelo da liberdade seria de tal modo *luminoso* na tradição do Ocidente que mesmo os pensadores políticos que se apresentam e escrevem na condição de críticos e de «inimigos da liberdade», pensadores políticos que identificam na liberdade a essência da desordem social e a origem do colapso da autoridade política, acabariam deste modo por reafirmar a importância do valor da liberdade. Estranha ironia em que a negação do valor resulta na promoção do valor rejeitado.

Nesta perspectiva, Michael Oakeshott não iludirá a regra enunciada por John Gray. Se algo parece ser incontornável na interpretação da filosofia política de Michael Oakeshott, tal será a centralidade e a importância do valor e da ideia da liberdade. Neste particular, as palavras de Noel O'Sullivan sobre o autor serão bem elucidativas de todo um temperamento filosófico:

> [A] love of freedom so radical and uncompromising that it imbued his conservatism with existentialist, and even anarchist, sympathies.(2)

Ainda a propósito do temperamento filosófico, as palavras de Maurice Cranston sublinham igualmente a relevância do lugar da liberdade quando se refere às características da filosofia política do autor:

> [Oakeshott] is a traditionalist with few traditional beliefs, an «idealist» who is more sceptical than many positivists, a lover of liberty who repudiates liberalism, an individualist who prefers Hegel to Locke, a philosopher who disapproves of *philosophisme*, a romantic perhaps (if Hume could also be called one), and a marvellous stylist. Oakeshott's voice is unique.(3)

---

(2) Noel O'Sullivan, «In the Perspective of Western Thought» in *The Achievement of Michael Oakeshott* (Org. Jesse Norman) (London: Duckworth, 1993), pág. 101.

(3) Maurice Cranston, «Michael Oakeshott's Politics» in *Encounter* 28, 1967, pág. 82.

No entanto, a perplexidade subsiste quando na obra de Michael Oakeshott as referências a uma ideia de liberdade são quase sempre breves, quase sempre densas e jamais atingem a natureza de um ensaio seminal ou a dimensão de um tratado filosófico. Muitos são os comentadores que pressentem a importância da liberdade, mas o tema subsiste no *background* de toda a filosofia política de Oakeshott, o tema permanece distante na invocação de uma *estranha melodia* cuja permanência e persistência resultam paradoxalmente nas condições do silêncio e da invisibilidade. Do ponto de vista da compreensão da teoria política de Michael Oakeshott, este silêncio e esta invisibilidade implicam obviamente um importante problema de interpretação.

No ensaio intitulado «Freedom and Power», escrito certamente na década de 1950 e publicado a título póstumo, Michael Oakeshott procede a uma reflexão sobre as diferentes percepções da liberdade, primeiro no contexto da Europa continental, depois no contexto específico da tradição anglo-saxónica. Nesse ensaio, e a propósito da experiência continental, o autor cita uma passagem de Jaspers sobre as vicissitudes e as aspirações da liberdade:

> Freedom keeps Europeans in unrest and movement.
> They wish to have freedom, and at the same time they
> know they have not got it. They know also that Freedom
> belongs to man as a human right. What, then, is Freedom?[4]

A interrogação de Jaspers, a «difícil questão» de acordo com o autor do ensaio, deverá ser igualmente matéria de análise e de reflexão para o estudioso da teoria política de Michael Oakeshott.

Nesta perspectiva, será, pois, objectivo deste primeiro ponto, a explicitação do tema da liberdade enquanto elemento central na filosofia política de Michael Oakeshott. A sequência do argumento pretenderá realçar três dimensões ou momentos complementares e em que o **valor da liberdade** figurará sempre como elemento *pivot* na *composição* do pensamento filosófico do autor. As três dimensões complementares

---

[4] Michael Oakeshott, «Freedom and Power» in *What is History? and other essays* (Org. Luke O'Sullivan) (Exeter: Imprint Academic, 2004), pág. 237.

serão, nomeadamente, as seguintes: (1) **Na definição de um Sistema Filosófico**; (2) **Na concepção de Filosofia**; (3) **No espírito do Filósofo.**

I.2. A Ideia de Sistema e o Carácter do Pensamento Sistemático

Os filósofos, seja por formação intelectual, seja pelo espírito céptico em relação à perspectiva de um sistema filosófico universal e único, jamais poderão evitar a exigência da regularidade no modo como percepcionam as ideias. Nas linhas que concluem a introdução da obra *Experience and Its Modes*, Michael Oakeshott revela, de forma breve e conclusiva, o alcance e o propósito do empreendimento próprio da filosofia:

> But if, in an attempt to sail as free as possible from ballast, I have occasionally endangered my ship, I must plead that all I have desired is to achieve a general point of view, neither complete nor final, but systematic as far as it goes and presented as a reasoned whole.([5])

Como tal, recorrendo a uma sequência de argumentos ligados por uma consistência lógica e formal, parece claro que o autor terá como objectivo o desenvolvimento de um inquérito filosófico de modo a poder definir, não um sistema de ideias rígido ou estático, mas sim um fluxo de argumentos explorado de forma sistemática e com o objectivo de estabelecer um «ponto de vista geral» — razoável porque racional, coerente porque verdadeiro e completo sem nunca ser final. Neste ponto, convirá sublinhar a distinção entre o inquérito filosófico enquanto «processo» (teorização) e o mesmo inquérito filosófico enquanto «resultado» (teorema)([6]). A reflexão de Michael Oakeshott sobre o empreendimento filosófico deverá ser entendida como a exploração de um modo particular de pensar e de entender o Mundo. A inevitabilidade dos resultados a que tal empreendimento não poderá

([5]) Michael Oakeshott, *Experience and Its Modes* (Cambridge: Cambridge University Press, 1933), pág. 8.

([6]) Kenneth B. McIntyre, *The Limits of Political Philosophy: Oakeshott's Philosophy of Civil Association* (Exeter: Imprint Academic, 2004), pág. 14.

deixar de conduzir reveste-se de um carácter meramente secundário. Existe uma óbvia dificuldade na separação destes dois momentos distintos, e esta dificuldade pode por vezes parecer mesmo paradoxal. Um paradoxo que o autor parece colocar no centro do empreendimento filosófico, mas um paradoxo que caracteriza a própria filosofia idealista.

Deste modo, o objectivo último de *Experience and Its Modes* não deverá ser confundido com a equívoca intenção de contribuir para a «formulação de um sistema»([7]). *Experience and Its Modes* será essencialmente um exercício crítico, um empreendimento filosófico «sem impedimento e imperturbável por tudo aquilo que é subsidiário, parcial e abstracto». No centro deste empreendimento filosófico estará uma compulsão para analisar e para compreender — para analisar com lucidez e para compreender com lógica as implicações de uma «ideia». A ideia a que Oakeshott se refere será a noção de filosofia enquanto «experiência sem pressuposições, reservas, pausa ou modificação».([8]) Assim, o empreendimento filosófico implica o compromisso incondicional de uma reflexão sobre a própria condicionalidade das conclusões. Dito de outro modo, qualquer que seja a conclusão do inquérito filosófico, essa conclusão será sempre perspectivada como uma oportunidade para um novo inquérito sobre os pressupostos que enquadram a referida conclusão. A ausência de pressuposições, a natureza incondicional do exercício filosófico, deverá ser entendida como uma necessidade lógica e não como um imperativo histórico, determinista ou teleológico. A concepção de filosofia que suporta o argumento de *Experience and Its Modes* será objecto de uma atenção mais detalhada em momento posterior na sequência do capítulo. Fundamental neste primeiro ponto, será a análise do empreendimento filosófico enquanto fluxo de argumentos explorado de forma sistemática, sem, no entanto, chegar a definir um sistema de ideias rígido ou estático.

No ensaio intitulado «Introduction to *Leviathan*», Michael Oakeshott desenvolve um conjunto de considerações sobre a natureza e o carácter de um sistema filosófico. Assim, a relação que tantas vezes se estabelece entre uma estrutura geométrica e perfeitamente simétrica

---

([7]) Michael Oakeshott, *Experience and Its Modes*, pág. 3.
([8]) Michael Oakeshott, *Experience and Its Modes*, pág. 2.

e o próprio conceito de sistema filosófico é para o autor um equívoco. Oakeshott nega que a natureza de um sistema filosófico deva exibir um grau de conformidade com o que designa sugestivamente por «analogia arquitectónica» — um nível de «fundações» que suporta uma «super-estrutura planeada como um todo unificado»(9). Pelo contrário, a coerência de um sistema filosófico, a regularidade da respectiva estrutura, nasce da presença de uma ideia, surge da existência de um «pensamento arrebatado que impregna todas as partes». Nesta concepção, a definição de um sistema não poderá ser entendida enquanto solução final e abrangente para a complexidade do próprio empreendimento filosófico, espécie de *apex* terminal do exercício filosófico. A possibilidade de se atingir a coerência de um sistema não implica a elucidação definitiva de um «plano ou chave para o labirinto da filosofia». O sistema poderá ser entendido como uma «indicação guia», como um «fio de Ariadne», como um «pensamento oculto», sendo o «fio» e o «pensamento» a «aplicação contínua de uma doutrina sobre a natureza da filosofia». Dissertando sobre a filosofia de Thomas Hobbes, Oakeshott relembra que a filosofia é o «Mundo reflectido no espelho de um olhar filosófico», uma sequência de «imagens» cada uma representando um particular objecto. Mas no final, aquilo que é revelado de forma persistente e contínua em cada imagem será o carácter de um olhar filosófico, a marca indelével da presença de uma ideia.

No mesmo ensaio sobre Thomas Hobbes, Oakeshott elabora também sobre o «impulso para o pensamento sistemático», impulso esse que não será mais do que uma «procura consciente» e que constitui o fim último de todo o filósofo(10). O autor prossegue com uma elucidação dos motivos que podem estar na origem do «pensamento filosófico», começando por identificar a «paixão pela clareza e pela simplicidade», passando depois a sublinhar a «determinação em não se satisfazer com algo inconsequente», finalmente enaltecendo a «recusa em mitigar um elemento da experiência à custa de um outro qualquer». Como corolário do argumento anterior, Oakeshott refere que

---

(9) Michael Oakeshott, «Introduction to *Leviathan*» in *Rationalism in Politics and Other Essays* (Org. Timothy Fuller) (Indianapolis: Liberty Fund, 1991), pág. 236.

(10) Michael Oakeshott, «Introduction to *Leviathan*» in *Rationalism in Politics*, pág. 231.

os motivos que estimulam a mente para o «pensamento filosófico» coincidem exactamente com as causas que justificam e conduzem a mente para a realização de um sistema. Deste modo, e tendo em consideração a natureza e o carácter de um sistema, o autor argumenta do seguinte modo:

> And the pursuit of system is a call, not only upon fine intelligence and imagination, but also, and perhaps pre-eminently, upon energy of mind. For the principle in system is not the simple exclusion of all that does not fit, but the perpetual re-establishment of coherence.([11])

Mas a capacidade para elaborar um sistema filosófico, entendido nos termos acima descritos, apela para uma certa resiliência do «pensamento filosófico», implica sobretudo um grau elevado de determinação e a lucidez de uma vontade que impeçam o filósofo de se transformar no instrumento da sua própria criação. Para Oakeshott, esta inversão entre criador e criatura encerra uma constante possibilidade e implica uma permanente capacidade — a capacidade que o filósofo terá de ter para «perpetuamente se libertar do formalismo do seu próprio sistema»([12]). A libertação do formalismo exige, por sua vez, um elemento de «moderação» e uma «ausência de rigidez». A «moderação» e a «ausência de rigidez» injectam no pensamento filosófico um apurado sentido de equilíbrio, um equilíbrio que previne o estabelecimento de conceptualizações dogmáticas e que no limite se elevam à categoria da crença.

O filósofo será «escravo de um sistema» sempre que revelar a incapacidade para reconhecer o momento em que deverá «suspender a filosofia», sempre que revelar a incapacidade para reconhecer o «triunfo final da inconsequência». Nesta afirmação estará bem patente o cepticismo de Oakeshott, um cepticismo que poderá ser traduzido na percepção de que toda a filosofia haverá sempre e no final de sucumbir perante a realidade. O filósofo será «escravo de um sistema» sempre

([11]) Michael Oakeshott, «Introduction to *Leviathan*» in *Rationalism in Politics*, pág. 231.

([12]) Michael Oakeshott, «Introduction to *Leviathan*» in *Rationalism in Politics*, pág. 232.

que confundir as «exigências da compreensão» com as «necessidades da coerência», sempre que confundir o Mundo com a Filosofia, sempre que confundir a Realidade com o Sistema, ou como escreve o autor:

> [I]n philosophy, it is not to know when the claims of comprehension outweigh those of coherence.([13])

A concepção de um sistema filosófico que Michael Oakeshott parece definir merece, pois, uma breve reflexão. De acordo com o autor, o ponto central para a *irradiação* de um sistema será invariavelmente a existência de uma ideia. Na circunstância, não uma ideia considerada enquanto entidade solitária ou abstracta, não uma ideia enquanto resultante de um processo de assimilação de dados individuais unificados através de um qualquer padrão. Pelo contrário, o sistema exige a versatilidade de uma ideia que se afirma num processo de *ensaio* em cada nova situação — a ideia será objecto de *ensaio* numa nova e *artificial* situação, e *artificial* porque será uma decisão e uma criação do filósofo. Em cada nova e *artificial* situação, o processo de *ensaio* exige a busca sistemática de todas as possibilidades, a busca de todas as implicações lógicas de uma particular ideia. A ideia ocupará deste modo o *ponto inicial*, abrindo o espaço para o inquérito sistemático próprio do empreendimento filosófico. Por outro lado, o significado atribuível a uma ideia não será estabelecido num qualquer momento fundador. Em flagrante contraste, o significado será sempre uma complexa e dinâmica entidade, significado este que exibe uma inseparável relação com o contexto geral do sistema e do qual será parte integrante. Dito de outro modo, o que parece estar implícito na posição de Oakeshott será a evidência de que o significado de uma ideia não poderá ser encontrado através de uma correspondência entre a ideia e a realidade que a mesma pretende representar. O significado de uma ideia será o resultado de uma sequência sistemática de implicações lógicas, implicações lógicas que se afirmam através de um conjunto de relações internas, de modo a atingir todo um universo de significados — a definição de um sistema coerente de ideias. Como consequência razoável desta posição,

---

([13]) Michael Oakeshott, «Introduction to *Leviathan*» in *Rationalism in Politics*, pág. 231.

o carácter e a natureza de um sistema filosófico implica que as ideias, para poderem atingir um determinado grau de verdade, deverão ser submetidas a um processo contínuo de restabelecimento da coerência.

A semelhança entre a concepção de um sistema filosófico, de acordo com Oakeshott, e a «doutrina das relações internas» de F. H. Bradley poderá ser evidenciada na seguinte citação da obra *Appearance and Reality*:

> (a) A merely external relation has no meaning or existence, for a relation must (at least to some extent) qualify its terms. (b) Relations imply a unity in which they subsist, and apart from which they have no meaning or existence. (c) Every kind of diversity, both terms and relations alike are adjectives of one reality, which exists in them and without which they are nothing.([14])

Um sistema filosófico será então um complexo de ideias, ideias suportadas por determinado nível de coerência, ideias que pretendem atingir um determinado grau de verdade. Mais ainda, um sistema filosófico deverá ser igualmente perspectivado como um complexo coerente de ideias e de significados no espírito do filósofo, e nesse sentido, um sistema filosófico pertence também ao mundo das ideias.

Para uma melhor compreensão da concepção de sistema filosófico em discussão, o conceito de verdade associado à «doutrina das relações internas» reveste-se de uma inegável importância. De acordo com F. H. Bradley, a categoria *verdade* será sobretudo a evidência da qualidade de um «juízo» ou «avaliação», tendo em consideração que tal «juízo» ou «avaliação» ocorre na sequência de outros «juízos» e de outras «avaliações». Ou seja, um «juízo» ou «avaliação» ocorrerá sempre na sequência de uma extensa colecção de outros «juízos» e de outras «avaliações», o que equivalerá a afirmar que serão parte integrante de um particular mundo das ideias. Como tal, o carácter da verdade não poderá ser associado a uma categoria fixa estabelecida no «exterior» e indiferente ao contexto complexo de um particular mundo das ideias. De certo modo, a verdade será uma «qualidade interna»

([14]) F. H. Bradley, *Appearance and Reality* (Oxford: Oxford University Press, 1969), pág. 559.

em permanente processo de correcção e de validação. Neste sentido, surgirá então a noção de «graus de verdade», noção que poderá ser explicitada numa frase tão concisa quanto afirmativa, e cuja autoria será de F. H. Bradley:

> Hence no total truth or error, only more or less Validity.([15])

Tendo em consideração o entendimento geral da categoria *verdade*, e fazendo a ligação ao pensamento de Oakeshott, poderá afirmar-se que o estabelecimento da verdade, a constituição de um determinado grau de coerência, resulta de uma característica intrínseca ao empreendimento filosófico e que será precisamente o «impulso para o pensamento sistemático».

Experience and Its Modes poderá ser considerado como o primeiro momento de um complexo empreendimento filosófico com o propósito de encontrar um módico de coerência no mundo, sem, no entanto, pretender resolver ou tornar o «mistério da existência humana menos incompreensível»([16]). Em *Experience and Its Modes*, Michael Oakeshott não pretende definir um sistema filosófico de acordo com uma «analogia arquitectónica», não pretende a definição de um sistema que ofereça a falsa ilusão de uma definitiva libertação do erro, nem alimenta a esperança de encontrar no sistema uma espécie de *ersatz* da verdade. O cepticismo de Oakeshott elimina a persistente ilusão de que a definição de um sistema permite ao filósofo a libertação definitiva da necessidade de realizar «juízos» e «avaliações». A este propósito, as palavras do autor serão bem elucidativas:

> Even if truth is difficult to come at, nothing can be dismissed as mere error.([17])

Através do cepticismo, Oakeshott procura assim uma *posição de equilíbrio*, um equilíbrio que lhe confere a capacidade para reconhecer o momento em que a «suspensão da filosofia» se transforma num

---

([15]) F. H. Bradley, *Appearance and Reality*, chap. XXIV.

([16]) Michael Oakeshott, *Experience and Its Modes*, pág. 1.

([17]) Michael Oakeshott, *Experience and Its Modes*, pág. 2.

imperativo moral. Talvez seja este o motivo próximo e razoável que justifica a afirmação do autor quando refere que o «inquérito sobre o carácter de um sistema» redundará invariavelmente no inquérito sobre a «natureza da filosofia»([18]).

Mas *Experience and Its Modes* poderá ser também interpretado como o primeiro momento de um complexo empreendimento filosófico com o intuito de sublinhar o facto de que a «filosofia não tem qualquer influência directa na conduta prática da vida»([19]). Recorde-se que a questão central à filosofia clássica grega seria precisamente a questão *How ought I to live?* Distante desta formulação, a leitura de Oakeshott será como participar numa *viagem filosófica*, será como experimentar uma sequência de argumentos impulsionados por um pensamento filosófico que jamais abdica de uma coerência lógica ou formal típica de uma visão sistemática. E se este é o espírito perceptível da leitura atenta do autor, este parece ser também o espírito que orienta o empreendimento filosófico de Oakeshott:

> And when philosophy is sought, it must be sought for its own sake. It depends for its existence upon maintaining its independence from all extraneous interests, and in particular from the practical interest. To popularize philosophy is at once to debase it: a general demand for philosophy is a general demand for its degradation. Few, perhaps, will be found willing to surrender the green for the grey, but only those are on the way to a philosophy. And instead of a gospel, the most philosophy can offer us (in respect of practical life) is an escape, perhaps the only complete escape open to use.([20])

Num primeiro momento, a posição do autor poderá ser associada a um pessimismo que por vezes exibe uma certa ressonância existencialista. No entanto, o verdadeiro motivo da reflexão filosófica de Oakeshott deverá ser relacionado com a definição de um «ponto

---

([18]) Michael Oakeshott, «Introduction to *Leviathan*» in *Rationalism in Politics*, pág. 236.

([19]) Michael Oakeshott, *Experience and Its Modes*, pág. 1.

([20]) Michael Oakeshott, *Experience and Its Modes*, pág. 3.

de vista geral», ponto este que possibilite a determinação de um «juízo», ou «avaliação», sobre um determinado «mundo da experiência»:

> Rather, what is required is a point of view from which the relative validity of any world of experience can be determined; what is required is a criterion. And in seeking this point of view, we seek a philosophy; and could we find it we should have found, if not a philosophy, at least a foundation upon which to build one.([21])

O autor reforça, pois, a necessidade de um «critério», e para o estabelecimento de um critério Oakeshott não convoca nem a tradição filosófica baseada no «realismo transcendental», nem a tradição alicerçada no «nominalismo empírico»([22]). Numa atitude própria da filosofia idealista, o autor como que ensaia uma «síntese» das duas grandes correntes filosóficas com o objectivo de, simultaneamente, incorporar as vantagens e evitar as eventuais limitações inerentes às duas tradições. Assim, o critério que Oakeshott persegue pretende conciliar uma dimensão «subjectiva» com uma perspectiva «racional», evitando, no entanto, qualquer dimensão transcendental. Este critério, esta ideia, será precisamente uma noção de filosofia, um conceito de «experiência filosófica» que será mais uma metodologia e um modo de pensar — será precisamente um «ponto de vista geral» sobre o Mundo.

A noção de que será possível decifrar um padrão geral, a noção de que será possível isolar um conjunto de regularidades, padrão e regularidades convenientemente cristalizados na posse de um sistema concebido de acordo com uma «analogia arquitectónica», embora seja uma expectativa natural, não deixará de ser também uma profunda ilusão. Um sistema concebido de acordo com uma *analogia construtivista* impõe um método, implica uma verdade estabelecida de acordo com a rigidez de uma escala única. De acordo com Michael Oakeshott, e considerando a concepção de sistema implícito ao seu pensamento, o *fulcrum* de um sistema filosófico reside na procura das implicações de uma ideia, reside na procura das implicações de uma particular noção

([21]) Michael Oakeshott, *Experience and its Modes*, pág. 2.

([22]) W. H. Greenleaf, *Oakeshott's Philosophical Politics* (London: Longmans, 1966), pp. 37–38.

de filosofia, noção que, ao impulsionar um empreendimento filosófico sistemático, permitirá a definição de um «ponto de vista geral». Deste modo, através do pensamento filosófico e da sequência de argumentos produzidos, através do perpétuo restabelecimento da consistência lógica e de uma coerência associada, será então possível determinar o grau de verdade presente num determinado «mundo da experiência». Não será totalmente incorrecto afirmar que o sistema coincide com o próprio empreendimento filosófico, e que o empreendimento filosófico será a marca distinta de um pensamento filosófico que se expande de forma sistemática. Como corolário desta interpretação e análise, bem que poderá ser afirmado que o empreendimento filosófico não será nunca uma possibilidade sem um grau apreciável de **liberdade**.

I.3. A Filosofia e o Carácter da Experiência Filosófica

A visão de Michael Oakeshott a propósito da «experiência filosófica», embora seja suportada pela perspectiva de um pensamento filosófico que se expande de modo sistemático, não pretende, no entanto, conferir a essa «ideia de filosofia» a dignidade de uma experiência que concretize uma «síntese de todas as ciências»:

> And it is scarcely to be expected, in these days, that we should not be tempted to take up the idea of philosophy as, in some sense, «the fusion of the sciences», «the synthesis of the sciences» or the *scientia scientiarum*. Yet, what are the sciences that they must be accepted as the datum, and as a datum not to be changed, of valid knowledge? And if we begin with the sciences, can our conclusion be other than merely scientific? These and other questions like them are what anyone must consider who, in search for a complete and satisfactory world of experience, is tempted by science.([23])

Oakeshott pretende evitar o desígnio associado ao positivismo lógico e que resultaria na construção de uma «síntese filosófica de todas as ciências». Simultaneamente, o autor resiste também à tendência

([23]) Michael Oakeshott, *Experience and Its Modes*, pág. 2.

neo-kantiana para reduzir a filosofia a uma «ciência de todas as ciências». Convirá realçar que o que Oakeshott pretende será a definição de um «critério», será a definição de um «ponto de vista geral», ponto este que possibilite a determinação de um «juízo», ou «avaliação», sobre um determinado «mundo da experiência». E como foi anteriormente afirmado, a definição de um «ponto de vista geral» implica a busca de uma noção de filosofia. O que o autor parece estar a sugerir será uma perspectiva em que a filosofia surgirá como o único «mundo da experiência» completo e satisfatório em si mesmo. Assim, se a filosofia será o único «mundo da experiência» completo e satisfatório em si mesmo, tal significa também que o conhecimento filosófico será o «conhecimento que transporta consigo a evidência da respectiva plenitude»([24]). Para Oakeshott, a «experiência filosófica» revelar-se-á enquanto «experiência sem reservas ou pausas, experiência que se mantém permanentemente crítica», mas ainda experiência que permanece «sem impedimento e sem distracção perante aquilo que é subsidiário, parcial ou abstracto»([25]). Uma consequência desta concepção implicará a realidade de uma «experiência filosófica» que não poderá ser outra coisa senão um *fluxo contínuo* de pensamentos e de ideias, pensamentos e ideias que se propagam e se consubstanciam na perspectiva de um permanente e incessante empreendimento filosófico.

Michael Oakeshott estará perfeitamente consciente da exigência e da dificuldade desta posição. Mas convirá referir que o autor não concebe a «experiência filosófica» enquanto processo de transformação mecânico de uma qualquer sequência de pensamentos que se sucedem a um ritmo regular ou previsível. Para o autor, a definição de uma filosofia implica a definição de um «ponto de vista geral», a elucidação de uma «experiência filosófica» que não pretende substituir todos os «mundos da experiência». Deste modo, a «experiência filosófica» permanece como elemento essencial para a determinação de um «juízo», ou «avaliação», sobre um determinado «mundo da experiência», sem, contudo, pretender fundar ou modificar *aquilo que já está, aquilo que já existe nesse «mundo da experiência»*. Considerando o universo da «experiência prática», o universo no qual se decidem as

---

([24]) Michael Oakeshott, *Experience and Its Modes*, pág. 2.
([25]) Michael Oakeshott, *Experience and Its Modes*, pág. 3.

considerações aplicáveis à «vida prática», aqui a filosofia não será mais do que uma breve interrupção, não será mais do que uma circunstancial «evasão», não devendo nunca ser perspectivada como um «evangelho» final. Nesta matéria, as palavras de Michael Oakeshott serão bem elucidativas:

> The philosopher is simply the victim of thought. And again, philosophy seems to be a mood; for we cannot always be engaged upon this pursuit of what is finally satisfactory in experience. A man cannot be a philosopher and nothing else; to be so were either to be more or less than human. Such a life would, indeed, be at once febrile and insipid and not to be endured. But in philosophy (seldom desired and less often achieved), what is satisfactory is only what is positive and complete.([26])

No entanto, a filosofia não poderá ignorar as eventuais «suspensões» ou «pausas» que ocorrem na «experiência». Assim, o conceito de filosofia entendido enquanto «experiência sem reservas ou pausas» não poderá «rejeitar a responsabilidade de tornar compreensível as pausas que ocorrem na experiência, ou pelo menos não poderá rejeitar a responsabilidade de esclarecer o carácter dessas pausas»([27]). Neste contexto, convirá esclarecer o que Michael Oakeshott entende por «experiência», e a este propósito o autor escreve:

> «Experience» stands for the concrete whole which analysis divides into «experiencing» and «what is experienced». Experiencing and what is experienced are, taken separately, meaningless abstractions; they cannot, in fact, be separated.
>
> (...)
>
> And the view I propose to maintain is that experience is a single whole, within which modifications may be distinguished, but which admits of no final or absolute division; and that experience everywhere, not merely is inseparable from thought, but is itself a form of thought.([28])

([26]) Michael Oakeshott, *Experience and Its Modes*, pp. 2–3.
([27]) Michael Oakeshott, *Experience and Its Modes*, pág. 4.
([28]) Michael Oakeshott, *Experience and Its Modes*, pág. 9; pág. 10.

Ao contrário da tradição empírica britânica que implica a existência de uma «separação» entre o objecto exterior e o pensamento, que implica a existência de um «objecto independente» que deve ser alvo da «experiência» e posteriormente «compreendido», Oakeshott associa a ideia de «compreensão» ao concreto da «experiência». Na mesma linha de raciocínio, e na sequência da tradição da filosofia idealista, o autor sublinha que toda a «experiência» envolve «pensamento», e de tal modo que o mundo objecto de experiência será também um particular «mundo das ideias» — um mundo em que cada elemento mantém a sua distinção, a sua individualidade, sendo, no entanto, «influenciado» pelo lugar que ocupa no todo, na unidade. A unidade de um determinado «mundo das ideias» poderá ser aferida pela «coerência» de um conjunto de relações que se estabelece entre os respectivos elementos([29]). Neste sentido, um qualquer «mundo das ideias» revelará sempre a consistência lógica e a coerência típica do impulso sistemático que caracteriza o empreendimento filosófico.

Na prossecução de um procedimento crítico, no exercício da «imaginação filosófica», Oakeshott pretende identificar o carácter das «suspensões» ou «pausas» que ocorrem na «experiência»; deseja, pois, identificar o «erro» ou «defeito» em virtude do qual um particular «mundo da experiência» não atingirá a plenitude de uma coerência plena. Deste modo, *Experience and Its Modes* será um empreendimento filosófico, conduzido de modo sistemático, e que Oakeshott descreve do seguinte modo:

> Thus, what I have undertaken is, first, a study of the relationship which subsists between experience as a whole and for its own sake and the various arrests which experience suffers; and, secondly, of the relationship of these arrests to one another. It is, as I hope to show, an investigation of the relation of what is concrete to what is abstract, and of the relation of any one abstract world to any other.([30])

A preocupação central ao pensamento de Oakeshott parece orientar-se no sentido da identificação do «erro», erro que surgirá de modo

([29]) Terry Nardin, *The Philosophy of Michael Oakeshott* (University Park, Pennsylvania: The Pennsylvania State University Press, 2001), pp. 17–18; pp. 19–21.

([30]) Michael Oakeshott, *Experience and Its Modes*, pág. 4.

natural num estado geral dominado pela ausência de um critério. Em formulação alternativa, pela observação do mundo, o autor identifica a necessidade e a urgência de separar e de identificar os diversos «mundos da experiência». Mais ainda, Oakeshott não apenas afirmará a necessidade e a urgência de uma identificação do carácter associado aos diferentes «mundos da experiência», como também virá reconhecer na eventual separação um inevitável carácter permanente. Caso contrário, caso não se verifique o carácter de permanência, será a própria «experiência» na sua coerência, unidade e plenitude que ficará «desprotegida em relação à mais insidiosa e defeituosa forma de erro — a irrelevância». De novo, as palavras de Oakeshott sobre os perigos da irrelevância serão bem elucidativas de uma profunda preocupação:

> «Truth», says Bacon, «comes more easily out of error than out of confusion»: but the view which I have to recommend is that confusion, *ignoratio elenchi*, is itself the most fatal of all errors, and it occurs whenever argument or inference passes from one world of experience to another, from what is abstracted upon one principle to what is abstracted upon another, from what is abstract to what is concrete, and from what is concrete to what is abstract.(31)

Assim, só a «experiência filosófica», na sua plenitude e coerência, permitirá a identificação do «erro» ou «defeito» que estabelece um determinado «mundo da experiência», bem como a definição do carácter das «pausas» ou «suspensões» que ocorrem na totalidade da «experiência». A «experiência filosófica» será, pois, o critério a que Oakeshott irá recorrer:

> Philosophical experience is not the historical end in experience, but its logical end, its criterion.(32)

Considerando o sentido atribuído à noção de filosofia, considerando ainda a importância da «experiência filosófica», poderá dizer-se que o pensamento de Michael Oakeshott poderá ser associado

(31) Michael Oakeshott, *Experience and Its Modes*, pág. 5.
(32) Michael Oakeshott, *Experience and Its Modes*, pág. 82.

a um empreendimento assinalado pelo *predomínio da inquietação.* Um empreendimento filosófico que se confunde com um fluxo de argumentos explorado de modo sistemático, que se desenvolve através da busca constante das implicações lógicas de uma ideia, em síntese, um empreendimento filosófico que se traduz na compulsão para pensar e para entender sempre:

> A received philosophy is one already dead.
>
> (...)
>
> Philosophy, the effort in thought to begin at the beginning and to press to the end, (...)([33])

Deste modo, o carácter da filosofia parece ser estranho à determinação das forças naturais que justificam o repouso do espírito. A filosofia não definirá as certezas que desvanecem a inquietação, não permitirá a definição de um lugar imaginário e no qual a única regra pudesse ser uma forma de harmonia entre os seres e todas as coisas. Para Oakeshott, a filosofia será a perpétua tentativa de atingir a sempre e renovada coerência que caracteriza a totalidade da experiência:

> For there is less place for what is second-class in the field of philosophy than in any other field of intellectual interest. And moreover, the character of philosophy forbids us to console ourselves with the notion that, if we fail to achieve a coherent view of the whole field, we can at least do honest work in the cultivation of one of its corners. Philosophy has not such corners; whatever we say is said, if not explicitly, then ignorantly and implicitly, of the whole.([34])

Alguns filósofos procuram na filosofia o caminho para a salvação, outros procuram na filosofia um guia para a justiça e para o progresso. Para Michael Oakeshott, a natureza da filosofia, a natureza crítica da «experiência filosófica», possibilitará a realidade de um argumento que se *multiplica* e aponta para uma determinada conclusão, conclusão essa

---

([33]) Michael Oakeshott, *Experience and Its Modes*, pág. 6; pág. 7.

([34]) Michael Oakeshott, *Experience and Its Modes*, pág. 7.

que será entendida como uma oportunidade para uma subsequente investigação sobre as condições e a validade da própria conclusão, e sempre com o propósito de uma nova superação. A este propósito, W. H. Greenleaf escreve que o conceito de filosofia em Oakeshott exigirá um «perpétuo restabelecimento da coerência», e revelará a face de um empreendimento que entenderá como «suspeito todo o lugar-de-paragem ou qualquer tentativa para limitar o inquérito»([35]). Por sua vez, Terry Nardin afirma que, em *Experience and Its Modes*, Oakeshott virá reiterar um tópico da filosofia de Hegel e em que a «ideia de coerência implica a ideia de uma completa ou "absoluta" coerência, uma condição em que todas as discrepâncias são resolvidas»([36]). A «coerência absoluta» poderá ser inalcançável, ou até mesmo impossível, no entanto, deverá permanecer como um «ideal implícito» em todo o empreendimento filosófico. Neste particular, convirá sublinhar as palavras de Michael Oakeshott e que virão confirmar a interpretação de Nardin:

> What is achieved in experience is an absolutely coherent world of ideas, not in the sense that it is ever actually achieved, but in the more important sense that it is the criterion of whatever satisfaction is achieved.
>
> (...)
>
> In experience, then, in the view that I am suggesting, there is not a uniform process in which that which come later is necessarily nearer the end than that which came earlier. To separate the process into moments is to destroy it, and to imagine it as pursuing some already fixed and determined end is to misconceive it.([37])

Considerando o universo da «experiência filosófica», a ideia de «absoluto» poderá ser assim descrita como um «mundo ou sistema de ideias simultaneamente unitário e completo». Nesta acepção, e de acordo com Terry Nardin, a ideia de «absoluto» deverá ser interpretada como «o fim imaginado de uma dialéctica interminável de

---

([35]) W. H. Greenleaf, *Oakeshott's Philosophical Politics*, pp. 12–13.

([36]) Terry Nardin, *The Philosophy of Oakeshott*, pág. 22.

([37]) Michael Oakeshott, *Experience and Its Modes*, pág. 35.

discrepâncias e de reconciliações»([38]). A relação entre uma ideia de «coerência absoluta» e o carácter dialéctico inerente ao conceito de «experiência filosófica» parece constituir um tópico que requer a atenção de uma análise mais atenta.

Num ensaio intitulado «Political Philosophy», provavelmente escrito entre os anos de 1946 e 1950, Michael Oakeshott expande um conjunto de considerações a propósito do carácter da própria reflexão. Para o autor, toda a reflexão «começa com algo que é assumido como conhecido», mas ao mesmo tempo, «aquilo que é assumido como conhecido é igualmente assumido como não sendo conhecido»([39]). No princípio de cada reflexão estará sempre um estado de conhecimento que será em simultâneo considerado como uma situação de ignorância. A origem a partir da qual toda a reflexão emerge será, pois, distinta pelo seu carácter paradoxal — a persistência da ignorância no núcleo central de todo o conhecimento. Como corolário, Oakeshott afirmará que nenhum conhecimento será simplesmente «*suficiente*» e que todo o conhecimento será uma condição necessária para «desejar conhecer *mais*».

Parecerá, pois, óbvio que toda a reflexão terá sempre como ponto de partida o conhecimento, e em circunstância alguma terá origem num qualquer estado de «absoluta ignorância». Aliás, Oakeshott defenderá uma posição em que o «vazio do espírito» será uma condição impossível de ser atingida. Mais ainda, o autor rejeitará a ideia de que a única forma de proteger a reflexão do erro será o recomeço de todo o processo a partir de um ponto ideal caracterizado pela «absoluta ignorância». Esta situação redundaria numa contradição com reflexos igualmente paradoxais — se os «seres humanos fossem absolutamente ignorantes, é impossível imaginar como é que eles poderiam alguma vez reflectir ou adquirir conhecimento»([40]). Uma consequência óbvia desta posição será, pois, a ideia de que a condição fundamental para o processo de aquisição de conhecimento deverá ser a posse prévia de

---

([38]) Terry Nardin, *The Philosophy of Oakeshott*, pág. 23.

([39]) Michael Oakeshott, «Political Philosophy» in *Religion, Politics and the Moral Life* (Org. Timothy Fuller) (New Haven and London: Yale University Press, 1993), pág. 138.

([40]) Michael Oakeshott, «Political Philosophy» in *Religion, Politics and the Moral Life*, pág. 139.

conhecimento. Mas Oakeshott introduzirá na sua análise um elemento dinâmico fundamental, uma dinâmica alicerçada menos na *inquietação* e mais na ideia de que se os «seres humanos estivessem satisfeitos com o conhecimento que já possuem, não haveria lugar para posterior reflexão»([41]). A natureza do processo de reflexão implicará que as exigências do conhecimento sejam suportadas face à perspectiva de uma permanente *modificação*. Neste particular, as palavras de Michael Oakeshott serão bem reveladoras da *insatisfação* e da *modificação* inerentes a todo o conhecimento:

> In short, reflection presupposes doubt, but not universal doubt. These very obvious remarks may, perhaps, be summed up by saying that the process in reflection is *dialectical*, a process of considering something recognized as knowledge and supposed to be true, yet considering it with the assumption that it is not true — an assumption which we sometimes improperly interpret as «not wholly true» or «not the whole true».([42])

Por outras palavras, o carácter universal da reflexão envolverá a sequência de uma actividade dialéctica — o empreendimento reflexivo será sempre um empreendimento dialéctico. Ou como escreve Oakeshott, se não existir reflexão, o mundo também não existe([43]).

Um outro aspecto essencial no carácter universal da reflexão será precisamente a revelação de um elemento de «subversão». Em vários níveis e em diferentes graus, existirá sempre um *modicum* de «subversão do conhecimento com base no qual a reflexão se inicia»([44]). Assim, quando o conhecimento se transforma em objecto de atenção de um espírito em reflexão, iniciar-se-á a derivação de um processo contínuo de subversão e de reflexão, desencadear-se-á uma sequência de

---

([41]) Michael Oakeshott, «Political Philosophy» in *Religion, Politics and the Moral Life*, pág. 139.

([42]) Michael Oakeshott, «Political Philosophy» in *Religion, Politics and the Moral Life*, pág. 139.

([43]) Michael Oakeshott, «Political Philosophy» in *Religion, Politics and the Moral Life*, pág. 139.

([44]) Michael Oakeshott, «Political Philosophy» in *Religion, Politics and the Moral Life*, pág. 140.

«procedimentos» cuja limitação ou paragem será virtualmente impossível — a «reformulação de um detalhe é a reformulação do todo». Após algumas considerações a propósito dos hipotéticos limites de um empreendimento reflexivo, Michael Oakeshott refere-se então ao tópico da filosofia da seguinte maneira:

> In reflection, then, there are occasions when an arbitrary (but not necessarily an unconsidered) term is put to subversiveness: landmarks are set up, firm anchorages are laid out, with the intention of fixing limits beyond which reflection shall not stray. But a reflexive enterprise which had the precise purpose of avoiding all such fixed points of reference, one designed to remain fluid, one for which no presupposition was sacred, would not improperly be called *radically subversive*. This, I believe, is the distinguishing characteristic of philosophical reflection.([45])

Poderá afirmar-se que, se o carácter universal da reflexão exigirá, quer um elemento de subversão, quer ainda o empenho numa sequência dialéctica, então o carácter universal e radical da reflexão filosófica implicará tanto um elemento de subversão radical, como ainda o empenho numa sequência radicalmente dialéctica.

Michael Oakeshott revelará a perfeita consciência das dificuldades desta sua doutrina, bem como um apurado sentido dos obstáculos que se colocam à definição de um conceito de filosofia. De acordo com o autor, a ideia de que a filosofia poderá ser considerada como uma «contínua e inexorável crítica de todas as suposições do conhecimento humano» exigirá, pelo menos, o escrúpulo de não considerar o conhecimento humano como «algo fixo, algo *sobre o qual* o filósofo está ansioso por conhecer *mais* do que aquilo que já conhece»([46]). Numa reflexão radicalmente subversiva não existem «pausas», «pausas» essas que permitam o estabelecimento de uma «identidade temporária» — como acontecerá,

([45]) Michael Oakeshott, «Political Philosophy» in *Religion, Politics and the Moral Life*, pág. 141.

([46]) Michael Oakeshott, «Political Philosophy» in *Religion, Politics and the Moral Life*, pp. 141–142.

nomeadamente, com a «reflexão histórica» e com a «reflexão científica». Como consequência lógica, a ausência de uma «identidade temporária» significará que uma reflexão radicalmente subversiva, a filosofia, não poderá atingir a *estabilidade* de um elenco de «irrefutáveis certezas».

Não obstante, e sem jamais iludir as dificuldades inerentes a um conceito de filosofia entendido como reflexão radicalmente subversiva e dialéctica, Michael Oakeshott critica a perspectiva teórica que encara este carácter como uma dificuldade que exige uma superação, critica a visão teórica que observa este carácter enquanto «barreira» que deverá ser ultrapassada, associando-a a uma «imperfeição» que deverá ser objecto de «correcção». Mas uma posição teórica que privilegia a «remoção» de uma pretensa «imperfeição», ao pretender revelar a intenção de «salvar» a filosofia de uma «circularidade inútil», exibirá, em flagrante contraste, uma profunda «ausência de interesse na reflexão radicalmente subversiva». A propósito desta questão, Michael Oakeshott conclui de forma inequívoca:

> The Cartesian project of transforming philosophy by setting a limit to the subversion permitted, and the positivist project of achieving the same purpose by approximating philosophy to natural science, are to be deprecated not for what they have achieved (because, of course, they have achieved something), but for what they deny — the significance, or even the possibility, of a radically subversive reflection.(47)

Do ponto de vista conceptual, a reflexão de Oakeshott identificará duas posições extremas. De um lado, existirá a possibilidade de entender e aceitar a *inquietação intelectual* associada a um conceito de filosofia enquanto reflexão radicalmente subversiva e dialéctica. De outro lado, haverá uma tendência para associar esta reflexão radicalmente subversiva e dialéctica a uma «imperfeição», e agindo em conformidade, surgirá então uma tentativa para conceber um método com vista ao «domínio» de uma suposta «imperfeição». Oakeshott

---

(47) Michael Oakeshott, «Political Philosophy» in *Religion, Politics and the Moral Life*, pág. 142.

aceitará a *inquietação intelectual* como parte integrante da experiência filosófica, sempre preferível quando ponderada com a imposição de um limite, qualquer limite, que irá colidir com um empreendimento marcado pelo ritmo e pela lógica de uma reflexão radicalmente subversiva e dialéctica. Sem a *inquietação intelectual*, será o carácter de abertura que distingue a experiência filosófica que deixará de ser uma possibilidade — o carácter de Proteu, deus da mitologia capaz de se transformar pela acção da sua vontade, poderá descrever a natureza multiforme da filosofia.

De acordo com o pensamento de Michael Oakeshott, a experiência filosófica enquanto reflexão radicalmente subversiva e dialéctica partilhará o mesmo ponto de partida comum a todo o empreendimento reflexivo — «conhecimento infectado pela ignorância»([48]). O mesmo tópico poderá ser encontrado no ensaio intitulado «The Concept of a Philosophy of Politics». Escrito provavelmente no ano de 1946, considerando os escritos de Thomas Hobbes e lendo mais atentamente a obra *Leviathan*, Oakeshott procede a uma análise da natureza da «filosofia política». Para tal, o autor revisita o tema e a natureza do pensamento filosófico, pensamento que em nada se distingue de outra qualquer categoria de pensamento, tanto mais que não «deriva de qualquer fonte especial de informação». A este propósito, e recorrendo às palavras de Oakeshott:

> Philosophical thought and knowledge is simply thought and knowledge *without reservation or presupposition.*([49])

O *leitmotiv* subjacente à obra *Experience and Its Modes* surgirá de novo associado ao argumento desenvolvido no ensaio em análise. Mais ainda, e uma vez que a experiência filosófica «pressupõe nada», o autor reafirma uma concepção de filosofia cujo propósito será a elucidação de conceitos «completos em si mesmos»; será o estabelecimento de conceitos de tal modo «íntegros» e «completos» que nada

---

([48]) Michael Oakeshott, «Political Philosophy» in *Religion, Politics and the Moral Life*, pág. 142.

([49]) Michael Oakeshott, «The Concept of a Philosophy of Politics» in *Religion, Politics and the Moral Life*, pág. 127.

mais haverá para «acrescentar». E sobre o carácter da experiência filosófica, Oakeshott escreve:

> Definition is a matter of degree. All thinking is the attempt to define concepts, and philosophy is merely what occurs when thought is allowed to follow its own bent with unqualified freedom.([50])

No tempo certo, todo o filósofo deverá orientar a atenção e a energia para a prossecução de um fluxo incessante de pensamentos, pensamentos que se *expandem* e se *abrem* numa sequência permanente e infinita. Neste contexto, a experiência filosófica não poderá ser limitada a um exercício linear unicamente concentrado na imobilidade de um único momento. A experiência filosófica implica a procura inexorável de um «mundo ou sistema de ideias unitário e completo», impõe a busca incessante das «implicações lógicas de um mundo das ideias», exige em carácter de permanência o inevitável restabelecimento da coerência. Apelando para a imaginação, existirá uma analogia que será aplicável ao conceito de experiência filosófica. Assim, a ideia de que quando um corpo se encontra em movimento, este permanecerá eternamente em movimento. E permanecerá nesse estado de movimento perpétuo sempre que a ausência de oposição se verificar enquanto condição universal. De acordo com Michael Oakeshott, a experiência filosófica, o fluxo incessante característico de um empreendimento filosófico, implicará sempre a verificação de uma *ausência de impedimento*. Talvez seja este o argumento que poderá justificar a afirmação do autor quando este escreve que a «filosofia é simplesmente aquilo que acontece quando ao pensamento é permitido seguir a sua própria tendência com uma incondicional **liberdade**».

I.4. O Mundo do *Philosophe*

O interesse pela filosofia surge com normalidade do desejo de explicar o mundo recorrendo para tal a um *sistema unificado de leis*. Sendo assim, a filosofia poderá confundir-se com o impulso para compreender

---

([50]) Michael Oakeshott, «The Concept of a Philosophy of Politics» in *Religion, Politics and the Moral Life*, pág. 127.

o Mundo reflectido pela luz de um qualquer princípio universal ou metafísico. A existência de uma *explicação unificada* para o carácter e para a ordem das coisas, embora possa parecer uma aspiração ou quimera que aponta para o reino da fantasia ou da imaginação, será, pelo contrário, uma tendência real e poderosa que atrai ciclicamente a ambição do filósofo. Esta pretensão estará associada ao desejo de identificar uma *categoria* ou *princípio* que se perspective como algo de inevitável e de infalível. Mais ainda, essa *categoria* ou *princípio* assumirá invariavelmente o estatuto e a competência associados a um *guia*, *guia* esse que desempenhará a função de um *dispositivo irrefutável* que contribuirá para a inexorável revelação da persistência das leis que regem o Mundo. Quando compreendido de modo conveniente, o *sistema unificado de leis* permitirá a concretização de uma *explicação com certeza* — certeza em relação aos factos do passado, certeza em relação aos factos que se anunciam, certeza em relação ao motivo pelos quais os factos não poderiam ter sido outros.

Michael Oakeshott não revela a mínima atracção pela experiência filosófica enquanto método de revelação e de ordenação de um qualquer *sistema unificado de leis*. Nas primeiras linhas da introdução à obra *Experience and Its Modes*, o autor expande um elenco de considerações, não exclusivamente sobre o propósito da filosofia, mas igualmente sobre os motivos que arrastam o espírito humano no sentido da filosofia.

O interesse pela experiência filosófica será com frequência o resultado de um «impulso irrelevante». E esse impulso será a concretização de um desejo, o desejo de «ver no mundo e em nós mesmos algo de melhor do que aquilo que encontramos no mundo e em nós mesmos»([51]). Mais do que um impulso ou um desejo, existirá igualmente uma expectativa em relação ao desígnio e ao alcance da experiência filosófica, desígnio e alcance que Michael Oakeshott resume da seguinte forma:

> We seek in philosophy what wiser men would look for in a gospel, some guidance as to *le prix des choses*, some convincing proof that there is nothing degrading in one's being alive, something to make the mystery of human existence less incomprehensible.([52])

([51]) Michael Oakeshott, *Experience and Its Modes*, pág. 1.
([52]) Michael Oakeshott, *Experience and Its Modes*, pág. 1.

Para o autor, o pensamento filosófico estará igualmente relacionado com o desejo extremo para a acção. No entanto, nem sempre será óbvio o reconhecimento de que a filosofia não poderá desempenhar a função de *guia* na acção humana, sobretudo em relação à «conduta prática da vida». Uma outra perspectiva desta posição poderá ser explicitada no entendimento da filosofia enquanto *guia negativo* em relação à conduta prática da vida. Ou seja, numa versão afirmativa, a conduta prática da vida não poderá ser circunscrita, na sua complexidade, à mera consulta de um guia filosoficamente estabelecido. Como tal, a opção menos óbvia, mas infinitamente mais razoável, será exactamente uma atitude que se abre à avaliação de uma infinidade de condutas práticas da vida sem cair na tentação de procurar no reduto da filosofia o eterno conforto de um guia.

Mas, invariavelmente, e de acordo com Oakeshott, haverá sempre mentes absolutamente convencidas das virtudes salvíficas da filosofia. Mas para o «verdadeiro seguidor», a experiência filosófica jamais poderá disponibilizar algo que possa ser entendido como um «evangelho». Para Oakeshott, as origens de uma atitude marcada pela ilusão da *infalibilidade de um guia* encontram-se precisamente na disposição do «pseudo» filósofo. Subjacente à esperança e à aspiração do «pseudo» filósofo estará uma profunda e complexa ambição, uma ambição que Oakeshott descreve da seguinte maneira:

> Nearly always a philosopher hides a secret ambition, foreign to philosophy, and often it is that of a preacher. But we must learn not to follow the philosophers upon these holiday excursions.([53])

Mas as ambições predicantes do «pseudo» filósofo não serão o único equívoco que assola e confunde a filosofia. Oakeshott afirma que a experiência filosófica não poderá ser a derivação de uma atitude intelectual assinalada pela «simples curiosidade» — aliás, uma atitude perfeitamente «exterior» à própria experiência filosófica. De acordo com o autor, para uma mente que se vai consumindo numa imparável «avidez de informação», a filosofia não poderá ser outra coisa a não ser o desígnio do «conhecimento universal». Como tal, nada será positivamente

([53]) Michael Oakeshott, *Experience and Its Modes*, pág. 1.

«estranho» à curiosidade ilimitada do filósofo. Mas se o filósofo pretende na verdade a busca de um «conhecimento universal», a sua perspectiva intelectual deverá ser impulsionada pelo que Oakeshott designa por «ódio à ignorância», ficando para um plano secundário, quando não mesmo efectivamente esquecido, o «amor pela diferenciação», nomeadamente, a capacidade para produzir juízos ou avaliações sobre aquilo que é «bom», sobre aquilo que é «verdade», mas sobretudo a capacidade e o discernimento para reconhecer as «diferenças» e distinguir a diversidade no «mundo das ideias» enquanto suporte essencial à própria multiplicidade da realidade e do Mundo. Oakeshott considera a busca indiscriminada do conhecimento universal como um propósito próximo de uma «obsessão romântica»([54]). Mais ainda, o autor afirma mesmo que essa busca indiscriminada do conhecimento universal será explicitamente «estranha» ao carácter da experiência filosófica, e por uma razão evidente — «quando o intento é aquilo que é total e completo devemos abandonar aquilo que é meramente enciclopédico»([55]). Existirá, pois, uma divisão profunda entre dois tipos de atitude ou disposição, quase sempre na aparência indistintas, quase sempre no discurso indiferenciadas, mas que Oakeshott distingue de forma inequívoca:

> The *savant* as such is not a philosopher; there is little or nothing in common between the philosopher and the *philosophe*. It is only in the childhood of thought, when knowledge appears undifferentiated and each fresh piece of information seems significant just because it is fresh, that universal knowledge can appear to satisfy the philosophic passion.([56])

Assim, o filósofo e o *philosophe* não habitam o mesmo mundo, nem percorrem um caminho comum. Oakeshott enfatiza a ideia de que apenas na «infância do conhecimento», quando o conhecimento surgia indiferenciado e cada nova informação garantia a relevância pelo facto de ser uma novidade, apenas nesse instante particular o conhecimento

([54]) Michael Oakeshott, *Experience and Its Modes*, pág. 1.

([55]) Michael Oakeshott, *Experience and Its Modes*, pág. 1.

([56]) Michael Oakeshott, *Experience and Its Modes*, pp. 1–2.

universal poderia satisfazer aquilo que o autor denomina por «paixão filosófica». Adoptando uma visão novamente alicerçada num profundo cepticismo, Oakeshott afirma que, no momento em que a consciência da «futilidade do conhecimento» domina qualquer outra consideração, não deverá ser expectável a percepção de que a «vontade enciclopédica» possa vir a atrair um espírito realmente empenhado na busca da filosofia.

No ensaio intitulado «The new Bentham», originalmente publicado na revista *Scrutiny* no ano de 1932, Michael Oakeshott desenvolve um conjunto de considerações sobre o carácter do *philosophe*. De facto, para o autor, o *philosophe* pertence em espírito e por direito ao século XVIII — o *philosophe* seria o «companheiro em pensamento de Helvetius, Diderot, Voltaire e D'Alambert, o último dos crentes no Despotismo Benevolente»([57]). Oakeshott passará então a identificar as três grandes características do carácter do *philosophe*.

Em primeiro lugar, surgirá uma peculiar «confiança no conhecimento», no «conhecimento indiscriminado». A «confiança no conhecimento» implicará um fluxo «insaciável» de informação sobre o mundo e sobre a respectiva «composição» e «leis», implicará o entendimento da «natureza humana» e o respectivo cortejo de «necessidades» e de «desejos»([58]). O *philosophe* persiste na afirmação de que, ao não existirem *objectos inexpugnáveis* à sua acção, não existe uma «sugestão de limite» para a expansão do conhecimento. Sobre a personalidade do *philosophe*, Michael Oakeshott escreve ainda:

> His is an inventive, ingenious mind, mildly perplexed and easily satisfied mind; there is vitality but no discrimination. All knowledge appears equally significant; and there is so much to be learned that there is neither time nor inclination to stay and learn anything profoundly. One thing leads to another before it has itself been exhausted; and when every suggestion is followed, it is impossible to follow one suggestion far.([59])

([57]) Michael Oakeshott, «The new Bentham» in *Rationalism in Politics*, pág. 137.

([58]) Michael Oakeshott, «The new Bentham» in *Rationalism in Politics*, pág. 138.

([59]) Michael Oakeshott, «The new Bentham» in *Rationalism in Politics*, pág. 138.

Inconsciente da «vulgaridade» do seu projecto, a «incursão» do *philosophe* pelo mundo implicará uma identidade empenhada numa «interminável aventura intelectual», aventura que em associação ao desejo de um «conhecimento enciclopédico» e pouco sensível ao imperativo da diferenciação, provocará, de acordo com Oakeshott, uma verdadeira «depredação» do próprio mundo.

Em segundo lugar, o *philosophe* destaca-se pela extraordinária capacidade para revelar uma disposição caracterizada por uma «credulidade geral», atributo que redundará num estado permanente de «ingenuidade universal». Como tal, o *philosophe* será pouco sensível aos efeitos da perplexidade, sendo, no entanto, a sua mente perfeitamente activa no reconhecimento de uma condição geral de ignorância. Estranho a perplexidades e inimigo da ignorância, o *philosophe* evitará os «dilemas da dúvida» através de uma inexpugnável «auto-confiança». Sobre a personalidade do *philosophe*, Michael Oakeshott disserta de novo:

> Appearing to doubt everything and to be engaged upon the construction of a new world from the bottom up, he is really the most credulous of men. There is plenty of audacity and some courage in his thought, but little freedom and no candour. He does not, it is true, begin from the same place and with the same prejudices as his less enlightened contemporaries, nevertheless he begins with a whole miscellany of presuppositions which he has neither the time, the inclination nor the ability to examine.([60])

De acordo com esta visão, o mundo divide-se entre aqueles espíritos que concordam com o *philosophe* e uma legião de «loucos» que se limita a exibir uma insensata e insensível discordância. Deste modo, na perspectiva do *philosophe*, a «ciência» deverá ser contrastada com a «superstição», e a «superstição» deverá ser identificada com tudo o que estará «estabelecido», com tudo o que será «geralmente reconhecido», com tudo o que será «simplesmente sentido»([61]).

([60]) Michael Oakeshott, «The new Bentham» in *Rationalism in Politics*, pp. 138–139.

([61]) Michael Oakeshott, «The new Bentham» in *Rationalism in Politics*, pág. 139.

Em terceiro lugar, o *philosophe* será um «racionalista». Convirá esclarecer que Oakeshott utiliza o termo «racionalista» em sentido restrito e para denotar uma atitude intelectual que se caracteriza pela perspectiva de que o «construído» será sempre melhor do que o «espontâneo». O *philosophe* será um adepto da «ordem», um apologista da «simplificação», um adversário da «profusão» e da «vitalidade»([62]). Sobre a personalidade do *philosophe*, Michael Oakeshott conclui de modo quase definitivo:

> The genius of the *philosophe* is a genius for rationalization, for *making* life and the business of life rational rather than for *seeing* the reason for it, for inculcating precise order, no matter at what expense, rather than for apprehending the existence of a subtle order in what appears to be chaotic.([63])

Em conjunto, os elementos constitutivos do carácter do *philosophe* justificam uma atitude que «nega» toda e qualquer tradição do passado, ao mesmo tempo que pretende evitar o estabelecimento de novas tradições no futuro.

Assim, o propósito do *philosophe* surgirá associado à procura e à definição de um esquema racional capaz de explicar, e no limite capaz de controlar, as evidências do mundo e os desejos da natureza humana. Determinado na busca incessante de um «conhecimento universal», o *philosophe* anseia pela definição de uma *ciência*, *ciência* essa que possibilitará a libertação da Humanidade de todos os vestígios da superstição de outros tempos — a disciplina em causa será denominada por «ciência do governo»([64]).

Interpretando a figura de Bentham enquanto paradigma do carácter e da acção do *philosophe*, Michael Oakeshott sublinha que a criação de uma «ciência da política» implicará a unificação da lei e da ciência, implicará um método expedito para a medição rigorosa do grau de «satisfação política». Por sua vez, este objectivo exigirá o estabelecimento de duas condições essenciais — primeiro, um «novo começo»,

([62]) Michael Oakeshott, «The new Bentham» in *Rationalism in Politics*, pág. 139.
([63]) Michael Oakeshott, «The new Bentham» in *Rationalism in Politics*, pág. 139.
([64]) Michael Oakeshott, «The new Bentham» in *Rationalism in Politics*, pág. 140.

ou a ideia de uma *tabula rasa* (a condição inicial da Humanidade); segundo, a definição de um «código», ou uma colecção de normas construídas, organizadas e definidas, em flagrante oposição a um conjunto de normas que possam surgir de modo espontâneo([65]). Como tal, o *philosophe* adoptará um método que o conduzirá na procura de um «conhecimento universal» e que Oakeshott descreverá sucintamente:

> Analysis and synthesis, data and generalization, materials and conclusions, the bricks and the building — this was Bentham's crude and unconsidered conception of the character of knowledge.([66])

Considerando a última citação, será perfeitamente identificável uma concepção de conhecimento e um conceito de sistema filosófico próximos da perspectiva que Michael Oakeshott designa por «analogia arquitectónica».

Mas o carácter do *philosophe* encerra no seu fundamento uma particular concepção da natureza e da origem do conhecimento. Naquilo que poderá ser denominado por *argumento epistemológico*, Michael Oakeshott sublinha que o *philosophe* assumirá uma perspectiva na qual o conhecimento será sempre dominado pelas circunstâncias de uma geração, ou seja, adoptará a percepção de que o pensamento não será nunca independente de uma «situação psicológica»([67]). Todo e qualquer juízo ou avaliação dependerá do «estado psíquico» do indivíduo, juízo que terá origem na situação particular do sujeito e a partir da qual se derivará o conteúdo de verdade ou de falsidade de um enunciado. De acordo com o autor, esta visão do *philosophe* envolverá a adopção de um «cepticismo universal» que redundará em «auto-contradição» — todo o conhecimento deverá ser *reduzido* às circunstâncias de uma geração e às condicionantes de uma situação psicológica; todo o conhecimento terá origem numa situação particular e num estado psíquico que, pelo hábito da racionalização, se *expandirá* à condição universal.

([65]) Michael Oakeshott, «The new Bentham» in *Rationalism in Politics*, pp. 140–-141.

([66]) Michael Oakeshott, «The new Bentham» in *Rationalism in Politics*, pág. 149.

([67]) Michael Oakeshott, «The new Bentham» in *Rationalism in Politics*, pág. 141.

Com base no carácter do *philosophe* e na análise da acção e da influência de Bentham, Oakeshott concluirá que o exemplo de Bentham no século XIX não representará o triunfo da «filosofia especulativa» na direcção e na definição dos assuntos da «vida prática»([68]). Pelo contrário, Bentham representaria a influência na «vida prática» de uma parte da «filosofia especulativa», mais precisamente, a ascensão das ideias «meio-pensadas», de algo «indistinto», «indefinido», «confuso». Na sequência da análise, Oakeshott concluirá então de modo irrevogável:

> It is not the philosopher, the victim of thought, who influences our practical conduct of life, but the philosophaster, the *philosophe*.([69])

A referência de Oakeshott à designação de «philosophaster» merece um breve comentário. A palavra latina deriva da conjunção do vocábulo *philosophus* (filósofo) e *aster* (pequeno, parcial, injusto, partidário, faccioso). Sinónimo de *philosophe*, o «philosophaster» é um dissimulado e um fingidor, fazendo-se passar por pretendente ou aspirante a filósofo. A conotação do termo não poderia ser mais negativa, de tal modo que o vocábulo «philosophaster» passou a identificar a figura genérica do «filósofo charlatão». Esta breve resenha da etimologia e significado da palavra reflectem com rigor o pouco reconhecimento e a profunda desconfiança do autor em relação à influência nefasta do «philosophaster» na conduta prática da vida. Mas *Philosophaster* (1606) é igualmente o título de uma comédia satírica em latim, da autoria de Robert Burton (1577–1640), *fellow* do Christ Church, Oxford, e na qual os «philosophasters», sendo a categoria preferida dos alunos, são igualmente fonte de sabedoria e aconselhamento da população em geral. Após muitos e variados abusos, muitas e desvairadas desilusões, os «philosophasters» são denunciados como impostores e expulsos da cidade. O campo semântico e as possíveis referências literárias a estabelecer com origem no argumento de Michael Oakeshott são um forte indicador da diferença e da distância que devem separar o filósofo do *philosophe*.

Como Michael Oakeshott escreve em *Experience and Its Modes*, mesmo «quando o conhecimento universal é rejeitado em favor do

---

([68]) Michael Oakeshott, «The new Bentham» in *Rationalism in Politics*, pág. 150.
([69]) Michael Oakeshott, «The new Bentham» in *Rationalism in Politics*, pág. 150.

conhecimento válido em filosofia, ainda haverá mais do que um caminho passível de escolha»([70]). O ponto que o autor pretende sublinhar será precisamente a relação que se estabelece entre a filosofia e a ciência. Como tal, Oakeshott parece rejeitar a ideia de que a filosofia deverá depender de uma validação realizada pela ciência. Dito de outro modo, Oakeshott rejeitará uma concepção do conhecimento que apenas aceita e reconhece como legítimo o saber adquirido através do «método científico» — o conhecimento legítimo deverá exibir uma certeza científica e uma objectividade inquestionável. Deste modo, a filosofia serviria para justificar a existência de uma realidade objectiva, completamente externa à experiência humana, tendo como propósito a definição de uma ordem universal, norma que corresponderia à ordem da Natureza, e com base na qual toda a pretensão de verdade deveria ser resolvida através de uma correspondência entre a norma e a realidade. Para Roy Tseng, a posição de Oakeshott poderá ser caracterizada pela crítica e rejeição de uma ideia de «fundacionalismo na filosofia», própria do projecto iluminista. De acordo com Tseng, e considerando o horizonte do Iluminismo, o «fundacionalismo na filosofia» será a visão de um «sistema filosófico integral» e que poderá ser descrito, esquematicamente, através da sequência:

> (1) **foundationalism in philosophy** is the philosophical project searching for
>
> (1.1) **scientific certainty** as the criterion of all knowledge claims by establishing
>
> (1.2) **a foundationalist theory of knowing** which is concerned with the relationship between subjectivity (a concept of mind) and objectivity (a complete description of public reality); and this project is supported by
>
> (1.3) **the superiority of Universal Reason** which demands that Philosophical Reason identified as Scientific Reason is superior or prior to the non-scientific reasonings of art, politics, morality and of history in the sense that it is the guarantor of their validity and the guidance to their practices.([71])

([70]) Michael Oakeshott, *Experience and Its Modes*, pág. 2.

([71]) Roy Tseng, *The Sceptical Idealist — Michael Oakeshott as a Critic of the Enlightenment* (Thorverton: Imprint Academic, 2003), pág. 26.

Retomando a perspectiva desenvolvida na obra *Experience and Its Modes*, será evidente o flagrante contraste em relação ao carácter e à natureza do empreendimento filosófico. A compreensão do verdadeiro carácter da filosofia implicará a prossecução de um procedimento crítico em ordem a uma compreensão do mundo. O propósito do empreendimento filosófico não será o de estabelecer uma qualquer solução universal, não será o desejo de *iluminar*, num preciso momento e num único tempo, a complexidade da condição humana. Michael Oakeshott terá retido uma concepção da experiência filosófica associada à ideia de um perpétuo restabelecimento da coerência (um tópico tipicamente hegeliano), ao mesmo tempo que terá adoptado uma visão característica do Idealismo britânico, nomeadamente, a perspectiva de F. H. Bradley que poderá ser resumida na expressão «Logo, nem a verdade nem o erro total, apenas maior ou menor Validade». Para Oakeshott, todo o pensamento humano será condicional, cada ideia será uma referência à realidade a partir de um ponto de vista *limitado* e terá um determinado *grau* de verdade. O pensamento de Oakeshott parece operar uma «fusão» entre a noção de «plenitude» de Hegel e a ideia de «graus de verdade» de Bradley, consubstanciando aquilo que Roy Tseng denomina por «cepticismo idealista»([72]). Deste modo, a experiência filosófica será uma actividade crítica e auto-crítica, será uma actividade que procura a definição de um ponto de vista geral.

A experiência filosófica será, pois, experiência sem «pressuposições», sem «reservas», sem «pausas», sem «modificações». De acordo com Terry Nardin, o empreendimento filosófico a que Oakeshott se entrega implicará um conceito de filosofia comprometido com a investigação crítica das «pressuposições dos diferentes modos de entendimento humano e de associação humana»([73]). Oakeshott não pretende encontrar na filosofia os fundamentos, ou as *fundações*, que permitam o estabelecimento de uma visão substantiva da moral ou da política. Como tal, a experiência filosófica deverá ser a «crítica de conceitos e de pressuposições», deverá ser o permanente exercício de *questionamento*

([72]) Roy Tseng, *The Sceptical Idealist — Michael Oakeshott as a Critic of the Enlightenment*, pp. 6–7.

([73]) Terry Nardin, *The Philosophy of Michael Oakeshott*, pág. 14.

de todas as *suposições* que suportam a visão do filósofo. Nesta perspectiva, Terry Nardin escreve:

> Because the philosopher uncovers and rejects assumptions that others take for granted, philosophical thinking creates an ever-widening chasm between philosophical and nonphilosophical ideas. In undertaking to think philosophically, one is slowly but inexorably separated from those who choose not to question the assumptions on which their own thinking and activity rests.([74])

Nesta visão particular da experiência filosófica, será então perfeitamente perceptível a distância que separa o filósofo do *philosophe*, e sobretudo será compreensível a razão pela qual Oakeshott se refere ao filósofo enquanto «vítima do pensamento». Recorrendo às palavras de Michael Oakeshott em *Experience and Its Modes*:

> It is a personal point of view in so far as it is mine and because philosophy consists, not in persuading others, but in making our own minds clear.([75])

Na obra intitulada *On Human Conduct*, Michael Oakeshott reflecte sobre a acção e o carácter do «teorizador»([76]). No horizonte do «teorizador» estará a análise e o escrutínio dos postulados que devem orientar a conduta humana. De acordo com o autor, o «teorizador» confunde, invariavelmente, os postulados com um conjunto de princípios, princípios que permitem a definição (dedução e descoberta) de acções ou desempenhos «correctos». O «teorizador» observa-se enquanto «árbitro» ou «juiz» da conduta humana, certificando as acções como «correctas» ou condenando os desempenhos como «incorrectos», «incorrectos» ao abrigo das inferências com base nos «teoremas» que alegadamente permitem o entendimento da conduta humana em relação às respectivas definições. Para Oakeshott, e uma vez que os «teoremas» deduzidos pelo

---

([74]) Terry Nardin, *The Philosophy of Michael Oakeshott*, pág. 48.

([75]) Michael Oakeshott, *Experience and Its Modes*, pág. 3.

([76]) Michael Oakeshott, *On Human Conduct* (Oxford: Clarendon Press, 1975), pág. 26.

«teorizador» não terão a capacidade para gerar e especificar directamente as condições de uma acção ou desempenho, o «teorizador» jamais terá o distanciamento associado à função e ao alcance de um «árbitro» ou «juiz». Pelo contrário, o «teorizador» não produzirá uma explicação sobre a conduta humana, uma vez que a sua actividade será desde o início acção e desempenho, logo parte integrante da conduta humana, objecto de análise e de correcção. Numa interpretação da alegoria da caverna de Platão, Oakeshott reflecte sobre a ausência e o retorno do «teorizador» ao universo das sombras que preenchem a realidade do lugar. Na posse dos «postulados últimos», ou na linguagem do «teorizador», dominador das «causas primeiras», o «teorizador» regressará à caverna com um «substituto completo» para a explicação do mundo vigente e aceite pelos habitantes da sombra. O «teorizador» representará uma espécie de «bênção para a Humanidade», tanto mais que promete o «entendimento final» que haverá de superar definitivamente todos os entendimentos prévios e obsoletos para toda a eternidade([77]). Em conclusão, Michael Oakeshott descreve a reacção dos habitantes da sombra à presença do «teorizador»:

> In short, what the cave-dwellers resent is not the theorist, the philosopher (him they are inclined to admire even if they have not much use for his concern with postulates), but the «theoretician», the *philosophe*, the «intellectual»; and they resent him, not because they are corrupt or ignorant but because they know just enough to recognize an impostor when they meet one.([78])

A definição de um «entendimento final», suportado por uma qualquer «visão perfeita» da conduta humana, será o modelo por excelência adoptado pelo «teorizador» ou *philosophe*. Numa curiosa sintonia entre o pensamento e a forma, e convocando para tal a reflexão de Isaiah Berlin, este preciso modelo começará invariavelmente pela promessa de libertação do erro, pela afirmação de uma «ordem» que virá substituir um estado de «confusão», pela promessa de libertação de um mundo ininteligível que será racionalmente reduzido e explicado

([77]) Michael Oakeshott, *On Human Conduct*, pág. 29.
([78]) Michael Oakeshott, *On Human Conduct*, pp. 30–31.

pelo modelo. De acordo com Berlin, esta ambição de uma qualquer «visão perfeita» acabará sempre por «escravizar» os mesmos indivíduos que prometeu libertar, acabará sempre por «falhar» no objectivo de um «entendimento final» capaz de promover uma explicação para a «totalidade da experiência». Aquilo que se inicia como libertação acabará sempre numa qualquer forma de «despotismo»([79]).

No pensamento de Michael Oakeshott, a experiência filosófica será o «exame crítico de todas as pressuposições» e a «filosofia é simplesmente aquilo que acontece quando ao pensamento é permitido seguir a sua própria tendência com uma incondicional liberdade». Em flagrante contraste, o *philosophe* inicia o seu inquérito filosófico com base num conjunto de pressupostos nunca submetidos a uma análise crítica — de certo modo, o *philosophe* eleva os seus *preconceitos* à categoria dos *princípios*. A crença na Superioridade Universal da Razão, a urgência que orienta o espírito para a definição de um «novo começo» ou de uma *tabula rasa*, a necessidade de um «código» ou de uma colecção de normas construídas, tudo serão pressupostos do inquérito empreendido pelo *philosophe*, pressupostos que são assumidos como verdadeiros e não questionáveis. Para além deste *ponto inicial* a partir do qual o inquérito se desenvolverá, o empreendimento típico do *philosophe* terá sempre um *ponto final*, ponto este que coincidirá invariavelmente com um estado último caracterizado por um *conhecimento com certeza*. Ao contrário do filósofo, cujo empreendimento filosófico não terá um *começo* do mesmo modo que não terá um *fim*, o *philosophe* não deseja a correcção das discrepâncias, nem o perpétuo restabelecimento da coerência, nem a interminável dialéctica de reconciliação. O sonho do *philosophe* passará pelo desenho de um padrão unitário através do qual a totalidade da experiência humana possa ser meticulosamente explicitada e simetricamente ordenada. Na procura indiscriminada de um *conhecimento com certeza*, no projecto de associar essa *certeza* a um desejo de libertação, o *philosophe* terá hipotecado um valor central à sua Promessa Universal — o valor da liberdade. Será possível a elaboração de um catálogo sistemático com os atributos típicos do espírito de um *philosophe*. No entanto, a **liberdade** será sempre um valor estranho a essa lista.

([79]) Isaiah Berlin, *The Roots of Romanticism* (Org. Henry Hardy) (London: Pimlico, 2000), pág. 3.

CAPÍTULO II

O MUNDO E OS MODOS: O CARÁCTER TOTAL DA EXPERIÊNCIA E A NATUREZA ABSTRACTA DOS MODOS

II.1. Introdução

Na compreensão do pensamento de um filósofo, haverá certamente um momento em que a exposição do argumento deverá prevalecer sobre o exigente exercício de interpretação. No entanto, a elucidação do argumento não deverá ser entendida no sentido de uma simples repetição, tão mecânica quanto breve, do ritmo e do compasso filosófico do autor. A exposição do argumento deverá ser perspectivada enquanto forma de *apropriação* do raciocínio do filósofo com vista a suportar uma subsequente interpretação, com vista a permitir a possibilidade de um discurso crítico. Assim, uma exposição, qualquer exposição, deverá ter como propósito central o estabelecimento de uma ligação entre um discurso crítico e o fluxo contínuo de uma tradição de reflexão filosófica.

No entanto, e de uma perspectiva essencialmente filosófica, o argumento não deverá ser confundido com as implicações práticas de uma particular ideia, nem deverá ser reduzido à linearidade de uma sequência que obedece a uma simples afirmação — *o filósofo X será o mais ilustre representante da ideia Y*. Existirá também uma forma interrogativa que pretenderá reduzir o argumento a um esquema elementar de pergunta/resposta, sendo a questão inicial quase sempre enunciada da seguinte forma — *o filósofo X será apologista de que ideia*? Seguir-se-á então um elenco de posições e de opiniões, normalmente isoladas do campo primordial da respectiva concepção filosófica. No entanto, haverá uma perspectiva mais complexa sobre a natureza e a forma do argumento. Assim, e como Michael Oakeshott escreve em *Rationalism in Politics*, fundamental no argumento filosófico será a *ratio decidendi*, expressão que pretende designar os «motivos» e as «razões» que orientam o filósofo de modo «persuasivo» na definição e na construção de uma progressiva cadência do pensamento(1). Como tal, a exposição do argumento filosófico deverá concentrar-se na referida *ratio decidendi* e reservar a análise das implicações práticas de uma determinada ideia para o exacto momento em que a interpretação deverá exercer o necessário domínio em consonância com o rigor lógico de um discurso crítico.

Na circunstância de Michael Oakeshott, o estabelecimento de uma *ratio decidendi* terá invariavelmente de recorrer e de percorrer o argumento de *Experience and Its Modes*. Neste particular, convirá sublinhar que *Experience and Its Modes* será uma obra visivelmente empenhada na afirmação e na elucidação de um conceito de filosofia. Na sequência desta afirmação, e de acordo com a interpretação de Paul Franco, Michael Oakeshott terá orientado a sua reflexão crítica pelo impulso filosófico de proceder a uma «**libertação da filosofia**»(2). O empreendimento de Michael Oakeshott terá assim como substância central a inquietação do filósofo perante o lugar da filosofia numa era dominada pelo «paradigma da ciência». Recusando uma ideia de filosofia que coincide com o estatuto de uma «reflexão de segunda ordem» sobre a experiência do Homem no Mundo, Oakeshott pretenderá reafirmar a autonomia, os resultados e a autoridade do exercício filosófico. Em flagrante contraste, o autor considera a experiência filosófica enquanto «reflexão de primeira ordem», reflexão que permitirá a modificação, a transformação e a eventual superação do objecto em consideração e análise. Para Paul Franco, em *Experience and Its Modes* a ideia de «libertação da filosofia» permanece largamente na forma «negativa», podendo ser entendida a designação de Paul Franco na acepção berliniana de *libertação de* — na circunstância, «libertação da filosofia» dos métodos, dos resultados e da autoridade da *experiência não filosófica*, nomeadamente, da ciência, da história

(1) Michael Oakeshott, «The new Bentham» in *Rationalism in Politics*, pág. 147.

(2) Paul Franco, *The Political Philosophy of Michael Oakeshott* (New Haven & London: Yale University Press, 1990), pág. 16.

e da experiência prática, e que são o preciso objecto da reflexão em *Experience and Its Modes*. Convirá realçar que, a existir uma *perspectiva positiva* na reafirmação da autonomia da experiência filosófica, essa visão estará associada à definição de um «critério», estará associada à definição de um «ponto de vista geral», ponto este que possibilitará a determinação de um «juízo», ou «avaliação», sobre um particular e determinado «mundo da experiência». Como foi anteriormente sublinhado, a definição de um «ponto de vista geral» implicará a procura de uma noção de filosofia.

No entanto, e ainda de acordo com a interpretação de Paul Franco, a importância de *Experience and Its Modes* residirá no seu carácter «emancipatório» em relação a um conceito de filosofia, sendo que as aplicações e as consequências práticas do conceito — seja na moral, na política ou na arte —, serão remetidas para uma fase posterior da reflexão de Michael Oakeshott. Neste sentido, *Experience and Its Modes* estabelecerá a «propedêutica para uma filosofia completa». Igualmente na perspectiva de Robert Grant, *Experience and Its Modes* será uma obra de «cardeal importância», encerrando, nomeadamente, a «génese» do pensamento do autor no domínio da filosofia política, no campo da historiografia, na disciplina da estética e no âmbito das ideias sobre educação(3). Aliás, a interpretação de Paul Franco e a avaliação de Robert Grant serão coincidentes com a leitura de Terry Nardin, nomeadamente quando o estudioso afirma, referindo-se à obra *On Human Conduct* e tendo em consideração a «maioria dos escritos tardios» do autor, que Michael Oakeshott terá persistido na «procura das intimações das ideias articuladas em *Experience and Its Modes*»(4). Uma implicação lógica desta linha de interpretação poderá finalmente ser sintetizada recorrendo às palavras de W. H. Greenleaf:

> So far as I can judge, his general philosophical position has remained constant throughout. There have been changes, of course, but they are modifications of detail or amplifications of the point of view rather than vital alterations.(5)

---

(3) Robert Grant, *Oakeshott* (London: The Claridge Press, 1990), pág. 37.

(4) Terry Nardin, *The Philosophy of Michael Oakeshott*, pág. 17.

(5) W. H. Greenleaf, *Oakeshott's Philosophical Politics*, pág. 5.

Como corolário de uma interpretação que coloca a obra *Experience and Its Modes* no exacto lugar de um primeiro momento na sequência do inquérito filosófico de Michael Oakeshott, e tendo em consideração o **propósito de explicitação de um conceito de liberdade**, tal implicará uma *aproximação* mais detalhada ao universo particular da filosofia política do autor. Fundamental será então a exposição do discurso filosófico, procedimento que exigirá a *reconstituição* da sucessão do argumento, bem como a explicitação do encadeamento lógico que sustentará a reflexão filosófica. Essencial será, pois, a adopção de uma *narrativa analítica* na concretização do percurso filosófico de Michael Oakeshott, tendo particular atenção, não apenas ao *momento* em que o conceito de liberdade surge no argumento do autor, mas também ao *modo* como uma certa ideia de liberdade acabará por se afirmar na economia e na lógica do discurso. Neste sentido, a exposição do pensamento de Oakeshott implicará uma sequência composta por três momentos distintos: **(1) O Conceito de Experiência; (2) A Teoria dos Modos; (3) O Mundo da Experiência Prática.**

II.2. *Experience and Its Modes* e o Carácter Total da Experiência: Uma Visão Unitária sobre o Mundo da Experiência

II.2.1. O Conceito de Experiência e a Ideia de Unidade

Para Michael Oakeshott, a experiência significa um agregado concreto que a análise divide entre *a experiência propriamente dita* e *aquilo que é experimentado*(6). Se entendidos como dois momentos separados, estes elementos ganham o estatuto de uma abstracção isenta de significado. Para o autor, uma dimensão não determina a outra, uma vez que a relação não será descrita nem por uma ideia de causalidade, nem por uma ideia de sequência lógica. O carácter de *aquilo que é experimentado* é, em sentido estrito, correlativo ao modo como a *experiência propriamente dita* terá acontecido. Estas duas abstracções exibem uma relação de completa interdependência, e ao não serem na realidade passíveis de separação, constituem assim um todo unificado.

---

(6) Michael Oakeshott, *Experience and Its Modes*, pág. 9.

Por outro lado, Oakeshott pretende ainda sublinhar uma outra situação que deriva de um misto de preconceito e de confusão. Refere-se o autor à distinção que subdivide a experiência numa primeira parcela enquadrada na categoria do pensamento, numa segunda vertente inscrita no domínio que se situa *aquém da condição do pensamento* e num terceiro segmento enquadrado na perspectiva do que está *para além da condição do pensamento*([7]). Neste particular, Oakeshott não considera o pensamento como um modo particular da experiência distinto e separado da consciência, da sensação, da percepção, da vontade, da intuição ou do sentimento. Todas estas categorias, na aparência distintas, pertencem e podem ser descritas em diferentes graus pela condição do pensamento. A separação não afirma a sugestão de uma diferente *natureza*, mas implica essencialmente uma distinção de *intensidade*.

A concepção de experiência apresentada sublinha assim uma entidade unificada, um todo único e homogéneo, no interior do qual podem ser identificadas distinções, mas que não admite uma divisão final ou absoluta. Mais ainda, na interpretação de Oakeshott, toda a experiência é, não só inseparável do pensamento, como em si mesma será sempre uma forma de pensamento. Como tal, pensamento e avaliação não serão um modo da experiência, mas são em si mesmo o todo concreto da experiência.

A proposta que se desenvolve no interior do argumento filosófico aponta para um conceito de experiência enquanto unidade auto-regulada, independente de uma qualquer autoridade exterior e estabelecida que proceda à respectiva legitimação ou justificação. Na lógica do discurso, a hipótese de uma autoridade exterior simplesmente não se coloca pelo motivo óbvio de que não poderá existir. Uma conclusão óbvia parece apontar para o facto de que tudo o que se perspectiva no horizonte possível da compreensão do Homem só poderá estar no âmbito específico da experiência, logo do pensamento. O *aquém* e o *além* pensamento são uma abstracção e uma impossibilidade. A matriz idealista da filosofia de Michael Oakeshott surge novamente bem vincada na concepção de experiência enquanto um todo único e homogéneo inseparável das operações do pensamento.

([7]) Michael Oakeshott, *Experience and Its Modes*, pág. 10.

Sendo a experiência pensamento e avaliação, tal actividade implica a existência de uma *entidade*, de um *eu*, activa e consciente das exigências de um posicionamento fluido e complexo. A propósito do *eu* implícito na experiência, Oakeshott regista uma apreciação em termos bem esclarecedores:

> A self, replete of opinion, prejudice, habit, knowledge is implied in every actual experience; and to exclude this self from any experience whatever is an absolute impossibility. There are, of course, occasions when it is less fully present, there are many occasions when we are not conscious of its presence; nevertheless, it remains a *conditio sine qua non* of experience.([8])

O mundo da experiência exibe deste modo uma substância ontológica, um *eu* que não se resume a um acontecimento simplesmente abstracto, indeterminado, precário na sua existência provisória no tempo, desprovido de memória ou incapaz do exercício da crítica e da reflexão. Numa outra perspectiva, este *eu* será uma entidade dotada de uma identidade e de uma consciência. Para Michael Oakeshott, a experiência exige e implica sempre a presença de uma «consciência psicológica» no sentido de que será uma consciência, não em potência, mas dotada de conhecimento([9]). Na sequência do argumento, a experiência não terá propriamente um momento inicial exterior e estranho ao pensamento, nem exigirá um conjunto de «dados» isolados ou dispersos aguardando pela ordenação de um sentido. Nesta matéria, em *Experience and Its Modes*, Oakeshott é peremptório:

> What is first given in experience is single and significant, a One and not a Many. The given in thought is the complex situation in which we find ourselves in the first moments of consciousness. There is nothing immediate or «natural» in contrast to what is mediate or sophisticated; there are only degrees of sophistication. And the process in experience is the continuous modification of this datum, which is given everywhere in order to be changed and never merely to be preserved.

([8]) Michael Oakeshott, *Experience and Its Modes*, pág. 14.

([9]) Michael Oakeshott, *Experience and Its Modes*, pág. 13.

(...)

[A]nd my view is that in experience we begin and end with judgment.([10])

Assim, o processo da experiência terá como motivo inicial um sistema de ideias que anima a consciência e que estimula e interpela o *eu*. O autor enfatiza deste modo que os «dados» da experiência não poderão ser entendidos como uma série aleatória ou como uma mera colecção arbitrária. A experiência inicia-se sempre com uma ideia, mas uma ideia não poderá nunca ocorrer num mundo descontínuo e abstracto das ideias isoladas — aquilo que existe em absoluto isolamento, sem o estabelecimento de um conjunto de relações, apresenta-se destituído de significado porque se posiciona no limite *exterior* da experiência. Os «dados» da experiência pertencem ao mundo das ideias, logo exibem um carácter homogéneo e serão dotados de um grau de unidade, de coerência e de verdade.

Mas se a experiência será pensamento e avaliação, qual o significado do conceito de *pensamento* e de *avaliação* neste contexto? De acordo com Oakeshott, e numa primeira aproximação, o pensamento será a explícita e consciente qualificação da existência através de uma ideia — a *entidade* em avaliação será a própria existência, sem que a totalidade da existência seja objecto de afirmação/qualificação([11]). Insatisfeito com este primeiro nível, o autor como que introduz uma maior complexidade quando passa a referir que o pensamento não é apenas a explícita qualificação da existência por uma ideia, mas sim a qualificação da existência através da própria existência — a *entidade* em avaliação será a totalidade da existência que será objecto de qualificação pela totalidade do seu próprio carácter. No limite lógico da afirmação, Oakeshott considera que na sua essência plena e global, o pensamento não poderá ser outra coisa que não seja a auto-revelação da existência.

Este último raciocínio serve para sublinhar que, para *além* do limite da experiência (pensamento e avaliação), não existe uma *evidência exterior*, não existe o *campo da transcendência*, não existe uma *alternativa permanente e desconhecida*. A experiência não necessita de uma

([10]) Michael Oakeshott, *Experience and Its Modes*, pág. 20.
([11]) Michael Oakeshott, *Experience and Its Modes*, pág. 24.

certificação essencial e exterior, pela simples razão de que nada de mais essencial e fundamental existe. A experiência será deste modo auto-referencial, no sentido em que se apresenta enquanto unidade que opera a sua própria autenticação. Sendo assim, *ser* significa *estar na experiência*, e o *estar na experiência* implica a existência de um mundo das ideias que pertence e integra a consciência do *ser*. Uma consciência que não conhece separação entre *sujeito* e *objecto*, no sentido em que a consciência não será nunca uma entidade abstracta e estranha ao seu próprio conteúdo. Para Michael Oakeshott, a consciência será sempre consciência de alguma coisa.

II.2.2. A Experiência e a Condição da Verdade – Sobre a Totalidade dos Factos

Na derivação do argumento, Oakeshott passa então a referir-se à experiência exclusivamente enquanto mundo das ideias. A existência isolada de um qualquer mundo das ideias é uma abstracção e não consegue definir ou suportar o conceito de experiência em discussão. No entanto, e como dispositivo lógico no desenvolvimento do discurso, o autor pretende apenas considerar a experiência do ponto de vista da verdade, ou seja, perspectivar a experiência tendo em consideração exclusiva a totalidade dos factos. O objectivo será, pois, a elucidação da natureza da verdade através da consequência lógica associada ao carácter da experiência.

Para o filósofo, a verdade é uma condição inseparável do mundo da experiência — mesmo quando não atinge a totalidade estabelecida, nunca poderá ser objecto de uma ausência total([12]). Seguindo a influência de F. H. Bradley na explanação da já referida «noção de graus de verdade», a verdade é uma condição do mundo da experiência através da qual esse mundo atinge um determinado grau de satisfação. A verdade será sempre correlativa em relação à experiência, a verdade será o próprio mundo da experiência tendo em consideração o grau de satisfação em si mesmo atingido. Assim, Michael Oakeshott vem afirmar que não existe um *standard exterior* à experiência capaz de

([12]) Michael Oakeshott, *Experience and Its Modes*, pp. 27-28.

determinar a verdade ou determinado grau de verdade. A verdade será uma *condição interna* inseparável da lógica intrínseca da experiência, a verdade será a condição do mundo da experiência que garante uma determinada intensidade de satisfação desse mundo perante si mesmo. Numa interpretação mais explícita, Oakeshott parece considerar que a verdade não é uma categoria externa, absoluta e independente do pensamento, mas sim uma categoria indissociável do grau de satisfação observável na própria experiência — o mundo da experiência é o juiz exclusivo da verdade. A questão que se interroga sobre a possibilidade do conhecimento da verdade reflecte o brilho da futilidade, tanto mais que, na ausência da verdade, o pensamento não será possível, do mesmo modo que, na ausência do pensamento, a verdade não passa de uma impossibilidade.

Para melhor percepcionar a doutrina de Oakeshott será necessária uma explicação sobre o processo através do qual se concretiza o conhecimento e a compreensão da verdade. Os «dados» da experiência existem sempre para serem transformados([13]). Os dados primeiros da experiência não terão um carácter sólido, fixo ou inviolável, nem se perspectivam como absolutos ou definitivamente satisfatórios. A condição de um determinado mundo das ideias jamais implica uma aceitação passiva. Pelo contrário, na experiência, a atitude dominante será invariavelmente positiva e obrigatoriamente crítica. Deste modo, a experiência transforma *aquilo que é dado naquilo que é alcançado* — a experiência altera *aquilo que é instável e defeituoso* no sentido da realização *daquilo que é completo e auto-sustentado*. Como tal, a experiência transforma um dado mundo das ideias num outro mundo das ideias mais homogéneo e dotado de maior unidade. Recorrendo a um outro ponto de análise, toda a experiência terá no início um *momento de negação*, negação da unidade observada e considerada como insuficiente, falsa ou inadequada. A transformação de um dado mundo das ideias ocorre, por sua vez, recorrendo a um *processo de implicação*. Não existe um qualquer critério objectivo e exterior, nem será lógico recorrer a uma definição prévia e idealizada de um hipotético estado final, e o motivo reside no facto de que a experiência analisa sempre um dado mundo das ideias com o propósito de

([13]) Michael Oakeshott, *Experience and Its Modes*, pp. 29–32.

identificar a nova unidade em potência e que subjaz implícita. Como consequência, *o que é alcançado* está contido de forma seminal ou implícita *naquilo que é dado*. O que distingue o mundo das ideias *dado* do mundo das ideias *alcançado* será sempre o grau de unidade observável. Mas o que se entende por unidade neste contexto particular? Para Michael Oakeshott, a unidade da experiência não envolve um ponto fixo, não se reclama da conformidade com um padrão, nem se perde na revelação de essências ou elementos comuns.([14]) A unidade em questão é congénita com a natureza de um mundo ou sistema no qual cada elemento é indispensável, um mundo ou sistema em que nenhum elemento é mais importante do que qualquer outro, enfim, um mundo ou sistema em que nenhum elemento se pode considerar imune à correcção ou à mudança. Numa frase objectiva, a unidade do mundo das ideias reside na respectiva coerência — a preponderância da «doutrina das relações internas» de F. H. Bradley revela-se na evidência do discurso. A experiência permite assim a definição de um mundo das ideias que, porque é um sistema, exibe um grau de unidade e, porque é uma unidade, é completo; logo, um mundo das ideias unificado e completo será um sistema coerente, o único mundo que concretiza em pleno a satisfação da experiência.

Poderá afirmar-se que a experiência, logo o pensamento, se concretiza através de um processo dinâmico, eminentemente auto-crítico, e que, recorrendo a uma terminologia hegeliana, poderá ser considerado enquanto concretização de uma cadência dialéctica. Aliás, citando Platão, Oakeshott refere inequivocamente que a experiência é dialéctica e que a verdadeira forma da experiência é a argumentação([15]). O autor pretende, pois, a definição de um processo com vista à diminuição do hiato que separa o *Parcial* do *Total*, um esforço permanente, nunca terminado, e que poderá ser descrito pela analogia simbólica associada ao mito de Sísifo. Recorrendo a uma citação clássica de Michael Oakeshott:

> What is given in experience is, then, a world of ideas and, by pursuing the implications of what is given, a world of ideas, which is

([14]) Michael Oakeshott, *Experience and Its Modes*, pp. 33–34.
([15]) Michael Oakeshott, *Experience and Its Modes*, pág. 37.

> satisfactory because it is complete and can maintain itself, is achieved. Nothing, in the view I have suggested, may be merely ejected; but nothing also is beyond criticism and transformation. In experience the given is simultaneously conserved and transformed; and the principle everywhere is that of coherence.([16])

A noção da **busca ou procura das implicações** será um conceito determinante na teoria política de Michael Oakeshott e que tem em *Experience and Its Modes* uma primeira formulação puramente filosófica.

Existe na doutrina de Michael Oakeshott uma inquestionável dimensão epistemológica e que exige certamente a atenção de uma referência. Para o autor, o conhecimento apresenta-se sempre na forma de um sistema coerente de ideias. Tanto será assim que conhecer significa a posse de um particular mundo das ideias que terá alcançado a condição da coerência([17]). Na linguagem própria do Idealismo e tão cara a Oakeshott, o conhecimento consiste no *reconhecimento* dos elementos que a experiência reclama enquanto factores de aceitação obrigatória, elementos a que o indivíduo é conduzido pela própria experiência e que encontra nestes um determinado grau de satisfação. O conhecimento apresenta-se deste modo com um carácter de necessidade, e sempre que esta necessidade prevalece em destaque no mundo das ideias, o conhecimento acontece. A *densificação* do conhecimento implica sempre a transformação e a recreação total de um determinado mundo das ideias — conhecer significa a criação de um *novo* mundo através da transformação do *velho* mundo. De acordo com o entendimento do autor, o conhecimento será sempre a concretização da coerência de um particular sistema ou mundo das ideias através da busca ou procura das implicações inerentes a esse mundo. Tal como a verdade é inseparável da experiência, o conhecimento afirma-se também indissociável da experiência. E pela simples aplicação de uma operação transitiva, poderá então afirmar-se que onde não existe conhecimento a verdade será sempre uma ausência a registar. Em certo sentido, quer o conhecimento, quer a verdade, serão sempre uma realização e uma concretização da experiência.

([16]) Michael Oakeshott, *Experience and Its Modes*, pág. 37.
([17]) Michael Oakeshott, *Experience and Its Modes*, pp. 40–41.

Finalmente, e no que concerne à natureza dos factos, Oakeshott afirma que o mundo das ideias é em si mesmo o «árbitro» dos factos, significando tal concepção que só poderá ser considerado *facto* aquilo que terá lugar no *ensemble* do mundo das ideias. Um facto é uma ideia, e o carácter dessa ideia coincide com o respectivo significado, sendo que este significado só poderá ser determinado pelo lugar ocupado na totalidade do mundo das ideias([18]). Uma consequência lógica desta posição aponta para uma situação em que a transformação da totalidade do sistema provocará a modificação do carácter de cada elemento constituinte. De modo recíproco, a modificação de cada elemento constituinte provocará a alteração do sistema na sua totalidade. O comentador estará assim perante uma visão em que os *factos*, enquanto constituintes de um sistema, não serão detentores de uma individualidade ou de um carácter próprios em situação de isolamento e relativamente à totalidade do mundo das ideias — o respectivo carácter será determinado pelo seu lugar no sistema([19]).

Um facto pertence ao mundo da experiência, o que significa que na ausência do pensamento o facto não conhecerá a felicidade da existência([20]). Por outro lado, um facto não constitui em circunstância alguma um dado da experiência, pelo motivo óbvio de que o facto resulta da concretização da experiência. Assim, o facto *é uma ideia que o indivíduo é obrigado a pensar*, não pela aplicação de um critério de correspondência com um qualquer mundo exterior associado à existência, mas sim porque se apresenta como uma exigência compatível e necessária para a coerência do mundo da experiência. E na experiência, a satisfação será atingida sempre que o nível do facto é alcançado.

De um modo breve e sucinto, a reflexão de Michael Oakeshott, ao considerar a experiência do ponto de vista do mundo dos factos, persiste na afirmação de que, na experiência, tudo o que é elucidado resulta das implicações implícitas e detectadas num determinado mundo das ideias e trazidas à superfície observável através da aplicação do critério da coerência.

Como corolário, poderá afirmar-se que o propósito da experiência será a obtenção de um mundo das ideias coerente, um mundo ou sistema

---

([18]) Michael Oakeshott, *Experience and Its Modes*, pág. 34.

([19]) Michael Oakeshott, *Experience and Its Modes*, pág. 30.

([20]) Michael Oakeshott, *Experience and Its Modes*, pp. 42–43.

de ideias simultaneamente unitário e completo — um mundo ou sistema absoluto([21]). No vocabulário oakeshottiano, um mundo absoluto significa um sistema que se «emancipou» da necessidade de encontrar os necessários significados num conjunto de relações estabelecidas no *exterior* do sistema. Tudo aponta para a definição de um sistema auto-completo e individual. Neste sentido, o que se afirma como absoluto não reside na qualidade de um inescrutável Absoluto, situado *para além* ou no exterior do mundo da experiência, mas será o próprio mundo da experiência, enquanto unidade coerente, o único que poderá ser considerado como absoluto. Quanto à verdade, esta nunca poderá ser *exterior* ao conhecimento, nunca se apresentará como uma entidade *ab extra*, nunca será um prémio final e estranho às aventuras da experiência.

II.2.3. A Experiência e o Domínio da Realidade – Sobre a Totalidade das Coisas

Michael Oakeshott passa então a orientar a sua análise pela consideração da experiência recorrendo a um ponto de observação menos abstracto. Mesmo se o autor não adopta uma posição em que existe uma separação entre as *ideias* e o *objecto das ideias*, mesmo quando não aceita como filosoficamente válida a concepção de que as *ideias* são *ideias sobre um motivo*, numa óbvia alusão à possibilidade de as ideias se referirem a *existências* a validar no *mundo exterior* à experiência, Oakeshott não deixa de reconhecer a existência daquilo que denomina genericamente por «coisas». No entendimento da filosofia adoptado, o universo das coisas pertence naturalmente ao domínio da realidade.

A proposta de Oakeshott estabelece, sem hesitações, que a realidade é parte integrante da experiência. No mundo da experiência, o conhecimento e a realidade são elementos correlativos, mantendo e suportando uma conexão permanente:

> Knowledge, if we are to avoid contradiction, must be seen to have its place in the universe of the real; and reality must lie within the universe of knowledge. For, if experience be not, in some sense, real,

([21]) Michael Oakeshott, *Experience and Its Modes*, pág. 47.

> then nothing can be real, and consequently nothing unreal. And if reality be separated from knowledge, it must resign itself to the condition of nonentity, an empty concept, an idea without meaning or significance. Reality is experience, not because it is made real by being known, but because it cannot without contradiction be separated from knowledge.([22])

Fará todo o sentido um breve comentário relativamente ao entendimento do autor expresso nesta última citação. O motivo imediato estará associado ao distanciamento de Oakeshott em relação ao Racionalismo([23]). Convirá sublinhar que o Racionalismo afirma que o Universo só poderá constituir-se como objecto de conhecimento através da aplicação e da acção da Razão. Por outro lado, só a Razão terá capacidade para descrever e conhecer as coisas exactamente como elas são, enquanto a experiência se encontra limitada ao registo e identificação de uma mera aparência. Surge assim um «dualismo» ou «disjunção» entre a realidade e a aparência. O Racionalismo estipula, não apenas que as coisas terão uma existência que é objectivamente independente da experiência, como afirma igualmente que a experiência produz um conhecimento que é significativamente diferente e distante da realidade das coisas. Na óptica racionalista, para além da realidade empírica, inalcançável ao mundo fenomenológico, indiferente à experiência e às variações da consciência, existirá sempre uma outra realidade invisível e que passará a constituir o verdadeiro e derradeiro mundo real.

O olhar filosófico de Michael Oakeshott percorre uma outra doutrina. Para o Idealismo, a realidade não será uma entidade estranha, distinta e independente da experiência — a realidade é e será sempre idêntica à própria experiência. Esta afirmação poderá ser interpretada de dois modos. Em primeiro lugar, o Idealismo considera que as aparências constituem um facto real da vida, um facto que deverá ser convenientemente entendido, considerado e não prontamente ignorado como algo de ilusório ou simplesmente supérfluo. Em segundo lugar, o Idealismo afirma que não existe nenhuma realidade final ou oculta, nem sequer um qualquer reino ideal da transcendência. A alternativa

([22]) Michael Oakeshott, *Experience and Its Modes*, pág. 50.

([23]) Robert Grant, *Oakeshott*, pp. 25-26.

à experiência, qualquer viagem no *exterior* da experiência, só poderá constituir uma abstracção entre o vazio e o nada.

A reflexão de Michael Oakeshott implica desta forma uma denegação da doutrina racionalista e uma reafirmação da filosofia idealista. O *sujeito* nunca poderá ser independente do *objecto*, querendo com isto significar que *o acto da experiência* não será nunca independente *daquilo que é experimentado*. Existe, pois, uma decorrência lógica deste argumento em relação ao estatuto da realidade — ser *real* significa *estar* no pensamento. Sendo a ordem dos factores arbitrária e com o exacto conteúdo de verdade, na experiência o pensamento e a realidade são elementos que se definem em conexão permanente.

Mas se não existe separação possível entre a realidade e a experiência, e se o mundo da experiência é invariavelmente parte integrante do mundo das ideias, tal significa que a realidade pertence também ao universo das ideias. A partir desta asserção lógica, Oakeshott vem, no entanto, afirmar que a realidade não será apenas parte constituinte de um mero mundo das ideias, nem será simultaneamente uma existência que se consubstancia *para além* do mundo das ideias([24]). O argumento passa então a projectar uma outra dimensão, pretendendo alcançar uma consistência de acordo com as consequências lógicas inerentes a uma concepção da experiência. Assim, para o autor, a realidade é *aquilo que é alcançado pela experiência* e, em sintonia, a realidade contém *aquilo que é satisfatório para a experiência*. Desenvolvendo a afirmação, aquilo que é realizado pela experiência e que manifesta um particular grau de satisfação será a obtenção de um mundo das ideias dotado de um determinado grau de coerência. A satisfação referida estará contida na afirmação da coerência, ou seja, na afirmação da unidade e da plenitude do mundo das ideias. Por outro lado, a condição da coerência na concretização da satisfação da experiência exige a definição de uma *entidade individual*, no sentido em que esta se afirma como uma unidade, um todo auto-completo em si mesmo. Depois, os elementos satisfatórios para a experiência deverão incorporar a condição da universalidade e a dimensão do absoluto. De modo objectivo, estas serão as características do real, e no qual é detectável uma afirmação da realidade enquanto mundo das ideias que atingiu a condição da coerência.

([24]) Michael Oakeshott, *Experience and Its Modes*, pp. 57–58.

No entanto, o mundo da realidade não se circunscreve exclusivamente à perspectiva de um mero mundo das ideias, tanto mais que o mundo da experiência também não se reconhece em tal limite exclusivo. Na experiência, será sempre detectável uma referência ao que está para além daquilo que é simplesmente verdade, será sempre perceptível uma referência ao que é efectivamente real. O que é simplesmente verdade — o mero mundo coerente das ideias —, não será nunca totalmente completo e absoluto, mas sim uma abstracção. Como tal, a realidade será constituída pelo mundo coerente das ideias concretas, ou seja, será uma realização do universo das coisas.

A realidade não poderá ser confundida com o arbitrário ou com o exercício da imaginação, tanto mais que a realidade será *aquilo que o indivíduo é obrigado a pensar*. Colocando em acção a proposição anterior, será possível percorrer uma interessante sequência no raciocínio de Oakeshott. Como tal, pensar significa o exercício da experiência e a experiência caracteriza-se pela manifestação de um significado. Novamente por implicação lógica, a realidade, aquilo que se impõe como real, será sempre aquilo que tem significado, e porque ostenta um significado, o real será uma concretização daquilo que se revela como racional. É novamente o tópico hegeliano em que o *real é o racional e o racional é o real*.

Adoptando um outro ponto de vista ainda a propósito da realidade, o autor vem afirmar que o mundo real será um «mundo objectivo» ou um «mundo de objectos». Sendo o mundo da realidade também o mundo da experiência, tal significa que o real não poderá ser entendido como a emanação de um simples mundo das ideias na posse de um indivíduo particular([25]). Em contraste obviamente contrário, a realidade é o mundo das ideias coerentes e é o mundo das ideias necessárias. A realidade não poderá ser reduzida à *circunstância isolada daquilo que ao indivíduo acontece como pensamento*, porque o real será invariavelmente *aquilo que o indivíduo é obrigado a pensar*. E quando se refere a condição da objectividade, tal serve apenas para manifestar e distinguir o mundo das coisas da vertente abstracta associada ao simples mundo das ideias. A ideia de objectividade não se coloca em contraposição à ideia de experiência, uma vez que não se considera

([25]) Michael Oakeshott, *Experience and Its Modes*, pp. 59–60.

a objectividade como uma qualidade independente da experiência. A objectividade assume-se como uma característica da realidade que, em vez de negar, implica obrigatoriamente o mundo da experiência.

Um ponto essencial na concepção da realidade estabelece ainda que o real não será concretizado na respectiva totalidade em cada elemento ou em cada momento da experiência. Tal constatação implica uma situação em que, se a realidade é *aquilo que é alcançado na experiência*, tal não significa que em cada momento da experiência a realidade seja objectivada de modo uniforme e em idêntico grau. Neste particular, a perspectiva de Oakeshott não parte do enunciado do seguinte problema filosófico: *Como poderá o indivíduo escapar à sua experiência puramente pessoal em direcção ao mundo objectivo da existência real?* A efectiva interrogação de Oakeshott estará contida na brevidade de uma quase afirmação: *Como será a experiência em que a realidade poderá ser realizada na sua plenitude?* Eis o esboço de uma resposta. Ao alegar que a realidade é concretizada através da experiência, através da objectividade da experiência, Oakeshott sublinha e enaltece uma circunstância em que a realidade será alcançada através da experiência e na medida em que esta última se perspectiva como obrigatória e inevitável, logo completa. Aquilo que é objectivo será sempre aquilo que não poderá ser negado, será sempre aquilo que se destaca pela plenitude e pela evidência do absoluto. Por este elenco de qualidades, aquilo que é objectivo será sempre aquilo que é real. Se o conhecimento e a realidade são elementos que se definem em conexão permanente, o real coincide com tudo aquilo que não é considerado uma outra coisa distinta daquela que na realidade é.

Neste ponto do argumento surgirá de modo natural a exigência de uma reflexão sobre a definição e o carácter daquilo que Oakeshott refere como «coisa». A imposição de uma análise à natureza ou carácter da denominação de «coisa» confere ao discurso do autor uma incontornável dimensão ontológica, não adoptando, contudo, a forma de uma meditação sobre o *ser*, mas evidenciando o reconhecimento de um *conjunto de existências* ou *coisas* associadas à estrutura própria da realidade([26]). Falar de uma coisa implica uma referência a um

([26]) *The Oxford Companion to Philosophy* (Org. Ted Honderich) (Second Edition) (Oxford: Oxford University Press, 2005), pág. 670.

determinado «modo de comportamento», não tendo associado a identificação da presença de uma substância essencial que supostamente incorpora e concretiza a coisa naquilo que esta testemunha através do respectivo carácter([27]). Assim, uma coisa será tudo aquilo que não apenas exibe um comportamento determinado, como será capaz de manter e reproduzir esse comportamento, adquirindo desta forma o carácter de uma unidade e de um todo unificado. Tudo aquilo que manifesta um determinado grau de independência e de competência para a manutenção de uma existência plenamente auto-sustentada, Oakeshott identifica nessa manifestação a presença e o carácter de uma coisa. Tendo em atenção a concepção de experiência anteriormente analisada, uma coisa é uma unidade que atingiu simultaneamente a condição da totalidade. Ou seja, tudo aquilo que leva o indivíduo a reconhecer uma unidade, tudo aquilo que se impõe ao indivíduo como algo de plenamente cognoscível sem a exigência de um critério exterior a si mesmo, estas serão exactamente as condições que levarão Oakeshott a identificar e a afirmar a presença de algo que pode ser denominado por coisa.

Nesta discussão, o autor recusa a redução da análise a propósito do carácter de uma coisa à dicotomia de uma distinção([28]). Por um lado, Oakeshott recusa a oposição entre *coisa* e *meio circundante* enquanto representação do carácter em apreciação — a referência parece dirigir-se ao problema da *individualidade*. A concepção de individualidade parece aqui ostentar a percepção de algo isolado, a manifestação de uma certa inclinação atomista. Em Oakeshott, uma oposição entre *coisa* e *meio circundante* é uma abstracção, tanto mais que o conhecimento da primeira dependerá do conhecimento do segundo. Portanto, qualquer tentativa no sentido da separação estará condenada ao infortúnio — a *coisa* e o *meio circundante* permanecem e permanecerão inseparáveis. Por outro lado, o autor recusa igualmente o recurso ao critério da *identidade*. Nesta concepção, uma coisa terá de exibir e preservar uma identidade, tal significando que qualquer mudança ocorrerá de acordo com um certo «programa». Se uma coisa pretende um estatuto que não se limita à ostentação de uma unidade estática, esta terá então de manter uma identidade — uma espécie de núcleo essencial ou centro

([27]) Michael Oakeshott, *Experience and Its Modes*, pág. 62.

([28]) Michael Oakeshott, *Experience and Its Modes*, pp. 63–65.

ao redor do qual se determina a própria existência. Esta concepção de identidade parece sugerir a preservação de uma substância fixa e original. O que Oakeshott parece declarar é que uma ideia de identidade baseada num conjunto de características — conteúdo, forma, tamanho, função, «espírito» —, é novamente o regresso ao mundo das abstracções que não *representam* a coisa enquanto unidade e plenitude em si mesma. O critério da identidade assim estabelecido reintroduz o problema da oposição entre *coisa* e *meio circundante*, e no lugar da unidade e da plenitude observa-se a manifestação de duas abstracções.

A doutrina parece, pois, orientar-se numa direcção específica. Assim, uma coisa, qualquer coisa, será sempre a evidência de um particular modo de comportamento que poderá existir numa complexa e múltipla variedade de graus. Na experiência, o que é *dado*, não será o cortejo de uma série ou colecção de coisas isoladas, mas um determinado mundo das coisas. As coisas, porque também são ideias, não existem no isolamento perfeito de um vazio desconexo. O mundo das coisas *dado* será, pois, transformado num mundo mais coerente e, logo, mais completo. O mundo das coisas *dado*, e na medida em que este mundo exibe um determinado grau de incoerência, não consegue realizar ou concretizar o seu carácter na total plenitude. Sendo assim, este mundo das coisas não consegue resistir à busca ou à procura das implicações com vista à revelação de um mundo mais coerente e mais completo. No limite, o processo de transformação ocorrerá em contínua sucessão até culminar no mundo das coisas enquanto total e completa plenitude.

No entanto, nenhuma coisa será completa enquanto não deixar de ser considerada menos do que aquilo que na realidade é. A afirmação parece encerrar a variante de um truísmo, mas na verdade, tal significa que uma coisa será sempre menos do que aquilo que na realidade é, enquanto não for em si mesmo o mundo concreto das coisas na mais completa plenitude. A proposição apresenta um inegável sentido paradoxal. E o paradoxo reside no carácter daquilo que se designa por coisa e que, para a realização completa desse carácter, obriga à completa integração da coisa na plenitude ou totalidade da qual foi objecto de abstracção.

Que relação estabelecer entre o mundo das coisas e a realidade? O real será um título que se reporta, em determinado grau, a tudo aquilo que exibe o modo de comportamento de uma coisa, uma coisa que pertence de forma ilimitada ao mundo concreto das coisas como um todo, e no qual nenhuma coisa isolada consegue resistir ao processo de transformação e de integração. Uma coisa será real na medida em que for uma unidade e uma totalidade; aquilo que lhe confere o carácter de coisa será exactamente o mesmo que lhe garante o estatuto de real. Sendo assim, a realidade será em simultâneo um *dado* e um *resultado*([29]).

A complexidade da filosofia de Oakeshott fica bem patente na concepção de realidade enunciada em *Experience and Its Modes*. No entanto, e a benefício da brevidade, a posição do autor poderá ser objecto de uma sistematização, recorrendo para tal a uma talvez longa, mas significativa citação:

> Briefly, then, the view of the character of reality which I am suggesting is this. When we say that something «is», we imply that it is self-existent, and we do not distinguish this from reality. To be real is to be; and to be is to be self-existent. The real world is, therefore, not a world apart from and independent of experience, it is the world of experience. It is consequently a world of ideas; yet not a world of mere ideas, for that is an abstraction. Also, it is a world of things; yet not a world of mere things, things independent of experience, for that is an abstraction. And again, reality, because it is experience, is a world, and because it is a world it is fully itself only when it is coherent. And if coherence be our criterion, the given world in experience may be more or less real, though it cannot fall altogether outside reality. The concrete world of reality, as such, can, of course, have no degrees; it is perfect and complete. To speak of degrees of reality means only that whatever belongs to experience, however incomplete it be, cannot be wholly foreign to reality, and that the process in experience, when unimpeded by extraneous motives, is a movement from what is abstract to what is concrete, from what is real incompletely to what is completely real. It means that everything is real if we do not take it for more or for less than it is.([30])

([29]) Michael Oakeshott, *Experience and Its Modes*, pág. 66.

([30]) Michael Oakeshott, *Experience and Its Modes*, pág. 67.

*

Em relação ao universo da experiência, Michael Oakeshott apresenta três pontos de vista distintos no critério analítico, mas que completam uma unidade na perspectiva da filosofia([31]). A experiência individual pertence ao indivíduo e será verdadeira porque é real. A experiência pertence ao indivíduo porque este a reconhece, e reconhece e aceita pelo facto de a experiência exibir um módico de coerência. A experiência será verdadeira porque permite atingir o mundo das ideias coerentes. Mas esta coerência repousa afinal, e em última instância, numa referência à realidade. A experiência para ser experiência tem de ser também realidade; a verdade para ser verdade tem de ser a verdade consentânea com a realidade. Na filosofia de Michael Oakeshott, a experiência, a verdade e a realidade são inseparáveis.

II.2.4. A Experiência, a Filosofia e o Estatuto da Liberdade

Na essência filosófica do argumento, o mundo da experiência será sempre o mundo do pensamento. Na sequência da proposição, a experiência coincide com a busca incessante e permanente de um mundo das ideias completa e inteiramente coerente. No rigor da concretização lógica da reflexão de Oakeshott, não existirá um qualquer ponto ideal ou hipotético, próximo ou afastado da coerência absoluta e que possa justificar uma suspensão dessa procura irrevogável e constante([32]). Como tal, sempre que a experiência cumpre integralmente o propósito inerente à respectiva afirmação no contexto da teoria, ou seja, sempre que a experiência percorre todo o movimento em função da plenitude, do concreto e da coerência absoluta, e na ausência de impedimento, obstáculo ou dificuldade, Michael Oakeshott identifica nestas condições aquilo que denomina por «experiência filosófica»([33]). A filosofia significa deste modo a concretização da experiência sem reservas ou pressuposições, será, pois, a experiência que se mantém sempre

([31]) Michael Oakeshott, *Experience and Its Modes*, pág. 69.
([32]) Michael Oakeshott, *Experience and Its Modes*, pág. 81.
([33]) Michael Oakeshott, *Experience and Its Modes*, pág. 82.

auto-consciente e sempre em permanente auto-crítica. A filosofia exibirá ainda a determinação em permanecer insatisfeita com qualquer inquérito que fique aquém do mundo das ideias absoluto e totalmente coerente. Como consequência, a filosofia acontece sempre que a experiência é levada ao limite do concreto, recusando a tentação de um desvio, evitando a facilidade de uma abstracção ou negando a possibilidade de uma modificação. A filosofia não será assim uma variante da experiência, uma espécie particular e específica da experiência, e não será certamente a fonte e a origem de um conhecimento peculiar ou exclusivo. A filosofia é apenas a experiência a tornar-se crítica de si mesma, a experiência procurada e perseguida inteiramente em função de si própria.

Existe, no entanto, um ponto essencial que exige a delicadeza de uma reflexão. Percorrendo as implicações inerentes à teoria da experiência em Oakeshott, observando a constatação e a relação que o autor estabelece como fulcral entre a experiência e a filosofia, destaca-se desde logo uma omissão e uma ausência absolutamente flagrantes — a inclusão de uma referência ao problema da **liberdade**.

Deverá ser salientado que, em «The Concept of a Philosophy of Politics», Oakeshott apresenta uma concepção de filosofia coincidente com a ideia explorada em *Experience and Its Modes*, só que no ensaio em questão, o autor escreve explicitamente que «a filosofia é simplesmente aquilo que acontece quando ao pensamento é permitido seguir a sua própria tendência com uma incondicional liberdade». Por um lado, se a filosofia é apenas a experiência a tornar-se crítica de si mesma, a experiência procurada e perseguida inteiramente em função de si própria; por outro lado, se a filosofia exige o exercício do pensamento enquanto afirmação de uma categórica liberdade, existe na dicotomia de implicações em causa um aspecto que não conhece um desenlace lógico nem atinge uma conciliação filosófica — qual a relação entre o mundo da experiência e a liberdade? Mas mais importante ainda, que motivo estará na origem da supressão da exigência da liberdade? Esta abstenção do autor na referência à liberdade insere no argumento uma inegável tensão que não pode deixar de suscitar e provocar a inquietação do comentador.

A inquietação provoca igualmente a imaginação filosófica na procura de uma hipótese, ou conjunto de hipóteses, que permita o ensaio de uma justificação para a evidência de uma tensão. Uma primeira abordagem poderá estar relacionada com a natureza interna do argumento. Assim, se a experiência é a plenitude, o concreto e a coerência absoluta, se a experiência é uma totalidade que não aceita ou reconhece divisões, uma entidade unificada, um todo único e homogéneo, no interior do qual podem ser identificadas distinções, mas que não admite uma divisão final ou absoluta, falar de liberdade neste contexto filosófico será uma aparente contradição, pois reintroduz a questão da *ideia isolada* que, na lógica interna da teoria, não terá motivo ou vestígio de significado. Nesta possível hipótese, a liberdade surge como uma abstracção, uma abstracção que deverá ser ultrapassada pela necessária integração na plenitude e no absoluto da experiência. Aliás, a ideia de liberdade e o conceito de experiência prática são referidos por Oakeshott recorrendo precisamente ao predicado da abstracção:

> Not until we have become wholly indifferent to the truths of this world of practice, not until we have shaken off the abstractions of practical experience, of morality and religion, good and evil, faith and **freedom**, body and mind, the practical self and its ambitions and desires, shall we find ourselves once more turned in the direction which leads to what can satisfy the character of experience.([34])
> [ênfase adicionado]

Deste modo, Michael Oakeshott parece estar preocupado com a *libertação* da filosofia das abstracções do mundo da experiência prática — ao sublinhar que a filosofia começa com a renúncia a todas as abstracções —, reflectindo assim no universo da experiência uma dimensão *metafísica*, quase *infinita*, quase *transcendente*, no sentido em que se suporta, sustenta e sustém, numa Teoria do Absoluto em permanente movimento e em direcção ao concreto de um Horizonte Ideal.

Mas existe uma outra hipótese que poderá justificar a inclusão da liberdade no argumento. Em *Experience and Its Modes*, a filosofia parece exibir as características de uma ideia que se ocupa do exercício permanente de pensar o pensamento. O inquérito filosófico apresenta um ritmo e uma cadência dialécticas, sempre na busca ou na procura

([34]) Michael Oakeshott, *Experience and Its Modes*, pág. 310.

das implicações implícitas a um determinado mundo das ideias, um movimento permanente na concretização de uma coerência crescente que se projecta no horizonte do absoluto. O pensamento exigirá deste modo a ausência de impedimentos à sua progressão, considerando nesta interpretação que o pensamento será um modo ou uma forma de *movimento interno*. No argumento de Oakeshott, não existe separação entre o *pensamento* e o *pensamento em movimento*, uma vez que o *pensamento* será em si mesmo *movimento*. Como tal, a ausência de impedimentos internos à concretização do pensamento parece apontar para a afirmação do imperativo de uma *consciência individual livre*, imune a qualquer condicionamento que não seja a procura e a concretização das implicações implícitas a um particular mundo das ideias. Os contornos presentes nesta interpretação apontam inequivocamente para a imposição de uma referência à questão da liberdade.

Poderá ser ainda especificada uma terceira hipótese, ensaiando desta feita uma relação entre a liberdade e o espírito([35]). Apelando para Hegel, tal como a gravidade se comporta como a substância da matéria, a liberdade será a substância do espírito. Tal como a matéria induz o objecto natural para um centro externo, o espírito será induzido para um centro algures no seu interior, centro esse que será perseguido e procurado com toda a intensidade — o espírito será desta forma auto-consciente, auto-dependente e, sobretudo, auto-suficiente. Ou seja, no fundamental, o espírito é e será sempre uma entidade auto-suficiente, uma entidade autónoma, o que para Hegel coincidirá com a afirmação de que o espírito é e será sempre a liberdade. Quando o espírito demanda uma coerência em sintonia com o centro, o espírito nada mais faz do que procurar intensamente a sua própria liberdade — sublinhe-se que esta busca é uma compulsão inerente à natureza do espírito. O espírito será naturalmente activo, de tal modo que a actividade será a sua verdadeira essência. Não conhecendo os limites impostos por um momento fundador, nem usufruindo de um propósito escalonado exteriormente, tanto o fim como o princípio serão inerentes e definidos pela actividade natural do espírito. A liberdade não consiste, pois, num ser ou numa entidade estática, mas sim na constante sublimação

([35]) Zbigniew Pełczyński, «Freedom in Hegel» in *Conceptions of Liberty in Political Philosophy*, pp. 150–152.

de tudo aquilo que ameaça pôr em causa a realização da liberdade. O propósito do espírito é o de concretizar-se a si mesmo, transformar-se em *objecto* do seu próprio conhecimento, atingindo assim a totalidade do auto-conhecimento. O espírito realiza-se a si mesmo e à luz do conhecimento que produz de si mesmo. Poderá afirmar-se que o espírito existe em função de si próprio e que por essa razão será livre. Em toda esta reflexão, a liberdade apresenta uma inegável dimensão metafísica.

Não existem argumentos perfeitos, no entanto, todo este discurso aponta para uma certa consonância com a reflexão filosófica de Michael Oakeshott, em particular quando o autor afirma que a filosofia é apenas a experiência a tornar-se crítica de si mesma, a experiência procurada e perseguida em função de si própria. Percorrendo toda a teoria da experiência, pressente-se na profundidade do argumento a presença de uma permanente *cintilação* provocada pela implícita presença de uma liberdade com uma origem talvez metafísica. Mesmo que não explicitamente representada no discurso, a referida *cintilação* empresta à reflexão de Oakeshott uma perturbante tensão em torno e em volta do tema da liberdade.

Uma leitura ainda mais atenta de *Experience and Its Modes* permitirá a identificação de uma outra face desta tensão entre o argumento da liberdade e a natureza da filosofia. A propósito das reservas e das pressuposições inerentes à definição do mundo da experiência prática, Michael Oakeshott escreve:

> **If a man thinks to set himself free, in any save a vague and metaphorical sense, by the study of science or of history or by the pursuit of philosophy he is grossly mistaken.**(36)
> [ênfase adicionado]

O autor não se limita a referir em outro contexto e em diferente formulação a questão da filosofia enquanto guia privilegiado para a conduta prática da vida. O que Oakeshott parece afirmar é exactamente a impossibilidade de se alcançar a liberdade através da reflexão filosófica. Assim, num primeiro momento, o autor identifica a filosofia

(36) Michael Oakeshott, *Experience and Its Modes*, nota pág. 268.

como a resultante de um processo em que o pensamento segue a sua tendência no usufruto de uma categórica liberdade. Depois, e num segundo momento, Oakeshott vem alegar a incapacidade da filosofia na promoção da liberdade. Existe uma interrogação brusca que se precipita sobre a teoria — *Como é que a existência da filosofia exige uma categórica liberdade, ao mesmo tempo que a reflexão filosófica não oferece a possibilidade de uma categórica liberdade?* Neste ponto, a tensão no argumento exibe uma outra complexidade, uma tensão que a espaços exibe a face da auto-negação para logo de seguida reflectir as vicissitudes de uma aparente contradição — *aquilo que é livre não promove a liberdade.*

Será lícito realçar uma certa *oscilação* no discurso de Michael Oakeshott a propósito do problema da liberdade. Esta *oscilação* resulta, aparentemente, quer de uma sobreposição de significados jamais enunciados individual e metodicamente, quer da ausência de uma reflexão prévia sobre os fundamentos filosóficos da própria liberdade. A tensão perceptível será o sintoma de um *posicionamento filosófico não fundacional*, será a marca de uma ausência que confere ao tratamento da liberdade uma certa dissonância que se transmite ao inquérito filosófico.

No que directamente respeita ao significado da liberdade, Michael Oakeshott utiliza a mesma designação, *liberdade*, tanto em proposições que pretendem reunir matéria de significado e alcance na afirmação de uma filosofia original, como no contexto de um discurso corrente em que o vocábulo *liberdade* ostenta, por defeito, a história residual de uma palavra em plena utilização comum.

Considerando o significado elementar e corrente da palavra, em *Experience and Its modes*, Oakeshott utiliza de modo espontâneo a denominação *liberdade* na conjugação da frase *freedom from*, significando com a expressão a intenção de enaltecer a ausência de um obstáculo, de um constrangimento, de uma interferência e, eventualmente, de uma coerção. Aparentemente, tudo indica que a percepção da liberdade em questão apresenta uma elevada conformidade com o *paradigma liberal.*

No entanto, esta utilização acontece na presença de um contexto filosófico de matriz marcadamente idealista, uma influência conceptual que sistematicamente suscita as questões de uma *inner freedom*, da auto-consciência e da auto-suficiência na afirmação das condições internas ao pensamento de um *eu real, ideal e autónomo*. Nesta fase do inquérito, Oakeshott não retira qualquer consequência explícita e filosófica sobre a concepção de liberdade em jogo, mas o comentador mais atento não poderá evitar a identificação e o reconhecimento de um *paradigma idealista*.

Será, pois, detectável a hipótese de uma tensão entre o *paradigma liberal* e o *paradigma idealista* associados a dois conceitos distintos de liberdade. Neste estádio do argumento filosófico de Oakeshott, o eixo da designação *liberdade* não apresenta um conteúdo político, logo poderá identificar-se as referências à liberdade numa lógica metafísica e numa perspectiva pré-política. Face a um tão específico e particular enquadramento filosófico, a tensão *liberal versus idealista* será, por agora, um *conflito* em potência que a transição para a política poderá, ou não, revelar com o esplendor de uma clássica intensidade.

II.3. *Experience and Its Modes* e a Natureza Abstracta dos Modos: Uma Visão sobre a Plural Fábrica do Mundo

II.3.1. Os Modos da Experiência e o «Facto da Diversidade»

De acordo com Michael Oakeshott, a filosofia — a experiência procurada e perseguida inteiramente em função de si própria —, é um «estado de espírito», uma «disposição» que para que o Homem possa viver a incurável abstracção da vida, deve ser frequentemente abandonada([37]). Permanecer inflexível perante todas as abstracções é um «conselho para a perfeição», mas é um conselho impossível de concretizar sem que para tal se abdique desse exuberante e melancólico ofício que constitui a existência humana.

Perante a complexidade do mundo, a filosofia da experiência de Oakeshott não terá certamente o atributo da *consistência* se não contiver um tratamento e uma explicação para aquilo que o autor designa por «facto da diversidade»([38]). A ideia de que a experiência se manifesta

([37]) Michael Oakeshott, *Experience and Its Modes*, pág. 83.
([38]) Michael Oakeshott, *Experience and Its Modes*, pp. 69–70.

na contínua modificação de um determinado mundo das ideias, em ordem a uma maior coerência, não nega a existência da diversidade, nem exclui a possibilidade de uma suspensão ou pausa na experiência. De facto, a noção de graus de verdade, uma noção inseparável da concepção de experiência entendida na vertente de um particular e coerente mundo das ideias, implica o facto da diversidade e admite mesmo a hipótese de uma pausa no processo da experiência. Para o autor, tal como aquilo que não atinge a *plenitude da verdade* não estará condenado a uma exibição do *pleno da falsidade*, também aquilo que se limita a uma representação do *Abstracto* não será excluído do mundo em que o *Absoluto* se apresenta como realização lógica e coerente. Face a esta proposição, a *Unidade* e a *Diversidade* aparecem naturalmente na sequência do processo de concretização da experiência. Observe-se, pois, o argumento de Oakeshott.

A experiência é uma unidade e um todo que, quando analisada da perspectiva do concreto e do total, não se observa a profusão de graus de verdade, nem se detectam divergências. No entanto, e em certa medida, será possível uma ruptura ou uma solução de continuidade na experiência. Na experiência acontece um movimento contínuo orientado para a obtenção de um mundo caracterizado pelo absoluto coerente. Mas, de forma algo eloquente, este processo é interrompido antes de se atingir a plenitude da coerência. Por vezes, e embora exista a intenção de se levar o processo até ao *apex* da realização, o movimento termina porque atinge simplesmente o desenlace de um colapso. Porém, a razão mais frequente para a suspensão do movimento deve-se à incapacidade de tomar o critério de satisfação implícito ao processo da experiência na sua verdadeira e absoluta dimensão — *aquilo que, em si mesmo, por si só e em última instância poderá permitir a completa e absoluta satisfação, será abandonado em função daquilo que, na superfície da aparência, ao possibilitar a construção de algo mais próximo e, sobretudo, mais acessível, apenas permite uma simples e sempre limitada satisfação*. Assim, na experiência, perfila-se a hipótese de pressionar o movimento no sentido da realização da coerência perfeita em função do mundo concreto das ideias. Em alternativa, coloca-se igualmente a possibilidade de um *desvio*, espécie de *short cut*, em que o propósito será o de construir e explorar o mundo restrito das ideias abstractas. A obrigação integral do carácter da experiência será contornada sempre que a tentativa de atingir uma *definição* — o concreto de uma visão total, absoluta e completa —, abdica perante a satisfação de uma possível *designação* — o ensaio de uma visão incompleta, instável e abstracta.

A asserção de que a experiência consiste na elucidação contínua das implicações de um determinado mundo das ideias, cujo critério por excelência será o vínculo da coerência, terá como consequência lógica que, sempre que se verifique uma suspensão ou pausa num qualquer ponto anterior à realização da coerência completa, poderá então afirmar-se a ocorrência de uma *modificação* no carácter total da experiência — no exacto ponto da paragem surge então o que Oakeshott designa por um ***modo da experiência.***

Um modo da experiência poderá ser uma divergência no propósito total e concreto inerente à experiência, mas jamais conseguirá atingir a negação ou a evasão do mundo da experiência em si mesmo. Em relação ao carácter dos modos, fica a relação breve e sistemática([39]):

> 1 — Um modo da experiência será um *defeito*. Tal verifica-se não pelo facto de ter abandonado a experiência ou pela razão de ter abdicado do critério inerente à mesma (as proposições são ambas falsas). A natureza *defeituosa* do modo manifesta-se na incapacidade para cumprir e satisfazer o critério da experiência na sua plenitude.
>
> 2 — Um modo da experiência não será uma espécie particular e específica da experiência. Não existem *espécies* da experiência, existe apenas uma entidade designada por *experiência*. Aquilo que não atinge a plenitude da experiência não será algo separado da mesma, mas sim um *modo defeituoso da experiência*.
>
> 3 — Um modo da experiência não será uma parcela separável da realidade, mas uma perspectiva do todo visto através de um ponto de vista limitado. Um modo da experiência não será uma «ilha no mar da experiência», mas será certamente uma visão limitada da totalidade da experiência. Em sentido literal, um modo da experiência não se evidencia pelo *carácter parcial*, afirmando-se sim pela sua *natureza*

([39]) Michael Oakeshott, *Experience and Its Modes*, pág. 71.

abstracta. Na realidade, não existem *partes* na experiência, não existem *extensões* separáveis da experiência.

Para Michael Oakeshott, os modos da experiência não resultam da revelação de uma particular faculdade, nem constituem estágios ou fases no desenvolvimento da experiência. Um modo da experiência, sendo uma abstracção, logo também uma forma do pensamento, não se perspectiva apenas como uma «omissão selectiva» em que a experiência conhece uma suspensão antes da formalidade de um epílogo lógico e filosófico([40]). Um modo da experiência não pode ser reduzido a uma pausa obscura no movimento da experiência, e pelo facto maior de que o modo representa a construção de um mundo das ideias no tempo e no lugar da ruptura. O significado da pausa reside então no carácter do mundo que essa pausa revela. Em flagrante contraste com a filosofia, um modo da experiência manifesta-se enquanto experiência limitada pela identificação e definição de um conjunto de reservas, de pressuposições e de postulados. Surge deste modo todo um carácter distinto que a natureza específica dessas reservas, pressuposições e postulados implicam, exigem para a efectiva realização e mantêm no tempo — se um modo da experiência é uma forma da experiência, é também um mundo das ideias, logo o carácter do modo será sempre o carácter desse mundo.

Um modo da experiência permite a criação de um mundo homogéneo das ideias na região da ruptura. Este mundo das ideias será **livre** e **auto-suficiente**, e na visão de Oakeshott, o *aparecimento* de um modo significa o *abandono* da grande e magnífica corrente da experiência a favor de um pequeno abrigo no território da abstracção. No entanto, e como um modo continua a ser uma forma da experiência, qualquer mundo abstracto das ideias continua a procurar e a aceitar, apesar da modificação, o julgamento feito pelo critério da experiência, não deixando assim nunca de reconhecer e de apelar para o critério da coerência([41]). Esta situação resulta do facto de nenhum mundo abstracto das ideias ser absolutamente independente da experiência, pois constitui sempre a experiência concretizada até certo ponto.

([40]) Michael Oakeshott, *Experience and Its Modes*, pp. 73–74.

([41]) Michael Oakeshott, *Experience and Its Modes*, pág. 75.

Depois, nenhum mundo abstracto das ideias será independente da totalidade da experiência, pois deriva o respectivo carácter de um todo do qual representa uma abstracção, de tal forma que, isolado do todo, nenhum modo será significante ou terá significado.

Para Michael Oakeshott, o facto da diversidade não acontece por acaso ou por capricho, a diversidade não ostenta as marcas da contingência([42]). Parece, pois, que para o autor, a diversidade não se revela enquanto mera diversidade, pois todo o seu significado deriva da existência de uma *Unidade*, de uma modificação e da manifestação de um carácter modal. A contingência não será então a expressão de uma diversidade observável na peculiar condição de uma *geração espontânea* no contexto isolado de um mundo vazio e vazio de critério. Perante a existência do critério universal da coerência, cada modo específico representa um determinado grau de realização, não havendo, pois, lugar para a *erupção de uma diversidade atomística*, típica e própria de uma simples manifestação da contingência.

Uma proposição fundamental sobre a natureza dos modos afirma também a ausência de uma limitação teórica, quer à quantidade dos modos constituídos, quer à afluência hipotética de uma infinidade de mundos abstractos e observáveis([43]). Neste sentido, o carácter da experiência pode ser importante para a elucidação da *natureza* de um modo, mas não será certamente importante para a determinação da *existência* desse mesmo modo — não se verifica, pois, um qualquer *determinismo* entre a experiência e o *aparecimento* ou a *extinção* de um singular modo. Mais ainda, nenhum modo da experiência poderá ser apresentado como uma necessidade ou como uma inevitabilidade. Como implicação óbvia da posição filosófica de Oakeshott, para além de uma original *precariedade* dos modos, a consideração de um particular modo, a escolha de um peculiar modo da experiência, a opção pela análise de um singular e abstracto mundo das ideias, não poderá deixar de implicar uma opção particular da parte do filósofo, logo uma certa oscilação entre o aleatório da escolha e o arbitrário do tema.

Relativamente à relação que se estabelece entre modos, o autor não demonstra qualquer reserva ou hesitação — cada mundo abstracto

---

([42]) Michael Oakeshott, *Experience and Its Modes*, pág. 325.

([43]) Michael Oakeshott, *Experience and Its Modes*, pág. 75.

das ideias será absolutamente independente de outro qualquer mundo abstracto das ideias. Na outra face da relação, Oakeshott revela-se de novo incisivo em matéria doutrinal — em função do eventual conteúdo de coerência alcançada pelo modo, o mundo abstracto das ideias atingirá sempre aquilo que é a verdade para si mesmo.

A relação de independência entre modos parece ser alicerçada na interpretação de que um modo é uma organização particular e específica do todo que constitui a experiência. Por inerência lógica da proposição, a *passagem* de argumentos entre modos resulta na evidência de uma irrelevância e representa uma falácia, aliás bem expressa na concretização de um *ignoratio elenchi*([44]). Nenhum dos modos da experiência será, em qualquer sentido do termo, *inspirado* com base num outro modo ou dependente da existência de um terceiro modo. Como consequência, o autor alega que, tal como nenhum modo deriva de outro modo, nenhum modo terá uma relação directa com outro qualquer modo. Este argumento não significa, no entanto, que os modos sejam entidades abstractas suspensas no isolamento etéreo do espaço vazio. Se existe um *meeting-point* conceptual ou filosófico, este pertence à totalidade da qual os modos são meras abstracções — a experiência.

Para clareza do argumento sobre a verdade, convirá referir que a verdade pertence ao carácter do mundo coerente da experiência na sua concretização total e absoluta. Mas, na medida em que qualquer mundo das ideias seja considerado de acordo com um determinado grau de coerência, tal significa que será igualmente considerado em função de um determinado grau de verdade. Assim, um particular e abstracto mundo das ideias, dependendo da coerência atingida e reconhecida, terá forçosamente um conteúdo de verdade, uma verdade que dependerá do facto da aceitação dos seus postulados e da admissão das respectivas reservas e pressuposições. Mas, uma vez que o modo resulta de uma suspensão da experiência, em função do *defeito* na sua origem, a verdade contida no modo nunca poderá ser afirmada de uma forma absoluta e incondicional, uma vez que nesse preciso momento a verdade do modo transforma-se imediatamente na expressão de um erro. A verdade associada a um determinado modo da experiência será sempre relativa — relativa em função do grau de coerência alcançado

([44]) Michael Oakeshott, *Experience and Its Modes*, pp. 76–77.

por um particular e abstracto mundo das ideias, relativa em relação ao *quantum* de organização que o modo projecta sobre a realidade. Nas palavras de Oakeshott:

> Every truth is true in its own place.([45])

Os modos permanecem assim lado a lado, numa situação que poderá ser descrita pela ideia de uma *existência radical*, sem que se estabeleça uma evidente ou relevante relação de contacto, próxima ou distante, nem assinalada pela concordância, nem rasgada pela discordância, apenas e só a irrelevância parece preencher o espaço da relação entre o elenco dos mundos abstractos([46]).

Que *rapport* se poderá então estabelecer entre os *modos* ou *defeitos* que perfazem o facto da diversidade e a totalidade da experiência enquanto expressão de um todo unificado? Michael Oakeshott não reconhece como válida a ideia de que o mundo coerente das ideias resulta de um *conflito*, de uma *competição*, entre os modos estabelecidos, sendo que o mais completo atingiria o critério da absoluta coerência. O autor também não aceita uma concepção em que o mundo concreto da experiência seria uma *colecção* ou *combinação* dos modos observados, contribuindo cada um para a totalidade. Recusando a *tese da competição* e a *hipótese da complementaridade*, Oakeshott reafirma a convicção de que o *ensemble* do mundo abstracto das ideias não se evidencia como uma entidade necessária à totalidade da experiência. Para reforçar esta posição, Oakeshott recusa ainda a perspectiva em que os modos se apresentam como momentos indispensáveis ao desenvolvimento de um processo dialéctico com o intuito exclusivo de atingir o Absoluto.

Um modo representa, sem variação, uma pausa, uma abstracção, uma tentativa de organizar a totalidade da experiência a partir de um ponto de observação *defeituoso*. O arranjo de uma colecção, combinação ou interacção de abstracções jamais atingirá a totalidade e o concreto. A totalidade não será nunca o resultado de uma construção filosófica ou de uma operação algébrica no seio de uma diversidade

---

([45]) Michael Oakeshott, *Experience and Its Modes*, pág. 308.
([46]) Michael Oakeshott, *Experience and Its Modes*, pág. 78.

de abstracções. Pelo contrário, os modos evidenciam, por implicação, a existência de uma totalidade prévia — a totalidade não depende dos modos porque a totalidade antecede, na sequenciação lógica, a existência dos modos([47]).

Um modo não se define como uma *alternativa*, nem se projecta como um *contributo* para a experiência. Na consideração simples enquanto processo, o mundo concreto da experiência só poderá ser alcançado evitando todas as modificações que assolam o movimento da experiência. De uma perspectiva mais abrangente, o todo concreto da experiência será, simultaneamente, a revogação, a anulação e a superação dos modos — *os modos, que são uma modificação e uma construção abstracta e autónoma realizada a partir da totalidade, devem, no final, regressar à totalidade que esteve na respectiva génese e origem.*

O que distingue a totalidade concreta da experiência de todo e de qualquer mundo abstracto da experiência, será a constatação de que a experiência possui uma determinada característica, a plenitude da coerência absoluta, que o modo requer e reclama, mas que jamais poderá alcançar sem abdicar do carácter inerente a um qualquer mundo abstracto. No entanto, ao resignar à natureza própria de um mundo abstracto, o modo encara de forma irreversível um processo de desagregação que culmina na respectiva «auto-extinção». A situação encerra um dilema paradoxal, pois se o modo atinge a realização pela concretização da plenitude, ao tornar-se completo, o modo torna-se igualmente inexistente e encontra o desenlace na extinção([48]). De acordo com o entendimento de Oakeshott, enquanto o mundo abstracto das ideias mantiver o carácter de um modo, tal situação será equivalente à negação do respectivo carácter enquanto experiência; ao reclamar o carácter próprio da experiência, apelando para o critério da coerência, o mundo abstracto das ideias estará a abdicar, de forma implícita, do respectivo carácter enquanto modo independente. Sucintamente, enquanto mundo das ideias, enquanto modo da experiência, cada pausa na experiência constitui uma «auto-contradição» que só poderá ser resolvida através da renúncia ao estabelecimento de um modo e ao seu carácter enquanto mundo das ideias.

([47]) Michael Oakeshott, *Experience and Its Modes*, pág. 79.

([48]) Michael Oakeshott, *Experience and Its Modes*, pág. 80.

No dilema paradoxal dos modos, no facto da diversidade do mundo, esconde-se um interessante reflexo que só uma referência poética pode devolver a harmonia de uma formulação quase perfeita. No labirinto da filosofia, na floresta dos modos, eis que se destaca a voz clara e distante de T. S. Eliot:

> In my beginning is my end.([49])

II.3.2. As Modificações da Experiência – Para uma Caracterização dos Mundos Abstractos

A superação dos modos pela filosofia, a revogação do abstracto pelo concreto, não poderá acontecer no mundo dos factos presentes ou ser diferida no horizonte dos factos futuros. Recorde-se que a experiência filosófica não será a conclusão histórica da experiência, mas sim e apenas o culminar lógico de um processo — a filosofia será sempre o critério último e final. O todo unificado da experiência não será, assim, a totalidade que haverá de absorver historicamente os modos. A experiência só poderá ser a referência lógica dos modos, nunca a revogação dos modos no desenvolvimento do tempo e da história.

Nesta fase da análise, torna-se perfeitamente adequado recordar que a filosofia não poderá ignorar as eventuais suspensões ou pausas que ocorrem na experiência. Pelo contrário, o conceito de filosofia entendido enquanto experiência sem reservas ou pressuposições não poderá rejeitar a responsabilidade de tornar compreensível as pausas que ocorrem na experiência, ou pelo menos não poderá rejeitar a responsabilidade no esclarecimento do carácter dessas pausas. E a compreensão dos modos implica certamente a identificação das pressuposições, dos postulados e das reservas que conferem a uma especial modificação da experiência uma *coerência condicional* que suporta a *auto-consistência* do próprio modo.

Na teoria de Michael Oakeshott, os modos são, pois, analisados do ponto de vista da totalidade da experiência, são então considerados

---

([49]) T. S. Eliot, «East Coker», *Four Quartets.*

a partir de um *ponto de observação* constituído logicamente pela perspectiva da filosofia.

O autor não pretende ainda estabelecer um inventário sistemático e exaustivo de todos os modos da experiência. O propósito de Oakeshott será apenas o de considerar o carácter de certos modos que atingiram um estádio considerado de «elevado desenvolvimento»([50]). Os modos seleccionados e destacados por Oakeshott são os seguintes — **Experiência Histórica; Experiência Científica; Experiência Prática.** No critério do autor, estes serão os modos que representam as principais pausas ou suspensões na experiência, e de tal modo que Oakeshott identifica nas referidas modificações a *presença estável* de um conjunto de «modos da experiência estabelecidos» no tempo presente. A sofisticação, a extensão e a superior organização destes mundos abstractos das ideias fornecem, assim, o motivo que o autor procura e necessita para a análise da *differentia* no carácter dos modos.

Posteriormente, em *The Voice of Poetry in the Conversation of Mankind* (1959), Michael Oakeshott destaca e discorre sobre a *emancipação* da **Poesia**, integrando o amplo domínio do poético na relação dos modos a considerar, passando desta forma a existir uma quarta e *nova* modificação — a **Experiência Estética.**

De acordo com a sequência lógica idealizada na exploração do argumento da liberdade, e tendo em consideração a importância do modo prático, a exposição e análise da **Experiência Prática** terá um tratamento particular e sistemático organizado em capítulo individual.

Ainda em consonância com o tema do livro, a exposição das modificações da experiência irá obedecer a três grandes critérios gerais, correspondendo a três questões essenciais: **(1) Definição do modo; (2) Pressupostos do modo; (3) Que lugar para a liberdade?**

§1
A Experiência Histórica

Na medida em que um modo continua a revelar as condições e os critérios da experiência, a História implica a procura e a manutenção da

---

([50]) Michael Oakeshott, *Experience and Its Modes*, pág. 84.

coerência inerente à totalidade integral do mundo da experiência.([51]). No entanto, a *differentia* que a História introduz e que evidencia o carácter da própria modificação, prende-se com a tentativa de organizar a totalidade do mundo da experiência recorrendo fundamentalmente a uma *conversão* ou *integração* da experiência na norma ou na forma do passado, mas na forma de um passado considerado exclusivamente em função de si mesmo. Este «passado histórico» não se define por uma oposição extrema e contrária ao universo do presente em que se encontra o mundo da experiência — o passado histórico não corresponde a um qualquer segmento específico da experiência no tempo. O contraste não poderia ser maior, pois o passado histórico será uma organização particular e especial da totalidade da experiência. Mais concretamente, a História enquanto afirmação de um passado histórico representa a organização da totalidade da experiência de acordo com a categoria *sub specie praeteritorum.*

Se o passado histórico será sempre parte integrante do presente, a experiência histórica permanece sempre no traço e na forma do passado. Esta contradição pertence à natureza própria do modo, devendo manter-se sem resolução enquanto não for abandonado o mundo das ideias históricas. De maneira mais explícita, a História, porque é experiência, será sempre presente, os seus factos só poderão ser factos presentes, o seu universo coincide invariavelmente com o mundo das ideias presentes. No entanto, a História enquanto História, assumindo a formulação da totalidade da experiência de acordo com a categoria *sub specie praeteritorum*, será a contínua asserção de um passado que não é passado e a contínua reivindicação de um presente que não é presente.

A adjectivação do passado remete a discussão para a existência de uma outra noção do conceito não conciliável com a História. A preocupação central de Michael Oakeshott será a de distinguir o passado próprio do exercício da História de um outro passado que o autor designa por «passado prático»([52]). A manifestação deste passado prático acontece num conjunto bem definido de situações ou de atitudes em relação à História: sempre que o passado é considerado apenas

---

([51]) Michael Oakeshott, *Experience and Its Modes*, pág. 111.

([52]) Michael Oakeshott, *Experience and Its Modes*, pág. 103; pág. 105.

como a mera circunstância que precede o presente, a origem a partir da qual o presente se desenvolve; sempre que a significação do passado se alicerça no facto de ter sido um factor decisivo para a presente fortuna do Homem; sempre que a razão do presente é procurada na distância do passado; sempre que o passado é considerado como um simples refúgio do presente. Na variedade de formas, o passado prático estará indelevelmente associado à religião e à política. Na religião e na política, o passado opera com uma função legitimadora em relação às visões e crenças sobre o presente, o futuro e a origem e evolução do Mundo. O passado prático será desta forma um argumento que usa a linguagem da História para a concretização de uma visão particular no universo da experiência prática.

Muito em especial neste ponto, impõe-se uma referência interessante, raramente ou quase nunca citada, de Michael Oakeshott a Edmund Burke([53]). A tentativa de associar a experiência histórica e a experiência prática terá como implicação directa a ideia de que a História é uma extensão do conhecimento sobre o estado do mundo na sua formulação presente. Como corolário, justifica-se desta forma, primeiro, o apelo para a História enquanto compilação de um guia para a conduta humana; segundo, reivindica-se para a História o *lugar* para a aprendizagem da política e a função própria de uma «academia para a arte de governar»; terceiro, a base presente da vida prática é concebida como se se tratasse de um apelo para um mundo da experiência maior e mais abrangente do que aquele que na realidade pertence ao universo do presente. Oakeshott identifica precisamente esta atitude na filosofia política de Edmund Burke. Identifica e critica esta perspectiva filosófica que pretende associar a História com a Prática, afirmando que ao abrigo da teoria que defende, tal significa objectivamente a destruição de ambos os modos da experiência. Não existem *dados* na História que possam ser interpretados como um *guia* para a Prática — de forma algo radical, para Oakeshott não existem lições na História. No mesmo estilo de novo radical, o autor afirma igualmente que a História não emite qualquer veredicto sobre o presente, não encerra nem profere qualquer julgamento sobre o universo presente da experiência prática — *die Weltgeschichte* não será em circunstância alguma

([53]) Michael Oakeshott, *Experience and Its Modes*, pp. 157–158.

das Weltgericht. A verdade e o carácter da História não dependem da existência ou projecção de um exemplo ou de uma lição. Insistindo numa referência talvez indirecta a Edmund Burke, Oakeshott alega que se um erudito filósofo se convence de que o passado tem a capacidade para iluminar o espírito com preciosos ensinamentos, uma única certeza desponta — a profusa e hipotética fonte não terá certamente sido o passado histórico.

A História será, pois, o passado em função do passado. O que move o historiador é o interesse por um «passado morto», um passado que se destaca precisamente por não ser como o presente. A *differentia* do passado histórico está exactamente na disparidade exibida em relação à realidade contemporânea. O historiador não orienta o seu intelecto para a descoberta de um passado em que dominam as mesmas crenças, as mesmas acções, os mesmos desejos e ambições que se observa no mundo presente. Segundo Oakeshott, o propósito do historiador será a elucidação de um passado independente do presente, sem nunca vacilar face à tentação de subordinar os acontecimentos passados a um qualquer conjunto de «regras gerais». Em forma de contraste, o autor reconhece como postulado da História uma similaridade geral entre o passado histórico e o presente, pelo facto simples de que Oakeshott assume a possibilidade do conhecimento e da compreensão do passado histórico. No entanto, o objecto central ao espírito do historiador não será a similaridade geral, mas sim o dissimilar detalhe que separa o passado do presente([54]).

Como tal, para que o passado histórico possa ser objecto de conhecimento, este terá de «pertencer» ao mundo presente da experiência. Se tal não se verificar, o passado histórico será inalcançável e não inteligível, a História não atingirá o estatuto da futilidade apenas porque se revelará como uma impossibilidade absoluta([55]). Face à questão histórica clássica *What really happened?*, associada a uma sequência dos acontecimentos fixa, imune à mudança e terminada para a eternidade, Oakeshott propõe uma outra interrogação: *What the evidence obliges us to believe?* Tudo o que a História tem à sua disposição serão as provas, os testemunhos, as evidências — para além das evidências não

([54]) Michael Oakeshott, *Experience and Its Modes*, pág. 106.

([55]) Michael Oakeshott, *Experience and Its Modes*, pp. 107–109.

existe nada, não existe sobretudo a possibilidade de conhecimento e a História transforma-se simplesmente numa não entidade. De novo, a posição de Oakeshott surge envolta num «cepticismo metodológico» que suporta uma ideia de passado e justifica o exercício da História.

Paradoxalmente, os factos da História são também factos do presente. As evidências históricas são factos, ideias que preenchem o mundo da experiência que pertence ao historiador, e não poderão existir factos que dispensem a afirmação da sua existência absoluta no mundo presente. Assim, o passado histórico não ocupa o lugar de uma *essência fundadora* por detrás das evidências do presente — o passado histórico será o mundo que as evidências do presente criaram no tempo presente.

Uma consequência lógica da doutrina parece ser a afirmação de que o passado na História será sempre uma «inferência», um produto do pensamento e da avaliação que pertence ao universo presente da experiência do historiador. Pela natureza própria da experiência, a História e o passado histórico não serão assim entidades imutáveis, mas realidades que não apresentam qualquer imunidade à reflexão e, logo, à mudança.

A inferência histórica não exige um qualquer movimento pendular entre o passado e o presente, pois o movimento ocorre sempre e em permanência no mundo presente das ideias. E a filosofia de Oakeshott confronta o comentador com um novo paradoxo, e um paradoxo que o autor considera absoluto e essencial para a auto-consistência do modo — afinal, o passado histórico não será absolutamente passado. O passado não terá apenas de *sobreviver* no presente de forma a atingir a categoria de passado histórico; o passado terá de *ser* presente antes de se tornar histórico.

Na designação dos postulados da experiência histórica, a realidade considerada incluirá os acontecimentos, as «coisas» (ou as instituições) e as pessoas. A realidade genérica à qual pertencem estas «abstracções», Oakeshott designa por «indivíduo histórico»([56]). Qual o carácter do indivíduo na experiência histórica? O autor rejeita desde logo o critério do «tempo» e do «lugar» para a designação do carácter em causa. Mas se as noções de tempo e de lugar forem consideradas

([56]) Michael Oakeshott, *Experience and Its Modes*, pág. 119.

em sentido mais abrangente e transformadas pela aplicação de uma dupla concepção de «continuidade» e «descontinuidade», então para Oakeshott estará identificado o princípio que permitirá a distinção do indivíduo inerente à experiência histórica. Um princípio que expõe à consideração um indivíduo que não é, nem absolutamente singular, nem absolutamente completo, nem meramente arbitrário, mas um indivíduo que exibe um determinado grau de separação e distinção em relação ao ambiente circundante e por consequência, um carácter apropriado ao propósito da História([57]).

A *individualidade* do indivíduo histórico será deste modo estabelecida através da aplicação do princípio da descontinuidade — o indivíduo destaca-se face à continuidade do ambiente. A mesma individualidade será, por sua vez, mantida pela aplicação do princípio da continuidade — o indivíduo destaca-se face à continuidade de um estatuto singular([58]). Esta dupla dimensão do indivíduo histórico remete toda a discussão para o problema ou a articulação entre a mudança e a identidade. De acordo com o entendimento de Oakeshott, a condição da continuidade implica e exige a presença e a afirmação de uma identidade em mudança. É, pois, um postulado da História a designação de uma identidade mutável que *absorve* as mudanças sem perder a singularidade que permite a distinção. O indivíduo histórico é, pois, uma identidade em mudança. E este princípio aplica-se aos acontecimentos, às instituições e às pessoas. O indivíduo na História muda e é idêntico, persiste durante um determinado período de tempo e uma ocasional transferência de lugar não consegue operar a respectiva destruição. Um acontecimento histórico jamais se limita à exiguidade de um episódico instante no tempo; uma «coisa histórica» ou uma instituição nunca se remetem à circunstância única de um *lugar* e de um *tempo*; uma «pessoa histórica» deverá manter a identidade, dia após dia, lugar após lugar, até à intervenção definitiva da morte. Neste ponto, Oakeshot invoca a filosofia do Idealismo britânico, nomeadamente, F. H. Bradley e o conceito da *Identidade dos Indiscerníveis* como princípio que suporta e mantém a singularidade do indivíduo histórico, e cujo significado poderá ser explicitado do seguinte modo: (**1**) Aquilo que *parece*

([57]) Michael Oakeshott, *Experience and Its Modes*, pág. 121.

([58]) Michael Oakeshott, *Experience and Its Modes*, pp. 123–124.

o mesmo *é* o mesmo, e não pode ser transformado em algo diferente pela acção de uma qualquer diversidade, pois desde que o conteúdo inicial seja idêntico, nenhuma mudança de contexto pode destruir a sua unidade; (2) O princípio implica que a unidade associada à identidade pode existir em simultâneo com a diferença, o que é semelhante à afirmação de que aquilo que é o mesmo continua a ser o mesmo, embora possa *divergir* de muitas e variadas formas. Por contraditório que possa parecer, a identidade e a mudança são a essência no mundo da História.

De um determinado ponto de vista, a História poderá ser assim entendida como uma tentativa de tornar «racionalmente» compreensível a mudança histórica. Só uma elucidação do carácter mutável inerente ao mundo da experiência histórica poderá introduzir a tão desejável coerência que assegura uma explicação com verdade. A explicação histórica só poderá ser uma elucidação do mundo em função da mudança. Quais serão, pois, os pressupostos de uma explicação histórica? Na percepção oakeshottiana, e na aparência de um argumento algo tautológico, a mudança na História transporta consigo o núcleo da sua própria explicação; ou seja, a sequência dos acontecimentos exibe uma unidade, de tal modo integrada, de tal forma preenchida e completa, que é inútil a procura de uma causa externa, que é insignificante a definição de uma razão fictícia para a construção de uma explicação histórica a propósito de um particular acontecimento([59]). Nesta fase do argumento, Oakeshott recorre a uma original analogia ao comparar a tarefa do historiador com o trabalho de um «romancista», cujas personagens são apresentadas com tal rigor e excelsa coerência que qualquer explicação adicional para as acções dessas figuras só se expõe ao juízo do supérfluo. À aplicação desta afinidade à natureza da experiência histórica, Oakeshott designa por «princípio da unidade ou continuidade» da História, considerando-o como o único princípio de explicação compatível com os restantes postulados da experiência histórica.

A primeira grande implicação deste princípio estabelece desde logo que não existe rigorosamente nenhum elemento no mundo da História que seja «negativo» ou «não-contributivo». A relação entre acontecimentos históricos será sempre uma relação «positiva». Numa

([59]) Michael Oakeshott, *Experience and Its Modes*, pp. 141–143.

perspectiva mais extensa e profunda do princípio enunciado, na explicação histórica, logo, no universo da História, não existe lugar para o mero «erro» ou para o eventual «engano». A História nunca é um confronto entre forças opostas, tal como nunca se exprime através de um balanço entre um desejado «crédito» e um lamentado «débito». A História é sobretudo uma «unidade positiva». E a unidade da História implica um «mundo positivo de acontecimentos» no qual não se encontra lugar para «conceitos negativos», conceitos que subordinam a explicação histórica às categorias do «mal», do «imoral», do «absurdo», do «fracasso». De forma consequente, para Oakeshott, a explicação lógica não envolve, nem uma «condenação», nem o pretexto de uma justificação ou «desculpa».

A segunda grande implicação do mesmo princípio permite afirmar que, no decurso dos acontecimentos *para* a História, «tudo se concretiza por graus e nada se transforma por saltos». Por outro lado, por tudo aquilo que se possa observar na sequência anónima e imprevisível dos dias, normalmente designados por «vida quotidiana», nada surge subitamente na História como se de uma realidade *de novo* se tratasse. O âmbito da experiência histórica é um universo em que todos os elementos são considerados como fazendo parte de um mundo completamente integrado. Desta forma, é um postulado da História considerar que todos os acontecimentos estão relacionados, tal como será um pressuposto da História o princípio de que cada mudança não é mais do que um momento na imensidão de um mundo que não contém um qualquer «*hiatus* absoluto». Na sequência óbvia do argumento, a única explicação relevante ou possível para a História será a simples e completa descrição da mudança. A História detecta *a* mudança através da descrição completa *da* mudança. E a relação *entre* acontecimentos será invariavelmente a existência de outros acontecimentos, uma relação que é estabelecida pela História recorrendo à descrição da totalidade das relações *entre* os acontecimentos. A noção de causalidade será assim substituída pela definição de um mundo em que os acontecimentos estarão intrinsecamente relacionados entre si e em que nenhuma *lacuna* será visível ou tolerada. A possibilidade de contemplar o panorama completo de todos os graus da mudança significa a posse de um mundo dos factos que não reivindica outra qualquer explicação.

A História nunca abandona a evidência da mudança à facilidade de uma não explicação, nem mesmo, perante a complexidade dos acontecimentos, apela para um motivo externo ou invoca a potência de uma causa universal. A História é a narração do curso dos acontecimentos que, na medida em que se apresentam sem mácula de uma interrupção, contêm em si mesmos a sua própria explicação. Neste ponto, Oakeshott cita a *Maxime 106* de La Rochefoucauld, «pour savoir les choses, il faut savoir le détail», não apenas para ilustrar o carácter da História, mas sobretudo para sublinhar que o método e o *métier* do historiador não se confundem com a explicação por força de uma generalização. O método e o *métier* do historiador revelam-se na capacidade de uma explicação que tende para um sempre maior e cada vez mais completo detalhe.

O mundo dos acontecimentos históricos, tomado como um todo e em si mesmo, deve ser, no entanto, entendido como um aspecto abstracto do mundo real, deve ser considerado como uma tentativa defeituosa no sentido da organização da totalidade da experiência. Ao pretender organizar e elucidar o mundo real da totalidade da experiência de acordo com a esperança de uma categoria *sub specie aeternitatis*, a História apenas alcança uma perspectiva integrada segundo o critério *sub specie praeteritorum*. Neste detalhe reside o *defeito* do modo, a suspensão da experiência e a renúncia não mitigada ao carácter total da experiência([60]).

Mas face à *natureza* da experiência histórica, **que lugar para a liberdade?** A consideração do tema da liberdade poderá surgir tendo em atenção três hipotéticos objectos de inquérito: (a) Da perspectiva do exercício da análise filosófica; (b) Do ponto de vista do *métier* do historiador; (c) Da observação lógica da História e do contexto da organização do modo da experiência histórica. A primeira opção foi já sujeito de análise aquando da discussão em torno da relação entre a filosofia e a liberdade; a segunda possibilidade remete a discussão para uma reflexão teórica a propósito da metodologia do ofício e da prática do historiador, questão que obviamente se desvia do tema em análise; por exclusão de partes, a liberdade coloca-se então num quadro de

([60]) Michael Oakeshott, *Experience and Its Modes*, pág. 147.

reflexão sobre os pressupostos e postulados do modo em consideração. Sendo assim, será de toda a conveniência relembrar que Michael Oakeshott não considera o estudo da História como uma experiência capaz de proporcionar ou garantir a liberdade do Homem. Esta parece ser uma posição de princípio que o autor reitera na descrição do modo histórico. Atente-se, pois, ao argumento em detalhe.

De acordo com Oakeshott, a História não obedece a um plano prévio nem percorre as vicissitudes de um argumento dramático([61]). Neste sentido, não existe o esboço de uma estrutura preenchida por acontecimentos fundamentais, perfazendo desta maneira os contornos de uma História abstracta perante a completa ausência de pormenores e detalhes. A História e o «enredo» da História não são categorias distintas, independentes ou separáveis: o conhecimento da primeira implica e integra a lógica do segundo elemento — na História não existe o «núcleo» e a «periferia». O princípio da unidade e da continuidade garante a referida integração de forma consistente e definitiva. Pode observar-se neste ponto uma recusa em projectar sobre a História uma dimensão determinista ou teleológica, deixando de alguma forma em aberto a hipótese ou a possibilidade de afirmação de uma certa ideia de liberdade.

Mas a hipótese de uma relação entre a História e a liberdade impõe logicamente uma breve referência a Hegel. O argumento é um clássico da teoria política, tanto mais que Hegel desenvolveu a ideia de que a liberdade teria uma incontornável dimensão histórica, mais concretamente, que a História seria um processo racional através do qual a Humanidade haveria de progredir no sentido infalível da liberdade — *a liberdade seria o fim último da História*([62]). Entenda-se por processo racional a exibição de um mecanismo de compreensão unívoco que impõe como inevitável a concretização de determinados factos históricos, factos que seguem o rigor lógico de um conjunto de regras ou de leis. A *ideia da assimilação* destas regras ou leis será um conceito essencial ao sistema hegeliano, uma assimilação que não será perspectivada como uma imposição, mas como algo que lentamente se vai tornando

([61]) Michael Oakeshott, *Experience and Its Modes*, pp. 143–144.

([62]) Zbigniew Pełczyński, «Freedom in Hegel» in *Conceptions of Liberty in Political Philosophy*, pág. 156.

parte integrante do modo de pensar, da forma de entender o Mundo — uma assimilação que transforma as *regras da História* em *constituintes do eu.* Essas regras ou leis, afinal regras e leis do devir histórico, não serão entendidas como proposições despóticas impostas pelo inflexível sentido da História sobre o indivíduo isolado. A assimilação será um processo que possibilita uma identificação consciente entre as leis da História e o padrão da vontade e dos desejos individuais, não como uma determinação violenta, mas enquanto processo natural de *união racional* do indivíduo com as regras do Mundo e as exigências da História. Na lógica do sistema de Hegel, surge então o conceito paradoxal de uma ideia de liberdade como reconhecimento da necessidade. Deste paradoxo renasce igualmente um problema clássico da teoria da liberdade ou o *tradicional dilema entre o compatibilismo e o incompatibilismo — se os actos de um indivíduo são explicados por forças deterministas, como poderá esse indivíduo ser considerado um ser livre?*

Michael Oakeshott, ao recusar a existência de um nexo dramático evidenciado pela crónica de um enredo universal, recusa igualmente o argumento hegeliano na reflexão que apresenta sobre a experiência histórica. No contexto fortemente marcado pela filosofia e pela linguagem idealistas, não apenas o afastamento em termos filosóficos, mas sobretudo a completa ausência de uma invocação ou discussão da relação estabelecida por Hegel entre a História e a liberdade, merece sem dúvida uma referência explícita do comentador.

Retomando em exclusivo a possibilidade de afirmação de uma certa liberdade na experiência histórica, e novamente pela aplicação do princípio da unidade e da continuidade, Oakeshott rejeita, quer a noção de «acidente» no curso da História, quer sobretudo a ideia de uma manifestação da liberdade. De acordo com o autor, na História não existe lugar para a oposição entre a liberdade e a necessidade, não existe espaço para o confronto entre a vontade livre e o determinismo. Todos estes conceitos pertencem ao universo da experiência prática e, como tal, são irrelevantes para o universo da experiência histórica de acordo com os postulados oakeshottianos. Os acontecimentos, as coisas e as pessoas na História não exibem o atributo da liberdade, atributo este entendido no sentido de serem «não subordinados» a um conjunto de relações. Mas os acontecimentos, as coisas e as pessoas na História também não são determinados, atributo este entendido no sentido de serem «subordinados» a um conjunto de causas simplesmente lógicas ou puramente cósmicas. O indivíduo histórico será «livre» da influência de uma determinação externa, mas será certamente «determinado» pelo respectivo lugar e pelo conjunto de relações estabelecidas no mundo da História.

De uma acepção puramente filosófica, o problema da liberdade parece surgir associado a uma ideia de *auto-suficiência*, a um conceito de *autonomia*. No entanto, e em simultâneo, a mesma questão exibe ainda uma conotação com um universo no qual predomina uma ideia de liberdade relacionada com uma certa *ausência de constrangimentos externos*. De uma forma ténue e algo subtil, a tensão filosófica entre duas concepções de liberdade volta desta forma a manifestar-se na explanação do modo constituído pela experiência histórica.

E qual a posição de Oakeshott relativamente à manifestação da vontade humana na História? Desde logo, o autor recusa uma separação e uma distinção entre esta particular entidade e a designação de outro qualquer indivíduo histórico reconhecido na experiência da História. Considere-se o seguinte exercício meramente especulativo. Isolar a vontade humana equivale a elevá-la a causa primeira dos acontecimentos no mundo da História e, de caminho, relegar muitas e múltiplas causas para a categoria menor das causas subsidiárias([63]). Oakeshott reconhece que a vontade humana individual será um atributo que poderá ter alguma distinção no universo da História. No entanto, o autor não compreende por que motivo esta mesma vontade humana deverá ser «libertada» de todas as relações, colocada no exterior da História e transformada *ex nihilo* em causa única e original da experiência histórica. E as contradições associadas ao argumento serão pelo menos de duas categorias. Em primeiro lugar, se a vontade humana é colocada no exterior da História torna-se imediatamente numa abstracção estranha ao pensamento histórico. Em segundo lugar, se a vontade humana permanece no interior da História terá forçosamente de abdicar do estatuto de causa original e única de toda a experiência histórica. Mas o problema essencial reside no facto de, ao privilegiar a vontade humana enquanto representação e manifestação

---

([63]) Michael Oakeshott, *Experience and Its Modes*, pág. 130.

da liberdade na História, toda a explicação histórica entra em violação do princípio da unidade e da continuidade para adoptar o paradigma da causalidade como justificação para a *sequência* de acontecimentos históricos. E tal significa o colapso da experiência histórica de acordo com os postulados de Oakeshott. No registo de uma inferência lógica, e considerando o universo da experiência histórica, a **liberdade** não encontra ainda o seu espaço de afirmação no Mundo.

§2
A Experiência Científica

Quais os postulados da experiência científica da perspectiva privilegiada da totalidade da experiência? De acordo com Michael Oakeshott, a Ciência preenche a tendência e a expectativa de *encontrar* um mundo da experiência «definido» e «demonstrável», querendo com esta caracterização designar um mundo **livre** das associações pessoais e independente das idiossincrasias de um qualquer observador particular — o universo da Ciência será um mundo absolutamente impessoal e absolutamente estável. O único e explícito critério aplicável ao conjunto das ideias científicas será a exigência de uma absoluta comunicabilidade([64]). O propósito da experiência científica não será apenas a definição de um mundo da experiência dotado de um grau superlativo de comunicabilidade, mas será sobretudo a construção de um universo no qual predominam, em associação convergente, a estabilidade absoluta, a dimensão impessoal e a possibilidade infinita de comunicação. Pela adopção de uma tão especial concentração, a Ciência será sempre a afirmação da realidade projectada sobre um mundo em que a experiência se *instala* como factor de absoluta comunicabilidade.

A experiência científica enquanto procura do mundo da experiência absolutamente comunicável implica a *liquidação* do universo da percepção. Assim, o início da Ciência coincide com o abandono do imponderável mundo preenchido pelas «coisas perceptíveis». A Ciência só poderá existir e afirmar-se enquanto modificação da experiência quando

([64]) Michael Oakeshott, *Experience and Its Modes*, pp. 169–171; pág. 198.

a *variedade* das observações em função das sensações individuais e das percepções pessoais forem objecto de superação e substituição. De acordo com a interpretação de Oakeshott, o mundo da experiência científica será então criado com base na transformação de um «mundo familiar», e na medida em que não se pretende a elucidação do carácter de um mundo feito de sensações e de percepções individuais, a modificação tenderá, pois, para a construção e para a explanação de um mundo em que a experiência só poderá revelar-se como absolutamente estável no pressuposto da comunicabilidade. O que o autor deseja afirmar passará por um entendimento da Ciência que não se refugia no conceito de «senso comum organizado», exigindo mesmo a rejeição de uma realidade suportada pela aparente sistematização de um senso comum incerto na respectiva certeza, disperso na aparente unidade e múltiplo na sua concretização individual. Se a concepção mestre de toda a Ciência só poderá ser a estabilidade, e sem margem para leituras equívocas, Oakeshott afirma explicitamente que a experiência científica terá como geometria essencial a «rejeição daquilo que é simplesmente o testemunho humano». Esta *operação* implica o abandono de um entendimento do mundo concebido pela adopção de um conjunto de «nomes comuns», implica ainda a *sublimação* de um mundo de observações alicerçado no exercício e na aplicação dos sentidos. O universo da Ciência será desta forma um mundo concebido de acordo com a categoria suprema da «quantidade» e em que cada observação conduzirá à revelação rigorosa e precisa de uma «medida» em função de uma determinada escala. A experiência científica representa assim a organização da totalidade da experiência de acordo com a categoria *sub specie quantitatis*.

Em sintonia com o entendimento de experiência científica, Oakeshott identifica dois postulados decisivos para a auto-consistência do modo. Em relação ao «método científico», sendo simultaneamente uma forma de observação e uma forma de explicação, o autor opta por salientar sobretudo a sua natureza «quantitativa»([65]). Ou seja, o método científico passará sempre pela aplicação de um processo de medida, pois só desta maneira se conseguirá passar da mera observação da realidade para uma concepção quantitativa da realidade, logo passível de integração no mundo e no entendimento próprios da Ciência.

([65]) Michael Oakeshott, *Experience and Its Modes*, pág. 176.

Compatível e em comunhão com o método, Oakeshott identifica também aquilo que designa por «explicação mecânica» como sendo a explanação por excelência associada ao mundo da experiência científica([66]). Esta sequência lógica no argumento justifica-se pelo facto de que só os conceitos quantitativos poderão ser descritos por um sistema de relações de natureza mecânica. Assumindo o pressuposto, serão assim em número de quatro as características de uma explicação dita mecânica: (**1**) Em toda e qualquer circunstância, a explicação mecânica será sempre a mais simples e a mais económica, de tal forma que os conceitos desnecessariamente completos ou excessivamente complexos serão rejeitados em benefício da simplicidade e da justificação suficiente; (**2**) Uma explicação mecânica será invariavelmente uma explicação geral, não se circunscrevendo a uma particular observação, mas expandindo-se a toda uma classe de observações; (**3**) Uma explicação mecânica é uma explicação quantitativa que envolve a elucidação e a compreensão de conceitos também quantitativos; toda a mudança ou modificação no mundo da ciência é explicada através da representação de uma variação ou diferencial quantitativo — não existe a possibilidade de um apelo para o universo *exterior* ao mundo da experiência científica; (**4**) Finalmente, uma explicação mecânica será sem variação uma explicação em termos de «movimento», seja de forma directa, seja através de conceitos relacionados ou derivados de uma ideia de movimento.

Colocando o método e a explicação mecânica em interacção efectiva, logo, em *movimento*, Oakeshott enuncia as diferentes fases porque passa o método típico da Ciência até à solução final de uma conclusão científica. Do ponto de vista lógico, a experiência científica não *começa* com um conjunto de dados, nem com procedimentos de medida, nem com observações ou dispositivos experimentais — tudo se *inicia* com a presença de um mundo coerente de ideias científicas e que será objecto de transformação e amplificação ao abrigo da *differentia* que justifica a estrutura do modo([67]). Na procura da coerência e da verdade, a sequência sistemática do método científico será desencadeada pela formulação de uma hipótese, depois pela observação e pela experimentação, até ao momento da generalização estatística, fase última que permite

([66]) Michael Oakeshott, *Experience and Its Modes*, pp. 177–179.

([67]) Michael Oakeshott, *Experience and Its Modes*, pp. 181–182.

a definição coerente e homogénea do mundo estável das concepções quantitativas([68]).

Uma palavra sobre o carácter da generalização estatística. A generalização científica será o resultado de um conjunto de observações quantitativas, observações que atingem a estabilidade de uma relação que se expressa em termos de uma «probabilidade» objectiva. Mais ainda, a generalização científica identifica uma «relação» ou «consequência», nunca procura a caracterização da *substância* própria das identidades objecto de um provável nexo relacional([69]). O processo é, pois, meramente «adjectivo», no sentido em que o que é constatado não será a *essência* de um «sujeito» ou de um «predicado», mas exclusivamente a relação que se estabelece entre os elementos. Esta operação indica, pois, a qualidade hipotética com a qual se reveste o conhecimento em Ciência. A ilustração perfeita deste processo poderá ser encontrada na concepção científica de *causa*, a saber — a circunstância antecedente mínima suficiente para justificar a elevação de um qualquer resultado observado ao limite último da generalização. Nesta perspectiva, o mundo da ciência só poderá ser uma experiência abstracta e de novo uma experiência hipotética.

Um outro postulado essencial à concepção de Ciência de acordo com a reflexão oakeshottiana será, já não o método, mas sim a «matéria» da experiência ou do conhecimento científico([70]). E quando refere a palavra *matéria*, o autor pretende uma referência ao conceito de Natureza. Oakeshott não anseia por uma reflexão metafísica a propósito da origem e da existência do Mundo Natural de acordo com a observação, a vivência e o sentimento do Homem no Mundo. A preocupação do argumento alinha exclusivamente pelo eixo da relação lógica entre o método da Ciência e a matéria do Mundo. Nesta vertente particular, a Natureza será o mundo das ideias independentes, quer de um indivíduo particular, quer de uma determinada qualidade de sensações, um mundo que desta forma atinge o patamar das ideias que admitem e alcançam uma aceitação universal. Desta forma, a Natureza só poderá ser o mundo das ideias «impessoais», e seguindo sempre a implicação

---

([68]) Michael Oakeshott, *Experience and Its Modes*, pp. 184–185.

([69]) Michael Oakeshott, *Experience and Its Modes*, pág. 211.

([70]) Michael Oakeshott, *Experience and Its Modes*, pp. 189–190.

lógica do argumento, tal só poderá significar a definição de um conceito em harmonia com uma ideia de Natureza como realidade e expressão do mundo das ideias quantitativas. Na estruturação do Mundo Natural, só aquilo que conhece a codificação através de uma linguagem eminentemente quantitativa será concebível e aceitável para a Natureza. De uma outra perspectiva, a Natureza será a expressão do Mundo entendido de forma coerente e de acordo com a categoria *quantidade*. Esta é a Natureza «inexorável», a Natureza que age e funciona de forma homogénea através de uma ordem estabelecida pela existência de um conjunto de «leis imutáveis». Mas a filosofia de Oakeshott é pródiga em paradoxos. Assim, esta concepção da Natureza no *interior* da experiência científica não terá equivalência na Natureza observada pela percepção do filósofo nem pela sensibilidade do poeta. A Natureza na conformidade das ideias quantitativas será a *Natureza para a Ciência*, espécie de abstracção que exibe uma essência que é correlativa em relação ao método científico. Com esta configuração, a Natureza não será o *dado* da Ciência, mas sim o *produto* da experiência e do pensamento científicos.

O comentador estará assim perante uma concepção mecânica da Natureza, ao mesmo tempo que enfrenta a perplexidade de um mecanismo que confere e respeita as implicações inerentes aos limites de uma explicação científica, também esta mecânica([71]). A Natureza é uma região quantitativa, concebida como um todo composto por partes interligadas, de modo a que cada variação no *interior* do todo será detectável através de uma mudança quantitativa, sendo esta a expressão de um rearranjo na distribuição das forças aplicadas. Neste ponto do argumento, a linguagem da mecânica física domina completamente a exposição do pensamento de Oakeshott.

Na consideração de um mecanismo, nada existe de indeterminado, nada acontece que se possa remeter à dimensão do inexplicável. Por analogia, a Natureza é uma entidade uniforme, matematicamente integrada, o mundo auto-suficiente suportado pela categoria *quantidade*. Mais ainda, a Natureza é um sistema fechado, determinado exclusivamente pela lógica interna que o rege. Toda esta formatação da Natureza é um postulado da experiência científica, uma *conditio sine qua non* para a existência do pensamento em Ciência.

([71]) Michael Oakeshott, *Experience and Its Modes*, pág. 191.

Mudando novamente o ponto de observação, para Oakeshott é simplesmente um erro pensar que a Natureza muda, ou julgar que a explicação científica tende assimptoticamente para uma explicitação completa do mundo da experiência científica. Pelo contrário, a Natureza, enquanto mundo integrado das ideias quantitativas, será um mundo estático, completo em si mesmo, presente e para além de qualquer mudança ou eventual decadência. A qualidade estática atribuída à Natureza não deriva do facto de que o Mundo Natural *simplesmente está*, nem advém da possibilidade de uma permanência passiva que aguarda uma possível *descoberta*([72]). A componente estática irrompe da imperfeição e da incoerência do mundo dos conceitos quantitativos, com o qual a experiência científica começa, e que preenche o propósito que a Ciência terá de elucidar e de explicar. O mundo da ciência é um universo fixo e bem delineado, sendo que tal delimitação começa no instante preciso em que a sua elucidação tem início. Neste universo em que a Natureza é imune à mudança, Oakeshott imagina mesmo como real possibilidade o momento em que a Ciência terá terminado o seu trabalho de decifração do Mundo.

A Natureza é, assim, um mundo intemporal que não conhece a mudança nem sofre evolução, é um universo estático e auto-suficiente no qual as concepções de passado e de futuro não se aplicam([73]). Como consequência, a experiência científica, porque pretende ser o conhecimento sobre o mundo estático dos conceitos quantitativos, existe também num tempo suspenso, logo uma experiência e um conhecimento que também não integram as categorias do passado e do futuro.

Pela descrição do carácter da experiência científica e pela evidência da estrutura e dos postulados do modo, o *defeito* da modificação ficará bem perceptível na mente do comentador. No propósito de construir o mundo dos conceitos válidos e definidos, vocacionado para o ideal de um universo comum, uniforme e impessoal, a experiência científica abandona o horizonte daquilo que é absoluto e concreto. Ao contornar o carácter total da experiência, a Ciência manifesta assim de forma ostensiva a abstracta *realidade* de uma suspensão da experiência.

*

([72]) Michael Oakeshott, *Experience and Its Modes*, pág. 192.
([73]) Michael Oakeshott, *Experience and Its Modes*, pág. 200.

Numa afirmação não tanto filosófica, mas profundamente representativa da sensibilidade e do espírito humanos, o comentador estará perante o mundo *inóspito*, mecânico e abstracto da experiência científica no qual *there is no ghost in the machine*. E de volta ao tema central, a questão surge, pois, como inevitável — **que lugar então para a liberdade?** Tal como acontece com a Filosofia e com a História, Oakeshott não tem qualquer ilusão em relação ao poder libertador da Ciência, ou seja, o autor afirma sem vestígio de hesitação que nenhum Homem conseguirá o estatuto da liberdade através do estudo e da dedicação à Ciência. Se existe uma qualquer ideia de liberdade associada à Filosofia, à História e à Ciência, esta terá um sentido «vago» e «metafórico» que Oakeshott jamais especifica ou concretiza.

No entanto, na reflexão motivada pela identificação dos postulados da experiência científica será possível ler a seguinte passagem:

> Historically, science, no doubt, began with crude, imperfectly apprehended attempts to find a **stable world from which all that could be called superstition was banished**: it was certainly some time before it became clear that such a world must be a world of quantitative ideas.([74])
> [ênfase adicionado]

Também quando o autor se refere à Natureza enquanto realização do mundo impessoal das ideias, é apresentado o argumento de que só um Universo com tais características poderá ser «**livre**» das dificuldades e dos embaraços que o conhecimento científico tenta ultrapassar em função da «salvação» ou da «libertação» da Humanidade([75]). O pensamento de Oakeshott permite ainda a definição de um terceiro elemento que virá culminar numa surpreendente triangulação à volta e em torno do tema da superstição:

> **[Science] it is the attempt to abolish superstition rather than establish what is absolutely true.**([76])
> [ênfase adicionado]

([74]) Michael Oakeshott, *Experience and Its Modes*, pág. 182.
([75]) Michael Oakeshott, *Experience and Its Modes*, pág. 190.
([76]) Michael Oakeshott, *Experience and Its Modes*, pp. 208–208.

Na formulação da experiência científica existe, pois, implícita uma promessa de emancipação e o sonho de libertação das falsas crenças que constituem o *mundo sombrio* da superstição. A Ciência é, nesta circunstância, uma doutrina da libertação pelo conhecimento que se posiciona em acção e em oposição face às concepções erradas e fantasiosas sobre o Mundo e as leis da Natureza. Se se associar o conhecimento científico a uma expressão sistemática da potência e do alcance da Razão, se a experiência científica for o corolário da compreensão inabalável e do saber objectivo produzido e quantificado com a certeza meridiana de um algarismo numa escala, então pela aplicação de um método infalível, abre-se a perspectiva de um Mundo livre dos impedimentos da ilusão, do medo e da ignorância. O que parece desenhar-se em função do argumento filosófico, será precisamente a proposição de uma Ciência enquanto doutrina da libertação pela Razão — no fundo, o clássico projecto racionalista que Oakeshott haverá de criticar nos ensaios reunidos em *Rationalism in Politics* e um tópico omnipresente em toda a sua teoria política.

Esta ideia de que o conhecimento liberta é precisamente o tema de um ensaio de Isaiah Berlin intitulado «From Hope and Fear set Free»([77]). O argumento de Berlin, que, aliás, explora a visão tradicional, salienta o facto de que o conhecimento permite a revelação, a identificação e a explicação de um conjunto de factores ocultos, desconhecidos ou mal compreendidos que, ao permanecerem na opacidade distante do entendimento humano, condicionam a conduta do Homem precisamente porque se prolongam nas escolhas e nas acções com o reflexo impassível de um poder despótico. A revelação dessas forças abre o caminho para o seu controlo e dominação, eventualmente para o exercício esclarecido da resistência, mas sempre com o propósito de neutralizar o obstáculo com vista ao objectivo individual da concretização de uma vontade e de uma escolha. Neste contexto, a liberdade será auto-determinação, a liberdade será uma *expansão* do *eu* de modo a controlar as forças extrínsecas com vista à realização da auto-suficiência e da autonomia. No movimento constante em direcção à liberdade,

([77]) Isaiah Berlin, «From Hope and Fear Set Free» in *The Proper Study of Mankind — An Anthology of Essays* (Org. Henry Hardy and Roger Hausheer) (London: Pimlico, 1998), pp. 91–118; *vide* pág. 98.

a origem do conhecimento associado ao fundamento da Ciência será o momento fundador em que Razão desponta como Factor Universal de Libertação.

Novamente, o comentador é confrontado com um paradoxo na filosofia de Michael Oakeshott, um paradoxo que gera uma tensão no argumento e que se situa no limiar de uma silenciosa perturbação. Se, por um lado, o Homem não encontra no reino da Ciência o arquétipo da libertação, por outro lado, a caracterização da experiência científica em *Experience and Its Modes* suporta uma interpretação da Ciência na qual será perfeitamente plausível uma promessa de emancipação de acordo com o *paradigma da liberdade positiva*. E a perplexidade do comentador só poderá aumentar quando uma leitura atenta da obra se depara com uma nova e interessante afirmação:

> **Others have asserted that nature is «indetermined», in the sense that it contained some principle of freedom; but what this can mean it is difficult to conjecture.**(78)
> [ênfase adicionado]

Novamente, no discurso filosófico posterior, o autor não desenvolve a questão da conjectura acerca de um princípio de liberdade supostamente presente ou ausente no domínio da Natureza.

De um plano de observação complementar, e ao assumir os postulados da experiência científica, entra-se no mundo da absoluta comunicabilidade, no mundo previamente depurado das associações e das idiossincrasias pessoais, um mundo do qual o factor humano foi irremediável e expeditamente retirado. Falar de liberdade no universo das forças quantitativas e das generalizações estatísticas significa a definição de uma expressão universal e unívoca para a codificação de uma *variável*. Uma codificação que só poderá ser efectuada em ordem a uma representação numérica e em função das categorias *maior* e *menor*, *diminuição* e *aumento*, *intensidade*, *tamanho*, *duração*. Por redução ao absurdo, a liberdade para poder ser objecto de integração na lógica da experiência científica implicaria uma dimensão matemática explicitada no formato de uma *equação da liberdade*. Mas

(78) Michael Oakeshott, *Experience and Its Modes*, nota pág. 180.

será relevante comparar uma suposta *Lei da Liberdade* com a Lei da Atracção Universal? Fará sentido alegar o poder da liberdade perante a verificação da Lei de Newton? A questão é meramente académica, pois a liberdade remete para uma responsabilidade moral e individual perpetuamente incompatível com o mundo estável, monolítico e determinista da equação newtoniana. De um ponto de vista meramente operacional, a liberdade será obviamente incompatível com os postulados da Ciência em análise.

De certo modo, o projecto para a síntese de uma *equação da liberdade* reporta o discurso para a já referida crítica a Jeremy Bentham, a propósito do carácter do *philosophe*, e que é objecto da reflexão de Oakeshott no ensaio intitulado «The new Bentham». Primeiro, porque o ensaio regista e denuncia a ambição de unificar a lei e a ciência com o objectivo de criar uma «ciência da governação»; segundo, porque só a «ciência da governação» abre o caminho para a «libertação da superstição», permitindo em simultâneo a medição com rigor do «grau de satisfação política». O perfil de Bentham inscreve os seus contornos racionalistas em perfeita sintonia com o *background* teórico que se expande na divagação de Oakeshott sobre a experiência científica.

Mas as referências a Bentham e à *equação da liberdade* possibilitam o recentrar do discurso no âmbito particular da política. Se o mundo da Ciência é o universo da absoluta comunicabilidade, tal implica a existência de uma linguagem homogénea e uniforme, não apenas em relação ao que se deseja comunicar, mas sobretudo tendo em consideração o pensamento do Homem e a percepção do Mundo. Numa transposição literária do tema, impõe-se como alusão o imaginário de George Orwell em *Nineteen Eighty-Four*. Na realização da Utopia, na codificação em dicionário do *Newspeak* — a nova linguagem do futuro —, o processo progride pela destruição das palavras até que todas e cada uma das esferas semânticas estejam reduzidas à unicidade de uma palavra certificada pela autoridade. A *suprema beleza* do projecto reside no propósito de diminuir o alcance e a densidade do pensamento, de tal modo que o *Thoughtcrime* se torne numa real impossibilidade por escassez permanente das palavras e pela redução dos conceitos a um significado estável, único, último. Com a depuração da linguagem atinge-se igualmente um efeito de purificação das consciências, consciências estas cada vez mais e mais limitadas em profundidade, extensão, em alcance. Na versão definitiva do *Newspeak*, que sentido haverá no *slogan* «Freedom is slavery» quando a própria noção de liberdade foi definitivamente abolida? O conceito de pensamento terá outro significado simplesmente porque não haverá pensamento. E sem pensamento, a consciência será uma extensão da ortodoxia. Quando a linguagem atingir a perfeição, então a Revolução estará completa.

A questão surge com a força de um imperativo ético — será que a devastação das palavras e a abolição do pensamento do passado poderá culminar na aniquilação da superstição e na soberania da liberdade? A visão orwelliana talvez permita antecipar uma moral em que as apreciações subjectivas e as reflexões pessoais não sejam a marca da superstição nem a evidência da dissolução e da desordem. Pelo contrário, apenas na diversidade do factor humano será detectável a convergência dos valores abstracto e universal na realidade concreta do tempo e da história. No desejo de uma quantificação numérica absoluta ou no sonho autoritário de um Mundo infinitamente transparente, a Ciência parece ter esquecido que o Homem transporta consigo a marca indelével da **liberdade**.

§3
A Experiência Estética

Em *Experience and Its Modes*, a Poesia, enquanto símbolo da experiência estética, não será considerada entre os modos que Oakeshott constata como estáveis e estabelecidos. Pelo contrário, o universo específico da Poesia é integrado no mundo da experiência prática, afirmando o autor que, entre os Homens, o poeta e o místico são aqueles que conduzem as respectivas existências com uma minúcia e um sentimento positivo que toca o superlativo da vida prática([79]). Poderá sempre existir a ilusão de que a Arte, a Música e a Poesia permitem uma forma de «fuga» às responsabilidades inerentes

([79]) Michael Oakeshott, *Experience and Its Modes*, pág. 296.

à conduta prática da vida. Mas no final, tudo não passa de uma vã e humana aspiração:

> For in these, in the end, we are wholly taken up with practical life.([80])

Para W. H. Greenleaf, esta posição poderá ser justificada através de uma interpretação do pensamento de Michael Oakeshott em que a mente e o olhar do artista encerram um acutilante modo contemplativo, uma forma de observar o Mundo que permite a revelação, senão de uma essência, pelo menos da constituição do Mundo como este na realidade é ou deveria ser([81]). O poeta é, assim, o centro de uma corrente de emoções que permite a consciência de um estado moral superior. A dimensão contemplativa do poeta confere ao exercício estético uma inigualável percepção do *what is* e uma inimitável compreensão do *what ought to be*, resultando da experiência poética uma união ou síntese dos dois momentos. A grandeza moral da Poesia reside nesta síntese, e esta síntese será uma característica fundamental à experiência prática.

No entanto, no ensaio intitulado «The Voice of Poetry in the Conversation of Mankind», publicado em forma de livro no ano de 1959 e integrado logo na primeira edição de 1962 da colectânea *Rationalism in Politics*, Michael Oakeshott revê de forma radical a sua atitude em relação à Poesia — se antes a Poesia era parte integrante da experiência prática, agora a Poesia passará a constituir um ramo autónomo da experiência enquanto realização da experiência estética. Embora tenha decorrido cerca de um quarto de século, o ensaio terá tido como motivo próximo e imediato a correcção da posição do autor previamente assumida em *Experience and Its Modes*:

> The essay on poetry is a belated retraction of a foolish sentence in *Experience and Its Modes*.([82])

([80]) Michael Oakeshott, *Experience and Its Modes*, pág. 297.

([81]) W. H. Greenleaf, *Oakeshott's Philosophical Politics*, pág. 30.

([82]) Michael Oakeshott, «Preface to the first edition» in *Rationalism in Politics*, pág. xi.

A «frase insensata» a que Oakeshott se refere é exactamente a primeira citação em destaque na abertura deste §3 sobre a experiência estética e que reafirma o lugar da Poesia no universo da experiência prática. Entre as duas atitudes e proposições filosóficas existe assim toda uma margem que carece de explicitação, nomeadamente a identificação dos pressupostos ou dos postulados que garantem a auto-consistência da experiência estética.

Para Michael Oakeshott, a designação de *Poesia* descreve a capacidade para elaborar «imagens» com um carácter bem determinado e que inclui, por sua vez, toda uma constelação de actividades poéticas — pintura, escultura, representação, dança, canto, produção literária e composição musical([83]). Esta será a «voz da poesia» que continuamente se dirige à Humanidade no idioma de uma actividade autónoma. A esta maneira de estar activo, que não se confunde com a Prática, nem com a Ciência, nem com a História, Oakeshott associa o *acto da contemplação* ou o *efeito de fruição que provoca o encantamento*. A *differentia* da experiência estética reclama, pois, uma família de imagens que transporta uma génese comum, e exibe um carácter específico que poderá ser individualizado através das seguintes qualificações: (1) As imagens poéticas são meras imagens no sentido de que não podem ser reconhecidas, quer como «factos», quer como «não-factos», quer ainda como «acontecimentos»; quando a imaginação ostenta o carácter da contemplação, não existem «imagens possíveis» numa sequência de «imagens prováveis», nem se definem imagens que assumem os contornos de uma ilusão, simulação ou fingimento, porque no final todas estas categorias apontam para a distinção recusada entre «facto» e «não-facto»; ao recusar a referida classificação, Oakeshott afirma a não aplicação de um conceito de *verdade* ao mundo das imagens poéticas([84]); face a uma imagem poética, os epítetos de *verdadeiro* ou *erróneo*, *verídico* ou *falso*, *engano* ou *equívoco*, resultam em categorias não operativas porque não abrangem o universo da *imaginação poética*; (2) As imagens elaboradas pela contemplação existem

---

([83]) Michael Oakeshott, «The Voice of Poetry in the Conversation of Mankind» in *Rationalism in Politics*, pág. 509.

([84]) Michael Oakeshott, «The Voice of Poetry in the Conversation of Mankind» in *Rationalism in Politics*, pp. 521–522.

simplesmente no tempo presente, logo não reclamam antecedentes, tal como não invocam consequentes([85]); as «imagens contemplativas» não constituem causa, condição ou sinal que suscite uma qualquer imagem posterior, tal como não se apresentam como produto ou efeito de uma certa ou incerta imagem anterior; as imagens *produto* da contemplação não são o «exemplo único de uma espécie», não se perspectivam enquanto *meio* para um fim determinado, não reivindicam a condição da utilidade nem o estatuto da inutilidade; as imagens contemplativas poderão ter uma relação entre elas, mas não terão obrigatoriamente uma *história*; (3) As imagens associadas à contemplação aparentam ser, simultaneamente, «permanentes» e «únicas»; o acto de contemplar não utiliza, não esgota, não gasta, não induz, enfim, qualquer mudança nas imagens; pelo contrário, a contemplação *repousa* nessas imagens, sem procurar no que ficou para trás, sem desejar o que estará para a frente; mas esta aparência de algo permanente não pretende parecer durável em substituição daquilo que é transitório — as imagens contemplativas podem ser destruídas pela inatenção, podem ser simplesmente perdidas ou objecto de decomposição; a permanência das imagens significa que não existe nelas o potencial para a mudança e para a destruição; as mesmas imagens que são únicas pelo facto excepcional de não poderem ser substituídas por outra qualquer imagem; (4) As imagens contemplativas não suscitam prazer, no sentido físico e hedonista do termo, nem são causa dolorosa, do mesmo modo que não atraem juízos de aprovação ou de censura moral; o prazer e a dor, a aprovação e a censura, são característicos das imagens de desejo e de aversão; mas o desejo e a aversão não pertencem ao mundo da contemplação.

Com referências a Platão, Spinoza e Schopenhauer, na particular e distinta interpretação de Oakeshott, a contemplação não implica a observação estática ou passiva dos «universais», não envolve a visão dos «arquétipos» e a subsequente actividade de cópia e reprodução dos «modelos», não se reduz à experiência de uma recepção pura de um elenco de «entidades reais». Na experiência estética, contemplação significa *actividade* e inclui a produção de imagens que se distinguem,

---

([85]) Michael Oakeshott, «The Voice of Poetry in the Conversation of Mankind» in *Rationalism in Politics*, pág. 510.

não pela sua «universalidade», mas pelo facto de serem reconhecidas como entidades dotadas de uma «individualidade», nunca confundidas com a agregação de qualidades várias e dispersas por entes diversos e nunca entendidas como «sinais» ou «símbolos» de outros quaisquer elementos([86]).

Uma questão surge, pois, com toda a naturalidade — de que modo as imagens fruto da contemplação se organizam e de que forma o *eu contemplativo* se movimenta no *labirinto* de imagens([87])? O mundo em que o *eu* desperta para a contemplação pode ser um espaço soturno povoado por imagens indistintas, e na medida em que a actividade se aproxima dos limites da letargia, o que se adivinha não passa de uma mera sequência de imagens em ociosa associação, cada uma considerada em função de um escasso momento de encanto, mas nenhuma retida ou explorada. Esta situação equivale ao *nadir* da contemplação. Mas será na base deste *mínimo contemplativo* que o *eu* em contemplação se irá erguer no momento em que uma particular imagem passa a ocupar o foco privilegiado da atenção, precisamente pela intensa sensação de encantamento que suscita e produz. Esta imagem encerra o núcleo de uma actividade contemplativa que entra em franca expansão, convocando outras imagens que se juntam e combinam na formação de uma mais extensa e complexa composição. No entanto, esta composição não significa o concretizar de uma conclusão, uma vez que a composição será apenas uma imagem com a mesma natureza da imagem *original*. Neste processo, as imagens podem ser geradas entre si, podem ser modificadas por ruptura ou por fusão, mas não existe a procura de um empreendimento predeterminado. A actividade de contemplação não será nunca um momento que apela para uma lógica de inferência ou que suscita um nexo argumentativo. Na experiência contemplativa não existe um problema que aguarde resolução, uma hipótese que exija confirmação, uma inquietação que desespere pela conciliação, um desejo que procure satisfação, uma vitória que imponha uma aprovação. Na contemplação, nenhuma transição de

---

([86]) Michael Oakeshott, «The Voice of Poetry in the Conversation of Mankind» in *Rationalism in Politics*, pág. 512.

([87]) Michael Oakeshott, «The Voice of Poetry in the Conversation of Mankind» in *Rationalism in Politics*, pág. 513.

imagem para imagem será um movimento no sentido da elucidação ou da execução de um projecto. Uma vez que o que se pretende não será uma *saída* para esta *babilónia* de imagens, a existência de um qualquer «guia» só poderá constituir uma exigência e uma presença deslocadas. Em cada momento, o que na realidade impulsiona a actividade contemplativa e lhe confere o módico de coerência que verdadeiramente possui, será a percepção do encanto proporcionado pela perpétua associação entre o *eu contemplativo* e as suas imagens.

Mas porque na contemplação não se observa a pesquisa e a procura do que não é visível, tal como não existe o desejo do que não está presente, o acto contemplativo é muitas vezes associado, de modo incorrecto, a uma variante da inactividade([88]). No entendimento do autor, e recorrendo à filosofia de Aristóteles, será bem mais correcto considerar o acto da contemplação como uma «actividade não-laboriosa» — uma actividade *lúdica* e não orientada para uma *finalidade prática*, uma actividade **livre** de cuidados e **liberta** das necessidades lógicas e das exigências mais pragmáticas. Assim, a profunda proposição da contemplação não representa o superficial emblema da ociosidade e da letargia.

Um outro postulado interessante será o conceito de «obra de arte». Existem, pois, certas imagens (cenários, formas, poses, movimentos) que são de imediato e inequivocamente reconhecidas como imagens poéticas — trata-se de imagens que provocam de forma positiva uma atitude contemplativa, precisamente porque resistem a uma leitura ou interpretação simbólica([89]). A estas imagens Oakeshott confere o estatuto de *obras de arte*. Em contraponto, considere-se então a imagem produzida pela contemplação do conceito de *Revolução Francesa* — para William Blake, eis o exemplo de uma *imagem poética*; segundo Alexis de Tocqueville, eis a representação de uma *imagem histórica*; de acordo com Napoleão, eis a presença de uma *imagem prática*. Uma obra de arte é simplesmente uma imagem que apresenta um grau superior de protecção relativamente a uma apropriação não-poética, uma

([88]) Michael Oakeshott, «The Voice of Poetry in the Conversation of Mankind» in *Rationalism in Politics*, pág. 514.

([89]) Michael Oakeshott, «The Voice of Poetry in the Conversation of Mankind» in *Rationalism in Politics*, pp. 517–518.

protecção que deriva tanto da sua qualidade intrínseca como da «moldura» circunstancial na qual se oferece ao Mundo.

Mas ao admitir a possibilidade de uma leitura não-poética das imagens que nascem da actividade contemplativa, Oakeshott reconhece implicitamente a natureza algo *intermitente* e *transiente* da experiência poética. A voz da Poesia é quase sempre uma «**libertação momentânea**», um «breve encantamento»([90]). Na verdade, o autor admite uma natureza *evanescente* que envolve a experiência contemplativa, e em particular quando escreve, entre a contradição e a nostalgia, que a *vita contemplativa* não existe, sendo que o que está ao alcance do Homem são apenas instantes de contemplação abstraídos e resgatados ao fluxo da curiosidade e do artifício. Na linguagem poética de Oakeshott:

> Poetry is a sort of truancy, a dream within the dream of life, a wild flower planted among our wheat.

Uma nota final. Ainda e sempre na reflexão sobre a experiência poética, Oakeshott não evita uma alusão à actividade e à prática da política([91]). A referência, embora sendo uma constatação de natureza histórica, reflecte o interesse e a atenção do autor por uma ideia de política não inteiramente deslocada ou estranha às vicissitudes da estética. Na Grécia Antiga, mais precisamente em Atenas, a actividade política seria parte integrante do universo da Poesia, actividade na qual o talento para o *discurso* ocupava um lugar dominante, e em que o conceito de *acção* estava vocacionado para a conquista da *glória* e para aquisição da *grandeza* — uma perspectiva que Oakeshott ainda encontra reflectida nas páginas de Machiavelli. A função do *discurso* não se limitava apenas aos imperativos da persuasão, mas implicava a capacidade e a imaginação para a composição de «memoráveis imagens verbais». E eis que o comentador se confronta com a *contemplação* do mundo da política transformado no sonho colectivo de um património poético comum.

([90]) Michael Oakeshott, «The Voice of Poetry in the Conversation of Mankind» in *Rationalism in Politics*, pp. 540–541.

([91]) Michael Oakeshott, «The Voice of Poetry in the Conversation of Mankind» in *Rationalism in Politics*, nota pp. 493–494.

O contraste entre a posição em *Experience and Its Modes* e a teoria em «The Voice of Poetry in the Conversation of Mankind» não poderia ser maior. Por um lado, domina a ideia de que a Poesia é dominada e absorvida pelo imperativo da conduta prática da vida. Por outro lado, brilha o projecto de emancipação da Poesia através da identificação do lugar autónomo da experiência estética na consideração do mapa geral da actividade humana e do «todo social»([92]). Será, pois, inevitável a constatação de uma tensão entre uma visão da experiência poética enquanto expressão da «sensibilidade moral» do *eu* e uma perspectiva da Poesia tomada em função de um «empreendimento moral» no contexto de uma «ordem externa das coisas». Esta não será apenas uma tensão entre o Oakeshott da juventude e o filósofo da maturidade, mas sim uma tensão permanente ao longo de toda a obra do autor e que marca a reflexão sobre a Poesia e a estética, conferindo ao tema uma incontestável «ambiguidade».

Neste contexto, **qual será, pois, o lugar da liberdade?** Num primeiro momento, a ideia de emancipação do modo poético terá associada um conceito de liberdade, uma liberdade que se afirma essencialmente como uma libertação das imposições e limitações da conduta prática da vida, logo a negação da Poesia enquanto alteração da existência em função de uma determinada ideia e respectiva concretização em termos de uma sequência de acções — a liberdade representa neste ponto uma libertação dos constrangimentos externos inerentes a toda a acção prática do Homem no Mundo.

No entanto, o assunto merece uma reflexão mais apurada. Em 1930, Michael Oakeshott publica na *Cambridge Review* um ensaio intitulado «The Meaning of Culture», uma recensão ao livro homónimo de John Cowper Powys([93]). O autor identifica então três noções de cultura que

([92]) Glenn Worthington, *Religious and Poetic Experience in the Thought of Michael Oakeshott* (Exeter: Imprint Academic, 2005), pág. 133. *Vide* em particular chapter 5: «Poetic Experience — Sensibility, Autonomy and the Collective Dream», pp. 125–157.

([93]) Michael Oakeshott, «The Meaning of Culture» in *The Concept of a Philosophical Jurisprudence: Essay and Reviews 1926–51* (Org. Luke O'Sullivan) (Exeter: Imprint Academic, 2007), pp. 58–60. Publicado originalmente in *Cambridge Review*, 51 (1930), pp. 367–368.

contribuem para o carácter da civilização do Ocidente([94]). A primeira ideia será caracterizada pela oposição entre *Cultura* e *Ignorância*, sendo a sua concretização obtida através de uma compulsão indiscriminada para a aquisição de conhecimento, uma actividade «febril» e «patética» no desejo intenso de uma informação enciclopédica. Nesta visão, a cultura mede-se e refere-se a uma dimensão exclusivamente «quantitativa» do saber acumulado. Este será sem dúvida o paradigma ideal da obsessão racionalista. A segunda noção distingue-se pela polaridade entre *Cultura* e *Anarquia*; distingue-se, pois, e essencialmente, pela aquisição selectiva daquilo que melhor representa a realização da excelência do espírito humano. Os nomes de Matthew Arnold e T. S. Eliot estão profundamente associados a esta ideia de cultura e de civilização. Na literatura pondera-se a obra dos «clássicos», na vida observa-se o exemplo dos «grandes homens», na arte contempla-se o traço inconfundível dos «mestres». Mais do que a celebração indiscriminada do saber acumulado, a cultura será a interiorização e o reconhecimento dos momentos superiores no percurso da Humanidade. Finalmente, a terceira concepção não assume, nem uma ideia de *aquisição*, nem destaca a avaliação da *quantidade* ou da *qualidade*. A norma fundamental será a ideia de um «critério pessoal para a cultura», querendo com esta afirmação significar a existência de um «imprevidente desejo de **liberdade**, de integridade». Oakeshott refere mesmo o nome de Montaigne como o exemplo de alguém inequivocamente «besotted unto liberty». Neste entendimento da cultura, fundamental será a formação de um *eu integrado* cujo propósito será a manutenção de uma vida contemporânea consigo mesma e o desenvolvimento de uma consciência da própria existência. O valor primordial será a definição de uma *individualidade integrada* e perfeitamente confortável no mundo presente. Sem qualquer hesitação, o autor recomenda este terceiro entendimento da noção de cultura. E aludindo ainda ao modelo de Epicuro, Oakeshott identifica a oposição que caracteriza esta acepção da cultura com o contraste entre *Cultura* e *Despotismo*.

Nesta peculiar perspectiva, Oakeshott defende também que a função da cultura não se posiciona em relação a uma eventual correcção

---

([94]) Michael Oakeshott, «The Meaning of Culture» in *The Concept of a Philosophical Jurisprudence: Essays and Reviews 1926–51*, pp. 58–59.

de «erros específicos», tanto mais que o seu propósito essencial será o de evitar e prevenir qualquer «insinuação da tirania». Não será, pois, exclusivamente no plano individual que a liberdade se posiciona no cerne da noção própria de cultura.

Ainda no mesmo ensaio, Michael Oakeshott escreve que a cultura é um «modo de vida, uma religião». O carácter da religião exibe duas dimensões. Assim, por um lado, existe a rejeição de um mundo composto exclusivamente pela satisfação incessante dos desejos e no qual o valor objectivo das coisas repousa na concretização de um resultado externo. Por outro lado, esta mesma rejeição confere à vida uma componente e um valor que se intensifica no interior do Homem, transmitindo-lhe desta forma um real significado. Para o autor este parece ser igualmente o estatuto da Poesia. E o comentador estará precisamente perante a mesma relação estabelecida em *Experience and Its Modes* quando Oakeshott integra a religião e a poesia no mundo da experiência prática.

Mas o que se evidencia do ensaio em análise e se transmite à questão da emancipação da experiência poética será a ênfase na *integridade do indivíduo* enquanto condição fundamental para a realização da **liberdade humana**. Na organização do pensamento de Oakeshott, parece que o real significado da existência humana não poderá ser encontrado na procura incessante de uma sequência de satisfações e de recompensas externas no mundo da experiência prática, recompensas essas projectadas no passado ou diferidas no futuro. Tudo aponta assim para o papel decisivo e central da *integridade do eu* no contexto de um tempo presente. Aliás, a integridade em questão só poderá ser atingida se a vida for conduzida em função de um tempo que é o presente.

Na afirmação da autonomia da experiência estética, existe sem dúvida uma concepção de **liberdade** que se molda à definição das condições da vida interior, uma ideia que alude indirectamente à necessidade do auto-controlo e da autonomia face às imposições e às exigências das circunstâncias externas. Ser livre parece aqui significar um determinado grau de afastamento da sociedade humana e do mundo exterior, parece aqui apelar para a *apologia da libertação do eu* por interposição do exercício da contemplação e do encantamento. Será igualmente detectável uma tendência para a afirmação do princípio da auto-realização, aliado natural da independência e, uma vez mais, da autonomia. Em certo sentido, o *arquétipo da liberdade positiva* parece aplicar-se com alguma propriedade à reflexão sobre o próprio carácter autónomo da Poesia — a celebração de um *eu genuíno, autêntico e verdadeiramente livre*. De forma talvez surpreendente, a emancipação da experiência poética assemelha-se a esse movimento de recuo do indivíduo para o «refúgio da cidadela interior», libertando-se deste modo de todas as forças despóticas que insistem e resistem ao seu controlo.

Ainda relacionado com a autonomia da experiência poética e com a noção de civilização, a *intensidade* da vida interior surge novamente na reflexão de Michael Oakeshott no ensaio de 1947 intitulado «*Leviathan*: A Myth»([95]). O autor considera a civilização como um sonho colectivo, uma interpretação imaginativa da existência humana, uma percepção do mistério da vida do Homem. A função da literatura, da Poesia, não será a de provocar a morte e a dissolução do sonho. Pelo contrário, a Poesia afirma-se pela perpétua renovação do sonho, pela perpétua recreação do sonho através das gerações e pela capacidade de induzir uma maior *clareza* no «poder de sonhar» que pertence e existe em cada indivíduo. Para aqueles que exibem uma participação no sonho imperfeita e largamente passiva, esses serão, de certo modo, «escravos» do sonho. A «**liberdade do artista**» não se apresenta como marca de uma lucidez superior, espécie excelente de um estado de vigília supremo, mas projecta-se através de uma faculdade invulgar para sonhar de modo ainda mais intenso e mais profundo — o génio do artista encontra-se na rara inteligência de sonhar que está a sonhar. A descrição do génio do poeta como sujeito activo do sonho colectivo será indicativo de uma actividade de criação e recriação dos valores da sociedade, dos valores, enfim, de uma civilização. A actividade do poeta distingue-se, simultaneamente, do empreendimento explanatório da experiência teórica relacionado com a filosofia, bem como da imposição das necessidades reais e efectivas associadas à conduta prática da vida. A imaginação poética com o seu poder criativo a que o ensaio alude e celebra, conhecerá a respectiva descrição filosófica

---

([95]) Michael Oakeshott, «*Leviathan*: A Myth» in *Hobbes on Civil Association* (Indianapolis: Liberty Fund, 2000), pp. 159-163. *Vide* pp. 159-160. Primeira edição (Oxford: Basil Blackwell, 1975).

Originalmente trata-se de uma palestra transmitida via rádio com o título «The Collective Dream of Civilization» e publicada posteriormente in *Listener*, 37 (1947).

e identificação dos necessários postulados na reflexão que se expande em «The Voice of Poetry in the Conversation of Mankind».

Em tom genérico de apreciação, e recorrendo a Robert Grant, o lugar da Poesia permanece ambíguo, paradoxal e plural([96]), nunca conhecendo a consolidação de uma posição filosófica isenta de hesitações. Para o comentador que pretende analisar o tema da liberdade na explanação da experiência poética, toda a complexidade e ambiguidade do estatuto da Poesia se reflectem na análise, provocando uma óbvia perturbação na definição de uma interpretação privilegiada. No entanto, nas diversas faces que a experiência estética ostenta na filosofia de Michael Oakeshott, o tema da liberdade afirma-se com a consistência de uma presença constante, ou, para utilizar a nomenclatura de Robert Grant, revela-se com a insistência de uma presença plural.

Num apontamento mais poético, Michael Oakeshott percorre todo o espaço filosófico que separa a autonomia da «sensibilidade moral» do *eu* desse amplo «empreendimento moral» que constitui a conduta prática da existência humana no contexto de uma «ordem externa das coisas». «Surpreendido pelo anoitecer», a procura filosófica de Oakeshott talvez implique a hipótese de uma entidade ontológica indefinida, incerta, intangível. No domínio da conjectura, será provável que a Poesia traga como implicação mais intensa a demanda de uma ligação a esse vasto território interior que no imaginário humano se designa normalmente por alma. Entre a autonomia da «sensibilidade moral» e a submissão a uma «ordem externa das coisas», o reencontro do Homem com a sua alma transporta naturalmente a reconciliação de uma promessa de liberdade.

II.3.3. A Teoria dos Modos – Um Problema de Interpretação no Horizonte da Liberdade

Para um mais perfeito entendimento da teoria dos modos de Michael Oakeshott, convirá, pois, uma referência breve ao *background* filosófico da reflexão do autor, nomeadamente, as presenças de Hegel,

---

([96]) Robert Grant, *Oakeshott*, pág. 109.

F. H. Bradley e R. G. Collingwood([97]). Do Idealismo, e sobretudo de Hegel na obra *The Phenomenology of Spirit*, surge o conceito de que o pensamento progride por intermédio de estádios ou «momentos» até atingir a auto-realização na Ideia ou no Absoluto. Cada momento em sucessão, embora incompleto e «defeituoso», terá um maior conteúdo de verdade quando comparado com o momento imediatamente anterior. Por outro lado, considerando cada momento particular, existirá, pois, uma lógica, um sentido, uma coerência provisória, que, detectada a sua natureza imperfeita, a «razão» desencadeará um processo que transformará esse estádio no momento posterior e ascendente na escala do entendimento. Assim, a sucessão de momentos, não só constitui uma «sequência genética», como completa uma «hierarquia na evolução». Do Idealismo britânico, essencialmente através de F. H. Bradley em *Appearance and Reality*, reconhece-se a existência de um conjunto de «determinações específicas e abstractas do pensamento», nomeadamente, a arte, a ciência, a religião, a vida social e a moralidade. No entanto, não existirá uma relação hierárquica entre as diversas «esferas» que se afirmam enquanto «fenómenos» independentes. Ainda de acordo com Bradley, mas da perspectiva da explicitação dos modos, estes seriam essenciais e contributivos para a unidade do Absoluto, implicando assim uma discussão sistemática a propósito das características de todas as «regiões da aparência», algo nunca realizado nas especulações do filósofo. Ainda no Idealismo britânico, mas agora através de R. G. Collingwood e da reflexão em *Speculum Mentis*, revela-se o conceito de «províncias» do conhecimento, mais concretamente, a arte, a religião, a ciência, a história e a filosofia. Tal como Hegel e ao contrário de Bradley, Collingwood reafirma a existência de uma hierarquia, de uma sequência de momentos hegelianos até ao culminar da auto-realização do Absoluto, negando desta forma qualquer vestígio de autonomia ao conjunto de províncias identificado. Collingwood não só procedeu a uma caracterização detalhada das referidas províncias do conhecimento, como não evitou a descrição

---

([97]) W. H. Greenleaf, *Oakeshott's Philosophical Politics*, pp. 9–12; Robert Grant, *Oakeshott*, pp. 29–30. *Vide* ainda Josiah Lee Auspitz, «Modality and Compossibility» in *The Intellectual Legacy of Michael Oakeshott* (Org. Corey Abel and Timothy Fuller) (Exeter: Imprint Academic, 2005), pp. 86–116.

do processo (dialéctico e evolutivo) através do qual se concretizaria a «superação» sucessiva das diversas fases do conhecimento. Neste contexto doutrinário, e em *Experience and Its Modes*, Michael Oakeshott não aplica o dispositivo dialéctico dos momentos hegelianos que haveriam de garantir uma progressão sucessiva através dos modos até à auto-realização da plenitude e do Absoluto. Aliás, de acordo com Oakeshott, o Absoluto não poderá ser a síntese de uma sucessão de interacções entre a razão e os modos considerados enquanto momentos abstractos de *natureza defeituosa*. Ao mesmo tempo, Oakeshott rejeita o estabelecimento de uma hierarquia entre os modos, mas numa óbvia influência de Collingwood, aceita a necessidade de se proceder a uma descrição sistemática dos modos da experiência. Por sua vez, recusando a omissão de Bradley na elucidação filosófica dos modos, Oakeshott adopta de forma decisiva a ideia de uma radical e efectiva autonomia entre os modos estabelecidos e observados.

Considerando o *background* filosófico descrito, tendo igualmente em apreciação o posicionamento de Oakeshott em relação ao carácter total e à Unidade da experiência, não deixando ainda de ponderar o reconhecimento e a reflexão do autor a propósito do facto da Diversidade, e na consequente identificação e análise dos modos da experiência, surge naturalmente uma oposição entre a Unidade e a Diversidade, oposição que poderá ser interpretada como uma tensão entre uma posição marcada pelo **monismo** e uma atitude caracterizada pelo **pluralismo**. Este ponto reveste-se de uma assinalável importância e justifica um comentário mais detalhado.

Assim, monismo e pluralismo são doutrinas que se referem ao elenco de «substâncias» ou princípios constitutivos que integram e fundamentam a realidade, podendo orientar as respectivas considerações e análises, quer no sentido da identificação das categorias de substâncias existentes, quer na direcção das concretizações ou exemplos das categorias de substâncias identificadas([98]). Relativamente à categoria das substâncias, o monismo reconhece em exclusivo a existência de uma única categoria, enquanto o pluralismo admite uma multiplicidade de categorias. Em relação às concretizações ou exemplos de

([98]) *The Oxford Companion to Philosophy* (Org. Ted Honderich) (Second Edition), pág. 618.

uma determinada categoria de substância, o monismo estabelece que apenas uma concretização individual existe ou poderá existir, ao passo que o pluralismo sublinha a multiplicidade ou a real possibilidade de uma efectiva pluralidade de exemplos. A relação entre os dois níveis de inferência não se resume a uma qualquer linearidade, evidenciando mesmo um apreciável nível de complexidade. Ou seja, a adopção de uma determinada perspectiva num primeiro nível não determina automaticamente uma posição equivalente na abordagem do segundo nível([99]). Considerando a doutrina de Michael Oakeshott, tudo parece indicar a presença de uma posição monista no primeiro sentido do termo, sublinhando com tal afirmação o facto de o autor reconhecer a «substância mental» como categoria única. No entanto, ao observar e ao reconhecer o facto da diversidade, Oakeshott demonstra uma visão decisivamente assinalada por uma perspectiva pluralista, uma vez que admite diversas concretizações individuais ou modos através dos quais a «substância mental» poderá ser ponderada pelo entendimento humano na constituição da realidade.

Esta interpretação está em rigorosa sintonia com a leitura de Robert Grant quando o académico afirma, no reconhecimento dos paradoxos endémicos ao pensamento idealista, que o pluralismo de Oakeshott emerge naturalmente do monismo da sua doutrina([100]). A lógica desta asserção repousa na ideia de que o Idealismo, ao reconhecer a relevância das «aparências» pelo facto simples da sua existência, permitirá a plena integração das mesmas aparências na exacta ordem da realidade à qual pertence o Absoluto. A diferença crucial reside no grau inferior de plenitude exibido pelas aparências ou, na perspectiva oposta, no grau superior de abstracção evidenciado uma vez mais pelas aparências. Mas se as aparências são genericamente parte do Absoluto, e nessa dimensão parte do real, então também serão reais os elementos separados que integram as próprias aparências.

Na mesma linha de comentário estará Terry Nardin, quando destaca o «pluralismo epistemológico» de Oakeshott([101]). O argumento

([99]) Roy Tseng, *The Sceptical Idealist — Michael Oakeshott as a Critic of the Enlightenment*, pág. 108.

([100]) Robert Grant, *Oakeshott*, pág. 37.

([101]) Terry Nardin, *The Philosophy of Michael Oakeshott*, pág. 22.

reside na constatação de que, uma vez que a experiência, a verdade e a realidade não serão separáveis quaisquer que sejam as circunstâncias, então todo e qualquer elemento integrado na percepção de um modo da experiência terá sempre um determinado grau de verdade e revelará sempre uma particular qualidade própria e característica da realidade.

O monismo de Michael Oakeshott reforça assim a ideia de uma Unidade que se posiciona na filosofia do autor com a forma de um ideal implícito, representante de um Absoluto que, na formulação clássica do Idealismo, será unitário e completo. No entanto, esse Absoluto será sempre o fim imaginado, *imaginário*, de uma dialéctica interminável de discrepâncias e de reconciliações. Este dispositivo teórico permite uma *abertura* em relação ao facto da diversidade no Mundo e que se prolonga no reconhecimento, na identificação e na descrição empenhada da configuração dos modos. A elucidação dos modos da experiência, o exame crítico dos pressupostos e dos respectivos postulados, a interrogação suscitada pela verificação ou abolição de uma ordem ou hierarquia, todo este inquérito filosófico implica o reconhecimento e a aceitação de um Mundo não redutível ao domínio total de uma pretensão absoluta e de um fim único, último e derradeiro. O pensamento de Oakeshott nunca se aproxima do limiar de um monismo rígido e dogmático, como tal incompatível com a reflexão filosófica, afirmando-se, pelo contrário, como o epicentro de uma percepção pluralista do Mundo.

Entre o *Uno e o Múltiplo*, Oakeshott não descreve o Mundo na admissão passiva de um discurso uniforme e unificado, nem recorre à apologia de uma garantia apriorística com base na qual a harmonia final é possível sob a protecção de uma solução perfeita, definitiva, dominadora, despótica. Com a explicitação da teoria dos modos, o autor não revela o sonho de uma longínqua quimera filosófica, mas exibe perante o comentador todo um universo de contradições e de possibilidades formais perfeitamente irremovíveis da percepção e da realidade do Homem. A simples coexistência e simultaneidade dos modos da experiência, logo, das visões do Mundo, determinam, enquanto objecto de prova indirecta, a presença de uma **liberdade** profundamente inscrita no espírito humano e na ordem das coisas. Os modos introduzem no Mundo um surpreendente efeito caleidoscópico, um efeito que atesta a superação de um *monismo inicial* por um *pluralismo real*, e em que a **liberdade** se estabelece como conceito representativo da multiplicidade e da incomensurabilidade da percepção do Homem perante a complexidade e a diversidade do Mundo.

Mas a análise e a interpretação da teoria dos modos exige ainda uma referência a um título incluído na obra *Rationalism in Politics*. O ensaio intitula-se «The Activity of Being an Historian»([102]) e ocupa-se essencialmente de uma reflexão sobre a experiência histórica na sua configuração enquanto disciplina perfeitamente estabelecida no tempo e no percurso humano, e como tal objecto de uma prática observável e concreta. Com as preocupações de cariz metafísico excluídas do objectivo principal do ensaio, Oakeshott dedica-se a uma reflexão sobre o exercício da história e não sobre a experiência histórica enquanto exaltação de um modo ideal. Deslocando-se de uma *perspectiva filosófica* característica de *Experience and Its Modes* e passando a ocupar um lugar privilegiado no domínio da observação concreta de uma actividade no Mundo e no tempo real, logo assumindo o próprio autor uma *percepção histórica*, Oakeshott não se abstém de uma elaboração a propósito de uma eventual *origem* e *relação* entre os modos da experiência.

Para Michael Oakeshott, as actividades surgem de forma inocente, como jogos que as crianças inventam entre si, não em resposta a uma finalidade predeterminada, mas sim como resultado de uma «direcção da atenção» seguida e perseguida sem qualquer premonição relativamente ao lugar último de chegada([103]). Na sequência do movimento que se estabelece, uma determinada direcção da atenção poderá atingir a identidade de um carácter próprio e alcançar o estatuto específico de uma «prática». Cada participante na actividade passará a ser reconhecido, não em função dos resultados obtidos, mas sim em virtude de uma disposição para observar as «maneiras» inerentes a uma prática específica. A suposição lógica associada a esta determinação remete o discurso para o reconhecimento da actividade enquanto motivo de uma

([102]) Michael Oakeshott, «The Activity of Being an Historian» in *Rationalism in Politics*, pp. 151–183. O ensaio foi originalmente publicado em *Historical Studies I* (Org. T. D. Williams, 1958).

([103]) Michael Oakeshott, «The Activity of Being an Historian» in *Rationalism in Politics*, pág. 151.

«ocorrência histórica» cujo grau de especificação será de densidade suficiente para ser considerada enquanto «maneira coerente de pensar sobre o mundo»([104]). Sublinhe-se a mudança de vocabulário quando o autor abandona a *perspectiva filosófica* e se entrega à designada *percepção histórica*, o que equivale a afirmar que os «modos» passaram a exibir a designação de «práticas». Mas mais relevante ainda será a posição de Oakeshott relativamente à relação entre os modos agora transformados em práticas:

> [W]e are not surprised to observe that what, generally speaking, may be called a «scientific» attitude towards the world, and an «historical» attitude towards the past, have emerged together, and with some interdependence, in modern Europe. For, the specification of the activity of being a «scientist» and the specification of the activity of being an «historian» were both achieved in a **process of emancipation from the primordial and once almost exclusive practical attitude of mankind.**([105])
> [ênfase adicionado]

Oakeshott acrescenta ainda que a «intoxicação» da História pela Ciência — numa referência directa à preocupação com as «causas gerais», com a identificação e domínio das «condições necessárias e suficientes» e com a consequente aplicação a «situações hipotéticas» —, durou cerca de cem anos, um «modesto» período de tempo ao fim do qual terá finalmente ocorrido a emancipação *natural* da História([106]).

Ao contrário do que acontece em «The Voice of Poetry in the Conversation of Mankind», ensaio no qual Oakeshott desenvolve a tese da emancipação da Poesia do universo da experiência prática, agora o autor não faz uma referência directa a qualquer processo de *separação* entre os referidos modos. No entanto, em «The Activity of Being an Historian», a contemplação — evidente e eminente no olhar do poeta

([104]) Michael Oakeshott, «The Activity of Being an Historian» in *Rationalism in Politics*, pág. 152.

([105]) Michael Oakeshott, «The Activity of Being an Historian» in *Rationalism in Politics*, pág. 171.

([106]) Michael Oakeshott, «The Activity of Being an Historian» in *Rationalism in Politics*, pp. 171–172.

e na sensibilidade do artista —, figura como uma «resposta» possível à pluralidade do Mundo e perfeitamente autónoma das respostas da Prática e da Ciência([107]).

A tensão entre o argumento de *Experience and Its Modes* — uma afirmação da radical independência dos modos —, e a envolvência do tema em «The Activity of Being an Historian» — uma observação de um processo sequencial de emancipação entre as práticas —, será uma evidência incontornável e que clama por um ensaio de interpretação. Existe uma hipótese provável que terá uma relação exacta com a variação da lógica do discurso de Oakeshott de uma *perspectiva filosófica* para uma *percepção histórica* do tema.

Do ponto de vista da filosofia, esta *limita-se* a reconhecer o facto da diversidade e a proceder a uma análise e identificação dos postulados e dos pressupostos que suportam os modos. Deste ângulo de abordagem, e estabelecida a substância filosófica, a independência dos modos continua a verificar-se, a inspiração ou a dependência dos modos da condicionalidade externa de outros modos reveste-se ainda com os tons da irrelevância, tanto mais que o único *meeting-point* potencialmente aceitável será o Absoluto da experiência do qual todos os modos derivam e constituem uma abstracção ou defeito. Na óptica metafísica, na filosofia de Oakeshott não existe uma sequência nem se observa uma hierarquia entre abstracções que se autonomizaram da grande corrente da experiência — o destino dos modos é a *existência radical* ou a simples extinção.

No entanto, a tensão estará já latente em *Experience and Its Modes* quando o autor escreve em referência especial à natureza dos modos:

> Of course, since all are modifications of a single, concrete whole they have a general character in common: but as specific and abstract worlds they are independent of one another.([108])

Desta forma, Oakeshott reconhece a presença de um carácter comum ao mesmo tempo que sublinha a formulação de uma identidade

---

([107]) Michael Oakeshott, «The Activity of Being an Historian» in *Rationalism in Politics*, pp. 157–158.

([108]) Michael Oakeshott, *Experience and Its Modes*, pág. 327.

autónoma. Aplicando o que poderá designar-se por *analogia de Copérnico*, os modos constituem uma galáxia de entidades independentes que mantêm uma distância estacionária entre si, mas variável em relação ao vínculo de um centro de gravidade universal. Numa formulação mais filosófica, e de acordo com Josiah Lee Auspitz, a tensão em causa coloca em confronto a particularidade exclusiva de uma ideia relativamente ao carácter de um modo e o «enraizamento» de todas as ideias na plenitude e no concreto constituído pela experiência([109]).

A transposição do tema dos modos para a lógica de uma *percepção histórica* vem como que intensificar, não a natureza comum relativamente a um ponto imaginário e Absoluto suspenso no céu perfeito da filosofia, mas sim uma *visão exterior* localizada na realidade material de um Mundo composto e preenchido pela vontade, pelos desejos, pelas necessidades e pela acção do Homem. Com este movimento da análise, Michael Oakeshott pretende sublinhar que os modos não são exclusivamente uma consequência lógica ou filosófica de uma mera circunstância abstracta. Através da mudança do prisma analítico, Oakeshott vem afirmar que os modos têm efectivamente um *substrato histórico*, porque existem na realidade dos factos, porque ocupam uma espessura no tempo, porque implicam a compreensão do Mundo na sua eterna complexidade.

Poderá mesmo definir-se uma certa *consistência conceptual* entre a *perspectiva filosófica* e a *percepção histórica*. Continua a existir um ponto comum, bem como a persistência e a independência dos modos, só que Oakeshott acrescenta *movimento* onde anteriormente se contemplava a imobilidade de um quadro estático. Na nova formulação existe um **modo primordial** que é a experiência prática, ponto de referência a partir do qual os modos científico e histórico alcançam a respectiva autonomia — uma autonomia que não será exclusivamente formal porque se revela inscrita no tempo e na acção do Homem. Com o *movimento*, o autor define um processo que será tipicamente a constatação de uma **genealogia dos modos**, um processo em que as características finais e autónomas remetem sempre e em última instância para uma origem comum. Não será certamente uma sequência genética de

---

([109]) Josiah Lee Auspitz, «Modality and Compossibility» in *The Intellectual Legacy of Michael Oakeshott*, pág. 105.

matriz hegeliana que gera a Unidade do Absoluto, mas todo o processo tende a aproximar-se de uma evolução genética de cariz darwinista e que promove o reconhecimento da diversidade de um Mundo plural.

Fundamental será ainda a constatação de que a teoria dos modos coincide com uma certa ideia de liberdade, uma vez que os modos resultam de um procedimento de emancipação da hegemonia de um modo primordial porque primeiro na escala do tempo. Nesta interpretação, a libertação dos modos representa o reconhecimento de uma configuração pluralista do Mundo e na qual a **liberdade** ocupa o relevo de uma necessidade permanente. De certa forma, a Prática, a Ciência, a História, sem esquecer igualmente a Poesia, não constituem uma hierarquia formal, embora possibilitem a descodificação e a interpretação do Mundo em universos discursivos autónomos e em níveis e pontos de observação independentes, mas prefiguram uma *sequência histórica* que coincide com o desenvolvimento e a consolidação da moderna civilização ocidental.

Um outro aspecto decisivo resulta da conjugação do carácter de uma genealogia dos modos com a correspondência entre a teoria dos modos e uma ideia de liberdade. Refira-se que na identificação dos pressupostos e dos postulados que suportam as características e o carácter dos modos, se procedeu a uma interpelação da diversidade do mundo das ideias relativamente à presença e ao lugar da liberdade. Embora, e em sentido objectivo, as referências à liberdade sejam breves, escassas ou meramente inexistentes, a *intimação* dos modos deparou-se com uma existência pressentida, deparou-se sobretudo com uma **presença implícita da liberdade** que só uma atitude analítica e filosófica mais activa acabou finalmente por revelar uma mais sugestiva e explícita compleição. Enquanto formulação de uma hipótese interpretativa, parece lógica a asserção de que os modos preservam na sua consistência interna elementos constitutivos, nomeadamente a liberdade, que possivelmente apontam para uma origem comum. Numa dimensão que se aproxima de uma vertente quase *orgânica*, a liberdade como que se transmite e propaga através do processo de emancipação dos modos. Desta forma, a teoria dos modos ganha uma acrescida complexidade relativamente à percepção e ao lugar da liberdade. Se, por um lado, a constituição dos modos será a prova de uma direcção da atenção que se libertou do modo primordial, por outro lado, o *novel* modo estabelecido revela igualmente nas implicações lógicas da sua autonomia a presença implícita da **liberdade**, uma liberdade que poderá ser considerada enquanto *concretização local* de um ideal mais humano e assente na convicção de que o indivíduo pode pensar e agir no Mundo por motivos que estão ao alcance da sua razão e do seu entendimento. De acordo com a presente interpretação, tudo parece apontar para a relevância da **experiência prática**, na sua investidura enquanto **modo primordial**, como elemento fundamental para a explicitação e compreensão da **proporção da liberdade** no conjunto da filosofia da experiência de Michael Oakeshott.

No entanto, a reflexão sobre a teoria dos modos não ficaria de todo completa sem uma alusão ao título «The Voice of Poetry in the Conversation of Mankind». O motivo *pivot* em torno do qual reside a importância do ensaio será precisamente o conceito de **conversação** aplicado à esfera dos modos.

Desde logo, Michael Oakeshott afasta a concepção monista de que a elocução do Homem no Mundo está reduzida ao universo monolítico de um único modo([110]). Pelo contrário, e adoptando novamente uma postura pluralista e uma *percepção histórica*, o autor reconhece que há muito que a Humanidade «inventou para si mesma» outros modos de expressão. Os modos, agora denominados de «vozes», coincidem na conjugação de um índex temporal e histórico, a saber: as vozes da Prática, da Poesia, da Ciência e, finalmente, da História. Mais ainda, Oakeshott recusa no perfil do filósofo a figura do *grande unificador*, espécie de *grande libertador* da Humanidade face a um estado caótico e no qual a *confusão de vozes* exigiria a redução ou a imposição de um carácter único sobre todas as expressões e variedades do discurso humano. Para o comentador mais diligente, esta parece ser uma descrição indirecta do propósito e da disposição do racionalista. O autor também não concebe um entendimento do Mundo em que toda e qualquer elocução humana devam ser ponderadas, em exclusivo, enquanto contribuição para o *grande inquérito*, ou para o *magistral debate*, que decorre no seio de uma comunidade alargada de *inquiridores*, versando sobre a condição dos Homens e sobre a natureza do

---

([110]) Michael Oakeshott, «The Voice of Poetry in the Conversation of Mankind» in *Rationalism in Politics*, pp. 488–489.

Mundo em que estes habitam. Mas a associação da actividade e das relações humanas à imagem de um inquérito, embora pareça acomodar uma variedade de vozes, na verdade o que acaba por concretizar é o reconhecimento de uma voz única, mais concretamente, a «voz do discurso argumentativo» e que não é se não a voz da Ciência. Na interpretação de Oakeshott, toda uma vasta variedade de vozes só será admitida ao inquérito em função da respectiva capacidade para imitar, para emular, a voz superior e dominante da Ciência. De novo, é o vulto racionalista que prevalece naturalmente sobre os contornos familiares do argumento. Longe da passividade, Oakeshott não se abandona ao quase fatalismo de uma argumentação na aparência quase perfeita. No entanto, e em reflexão mais atenta, o autor reconhece como suposição válida a ideia de que os diversos idiomas de expressão que constituem o complexo humano de relações correntes poderão de facto conhecer a convergência de um *meeting-place*, da mesma forma que poderão atingir a composição de uma determinada multiplicidade. De acordo com Oakeshott, a imagem desse *meeting-place* não será compatível com a figura do inquérito nem com o modelo do debate, sobretudo se entendidos enquanto confrontação pura entre posições opostas, irreconciliáveis e mutuamente exclusivas. A imagem, o conceito, desse *meeting-place* será próximo e coincidente com a expressão de uma **conversação.**

Numa conversação, os participantes não estarão envolvidos, nem num debate, nem num inquérito, tanto mais que não existe uma «verdade» para ser descoberta, nem uma «proposição» para ser aprovada, nem uma «conclusão» para ser estabelecida. Os participantes numa conversação não desejam informar, não pretendem persuadir, não procuram refutar. Como tal, a autoridade e a intensidade das afirmações não dependem da uniformidade do idioma falado. E um princípio basilar garante ainda que numa conversação é sempre possível divergir sem discordar. Certamente que numa conversação existem segmentos de argumentação e a nenhum participante é negada a possibilidade de optar pelo registo argumentativo. Mas a cadência argumentativa não será nunca soberana ou naturalmente dominadora, pois uma conversação nunca poderá ser reduzida à lógica de um permanente antagonismo entre argumentos. Numa conversação, os «factos» parecem ser apenas resolvidos, uma vez mais, através das possibilidades com base nas quais foram originalmente compostos; as «certezas» ostentam uma natureza «combustível», não pelo motivo de serem confrontadas com outras certezas ou com a dúvida, mas pelo efeito de poderem ser «iluminadas» pela presença de ideias pertencentes a uma ordem diversa; «noções» normalmente remotas podem ser objecto de súbitas e surpreendentes aproximações. Os pensamentos de espécie diferente «voam» e «recriam-se» mutuamente, num jogo em que movimento gera movimento e em que um último esforço suscita sempre a reciprocidade de um novo esforço. Numa conversação não existem argumentos de autoridade, nem árbitros ou *simposiarcas* que exijem a prescrição de credenciais específicas para uma hipotética admissão. Tudo será permitido desde que seja aceite e integrado no fluxo permanente da especulação([111]). E vozes que falam numa conversação não compõem nunca uma hierarquia. A conversação não terá um desígnio último, não será um «empreendimento» desenhado em função de uma recompensa extrínseca, nem será um certame para a atribuição de um galardão final ou um exercício compulsivo em obediência ao esforço de uma *exegese*. A conversação é uma aventura intelectual espontânea porque não ensaiada. Não importa o resultado final porque o essencial reside na *duração*, *reside no que acontece quando está a acontecer*. De acordo com Oakeshott, uma conversação será sempre uma impossibilidade e uma miragem na ausência de uma diversidade de vozes. Numa conversação, os diferentes «universos de discurso» encontram-se, reconhecem-se mutuamente e desfrutam de uma «relação oblíqua» que não exige nem prevê qualquer assimilação recíproca.

Na visão oakeshottiana do Mundo, o conjunto dos seres humanos civilizados são os herdeiros de uma longa e secular conversação, uma conversação que acontece no interior de cada indivíduo e que se revela e propaga ao carácter próprio da civilização. Aliás, não será a habilidade para raciocinar de forma convincente, nem a capacidade para produzir descobertas admiráveis, nem o talento para inventar um Mundo perfeito, que se destacam como elementos decisivos. O que enaltece verdadeiramente o Homem, o que introduz a distinção entre o ser humano civilizado e o bárbaro original será essencialmente a inteligência moral

([111]) Michael Oakeshott, «The Voice of Poetry in the Conversation of Mankind» in *Rationalism in Politics*, pág. 490.

e a imaginação racional para participar na grande conversação que se confunde com a civilização do Ocidente.

Assim, cada voz será um reflexo da actividade humana([112]), sendo precisamente através do exercício permanente e continuado da conversação que as vozes adquirem um carácter e encontram um lugar no mapa complexo de um Mundo plural. Quanto à filosofia, esta afirma-se na forma de um impulso para o estudo da «qualidade» e do «estilo» de cada voz e para a reflexão sobre a relação que eventualmente se estabelece entre vozes. Em termos efectivos, e no cômputo geral da conversação, a filosofia será uma «actividade parasita» — emerge naturalmente da conversação, objecto próprio e por excelência inerente à atenção do filósofo, mas não representa um contributo para a mesma conversação.

Importante será ainda sublinhar o facto de que o conceito de conversação não se apresenta imune à subversão das regras e da lógica do respectivo *funcionamento*, uma perversão que, aliás, tem por base uma modificação no *comportamento* das vozes. Em cada voz será possível distinguir uma «maneira de expressão» e um «determinado conteúdo»([113]). Quando se observa um afastamento, que poderá atingir mesmo o limite da ruptura, entre a *maneira* e o *conteúdo*, com o desvio a relevar a importância do *conteúdo*, a voz tenderá a apresentar-se como um corpo rígido de conclusões definitivas («dogmata»), transformando-se assim numa realidade «erística» e da qual a mínima capacidade para se envolver numa conversação terá simplesmente desaparecido. A partir desse instante, toda a reflexão se remete à circularidade de uma discussão lógica e subtil sobre os detalhes infindáveis de uma voz dominadora. A intrusão destas tendências erísticas implica na realidade a destruição do fluxo da conversação.

Mas as vozes demonstram ainda uma propensão para a *superbia*. Esta característica manifesta-se através de uma preocupação exclusiva com a sua própria expressão, atitude que poderá resultar na identificação da conversação com as particularidades específicas de uma única voz. Nesta situação, observa-se a redução da conversação à elocução

([112]) Michael Oakeshott, «The Voice of Poetry in the Conversation of Mankind» in *Rationalism in Politics*, pág. 491.

([113]) Michael Oakeshott, «The Voice of Poetry in the Conversation of Mankind» in *Rationalism in Politics*, pág. 492.

solitária, certamente hegemónica, muitas vezes despótica, de uma voz imperativa — *sobra o eco de um simulacro de conversação onde a voz conversa em monólogo consigo mesma*. Para Oakeshott, quando tal acontece, o Mundo abre-se à propagação impune da «barbárie».

Um outro ponto decisivo no argumento de Oakeshott acentua peremptoriamente o facto da «excelência da conversação» derivar de uma tensão entre dois elementos surpreendentes — a «seriedade» e o espírito «lúdico»([114]). Cada voz representa um «compromisso sério», e não apenas pelo facto de ser adoptada e seguida em função dos resultados que se abrem como possibilidade. Aliás, sem a dimensão da seriedade a conversação perderia o «ímpeto» de uma actividade mantida por uma certa *intensidade de movimento*. Mas pela participação na conversação, cada voz descobre e descobre-se gradualmente em função de um espírito lúdico, aprende a entender-se a si mesma no contexto da conversação, aprende a reconhecer-se enquanto voz na livre interacção entre vozes. No remate ao argumento, Oakeshott afirma mesmo que o espírito lúdico é verdadeiramente sério, tanto quanto a seriedade é verdadeiramente lúdica.

De novo será perceptível uma óbvia tensão entre a posição em *Experience and Its Modes* e a teoria em «The Voice of Poetry in the Conversation of Mankind». Aliás, essa tensão segue na sequência de um fluxo de tensões que acompanha a *evolução* própria da filosofia da experiência de Oakeshott. Neste ponto particular, e não considerando o processo sequencial de emancipação entre os modos, será precisamente o contraste entre a afirmação filosófica da radical independência dos modos e a metáfora de um Mundo plural de vozes em conversação. O comentador depara-se com a perplexidade de um *arquipélago dos modos* em *Experience and Its Modes* para posteriormente se surpreender com o *paradigma das vozes em conversação* no registo de «The Voice of Poetry in the Conversation of Mankind». Serão as posições compatíveis?

Uma hipótese que aponta para a compatibilidade das posições remete a análise para a tensão já referida, e numa adaptação do argumento de Josiah Lee Auspitz, entre a exclusividade de uma ideia relativamente

([114]) Michael Oakeshott, «The Voice of Poetry in the Conversation of Mankind» in *Rationalism in Politics*, pág. 493.

ao carácter de uma voz e o enraizamento de todas as ideias na plenitude e no concreto de uma experiência humana comum([115]). Enquanto a dimensão *insular* dos modos sublinha essencialmente os factores de distinção, a dimensão da *conversação* permite introduzir a comunhão da diferença. E na comunhão da diferença reside um factor decisivo para a compreensão de uma **atmosfera de liberdade** que emana do sussurro harmonioso da conversação. No dispositivo teórico de Michael Oakeshott, e em sentido figurado, a conversação torna-se uma evidência quando o autor retira o *véu de silêncio* que envolve os modos, revelando desta forma uma coexistência civilizada entre vozes que interpretam o Mundo ao mesmo tempo que se encontram empenhadas numa permanente, perpétua e livre interacção. Neste cenário de hipótese, importante será referir que a autonomia, radical e efectiva, não implica nunca um antagonismo dirigido e dividido entre a abolição e a integração. As vozes em conversação não renunciam à sua integridade nem à sua identidade, pois é na *diferença* que reside o *valor*, mas adquirem uma *sensibilidade* relativamente à tendência destrutiva de uma reivindicação suportada pela ideia de uma validade exclusiva([116]). É de novo na coexistência plural entre vozes que a **exigência da liberdade** se afirma no lugar exacto em que as vozes se encontram na paisagem de um campo que se deseja idealmente sem obstáculos.

Pelo *movimento*, pela *abertura*, pelo facto de se afirmar como um fim em si mesmo, a conversação poderá representar a configuração possível de um *arquétipo da liberdade* na tradição ocidental. No entanto, o paradigma jamais será perfeito na garantia exclusiva de um modelo vitalista de características imutáveis — a conversação não será um *estado final*, mas sim um *processo*. As tendências erísticas e a propensão para a *superbia* introduzem uma tensão latente entre as vozes que participam na conversação, uma tensão que pode conduzir ao colapso efectivo do colóquio que, no dizer de Hamlet, é uma súmula da «obra que o homem é». Se as vozes se *fecham* no paroxismo de uma tendência erística, a textura geral revelada ostenta as marcas de uma sobreposição de monólogos intercalares, estáticos e estanques. Se uma voz

---

([115]) Josiah Lee Auspitz, «Modality and Compossibility» in *The Intellectual Legacy of Michael Oakeshott*, pág. 107.

([116]) Robert Grant, *Oakeshott*, pág. 68.

se *abre* e se expande no delírio sublime da *superbia*, a textura total transforma-se na transposição paradoxal de uma sinédoque que impõe a monotonia de uma sonoridade única à superfície do Mundo. Em ambas as circunstâncias, a conversação torna-se uma memória de uma situação passada e um emblema da fragilidade intrínseca ao conceito de liberdade associado à ideia própria de uma conversação.

Como tal, o **conceito de liberdade** convocado pela metáfora da conversação implica, em simultânea sintonia, o *princípio da atenção* e a *condição do equilíbrio*. O *princípio da atenção* projecta um olhar diligente sobre as múltiplas orientações e vicissitudes da conversação de forma a manter o fluxo natural, livre e espontâneo do processo. O que está em causa não será uma *entidade externa* que exerça uma vigilância centralizada sobre a conversação (por exemplo, a filosofia), mas será acima de tudo uma disposição dispersa pelas vozes, desenvolvida ao longo do tempo e integrada no domínio racional e razoável da própria conversação. A *condição do equilíbrio* permite a correcção das *assimetrias* quando uma voz se destaca no domínio moral da conversação e na imposição de uma *linguagem artificial e homogénea*, destruindo ou colocando em sério risco as convenções fundamentais do género. Embora uma voz possa prevalecer num determinado momento, a perpetuação desse domínio implica a extinção da conversação, de tal forma que o equilíbrio entre vozes deve ser restabelecido para que o aparato civilizacional que é a conversação possa prosseguir e perdurar no tempo.

Desde logo, o que se destaca nesta interpretação será a evidência de um profundo e consistente **cepticismo** no posicionamento filosófico de Michael Oakeshott, uma atitude que não demonstra qualquer atracção pela ideia de uma voz única e privilegiada, detentora inapelável de uma interpretação fechada e dogmática do Mundo. O Mundo oakeshottiano, o lugar em que a conversação da Humanidade decorre, mantém a cortesia de uma plural e radical vulnerabilidade que se transmite às vozes da Prática, da Poesia, da Ciência e da História. A vulnerabilidade das vozes será o reflexo da vulnerabilidade do Homem face às contingências e aos condicionalismos de um Mundo inteligível e em permanente mudança. O *princípio da atenção* e a *condição do equilíbrio* podem representar a excelência de uma vulnerabilidade que, no decorrer do tempo, se transformou no símbolo de uma civilidade inscrita no coração próprio da liberdade. No entanto, o *princípio da atenção* e a *condição do equilíbrio* reforçam também a percepção de que a liberdade assenta efectivamente num colóquio ou na constante, frágil e gentil conversação entre uma pluralidade de vozes distintas. Como tal, se a liberdade reclama e depende de uma conversação permanente entre as vozes, a conversação exige, por sua vez, o pressuposto efectivo de uma *presunção crítica da liberdade.*

CAPÍTULO III

O MUNDO DA EXPERIÊNCIA PRÁTICA E A APOTEOSE DA LIBERDADE HUMANA

Se com a Filosofia Michael Oakeshott aborda a vasta questão da *compreensão* e do *entendimento*, *compreensão* do Mundo e *entendimento* dos modos, se com a História e a Ciência o autor descreve dois universos directamente relacionados com o *conhecimento*, se com a Poesia explora o vasto território da contemplação que provoca a *fruição* até ao *encantamento* da alma, já com a experiência prática Oakeshott entra definitivamente no domínio das *acções humanas*, alargando a sua reflexão ao complexo campo do *pensamento na perspectiva da acção*. Esta forma da experiência será, tanto a mais «primitiva», como a mais «geral» e «universal» de todas as variantes que a experiência poderá exibir([1]). O mundo da prática é assim o mais «familiar» dos mundos da experiência, tal como a «atitude prática» será a mais comum e constante disposição observável nas movimentações e nas decisões de qualquer indivíduo considerado. A não ser que seja feito um esforço consciente e suplementar com vista à *transposição* do mundo da experiência prática, será precisamente no *interior* do universo da prática que o indivíduo terá de percorrer na íntegra o tempo suposto de uma vida.

Para Oakeshott, o que acontece na «vida prática» é uma sequência de acções e de acontecimentos cuja lógica por vezes se revela furtiva, mas que será sempre uma dimensão visível e uma parte integrante do pensamento e da avaliação, logo da experiência. Neste universo da prática não existe separação entre o pensamento e a acção, uma vez

([1]) Michael Oakeshott, *Experience and Its Modes*, pp. 247–248.

que a acção é em si mesma uma forma de pensamento. Com a análise do mundo da prática, Michael Oakeshott aproxima-se do imponderável próprio do domínio humano, em que a vontade e a exigência de um conjunto de acções intencionais entram em flagrante contraste com todo o largo «universo das forças impessoais». Da oposição entre a dinâmica do domínio humano e a contingência das forças impessoais surgirá certamente o **lugar da liberdade**.

III.1. A Experiência Prática: A Condição e o Pressuposto da Liberdade

O que distingue a actividade prática de todos os outros mundos da experiência? A resposta reside no facto de que será no âmbito do universo da experiência prática que a «alteração da existência» surge como «empreendimento» único e exclusivo(2). A «vida prática» abrange exactamente da mesma forma, quer as tentativas para a promoção de uma efectiva modificação da existência, quer os esforços no sentido da conservação de uma existência inalterada face à perspectiva de uma mudança eventualmente não desejada. Assim, a actividade prática será simultaneamente a *promoção* e a *prevenção* da mudança, sendo que em ambos os casos não se estará a considerar apenas um «programa para a acção», mas sim a concretização da acção em si mesma. O mundo da prática é o mundo composto pela totalidade das acções e pela totalidade das alterações que estas mesmas acções implicam. A experiência prática inclui, pois, todos os elementos que não são estranhos à conduta da vida. O que Oakeshott vai definindo será uma ideia de prática que não se distingue do conceito de actividade, uma actividade inseparável da conduta inerente à própria existência humana, uma actividade que se reveste do carácter de uma «necessidade» e da qual nenhum ser humano poderá alguma vez libertar-se.

Uma outra faceta fundamental da experiência prática estará relacionada com a percepção de que, em qualquer circunstância, a prática implica e depende da existência de uma «ideia não realizada», a prática implica e depende de um *to be* que se revela na amplitude e na

(2) Michael Oakeshott, *Experience and Its Modes*, pp. 256–257.

distância de um *not yet*(3). Toda a actividade envolve uma «discrepância» entre um *what is* e uma existência desejada que o indivíduo ou agente anseia para que se torne realidade. E esta descrição aplica-se como verdadeira, quer à situação em que a prática toma a forma de uma mudança explícita, quer à circunstância em que a prática parece confinada à singular conservação de um determinado *what is*. De facto, esta conservação será sempre e só desencadeada face a uma mudança *externa* proposta ao indivíduo e temida pelo agente, uma ameaça que se dirige não tanto à situação observada, ao *what is*, mas que se focaliza sobretudo na existência que é desejada e que é desejável que seja objecto de conservação. Para Michael Oakeshott, e recorrendo a um argumento inequivocamente burkeano, o acto de conservar será sempre uma aplicação do princípio da mudança. Em síntese, e seja qual for a lógica de aproximação, a actividade prática exige invariavelmente a presença de uma ideia não realizada, um desejo por cumprir, um *to be* em discrepância com um *what is*. Na actividade prática, a discrepância será sempre sentida pelo agente e entendida como um factor essencial. Desta forma, a acção implica a realidade da mudança e envolve a existência de um mundo em que a mudança é simultaneamente possível e significativa. A acção requer, assim, a concepção de um «mundo mortal» assinalado pela instabilidade dos factos transientes.

Mas o carácter da prática poderá ser ainda explicitado com base num outro ponto de vista. Em termos genéricos, a experiência implica a constante e permanente procura de um mundo das ideias efectivamente contemplado com um módico de coerência. O que na verdade é distinto e relevante na experiência prática, não será tanto o desígnio ou o *fim* procurado, mas será sim o *meio* particular e por excelência adoptado para alcançar o desígnio desejado. No universo da prática, o mundo coerente da experiência será alcançado através do *predomínio da acção*, o que é equivalente à afirmação de que o mundo coerente da experiência será atingido pela introdução de uma mudança real e efectiva no domínio da existência. Na perspectiva de Oakeshott, a componente do espírito envolvida nesta transformação será a «vontade» — a prática será assim o «exercício da vontade»; o «pensamento prático» será, por sua vez, a «volição»; finalmente,

---

(3) Michael Oakeshott, *Experience and Its Modes*, pp. 257–258.

a experiência prática é o mundo percepcionado de acordo com a categoria *sub specie voluntatis*.

Na interpretação do autor, a experiência prática enquanto actividade exige assim como pressuposto a hipótese de dois mundos que deverão ser «reduzidos» a um único mundo([4]). De forma mais descritiva, por um lado, a prática pressupõe a dimensão de um «mundo presente», previamente denominado por *what is* ou «existência»; por outro lado, a prática pressupõe um outro universo representado por um mero *to be* que terá o estatuto de um *not yet*. Sublinhe-se que estes mundos são pressupostos da experiência prática e que esta depende inteiramente destes postulados.

A prática é assim acção, a alteração da existência. Mas qual será a *matéria* objecto de alteração e, sobretudo, qual será o carácter da referida alteração? De acordo com o pensamento de Oakeshott, a prática implica a noção de um *to be* que terá como marca distintiva uma discrepância com o *what is* observado, mas nunca essa discrepância será global e incluirá a totalidade integral do *what is* — o corolário óbvio estabelece desta forma que o *to be* terá sempre o mesmo carácter geral identificado e exibido pelo *what is*. O argumento inclina-se, portanto, para uma discrepância *parcelar*, *localizada* e *específica*. Como tal, toda a *matéria* passível de transformação pelo exercício da acção continuará a ostentar um carácter perfeitamente definido e integrado no mundo da prática; em simétrico contraste, toda a *matéria* imune à transformação pelos ofícios da acção estará *para além* do universo da prática. A consequência lógica do argumento aponta, pois, para uma identificação da *differentia* da experiência prática, uma *differentia* que não poderá ser simples e genericamente considerada como uma alteração da existência, mas sim entendida como uma alteração específica da «existência *prática*». Aliás, Michael Oakeshott vai um pouco mais longe no seu argumento quando, ao referir-se à alteração da existência prática de uma perspectiva mais abrangente, considera essa mesma alteração como a «realização do eu prático»([5]). Assim, onde quer que seja detectado o movimento da acção, tal pressupõe a prevalência de um mundo modificável pelas circunstâncias próprias da acção.

([4]) Michael Oakeshott, *Experience and Its Modes*, pág. 260.

([5]) Michael Oakeshott, *Experience and Its Modes*, pág. 261.

No entanto, a acção jamais alcançará a *beatitude* de uma transformação da totalidade do mundo, nem conseguirá em condição alguma a modificação do princípio e da natureza que estruturam e garantem a coesão desse mundo. Em súmula, a alteração suscitada pela prática será uma tentativa de trazer um maior conteúdo de coerência a um determinado mundo das ideias práticas.

Sendo a prática um movimento no sentido de alcançar um grau superior de coerência, a mesma prática não poderá ser, no entanto, interpretada enquanto concretização de uma mera e simples actividade aleatória. Em complemento, o mundo implícito na designação de um *to be* não poderá ser também circunscrito à mera e simples condição de um arbitrário *not yet*. Embora de forma algo indirecta, Michael Oakeshott pretende afirmar que a mudança não ocorre tão-somente pela suposta virtude da alteração, tal como a conservação não se justifica unicamente por uma imaginária superioridade da preservação. O *to be* pressuposto na experiência prática não será um mundo meramente em discrepância com o *what is*, nem poderá ser considerado apenas um *not yet* ou um *not here*. O *to be* da prática será sempre um mundo mais coerente do que o mundo representado pela evidência do *what is*. De acordo com o autor, no universo da prática a coerência será concebida em termos de «valor», logo, e por implicação lógica, o *to be* será um mundo dotado de um maior valor e, como tal, passível da designação de *ought to be*. Esta cláusula estará implícita no conceito de experiência prática entendido enquanto «satisfação da vontade». Para Oakeshott, a «volição» surge sempre no contexto de um sistema e revela-se na tentativa de tornar esse sistema ainda mais sistemático. O que o agente deseja será sempre um mundo, e de acordo com o autor, talvez mesmo o perfil de um imaginado «eu». Assim, o critério que permite aferir da *oportunidade* da volição não será o mero facto arbitrário da vontade ou do desejo, mas sim o grau de coerência que se encontra no mundo que é desejado pela vontade. E essa coerência é concebida em termos de valor. O mundo da prática e do juízo prático isolado do pressuposto do mundo do valor e da avaliação reduz-se a uma mera actividade e a uma «viciosa» e «imoral» abstracção. Afinal, aquilo que parecia ser uma relação mecânica entre mundos distintos representa, pois, uma progressão que integra uma incontornável componente moral. Como tal, a prática será a efectiva alteração da existência prática de forma a atingir uma *concordância (parcelar)* ou uma *conciliação (temporária)* entre o mundo do *what is here and now* e uma ideia consubstanciada no mundo do *what ought to be*, sendo essa alteração unicamente concretizável pelo exercício da acção.

Um aspecto determinante relacionado com o mundo do *what is here and now* será a questão da verdade, na circunstância, a questão da verdade prática. Michael Oakeshott é peremptório quando afirma que a verdade prática será o mundo da experiência prática na formulação de um todo coerente — o mundo dos factos práticos([6]). Assim, e relativamente a um primeiro ponto de observação, o mundo dos factos práticos será uma «conclusão» e um resultado do exercício da prática, ou seja, um mundo das ideias construído e mantido pelo princípio da coerência. No entanto, e em relação a um segundo eixo de avaliação, o mundo dos factos práticos constitui um ponto de referência, um *datum*, um mundo das ideias dado e que acabará por ser objecto de transformação e mudança. Visto da perspectiva do mundo dos factos práticos, eis que se observa a conclusão da actividade prática. Visto da óptica a partir da qual a acção se inicia, eis que se detecta a presença de um pressuposto, de um dado inicial, sendo a prática o processo através do qual a mudança acontece. Sublinhe-se de novo que, embora a acção introduza uma modificação no conteúdo actual do mundo dos factos práticos, o carácter geral mantém-se inalterado. O que será constante, e que distingue e caracteriza o mundo dos factos práticos, é precisamente a própria possibilidade da mudança. Como corolário, a prática envolve assim um processo no qual a concretização de um determinado mundo dos factos é simplesmente um momento imediatamente preliminar à respectiva transformação. E neste ponto do argumento, Oakeshott introduz uma nota absolutamente decisiva:

> One implication of the character of practical truth should, perhaps, be noticed at this point. I mean the connexion between practical truth and freedom. **Freedom, I take it, is a practical idea, an idea which has relevance in the practical world of activity and nowhere else.** It is true that the notions of freedom and necessity are often referred to other worlds than the practical world. We hear of them not only in so-called

---

([6]) Michael Oakeshott, *Experience and Its Modes*, pág. 267.

> scientific discussions, but also in the writings of those who pretend to offer us a philosophy; but we must not allow ourselves to be misled by this misappropriation of ideas. **Freedom and necessity are conditions of the mind which has achieved (or has failed to achieve) practical truth. They are conditions of the practical self. They have neither meaning nor relevance for the self in scientific experience or in history, and are certainly meaningless when attributed to the universe as a whole.** If a man thinks to set himself free, in any save a vague and metaphorical sense, by the study of science or of history or by the pursuit of philosophy he is grossly mistaken. **The only truth that makes a man free is practical truth, the possession of a coherent world of practical ideas. Indeed, practical truth and freedom seem to me inseparable; wherever the one is, the other will be found also.**([7])
> [ênfase adicionado]

A **liberdade** surge assim como uma condição da verdade prática, a **liberdade** estabelece o seu lugar na teoria por derivação de uma necessidade e pela constatação de uma implicação de natureza lógica. De acordo com a filosofia de Michael Oakeshott, o princípio que confere coerência ao *tecido* da verdade prática será exactamente a ideia de **liberdade**([8]). Adoptando uma formulação mais detalhada, uma vez que a prática se define como o exercício da vontade, toda e qualquer tentativa para alcançar a reconciliação entre o mundo do *what is here and now* e o universo do *what ought to be* deverá ser interiorizada e entendida como uma realização da **liberdade humana**. Nesta interpretação, a afirmação de que a verdade prática é a coerência envolvida no mundo das ideias práticas será equivalente à constatação de que a prática é um mundo auto-consistente das ideias tendo como critério de verdade a própria ideia de **liberdade**. Em resumo, a prática será então um modo de entendimento auto-consistente que encara o mundo sob a exclusiva categoria da **liberdade**.

Considerando novamente o mundo do *what is here and now*, uma outra componente que exige uma distinção particular prende-se com

---

([7]) Michael Oakeshott, *Experience and Its Modes*, nota pp. 267–268.

([8]) Roy Tseng, *The Sceptical Idealist — Michael Oakeshott as a Critic of the Enlightenment*, pp. 126–127.

a concepção da realidade como pressuposto da experiência prática, matéria que se tornará mais evidente pela abordagem do conceito de «pessoa individual»(9). De facto, a concepção prática do «eu» reveste-se de uma dupla importância. Por um lado, o «eu prático» será o «eu» *operacional* que pensa o mundo de acordo com a natureza da prática; por outro lado, será igualmente ao «eu prático» que o pensamento se dirige no reconhecimento e na identificação dos outros. O mundo da experiência prática é assim o mundo por excelência do eu prático, mas é também por princípio, e em larga medida, o mundo habitado por uma quantidade literalmente inimaginável de agentes igualmente detentores de um eu equivalente.

Sendo assim, a experiência prática, a conduta da vida, envolve uma certa concepção do eu ou da pessoa. E esta concepção não será tanto uma construção objectiva do pensamento prático, embora o seja também de facto, mas será sobretudo e essencialmente um pressuposto próprio da acção. Uma imposição evidente decorre desta asserção, nomeadamente, que a ideia de um eu ou de uma personalidade requerem um princípio basilar em torno do qual a unidade e a individualidade do eu possa ser estabelecida. No argumento de Oakeshott, o critério sobre o qual o pensamento prático repousa no estabelecimento do conceito do eu emerge do «princípio da separação ou distinção», sendo o processo associado a uma ideia genérica de «designação». Desde logo, uma ilação lógica parece ocupar um lugar de destaque — o eu na experiência prática é uma entidade «separada», «única» e «independente». Ou seja, o eu na experiência prática será uma entidade individual, singular e autónoma.

Na reflexão sobre o carácter do eu implícito e necessário ao *funcionamento* do mundo da experiência prática, o autor identifica ainda duas tendências características e simultâneas. Numa observação mais próxima, o eu prático é reconhecidamente uma entidade «exclusiva» do mundo da prática, mas paradoxalmente uma entidade «contrária» ao mundo da prática. E será rigorosamente este «antagonismo», uma consequência directa da componente «contrária», que será seleccionado como «princípio da individualidade» que suporta a identidade

(9) Michael Oakeshott, *Experience and Its Modes*, pág. 269.

do eu([10]). O eu prático apresenta-se, desta forma, em oposição a um ambiente complexo, preenchido por uma infinidade de «coisas» e de «eus» organizados e determinados de acordo com o mesmo princípio. O eu prático vê-se assim rodeado pelo «mundo dos *outros*». No entanto, o eu consegue afirmar-se como um ente real e individual porque mantém, quer a sua independência, quer a sua «separação».

Adoptando um outro critério de análise, convirá sublinhar uma vez mais que o mundo da prática, porque é o *reino* da actividade e da mudança, será também o mundo das oposições que devem ser equilibradas (porque jamais poderão ser unificadas), tal como será o mundo das contradições que devem ser compensadas (porque jamais poderão ser erradicadas). Neste cenário antecipado por Oakeshott, o eu prático e os respectivos interesses nunca poderão retirar-se ou recuar face à afirmação dos interesses dos «*outros*». Na sequência do tema, será ainda importante realçar o facto de que todas as «relações» em que o eu se envolve serão de *natureza exterior* ao indivíduo. O autor conclui ainda que, uma vez que na experiência prática o eu prático se posiciona como a verdadeira «corporização» ou «personificação» da realidade, a sua dissolução é uma contradição simplesmente inconcebível. E nesta fase do discurso, Oakeshott desenvolve um raciocínio verdadeiramente determinante:

> **In short, it may be said that the practical self is the will; for the will is inherently free and self-determined. The self presupposed in practical activity is a self-determined self. And in practical experience it is not required to demonstrate the freedom of the practical self (...); this freedom belongs to it by definition. The practical self is an «end in itself» for no other reason than that in practical experience he must be presupposed to be of this character.**([11])
> [ênfase adicionado]

No panorama da filosofia da experiência de Michael Oakeshott, na ausência de um eu prático com as características específicas descritas, o exercício da acção será uma impossibilidade, não passará da ilusão

---

([10]) Michael Oakeshott, *Experience and Its Modes*, pág. 270.
([11]) Michael Oakeshott, *Experience and Its Modes*, pág. 270.

de uma miragem. A actividade envolve assim a eficácia da vontade através da presença ágil de um eu livre e auto-determinado — o eu e a acção serão elementos inseparáveis. Para o autor, a vontade opera num «mundo de vontades», e, como tal, toda a reflexão que conduza à negação da «integridade» e da «realidade» da vontade, de acordo com os pressupostos identificados, projectará sobre o mundo da experiência prática a imensa sombra de uma auto-contradição. E a este propósito, Oakeshott escreve ainda:

> Wherever an attempt is made to break down the separateness and uniqueness of the practical self, **wherever its «freedom» is denied** and wherever it is replaced by an idea of the self based upon some other principle of individuality than separateness and distinction, **the seeds of disintegration have been sown in the practical world. And the necessity, for the conduct of life, of maintaining the integrity and separateness of the self (...), for us is a matter of definition. The practical self and the conduct of life are correlatives; deny the one, and the other becomes impossible.**(12)
> [ênfase adicionado]

A **liberdade** emerge de novo agora no argumento associado ao carácter do eu prático, não como um conceito *periférico, extrínseco* ou *independente*, mas sim como parte integrante da constituição e da exacta definição do eu. Considerando o estatuto da vontade, e tendo em linha de conta que esta representa a componente prática do juízo e da avaliação, a vontade exibirá uma **liberdade** que não lhe pertence em virtude de um «empreendimento realizado», nem terá sido obtida pela elucidação de um «arranjo» especial ou de uma «adaptação» específica(13). A **liberdade** estará associada à vontade porque será um elemento intrínseco que lhe pertence desde logo por definição. Utilizando uma outra linguagem, poderá afirmar-se que a **liberdade** será apenas uma forma alternativa de exprimir e destacar o carácter activo inerente à disposição do eu prático. De acordo com Oakeshott, a **liberdade**

(12) Michael Oakeshott, *Experience and Its Modes*, pág. 271.

(13) Anthony Farr, *Sartre's Radicalism and Oakeshott's Conservatism — The Duplicity of Freedom* (Hampshire: Palgrave Macmillan, 1998), pp. 153–154.

será uma questão de definição, pois na ausência dessa mesma **liberdade** toda a acção terá sempre a aparência remota de um sonho distante. Para Oakeshott, a **liberdade** é um postulado da vida humana e um pressuposto da experiência prática.

Assim, em termos do pensamento de Oakeshott, a experiência prática será a alteração de um *mundo dado* de modo a atingir-se uma concordância com um outro *mundo igualmente dado* e no sentido da definição de um *mundo novo*. Em cada passo desse processo, a prática será «qualificada» e «governada» pelo carácter dos dois mundos pressupostos, bem como pelo *génio* da alteração ensaiada e desejada([14]).

No mundo do *what is here and now*, se uma componente se apresenta circunstancialmente como *estável*, uma outra dimensão exibe-se como objecto passível de *transformação*. Não existe, pois, no mundo da prática *factos* que não sejam produto da actividade, ao mesmo tempo que os *factos alterados* produzidos pela actividade prática jamais atingem o pleno da absoluta e definitiva transformação. Tal significa que no mundo da prática não existe um *momento fundador*, não haverá nunca a possibilidade original de um «começo absoluto».

A actividade prática é também «prefaciada» pela distinção entre um *what is here and now* e um *what ought to be*, um *prefácio* que coloca em interacção aquilo que existe concretamente no mundo da prática com aquilo que é perspectivado como sendo um valor para o universo da prática. Esta constatação implica que os mundos em questão não serão inteiramente independentes, tanto assim que os *factos* pertencentes a um partilham a mesma natureza dos *factos* que constituem o outro. Como tal, a *apreciação de valor* terá um envolvimento na actividade prática consequente com o estatuto de uma «implicação necessária».

No que respeita ao carácter da realização pertencente ao mundo da actividade prática, o objectivo da vontade será o de concretizar no mundo corrente dos factos práticos as condições que já existem como realidade no mundo dos valores([15]). A prática observa o *what ought to be*, não como o mundo existente, mas sim como o mundo que aguarda a possibilidade de uma existência. Neste entendimento, o *what ought to be* só poderá ser *substanciado* no mundo dos factos práticos

([14]) Michael Oakeshott, *Experience and Its Modes*, pág. 289.

([15]) Michael Oakeshott, *Experience and Its Modes*, pág. 290.

através do exercício da acção e de uma consequente mudança específica. Na presença de uma discrepância pressentida, o *modus operandi* da prática concentra-se na *correcção da dissonância*, *correcção* esta que se verifica numa única direcção e sentido. O modo privilegiado e exclusivo que a prática reconhece para este propósito será especificamente a disposição para a acção — a real e efectiva qualificação «ponto-por-ponto» do *what is here and now* pelo *what ought to be*. Uma consequência evidente desta análise aponta para a evidência de que qualquer tentativa para resolver as discrepâncias na generalidade, ou através de uma redução teórica final, constitui um desígnio impossível e exterior ao carácter do mundo da prática.

Assim, a resolução das discrepâncias que constituem a vocação específica da prática, revela-se um «empreendimento» que jamais poderá ser considerado como definitivamente encerrado([16]). Sempre que uma reconciliação se concretiza num ponto particular do mundo da existência prática, logo uma discrepância surgirá algures em outro lugar, reclamando por uma nova resolução, clamando por uma nova qualificação do *what is here and now* pelo *what ought to be*. Uma resolução teórica traria a marca e a tranquilidade de uma resolução final. No entanto, a placidez harmoniosa de uma resolução final será algo inalcançável pela prática. O domínio da prática é o mundo das resoluções particulares ao ritmo implacável de todas as contingências de um universo interminável de discrepâncias e de reconciliações. De certa forma, e pela sua própria natureza, a actividade prática desencadeia um processo que nunca poderá ser conduzido à compatibilidade de uma categoria e de um propósito final.

Entre a *concordância parcelar* e a *conciliação temporária*, eis o mundo da prática enquanto representação de uma dialéctica interminável de discrepâncias e de reconciliações. E sendo assim, jamais no *reino* da prática poderá observar-se um «progresso ininterrupto» ou uma «realização final». Porque cada realização traz consigo uma nova visão do «critério», toda e qualquer fugaz perfeição será irremediavelmente convertida em nova imperfeição.

No mundo da experiência prática, o agente encontra-se perante a persistente continuidade de um movimento que não conhece um momento

([16]) Michael Oakeshott, *Experience and Its Modes*, pág. 291.

inicial, nem reconhece um destino final. A **liberdade** surge então como uma *linha indelével* em perpétua suspensão entre dois pontos inexistentes. No entanto, a **liberdade** afirma-se como uma *linha padrão*, como uma necessidade permanente, e que sustenta a essência e a lógica de um mundo da prática que se abre para um imenso quadrante iluminado pela pluralidade das múltiplas possibilidades. Ao revelar-se como parte integrante do modo da experiência prática, a **liberdade** define-se em associação integral com a conduta prática da vida.

Convirá referir que na ordenação da filosofia da experiência, Michael Oakeshott considera a religião como a realização mais profunda e mais completa da actividade prática([17]). É concretamente no exemplo da religião que poderá observar-se o carácter pleno da experiência prática, de tal forma que o autor afirma mesmo que a religião será a «consumação» plena da experiência prática.

Mas a religião não será a única via possível para a expressão observável dos pressupostos da prática. Assim, a moral e a **política**, embora tentativas «secundárias», constituem igualmente formas organizadas de tentar estabelecer a harmonia, a unidade e a coerência da experiência prática([18]). E eis que de modo indirecto surge no argumento de Oakeshott uma referência fundamental que coloca a **liberdade** e a **política** no exacto círculo de um universo comum.

III.2. O Princípio da Liberdade Humana ou a Anatomia de um Modo de Vida

Por paradoxal que possa parecer, em *Experience and Its Modes* — um complexo tratado filosófico marcadamente idealista e que anseia por uma explicação do Mundo —, Michael Oakeshott aproxima-se do tema da liberdade com um profundo e surpreendente cepticismo. Mais surpreendente ainda será o facto de, embora não proceda a uma *definição* do conceito de liberdade, o autor estabelecer, no entanto, o *lugar da liberdade* nas movimentações do Homem face ao aglomerado de

([17]) Michael Oakeshott, *Experience and Its Modes*, pág. 292.
([18]) Michael Oakeshott, *Experience and Its Modes*, pág. 309.

esferas que compõem o Mundo. E o *lugar de uma ideia* encerra sempre o seu significado mais genuíno. Na análise de Oakeshott, a liberdade exibe o carácter de uma *condição individual* perante a contingência dos acontecimentos que interpelam o agente na realização da conduta prática da vida. A liberdade não será, pois, uma dádiva abençoada por anjos, ninfas e centauros, mas uma exigência e uma responsabilidade permanente a que nenhum ser humano poderá escapar incólume em direcção à harmonia estática de um estado final. Se a liberdade se prefigura enquanto «categoria básica» no reconhecimento e na afirmação da especificidade humana, em Oakeshott essa condição não capta a projecção de uma reflexão isolada e elevada à incomensurabilidade de um atributo fundador ou ao devaneio de uma reflexão construtivista. Em *Experience and Its Modes*, o lugar da liberdade não ocupa o espaço dogmático de um rumo recto em função de um padrão supremo, único, final. O lugar da liberdade coincide com o lugar da fragilidade humana, coincide com o modesto mundo das perpétuas realizações do Homem, momentaneamente absolutas, absolutamente imperfeitas na sua precária instabilidade, quer à descoberta de uma complexa *imaterialidade do ser*, quer na indagação incessante de uma sempre fugidia *materialidade do fazer*.

Não obstante a impossibilidade, a ausência da liberdade representa no contexto oakeshottiano o exílio da *condição humana*.

Observando a disposição do tema da liberdade, o comentador poderá certamente enfatizar uma determinada ordem de considerações. Não sem alguma ironia, a liberdade revela-se no intervalo que confirma um *defeito* da experiência, pois a eclosão explícita da condição da liberdade estará associada a uma suspensão da plenitude da experiência. Peculiar Mundo este em que a liberdade resulta de uma *insuficiência*, de uma separação ou paragem em relação à Unidade, à Totalidade e ao Absoluto. Oakeshott não apresenta a liberdade no quadro de um conjunto afirmativo de valores essenciais ou estruturantes, mas sim como uma derivação tão secundária como primordial à conduta do agente no universo da prática. No modo da experiência prática, a grande força impulsionadora será a própria conduta da vida. E é a conduta prática da vida que completa o absoluto da totalidade do modo, um absoluto que integra a liberdade enquanto forma de apreensão e de compreensão do carácter do agente no Mundo.

De uma perspectiva meramente filosófica, a liberdade não se encontra cativa de uma qualquer diligente especulação metafísica, nem poderá ser deduzida com base num conjunto estável de categorias filosóficas de matriz tipicamente idealista, seja no reconhecimento e na aceitação de uma lei inexorável, seja na afirmação do projecto absoluto da realidade, seja mesmo na realização de um sempre presente e abstracto potencial. De uma forma algo modesta e filosoficamente moderada, a liberdade manifesta simplesmente o carácter de uma entidade modal, parte integrante dos postulados e dos pressupostos do modo da experiência prática. Em vez de uma grande estrutura universal habitada pelo agente no usufruto da liberdade, talvez mesmo completando a existência de um ser superior, Oakeshott devolve a imagem de um indivíduo perfeitamente empenhado na conduta da vida no limite da significação do Mundo. A natureza modal da liberdade configura assim uma exclusiva *dimensão individual* no permanente e condicional contexto de uma *realidade local.*

Uma outra nota de interpretação relativamente à natureza modal da liberdade. Em função da teoria dos modos de Michael Oakeshott, um modo nunca se apresenta como uma inevitabilidade nem usufrui de um estatuto que lhe confere os contornos de uma necessidade. Sendo uma das consequências possíveis deste argumento uma certa precariedade, a esta precariedade junta-se a evidência de uma genealogia dos modos que, tal como se verifica um fenómeno de emancipação dos vários mundos da experiência, também a possibilidade de uma rotatividade, renovação ou extinção de um determinado modo poderá surgir no horizonte teórico das hipóteses possíveis e prováveis. Entre a *cisão* e a *fusão*, a teoria mantém em aberto tanto a revelação de novos modos, como a aniquilação de velhos modos. Sublinhe-se que o modo da experiência prática é um mundo auto-consistente das ideias cujo critério essencial será a própria ideia de liberdade. Sendo assim, a questão toca a teoria com uma meridiana clareza — *na iminência da abolição ou superação do modo da experiência prática, qual o estatuto e o destino da liberdade?* Oakeshott não se dirige a esta pertinente e angustiante interrogação. No entanto, resta talvez um esboço de resposta em tom de confissão:

> It is possible that such modes of experience as science and history may actually be abolished. The world lived long enough and happily

> enough before they appeared. But it is not philosophy which will abolish them, for it is not philosophy which can take their place. **But it is impossible to conceive of the modification of experience I have called Practice ever disappearing. It is an arrest in experience, but it is indispensable to life. It is not a necessary mode of experience (no mode is necessary), but we cannot do without it.**([19])
> [ênfase adicionado]

Mais do que um argumento filosófico, o autor apresenta uma espécie de *cláusula prudencial*, estipulando num interessante jogo de linguagem que o modo da experiência prática não será uma *necessidade* pela razão evidente de que ostenta a marca de uma *presença indispensável*. Do ponto de vista da teoria dos modos, esta posição reforça o carácter excepcional da experiência prática, afastando-a dos restantes mundos da experiência e reforçando o conceito de modo primordial.

Da perspectiva da liberdade, o colapso do mundo da experiência prática representa tão-somente a variante de um apocalipse existencial. Podendo ser uma ocorrência remota, Oakeshott não apresenta um único argumento consentâneo com a salvaguarda do indivíduo e com a substância essencial da liberdade humana. Como tal, a liberdade manifesta uma subtil fragilidade e reflecte uma transiente estabilidade que contamina com a incerteza toda a realização humana. A natureza modal da liberdade demonstra a inexistência de garantias absolutas, ao mesmo tempo que afirma o carácter imprescindível da própria liberdade na concretização perpétua do indivíduo em função da sequência e da exigência de uma auto-transformação que encerra sempre uma componente desconhecida e uma dimensão imprevisível. A confissão de Oakeshott é a medida da própria Humanidade, a imagem do filósofo que reflecte sobre a conduta prática da vida ao mesmo tempo que contempla a ideia da erradicação de um mundo sem o qual nada será possível.

Uma outra ordem da reflexão permitirá a identificação ou a associação da liberdade a um conjunto de reivindicações e a um elenco de características. Pela análise da lógica e da exposição de Oakeshott, será

([19]) Michael Oakeshott, *Experience and Its Modes*, pág. 350.

então possível afirmar que a liberdade implica as seguintes circunstâncias: (1) A liberdade envolve uma efectiva capacidade do **indivíduo** para a acção; a possibilidade da **acção** implicará sempre um acto condicional à *presença* da liberdade; (2) A possibilidade da acção implica a existência de um mundo em que a **mudança** não será apenas um desejo, mas uma realidade intrínseca e necessária à concretização da liberdade; (3) A conduta prática da vida implicará a reivindicação de um *eu* que se pretende livre e auto-determinado, logo detentor de uma **autonomia**; a liberdade será, pois, uma condição do espírito e uma consequente afirmação da **vontade**; (4) Através do mundo do valor (*what ought to be*) a liberdade exibe uma inequívoca dimensão **moral**; (5) Neste estádio da argumentação de Oakeshott, a liberdade projecta a evidência de uma componente eminentemente **pré-política**.

Embora a abordagem indirecta de Oakeshott à questão da liberdade possa integrar os elementos clássicos e essenciais à construção de uma teoria, será de novo um cepticismo profundo que o autor exibe ao recusar uma articulação de todas as componentes numa formulação sistemática, construtivista, enfim, racionalista, do tema da liberdade. Oakeshott recusa uma *teoria normativa da liberdade*, evita, pois, a imposição de uma ordem sistémica e de uma classificação fechada sobre a complexidade e a infinidade de pequenos ajustes que mantêm a coerência e a consistência da conduta prática da vida. Aliás, nesta fase do argumento, o comentador poderá mesmo identificar em Oakeshott uma ideia que se aproxima da liberdade como se na presença de uma *componente moral* legitimamente associada ao indivíduo.

Deslocando um pouco o ângulo da atenção e da interpretação, será lícito recordar que o mundo da prática implica a presença de uma dialéctica interminável de discrepâncias e de reconciliações. Por outro lado, para alcançar o desígnio de uma reconciliação entre o mundo do *what is here and now* e o universo do *what ought to be*, tal movimentação deverá ser interiorizada enquanto realização da liberdade humana. De forma elegante e algo implícita, a liberdade apresenta-se em consonância como uma lógica e uma progressão de natureza dialéctica. Este ponto exige sem dúvida uma análise mais pormenorizada.

O argumento a propósito da verdade prática terá como *mecanismo* visível a celebração de uma dialéctica de discrepâncias e de reconciliações. A expansão da verdade prática acarreta, por sua vez, um aumento do conteúdo da coerência observável no mundo da prática. Esta ampliação da verdade prática, logo da coerência, ocorre em função de uma lógica e de um processo dialécticos. No entanto, a liberdade é também uma condição do agente que atinge a verdade prática. Logo, e pela simples aplicação de uma vinculação transitiva entre argumentos, a expansão da verdade prática provoca por reflexo lógico uma *expansão* da própria liberdade, sendo que esta última *expansão* acontece indirectamente e por via dialéctica. Eis um interessante argumento no qual a liberdade surge simultaneamente como um postulado (condição) e como um resultado (dialéctico).

Convirá referir que a interpretação em causa não pretende construir um vínculo unívoco e directo em que o conceito de liberdade se apresenta como uma entidade pura e totalmente dialéctica. Mas também na percepção oakeshottiana parece não haver espaço para uma ideia de liberdade enquanto entidade definitivamente pressuposta e encerrada na ocorrência estática de um postulado. A liberdade seria desta forma a variante de um *conceito operacional* que promoveria o movimento no sentido da coerência e da verdade prática, mantendo-se inalterada na sua natureza qualitativa. Uma leitura mais ponderada e filosoficamente consistente aconselha a adopção de uma ideia de liberdade que se renova em cada circunstância ou episódio dialéctico, uma ideia de liberdade que se renova em cada momento de reconciliação mantendo, no entanto, o seu estatuto e a sua identidade. A renovação da liberdade provoca assim um aumento do elenco de alternativas à disposição do exercício da vontade livre do indivíduo.

Como tal, entre a liberdade e a verdade prática estabelece-se uma relação que poderá ser denominada por *convergência dialéctica*, uma relação indirecta de cooperação que acaba por conceder um maior grau de coerência às duas entidades envolvidas. A dimensão lógica e filosófica identificada na presente interpretação aponta assim para a constatação de uma **dialéctica explícita, abstracta, filosófica, intemporal**.

Um corolário afirma deste modo a transparência de uma formulação possível. A verdade prática será a verdade exacta que permite orientar a existência de um indivíduo, a mesma verdade com base na qual será possível o desencadear de uma acção, a mesma verdade sobre a qual a acção do indivíduo terá reflexo e trará modificações. No cerne da argumentação, é a posse de uma verdade prática que confere liberdade à existência de um indivíduo. De forma similar e oposta, são os erros da prática que produzem o desenlace da tirania e que levam à escravidão do indivíduo, são ainda os erros da prática que induzem ao engano a conduta de um agente, são ainda e sempre os erros da prática que transformam as contingências da existência humana na obstinação de uma aventura perigosa à descoberta de uma reconciliação final e definitiva.

Em síntese, tendo em consideração a evidente natureza modal da liberdade, à qual se virá associar de forma teoricamente articulada uma componente inegavelmente dialéctica, o comentador poderá identificar em *Experience and Its Modes* um primeiro momento na apropriação do tema da liberdade concretizado através da filosofia da experiência de Michael Oakeshott. Esta primeira linha de argumentação sobre o tema reúne as condições para poder ser identificada com o **momento da polaridade filosófica da liberdade** no *ensemble* da explicitação teórica de Michael Oakeshott. Entendida como o reconhecimento de uma condição individual, observável no âmbito de uma dimensão pré-política, a designação de **liberdade humana** parece descrever com rigor o conceito implícito neste primeiro estádio do inquérito filosófico de Oakeshott.

Mas a interpretação do conceito de liberdade novamente implícito em *Experience and Its Modes* não ficará completo sem uma reflexão e uma discussão do tema ao abrigo das grandes categorias conceptuais da **liberdade negativa** e da **liberdade positiva**.

Na organização do discurso de Michael Oakeshott, a liberdade faz duas aparições distintas em dois instantes particulares da descrição dos postulados em causa no mundo da experiência prática — primeiro, na questão da verdade prática e na convergência entre a *realidade* do *what is here and now* e a *virtualidade* do *what ought to be*; depois na *construção* de um *eu* congruente com as exigências do modo prático. Cada um destes instantes exige a proximidade de uma apreciação mais detalhada precisamente em relação às duas grandes categorias conceptuais que enquadram o tema da liberdade.

Na experiência prática, o *espaço conceptual* que separa o mundo do *what is here and now* do universo do *what ought to be* só poderá ser preenchido pela acção deliberada do agente. Não será nunca por demais enfatizar o facto de que qualquer tentativa para atingir a reconciliação parcial entre os dois mundos em tensão dialéctica só poderá ser entendida como uma efectiva realização da liberdade humana. Nesta circunstância, a ideia de liberdade manifesta-se através de uma capacidade objectiva para acção no exercício da autonomia de uma vontade livre. A ênfase na acção e na autonomia da vontade livre apontam para uma ideia de liberdade perfeitamente enquadrada na categoria da liberdade positiva de auto-realização.

No entanto, haverá uma hipótese de interpretação alternativa. Se se deslocar o foco da atenção do agente e do essencial da possibilidade da acção para a presença ou ausência de constrangimentos, ou obstáculos estranhos ou exteriores ao indivíduo, o problema tomará uma forma algo surpreendente([20]). Desde logo, Oakeshott também apresenta a questão da liberdade numa *base interpessoal*, uma vez que a acção do indivíduo ocorre no contexto e em confronto com uma pluralidade de acções protagonizadas por outros agentes. Refira-se que o agente será considerado na óptica de uma *escala* que privilegia a integridade do indivíduo na demonstração das suas capacidades de avaliação enquanto *pessoa individual*. Depois, a acção do indivíduo representa a projecção de uma real e objectiva alteração no Mundo, acção que implica sobretudo uma mudança observável no domínio exterior ao agente, não se resumindo à mera e sempre discutível modificação de um determinado domínio da vontade ou grau da consciência. Tendo em consideração estes pressupostos, o *espaço conceptual* que separa o mundo do *what is here and now* do universo constituído pelo *what ought to be* poderá ser sempre entendido como uma área ou esfera dentro da qual o indivíduo terá a liberdade para utilizar as suas capacidades e os seus talentos na *busca ou na procura das implicações lógicas* de cada momento, de modo a permitir a concretização de uma acção consciente e apropriada em função das circunstâncias, livre da interferência e da coerção intencional por terceiros. Nesta perspectiva, o propósito de se atingir a meta negativa da não interferência como

---

([20]) Gerald C. MacCallum, Jr., «Negative and Positive Freedom» in *Liberty* (Org. David Miller) (Oxford: Oxford University Press, 1991), pp. 100–122. Originalmente publicado em *The Philosophical Review*, 76 (1967), pp. 312–334.

factor central à possibilidade de ser concretizada uma acção constitui uma óbvia intimação da presença do clássico paradigma da liberdade negativa.

Num contexto filosófico idealista e tão ostensivamente adverso a uma concepção da liberdade normalmente associada a uma percepção liberal, não deixa de ser relevante o suporte de uma interpretação que revela uma intimação da presença de uma referência implícita à categoria da liberdade negativa. E não se trata apenas de uma questão semântica ou de uma acidental idiossincrasia verbal. Como escreve Isaiah Berlin, a liberdade como auto-domínio, e que consiste em ser dono de si próprio, e a liberdade que se resume ao facto de não se ser impedido de tomar uma determinada opção pela interferência de outros indivíduos, poderá encerrar duas ordens de conceitos que não divergem dramaticamente entre si — não mais do que uma fútil distinção estilística entre uma forma negativa e outra forma positiva de afirmar exactamente a mesma ideia. No entanto, a noção positiva e a noção negativa de liberdade experimentaram direcções históricas que aprofundaram a divergência entre os conceitos, de tal modo que acabaram por se constituir como concepções rivais e em permanente tensão([21]).

Em relação ao carácter do eu envolvido nas operações da conduta prática da vida, este afirma-se como uma entidade individual, singular e autónoma — a acção pressupõe a existência de um eu livre e auto-determinado. No entendimento de Michael Oakeshott, a liberdade será um modo alternativo de exprimir e destacar o carácter activo e autónomo por inerência associado à disposição do eu prático. No esclarecimento do eu prático, o autor adopta uma descrição do indivíduo baseada numa perspectiva *intrapessoal*, remetendo a essência da liberdade para um atributo ou qualidade interior à constituição do agente. A estratégia do argumento implica um *scale-down* da observação filosófica no sentido da exaltação das forças e das condições internas necessárias ao pleno da liberdade. Utilizando uma imagem impressiva, Oakeshott parece ocupar-se de um inquérito que terá como propósito a identificação daquilo que poderá ser designado como o *núcleo*

([21]) Isaiah Berlin, «Two Concepts of Liberty» in *Four Essays on Liberty* (Oxford: Oxford University Press, 1969), pp. 131–132.

ontológico sobre o qual o ímpeto da liberdade actua e a partir do qual o movimento da liberdade se transfigura em acção. Esta entidade aproxima-se nitidamente do eu «real» assumindo as funções de um «controlador dominante» no trajecto da auto-realização. Embora o autor não explicite a natureza de uma possível especificação concreta, o comentador poderá sempre identificar a presença de um eu *racional*, *ideal* e *autónomo* em contraponto à possibilidade de um eu «heterónomo» ou «empírico» configurado a partir de um feixe de *impulsos*, *desejos*, *paixões*. Numa incursão literária, o eu que habita o mundo da experiência prática remete o comentador para a elocução romântica e idealista modelada no grafismo capital do *I AM* que figura na abertura do poema de Coleridge intitulado «The Destiny of Nations»([22]). Como tal, e neste nível de interpretação e leitura, o conceito de liberdade implícito será perfeitamente compatível com o essencial do cânone constituído pela liberdade positiva — o indivíduo surge como instrumento e como agente dos actos próprios da sua vontade e não como elemento passivo vulnerável às contingências de uma variedade de forças exteriores.

No entanto, em nenhum ponto da exposição de Oakeshott será possível detectar, directa ou indirectamente, implícita ou explicitamente, subjectiva ou objectivamente, uma qualquer referência a um *eu superior* em contraponto com um *eu inferior*. Ou seja, no universo da experiência prática, o autor aparentemente não apresenta uma visão dualista da personalidade humana dividida pelo conflito insanável entre um *eu transcendente e universal* e um outro *eu contingente e empírico*. Optando por uma outra formulação, a «fissão metafísica» que separa duas categorias do eu filosoficamente consagradas não será verificável no discurso de Oakeshott. Apesar desse facto, e tendo em apreciação as intimações de uma liberdade negativa, será, no entanto, perfeitamente detectável no argumento do autor uma intimação de um *eu contingente e empírico*, silencioso e invisível no texto filosófico, mas presente de uma forma oclusa nas referidas intimações de uma liberdade negativa.

Esta persistência de componentes e valores liberais num contexto marcadamente assinalado por uma concepção positiva da liberdade

([22]) Samuel Taylor Coleridge, *The Complete Poems* (Org. William Keach) (London: Penguin Classics, 2004), pág. 95.

gerará um conflito interno e uma profunda tensão no inquérito filosófico de Oakeshott. Aliás, como foi possível comprovar anteriormente, esta tensão propaga-se em permanência aos modos da experiência descritos e caracterizados pelo autor ao longo da obra *Experience and Its Modes*. A proposição de uma linha explícita que leva à identificação de uma tendência idealista marcada por uma concepção positiva da liberdade acontece em simultâneo e em sobreposição com elementos liberais que consagram a definição de uma concepção negativa da liberdade, sem que, no entanto, o discurso entre em colapso sob a tensão das suas próprias contradições. Este facto só por si justifica uma atenção particular relativamente à concepção positiva da liberdade, objecto de uma peculiar assimilação filosófica no discurso de Oakeshott.

Assim, Michael Oakeshott parece ter adoptado uma «variante individualista» da concepção de liberdade positiva e que permite iluminar uma outra distinção entre o conceito negativo e positivo de liberdade([23]). Se a liberdade negativa continua a definir-se por uma concepção interpessoal e pela ausência de coerção intencional por terceiros, neste entendimento da liberdade positiva considera-se e admite-se que as limitações ao exercício da liberdade individual poderão ocorrer, quer pela existência de constrangimentos internos, quer pela identificação de obstáculos externos. Na sua formulação mais persuasiva, esta visão individualista da liberdade positiva poderá ser enunciada pelo entendimento da **liberdade como a não restrição das opções** — seja pela oposição externa e pela coerção intencional de indivíduos terceiros, seja pela manifestação de factores internos à constituição e ao carácter do agente. Em *Experience and Its Modes*, mas mais concretamente na explicitação do universo da experiência prática, Michael Oakeshott parece pretender estabelecer uma ideia de liberdade que se suporta no estabelecimento da **autonomia da vontade como o máximo contexto para a acção.** A proximidade entre os enunciados indica sem dúvida uma filosófica convergência de significados.

Refira-se ainda que esta variante individualista da liberdade positiva mantém o vínculo a uma concepção de indivíduo e a uma ideia de autonomia característica da liberdade positiva, sem, no entanto,

---

([23]) John Gray, *Liberalism — Second Edition* (Buckingham: Open University Press, 1995), pp. 57–59.

adoptar a já referida «fissão metafísica» concretizada através de uma bifurcação do eu. De acordo com John Gray, esta ideia de indivíduo autónomo será congénita a uma particular tradição liberal, nomeadamente a linha de pensamento representada por Kant e por Spinoza.

Quanto às concepções de autonomia, estas poderão ser concebidas de uma forma mais *aberta* ou mais *fechada*, tendo nomeadamente em consideração o facto de que os agentes autónomos poderão ser compelidos a convergir na definição de um modo de vida único ou terão mesmo de se submeter a um corpo unificado de verdades exclusivas. As clássicas concepções de liberdade como autonomia — seja nos Estóicos, em Rousseau ou em Hegel —, representam quase sempre visões fechadas de um ideal de autonomia. No entanto, a ideia de autonomia que coexiste em paralelo com a concepção da liberdade como a não restrição das opções, não exige a conformidade com um conjunto objectivo de verdades superiores, mas implica, por sua vez, o livre exercício da inteligência humana. Retomando Michael Oakeshott, no universo da experiência prática, a proficiência na conduta da vida mede-se precisamente em função de um indivíduo que se pressupõe como sujeito de uma existência consciente, subentendendo-se, pois, um agente dotado de uma inteligência reflexiva. Em Oakeshott, a existir uma determinada concepção de autonomia, esta autonomia terá forçosamente um carácter aberto.

Numa outra observação interessante, uma concepção de autonomia para ser plausível e defensável não terá obrigatoriamente de impor um ideal metafísico e racionalista em ostensiva oposição a um conjunto estável de convenções e de tradições. A ideia de autonomia também poderá estar associada à crítica e à auto-crítica do indivíduo cuja fidelidade às normas vigentes observáveis resulta da prática e do livre exercício racional da avaliação e do pensamento. Este será certamente um conceito aberto da ideia de autonomia, um conceito que contorna a metafísica racionalista do eu, denunciada e criticada por Isaiah Berlin, e que ostenta uma profunda acuidade intelectual relativamente à importância das convenções e das tradições enquanto condições da liberdade.

A surpreendente originalidade de Michael Oakeshott reside, pois, na capacidade de construir um discurso sobre a liberdade em que será identificável uma *zona de sobreposição parcial* entre o conceito de liberdade positiva e a concepção de liberdade negativa. E esta ténue zona de *overlapping* coincide à superfície na categoria de uma subtil *conciliação liberal*. O comentador não estará, portanto, perante uma qualquer tentativa de *fusão* ou de *síntese* entre conceitos, mas pelo simples facto de Oakeshott contornar a *tentação da metafísica racionalista do eu*, tal perspicácia filosófica possibilita e confere uma coerência ao discurso que, sem nunca eliminar a tensão, consegue evitar o colapso do inquérito provocado pela mútua anulação entre concepções historicamente incompatíveis e filosoficamente rivais.

A conduta prática da vida perfila-se assim *liberta* das imposições de um processo mecânico desencadeado pela definição de um ponto inicial de características fundacionais e construtivistas; a conduta prática da vida que se define ainda pela *libertação* de um inflexível determinismo assinalado pela cadência de uma causalidade eficiente; finalmente, a conduta prática da vida que se projecta *livre* de uma vinculação teleológica consubstanciada na proclamação de uma finalidade excelente e superior. Em oposição e contraste, a liberdade afirma-se no espaço simbólico em que a inteligência, o pensamento e a avaliação moral do Homem se confrontam com a contingência das grandes forças impessoais que cruzam e que assinalam os destinos do Mundo. Neste sentido, para Michael Oakeshott, a conduta prática da vida não se resume ao roteiro fechado de uma previsível viagem, mas aproxima-se das exigências de uma liberdade que se prolonga na perspectiva constante de uma *condição do imponderável*, uma sequência infinita de situações que obrigam a um permanente esforço da inteligência e da avaliação. Num exemplo de celebração dos opostos e dos contrários, no entendimento de Oakeshott a liberdade humana será a perpétua intimação de uma *imposição invariável*, uma prova perene que nenhum indivíduo poderá negar ou eliminar, tanto mais que os resultados do empreendimento humano jamais atingem o crédito final do repouso ou da imortalidade.

A liberdade assume-se assim como que filosoficamente inscrita na condição do indivíduo, impressa na textura geral da experiência prática e constitutiva do modo de vida humano. De certa forma, a liberdade e a conduta prática da vida constituem na essência a dupla face na consideração de um modo de vida. Se a conduta prática da vida constitui um particular e específico modo da experiência, logo e sempre uma forma de pensamento e de acção, um modo de vida poderá ser igualmente perspectivado como a concretização de uma forma de pensamento e de acção. Na frequência de uma última ilação lógica, a liberdade humana afirma-se como uma forma de pensamento e de acção que se concretiza como pressuposto constitutivo da condição do Homem na consideração da anatomia de um modo de vida.

SEGUNDA PARTE

RATIONALISM IN POLITICS E O CARÁCTER DA POLÍTICA MODERNA PARA UMA CONCEPÇÃO EXPLÍCITA DA LIBERDADE

INTRODUÇÃO

A TRANSIÇÃO PARA A POLÍTICA. O *TEXTO* E O *CONTEXTO* NA CONJUGAÇÃO DE UM ÍNDEX DE IDEIAS POLÍTICAS CONCRETAS

Contemplando a paisagem iluminada pela regular cadência da reflexão filosófica em *Experience and Its Modes*, tal permite afirmar que a actividade política pertence definitivamente ao mundo da experiência prática. Eis uma constatação raramente proclamada, mas decisiva para a compreensão do entendimento da política na visão de Michael Oakeshott. E se dúvidas persistissem relativamente a este enquadramento, eis as palavras igualmente raras do autor, em conferência radiofónica transmitida no ano de 1963, a confirmarem a política enquanto concretização do modo *sub specie voluntatis*:

> Thinking and talking about politics are activities which are concerned with things that have to be done, and things which have to be done in situations which are recognized as political situations; that is to say, thinking and talking about politics, as I understand it, are practical activities.(1)

Uma primeira observação óbvia leva o comentador a sublinhar o facto de que os ensaios incluídos em *Rationalism in Politics* constituem uma reflexão sobre a acção política tendo como referência central a compreensão da própria política enquanto elementar concretização da

(1) Michael Oakeshott, «Political Laws and Captive Audiences» in *The Vocabulary of a Modern European State* (Org. Luke O'Sullivan) (Exeter: Imprint Academic, 2008), pág. 168. Publicado originalmente com o mesmo título in *Talking to Eastern Europe. A collection of the best reading from the broadcasts and background papers of Radio Free Europe* (Org. George Robert Urban) (London: Eyre and Spottiswoode, 1964), pp. 291–301.

experiência prática. Desta circunstância resulta um conjunto de implicações lógicas. A acção política encontra a sua matriz na evidência de um presente (*what is*) que se orienta em função de uma transformação, preservação ou mudança (*not yet*), julgada necessária com base nas implicações de uma condição desejada (*what ought to be*). De uma perspectiva complementar, e como escreve Andrew Sullivan, a política será o produto de uma sociedade governada exclusivamente pelo exercício da experiência prática([2]). Mais relevante ainda, a política será a procura das intimações de uma ordem política que é a resultante do *continuum* da actividade prática. A integração da política no domínio da prática não significa uma diminuição da importância da mesma, mas sim um factor explanatório que permite uma interpretação mais profunda da própria política no conjunto das actividades humanas. A política está, pois, estruturalmente inscrita no presente, mas tal enraizamento, em função das características da experiência prática, incorpora e compreende a necessidade de um delicado balanço entre os três tempos que constituem o presente, o passado e o futuro. E neste equilíbrio reside a *inteligência* da actividade política. A política surge assim como que subordinada à sociedade e apresenta-se como que entrelaçada na sequência da própria experiência humana, não como factor de destituição ou menorização, porque a subordinação representa um convite à perpétua renovação e exploração das respectivas possibilidades. Este entrelaçado entre a continuidade da política, a continuidade da experiência humana e a continuidade da experiência prática (a desagregação funciona apenas como dispositivo retórico), será bem sublinhado nesta *imagem* de Oakeshott:

> Our manner of being governed is a pattern of activity composed, not by an architect, but by the footprints of statesmen as they went about their day-to-day business, by Walpole's courage, Chatham's intransigence, Rockingham's feebleness, Townshend's instability, Conway's hypersensitiveness.([3])

([2]) Andrew Sullivan, *Intimations Pursued — The Voice of Practice in the Conversation of Michael Oakeshott* (Exeter: Imprint Academic, 2007), pp. 138–140.

([3]) Michael Oakeshott, «The Chatham Administration, 1766–1768» in *The Vocabulary of a Modern European State*, pág. 126. Publicado originalmente in *Spectator*, 197 (1956), pág. 746.

Deste modo, e tal como anteriormente na experiência prática, a política será uma actividade que se debruça sobre uma realidade que é presente, será uma prática que se prolonga a partir de algo que existe e que é observável. Neste sentido e nesta acepção, a política não será um exercício de redenção do passado, nem um exercício de invenção do futuro. Circunscrita ainda pelos pressupostos da experiência prática, não estará ao alcance da política a definição dos arranjos a serem adoptados *de novo*, tal como não estará no horizonte da sua acção a justificação *a priori* desses novos arranjos políticos ou o exame e a verificação da conformidade dos mesmos *a posteriori*. Esta como que *presentificação* da actividade política reporta os limites da política na coincidência perfeita com os limites da prática e da acção no presente, porque só no presente a acção pode acontecer e provocar uma transformação. Recorrem deste argumento algumas consequências conceptuais que exigem uma elucidação mais detalhada. Retomando a ideia de um equilíbrio entre os três tempos, e uma vez que o presente se assume como um *circunstancial situacionismo* porque dinâmico e perpetuamente transformado pela acção política, parece fazer sentido a interpretação de Andrew Sullivan quando o autor afirma como essencial a existência de um implícito **elemento de estabilidade** no entendimento da política como consagração do universo da prática([4]). Para reforçar este elemento de estabilidade convirá lembrar que, embora a política observe o presente como um dado objectivo que suscita uma acção de transformação, esta modificação perpétua do presente não origina um processo desconexo que rapidamente degenera no caos das paixões eternas que germinam a cada novo presente transformado. Por outro lado, a exacta *presentificação* da política terá ainda como consequência que desaba sobre a acção uma **componente de limitação** e **uma dimensão de libertação**. A componente de limitação não será ditada por qualquer restrição determinada pela adesão a uma rígida concepção do passado, nem pela busca motivada pela nostalgia de um ideal abstracto. A dimensão da libertação não significa, por sua vez, uma libertação da situação do presente em direcção a um estado final absoluto, perfeito e sublime no horizonte de redenção da condição humana;

([4]) Andrew Sullivan, *Intimations Pursued — The Voice of Practice in the Conversation of Michael Oakeshott*, pág. 140.

nem a mesma libertação remete o observador para uma espécie de *instante presente* que perfaz o mundo dos impulsos humanos. Em conclusão, o limite não será a consequência do predomínio do passado, nem a libertação será a consequência da dominação do futuro, e pela simples razão de que o presente se perfila como linha de observação média na regularidade dos arranjos políticos, linha esta que se define simultaneamente como limite e como libertação na resposta às intimações observáveis. O limite e a libertação são elementos endógenos à própria ideia de política enquanto consagração da experiência prática.

Neste ponto preciso, o comentador encontra-se no rigor da região que assinala a transição de *Experience and Its Modes* para *Rationalism in Politics*, de tal modo que a forma de alicerçar textualmente as consequências da primeira obra impõe uma primeira incursão no segundo livro. No ensaio intitulado «Political Education», ensaio escrito no ano de 1951, Michael Oakeshott elabora sobre uma particular ideia de política:

> Politics is the activity of attending to the general arrangements of a collection of people who, in respect of their common recognition of a manner of attending to its arrangements, compose a single community. To suppose a collection of people without recognized traditions of behaviour, or one which enjoyed arrangements which intimated no direction for change and needed no attention, is to suppose people incapable of politics. **This activity, then, springs neither from instant desires, nor from general principles, but from the existing traditions of behaviour themselves. And the form it takes, because it can take no other, is the amendment of existing arrangements by exploring and pursuing what is intimated in them.**(5)
> [ênfase adicionado]

Como será observável no excerto citado, o argumento filosófico de *Experience and Its Modes* transforma-se na linguagem política de *Rationalism in Politics*, idioma no qual a ideia de *tradição de comportamento* poderá ser associada a um processo de depuração no tempo de uma forma específica de interpelar e de interpretar as intimações do

(5) Michael Oakeshott, «Political Education» in *Rationalism in Politics*, pág. 56.

presente. Se os arranjos políticos são observáveis também no presente, então o modo de interpelação dos arranjos políticos será também ele parte integrante do presente interpelado. Nesta interpretação, a tradição de comportamento, a tradição, não desloca o comentador para o ideal de um passado, simplesmente porque o encaminha para uma percepção da tradição, da tradição de comportamento, enraizada no concreto de um *perene presente* continuamente acumulado e transformado no tempo. Esta interpretação parece confluir com a leitura de Andrew Sullivan, em particular quando o autor escreve a propósito da ideia de política:

> Politics is poised in the practical position, indebted to tradition yet bound to its transformation.([6])

Numa outra perspectiva, convirá salientar que *Rationalism in Politics* é uma colecção de ensaios, não um tratado sobre política. A natureza fragmentária, dispersa e não unificada da reflexão, impõe ao comentador alguma prudência na decisão relativa ao modo mais conveniente de proceder a uma análise dos exercícios. Como tal, a selecção e a ordenação dos ensaios define um alinhamento que poderá encerrar um significado ou simplesmente motivar uma hipótese de interpretação. Quando a liberdade de ordenação do autor se encontra com a liberdade de leitura do comentador, tal convergência poderá ser comparada ao movimento de construção de um **texto** com base nas reflexões registadas e espaçadas no tempo, mas *unidas* circunstancialmente na concretização física da obra. A imaginação filosófica do comentador desloca-se também nesse espaço entre ensaios que o autor deliberadamente se absteve de preencher. Ou seja, a natureza ensaística de *Rationalism in Politics* revela uma *abertura* não redutível à estrutura rígida e dogmática de um inquérito definitivo sobre os *princípios primeiros* da própria política. No impulso de proceder a uma interpretação política da obra, não se pretende, pois, simular sobre a mesma a sequência e a fixidez sólida de um tratado. Conservando em permanência na mente a integridade e a independência dos exercícios,

---

([6]) Andrew Sullivan, *Intimations Pursued — The Voice of Practice in the Conversation of Michael Oakeshott*, pág. 140.

a interpretação política de *Rationalism in Politics* deverá procurar convergir na flexibilidade de uma ideia que possa unir como um vínculo invisível a aparente dispersão dos ensaios.

A disposição do comentador sairá reforçada quando, numa avaliação retrospectiva vinte e oito anos depois da publicação da primeira edição da obra em 1962, Michael Oakeshott refere o seguinte juízo sobre o *ensemble*:

> [*Rationalism in Politics* remains a set of essays], modest intellectual adventures in which a human circumstance is explored, understood and distinguished as an arrangement of related characteristics composing a coherent «character», rather than an inquiry designed to extrapolate a non-circumstantial, definite «nature».(7)

Como enaltece ainda Timothy Fuller, no estilo adoptado em *Rationalism in Politics* o autor segue a inspiração de Montaigne. Extrapolando o argumento, Oakeshott não pretende subjugar a complexidade da experiência prática perante a falsa supremacia da simplicidade de um esquema intelectual. Ainda de acordo com Fuller, e poderá adicionar-se, sempre no espírito de Montaigne, Oakeshott *ensaia* um entendimento de si mesmo relativamente às circunstâncias do seu tempo, isto conforme o ciclo das circunstâncias que se apresenta à luz da sua própria avaliação, instando, por sua vez, o comentador a sair em resposta com base num elenco de congeminações pessoais. Deste modo se inicia então a métrica natural de uma conversação(8).

Mas como se poderá constatar pela citação última, Michael Oakeshott recusa a unidade ao mesmo tempo que celebra a coerência. Os ensaios de *Rationalism in Politics* não são uma exaltação polémica, diletante ou distraída, pelo contrário, pretendem exprimir um conjunto de características e revelar o conteúdo de coerência que existe no exercício da experiência prática em formulação política. Será de toda a conveniência relembrar que a coerência opera no pensamento

---

(7) Michael Oakeshott citado em «Oakeshott's rationalism in politics today» (Foreword by Timothy Fuller) in *Rationalism in Politics*, pp. xiii–xiv.

(8) Michael Oakeshott, «Oakeshott's rationalism in politics today» (Foreword by Timothy Fuller) in *Rationalism in Politics*, pág. xiv.

de Oakeshott como critério de verdade, logo a plena aplicação à observação da prática política constitui um método essencial para a identificação dos arranjos que, pela determinação do lugar particular e específico de cada um no panorama total da actividade, assinalam o carácter particular da política. Mais ainda, o autor entende por coerência o *concreto universal* em oposição ao *abstracto universal*(9). Oakeshott aplica o critério da coerência à reflexão sobre a política, de onde se poderá depreender que a lógica da actividade política não se enquadra na conformidade de um propósito único, total e imutável, reflectindo sim a complexidade de um todo em que cada elemento será indispensável, e de um todo em que cada elemento jamais atinge, quer a passividade das coisas fixas, quer a imobilidade das coisas absolutas. Com uma disposição definitivamente céptica, Michael Oakeshott exercita em *Rationalism in Politics* uma colecção de ensaios em forma de reflexão sistemática sobre a política, e na qual o detalhe do concreto configura no tempo o carácter específico da própria actividade política.

Perante a hipótese de interpretação acima descrita, não pode deixar de se incluir uma referência às palavras de B. R. Barber quando, referindo-se à obra de Michael Oakeshott anterior à publicação de *On Human Conduct*, o crítico identifica nos «trabalhos iniciais» (nos quais se inclui obviamente *Rationalism in Politics*), uma «ausência de unificação dos temas»(10). Mais do que uma simples unidade, o conceito de unificação inclui no limite uma quase exigência de *unicidade*. No fundo, o critério da coerência de Oakeshott pode tornar-se por vezes furtivo a leituras mais *construtivistas* na busca e na identificação de uma *estrutura*, leituras que acabam por percorrer o labirinto dos ensaios com profunda e real perplexidade. A perplexidade pode mesmo transformar-se em crítica estruturada que se debruça sobre os fundamentos da reflexão do autor a propósito do carácter da política. Será esta a circunstância que terá originado a resposta de Michael Oakeshott à recensão de *Rationalism in Politics* assinada por D. D. Raphael(11). Seguindo no essencial a réplica

(9) Paul Franco, *The Political Philosophy of Michael Oakeshott*, pág. 126.

(10) B. R. Barber, «Conserving Politics: Michael Oakeshott and Political Theory» in *Government and Opposition*, 11 (1976), pág. 450.

(11) D. D. Raphael, «Professor Oakeshott's Rationalism in Politics» in *Political Studies*, 12 (1964), pp. 202–215.

de Oakeshott, será relevante para a matéria em discussão a distinção de duas críticas e que redundam talvez num único argumento. Em primeiro lugar, D. D. Raphael encontra na obra de Oakeshott aquilo que classifica como de uma «extravagante aversão à reflexão normativa»(12). Depois, e nas considerações que faz a propósito do discurso prático, categoria na qual inclui também o discurso político, D. D. Raphael considera que o objecto central a este discurso será exactamente a elaboração de uma reflexão sobre as propostas políticas, procedendo à respectiva recomendação ou justificação na arquitectura de um argumento. O crítico considera ainda que o discurso político não poderá sequer iniciar-se se não existirem «princípios» que indiquem qual deverá ser o sentido da acção(13). Tomando esta consideração, D. D. Raphael elabora sobre uma posição filosófica na qual o discurso prático político constituirá sempre uma proposta de acção que se refere sem excepção a um «princípio», que se remete sucessivamente ao juízo de uma «assembleia de princípios» previamente constituída, e cuja natureza primeira permitirá a construção de uma resposta unívoca, impondo desta forma, sobre a mesma proposta, uma inequívoca ordem formal em modo de injunção. O crítico promove este método à verdadeira categoria de uma «reflexão normativa» — a referência de um acto ou proposta à jurisdição de uma norma *desenhada* com o intuito de estabelecer uma conclusão em registo demonstrativo. Michael Oakeshott resume o argumento da crítica a uma formulação que obviamente devolve ao crítico a incerteza de uma nova interrogação:

> Professor Raphael's question is: How do we choose between the various messages we receive? And he seems to be inclined to answer: We can make no such choice unless we have a **Norm** by which to judge our conflicting norms.
>
> The *desiderata* in respect of this **Norm** are that it must not itself be one of a number of competing norms, and that it must be capable

(12) Michael Oakeshott, «Rationalism in Politics: A Reply to Professor Raphael» in *The Vocabulary of a Modern European State*, pág. 181. Publicado originalmente in *Political Studies*, 13 (1965), pp. 89–92.

(13) Michael Oakeshott, «Rationalism in Politics: A Reply to Professor Raphael» in *The Vocabulary of a Modern European State*, pág. 183.

> of judging between genuine competitors — that is, goods which on account of their incommensurability cannot be reduced to different amounts of one Good.([14])
>
> [ênfase adicionado]

A ideia de uma Norma impõe uma tendência monista à reflexão política perfeitamente incompatível com o mundo da experiência prática, e por extensão, contraditório com o discurso político de Oakeshott consubstanciado em *Rationalism in Politics*. Aliás, como se poderá constatar em análise subsequente, *Rationalism in Politics* representa com elementar, mas certeira precisão, uma hipótese de reflexão política que pretende contornar este *percurso normativo fechado* que se desloca mecanicamente entre o axioma e o corolário — no lugar da política, em conformidade com as injunções da Norma, observa-se em Oakeshott o sortilégio das escolhas políticas face às intimações do presente.

De um ponto de observação complementar, e recorrendo para tal ao léxico de Quentin Skinner, a procura da unidade na teoria política de Michael Oakeshott será na circunstância o símbolo de uma «mitologia da coerência», enquanto a exigência de uma Norma determinante na compreensão e no desenvolvimento das propostas e dos juízos políticos configura um exemplar da «mitologia das doutrinas»([15]). A «mitologia da coerência», numa interpretação específica e relativa à crítica ao pensamento político de Oakeshott, pretende projectar sobre a reflexão uma unificação dos temas políticos capaz de produzir uma consistência em consonância com uma visão sistemática que se aproxima de um sistema fechado. A «mitologia da coerência» pretende forçar sobre a inquietação dos ensaios uma coerência extrínseca, quase metafísica, e derivada de uma concepção que privilegia o *abstracto universal*. Só que em Michael Oakeshott, a coerência tem um carácter aberto e uma natureza imanente. Já a «mitologia das doutrinas» estabelece a exigência de uma «ideia unitária», sendo o clássico ponto de partida o estabelecimento de um «tipo-ideal» que opera enquanto

([14]) Michael Oakeshott, «Rationalism in Politics: A Reply to Professor Raphael» in *The Vocabulary of a Modern European State*, pág. 184.

([15]) Quentin Skinner, «Significação e compreensão na história das ideias» in *Visões da Política — Questões Metodológicas* (Algés: Difel, 2005), pp. 81–126.

elemento fundador da estrutura e do desenvolvimento da doutrina. No caso explícito em apreciação, a *Norma*, o *Princípio*, permite o desenho da morfologia total da doutrina em análise, independentemente das modulações ditadas pelas circunstâncias e impostas pelo tempo. Com esta deslocação teórica, a doutrina perde novamente o seu carácter de abertura, perde a sensibilidade à contingência das coisas humanas, transformando-se, por um efeito de reificação, numa entidade. Em *Rationalism in Politics*, a disposição intelectual de Michael Oakeshott coloca-se nos antípodas de uma reflexão política que pode ser designada por *normativo-essencialista*, uma disposição intelectual cujo perfil filosófico e metodológico ficará bem expresso na seguinte passagem retirada do ensaio «Political Education»:

> J. S. Mill (*Autobiography*, OUP pp. 136–7, 144–5), when he abandoned reference to general principle either as a reliable guide in political activity or as a satisfactory explanatory device, put in its place a «theory of human progress» and what he called a «philosophy of history». The view I have expressed in this essay may be taken to represent a further stage in this intellectual pilgrimage, a stage reached when neither «principle» (on account of what it turns out to be: a mere index of concrete behavior) nor any general theory about the character and direction of social change seem to supply an adequate reference for explanation or for practical conduct.([16])

Para o autor, a política pertence a uma intrincada e complexa teia composta por diferentes modos de vida, formas do pensar, regras do agir, um *compósito* sujeito a mudanças que resultam da sequência das transformações da realidade e que serão observáveis nas contingências e nas intimações do presente.

Ainda no âmbito do léxico de Skinner, fundamental para a interpretação e para a compreensão de *Rationalism in Politics* será concretamente a «reconstituição das intenções» de Michael Oakeshott. A incompreensão das intenções pode decair numa leitura que simplesmente atribui ao autor uma «estratégia retórica oblíqua» que, mais do

([16]) Michael Oakeshott, «Political Education» (Appendix «The Pursuit of Intimations») in *Rationalism in Politics*, pág. 69.

que a revelação, se dedica em permanência a uma arte da ocultação do sentido da obra. A partir desse momento, a procura do sentido ganha uma dimensão exegética apenas ao alcance de um privilégio especial atribuído a uma elite de iniciados. A presente abordagem não pretende perseguir máscaras, mas sim encontrar a lógica da transformação que marca o rosto do argumento e da teoria política de Oakeshott. Genericamente, a «reconstituição das intenções» não reclama pela fundação de uma uniformidade essencial, pelo motivo subjacente de que pretende entender a diversidade dos comprometimentos morais e a multiplicidade dos pronunciamentos políticos. No caso particular de Michael Oakeshott e perante a urgência da «reconstituição das intenções», o espírito de *Rationalism in Politics* é genericamente marcado por uma ostensiva **intenção não ideológica**, no sentido em que recusa através dos ensaios a construção de uma série de crenças abstractas dotadas de uma capacidade para orientar a actividade política e de garantir a direcção da mudança([17]). A intenção não ideológica reporta a reflexão política do autor para a constatação de um modo de vida concreto, observável no presente, com o propósito de detectar o fluxo contínuo e contingente que culminou na vigência actual do presente observado.

Na sequência lógica da exposição, e por uma última vez no âmbito lexical de Quentin Skinner, a «reconstituição das intenções» pode surgir associada ao estudo dos factos que constituem o **contexto** da obra, uma vez que este poderá trazer à análise uma apurada sensibilidade relativamente à probabilidade dos significados e à plausibilidade das intenções. A relação entre o **texto** e o **contexto**, embora poucas vezes referida no decorrer das interpretações que procuram na reflexão de Michael Oakeshott o esclarecimento sobre o posicionamento, implicações e significados da respectiva teoria política, constitui, no entanto, um foco de meditação patente, tanto no seu pensamento mais filosófico, como nas suas considerações mais políticas. Observe-se em detalhe a seguinte passagem extraída de um importante ensaio publicado em 1938 e intitulado «The Concept of a Philosophical Jurisprudence»:

([17]) Paul Franco, *The Political Philosophy of Michael Oakeshott*, pp. 148–149. Embora a leitura de Paul Franco pareça ser mais restritiva, a presente interpretação, mais genérica e extensiva, será obviamente inspirada nessa primeira leitura.

> All explanation, all interpretation may be seen as a matter of deciding upon and examining the appropriate setting for what is to be explained and of exhibiting it in its place in that setting. Given a «text», something partially disconnected, obscure, imperfectly conceived, explanation is the attempt to find the «context» and to relate text and context so that can become a single whole. But each context which presents itself as *prima facie* appropriate is seen itself to require explanation, to belong to a setting and to lack significance so long as it is not seen in that setting. Consequently, the process becomes the search for a context which does not require a further setting in order to be understood, a universal, self-complete context. And the task in philosophical enquiry is, precisely, to find and elucidate such a context and the special subject of its enquiry in that context. For what the text is depends upon the context.([18])

De acordo com o autor, todo e qualquer exercício de interpretação envolve assim uma operação de reconciliação entre o texto e o contexto. A questão que se eleva no horizonte de interpretação será então ditado pela necessidade de estabelecer o correspondente contexto que será assumido e presumido no texto. Reafirmando uma posição filosófica em sintonia com uma visão idealista, para Oakeshott o significado de um texto não constitui um *dado* passivamente assimilado pelo comentador, significado este suspenso algures no exterior da experiência e aguardando inerte uma pretensa inspiração e posterior descoberta por uma circunspecta aventura do espírito. Pelo contrário, será tarefa fundamental ao papel do comentador a determinação do contexto apropriado capaz de extrair do texto uma presumível significação. No ensaio «Introduction to *Leviathan*», Oakeshott procede a uma identificação dos diversos aparatos contextuais a que o comentador poderá recorrer para trazer à superfície uma possível elucidação do significado de *Leviathan*. Embora o extracto seja escrito em função e em introdução à obra de Thomas Hobbes([19]), a respectiva citação

---

([18]) Michael Oakeshott, «The Concept of a Philosophical Jurisprudence» in *The Concept of a Philosophical Jurisprudence — Essays and Reviews 1926–51*, pág. 174. Publicado originalmente in *Politica*, 3 (1938) pp. 203–222; pp. 345–360.

([19]) Para uma mais detalhada exploração das relações entre a obra de Thomas Hobbes e Michael Oakeshott *vide* Ian Tregenza, *Michael Oakeshott on Hobbes —*

constitui uma interessante explicitação de uma *cadência de contextos* que não se limita ao caso concreto da obra em análise, alinhando de algum modo uma percepção filosófica e política mais geral, mais abrangente, isto em relação ao carácter do pensamento de Michael Oakeshott, simultaneamente enquanto filósofo da política, mas também enquanto comentador e crítico das reflexões políticas de outros autores. Embora longa, a citação merece a dignidade de uma referência integral:

> *Leviathan* is a masterpiece, and we must understand it according to our means. If our poverty is great, but not ruinous, we may read it not looking beyond its two covers, but intent to draw from it nothing that is not there. This will be a notable achievement, if somewhat narrow. The reward will be the appreciation of a dialectical triumph with all the internal movement and liveliness of such a triumph. But *Leviathan* is more than a *tour de force*. And something of its larger character will be perceived if we read it with the other works of Hobbes open besides it. Or again, at greater expense of learning, we may consider it in its tradition, and doing so will find fresh meaning in the world of ideas it opens to us. But finally, we may discover in it the true character of a masterpiece — the still centre of a whirlpool of ideas which has drawn into itself numberless currents of thought, contemporary and historic, and by its centripetal force has shaped and compressed them into a momentary significance before they flung off again into the future.([20])

Face às características da obra, em *Experience and Its Modes* o *contexto* utilizado coincide nitidamente com a primeira opção identificada pelo autor — a primazia do texto em registo auto-referencial, ou para manter a simetria nas designações, uma espécie de *textualismo* que terá permitido a apreciação de um ritmo dialéctico que anima e revela a movimentação interna do argumento. Mas em virtude da colecção

A Study in the Renewal of Philosophical Ideas (Exeter: Imprint Academic, 2003). Poderá ser encontrada uma interessante reflexão sobre a matéria em discussão, de natureza metodológica, no último capítulo intitulado «Conclusion», pp. 195–210.

([20]) Michael Oakeshott, «Introduction to *Leviathan*» in *Rationalism in Politics*, pág. 228.

de ensaios que se reúnem em *Rationalism in Politics*, as duas opções complementares e mais indicadas serão, respectivamente, a interpretação face a um determinado conjunto coerente das obras de Michael Oakeshott, associada em simultâneo a uma leitura que tem na base o compasso regular da **tradição** em que se inserem os ensaios. Nesta circunstância particular, convirá, pois, referir que *Rationalism in Politics* constitui a *superfície visível* de uma argumentação com maior densidade e inscrita na reflexão dispersa de Oakeshott sobre a política e o carácter da política. Depois, será de toda a prudência sublinhar que esta reflexão dispersa exibe uma matriz inequivocamente histórica. Interessante é que as duas opções de contexto como que se associam num *contexto convergente* em que a resultante representa a devolução do texto ao panorama complexo de uma tradição.

Distante da rigidez e da inflexibilidade, a identidade e a continuidade inscrita na ideia de tradição permite o estabelecimento de um fluxo de simpatia em que, através da observação de uma mudança inteligível, a origem de um modo concreto de vida será observado no presente, com o propósito de detectar o fluxo contínuo e contingente que terá culminado na actual realidade. Para Michael Oakeshott, este detalhe do concreto no tempo configura a tradição revelada através do percurso de uma reflexão histórica que se abre ao presente. O contexto assim transformado em tradição representa o meridiano pólo de antinomia com o abstracto de uma intenção ideológica. A visão da teoria política de Oakeshott que resulta da sobreposição entre texto e contexto, entre *Rationalism in Politics* e uma versão concreta da tradição, aponta no sentido de uma *síntese* entre a história e a experiência — ou seja, descreve uma interminável espiral dialéctica que liga as ideias políticas ao fluido permanente das contingências e das circunstâncias.

As contingências e as circunstâncias não constituem um corpo de vicissitudes que ocorrem no xadrez etéreo de um *puzzle* filosófico abstracto. Recentrando o discurso no elemento humano, as contingências e as circunstâncias são em permanência a reconstituição dos limites e das limitações que as **escolhas individuais** terão sempre de enfrentar na modificação da vida em pleno modo da experiência prática, na circunstância particular, na experiência prática considerada no concreto de uma configuração política. Por maioria de razão, a questão das escolhas individuais introduz assim o **tema da liberdade** no campo previsível das ideias políticas. Se em *Experience and Its Modes* se perspectivam as condições formais do exercício da liberdade face à complexidade do mapa das actividades humanas, será expectável que em *Rationalism in Politics* se observe o exercício prático da liberdade no *hinterland* de uma versão concreta de uma tradição política.

*

A discussão em torno da obra *Rationalism in Politics* terá então três momentos determinantes, a saber: (1) A identificação do **Contexto**; (2) A exploração do **Texto**; (3) A reflexão sobre o **Tema**.

CAPÍTULO I

O CONTEXTO OU A INVESTIGAÇÃO SOBRE O CARÁCTER DA POLÍTICA MODERNA. AS DISPOSIÇÕES POLÍTICAS ESTABELECIDAS: AMBIVALÊNCIAS E AMBIGUIDADES

No âmbito da teoria política de Michael Oakeshott, a **ideia de «carácter»** não se confunde com a existência de uma «causa» capaz de iniciar uma sucessão interpretativa marcada pela causalidade, nem se aproxima de um conceito de «essência» como elemento definidor de uma identidade([1]). Utilizando uma primeira analogia introdutória, e considerando a ocorrência de uma variedade de situações, o carácter denota um certo balanço, um determinado equilíbrio nas disposições que se revelam na conduta e no discurso dos homens. A interpretação que o comentador poderá fazer da ideia de «disposição», omnipresente na reflexão política do autor, poderá ser associada à presença de uma *tendência ordenada*; poderá ser ainda relacionada com a constatação de uma *inclinação metódica* que se revela nas acções e que se repercute na expectativa relativamente a uma determinada conduta. No entanto, e se existem acções triviais que se repetem com a força mecânica de um hábito, será obviamente nas acções que representam uma escolha que será possível compreender o balanço das disposições presentes e que perfazem uma conduta associada a um determinado carácter.

([1]) Michael Oakeshott, «The Idea of "Character" in the Interpretation of Modern Politics» in *What is History? and other essays*, pág. 255. Para uma explanação abreviada da ideia de «carácter» *vide Morality and Politics in Modern Europe — The Harvard Lectures* (Org. Shirley Robin Letwin) (New Haven and London: Yale University Press, 1993), pp. 29–32.

Concentrando a questão na variante de uma *máxima* — o carácter não constitui a causa das acções, mas o carácter permite enquadrar o padrão de uma conduta.

Para a elucidação e revelação do carácter, Oakeshott reconhece como fundamental a distinção entre dois níveis distintos de actividade — a actividade «secular» e a actividade «diurna»(2). Entende o autor por actividade «secular» toda a actuação que atinge a revelação ou a abertura de uma nova situação; ou seja, toda a acção que exibe a capacidade reconhecida de iniciar uma nova situação através da modificação de uma situação anterior — ao apontar para uma nova direcção, a actividade «secular» será caracterizada pela lógica da *Exploração*. Entende o autor por actividade «diurna» toda a actuação que se concentra nos pormenores observáveis de uma «estrutura interna»; ou seja, toda a acção que exibe a capacidade reconhecida de se projectar enquanto emblema das propensões conhecidas e disponíveis — ao aprofundar os recursos de uma situação, a actividade «diurna» será caracterizada pela lógica da *Cultura*. Neste quadro conceptual, para Oakeshott, o carácter estará definitivamente relacionado com a evidência da actividade «diurna». Dito de uma outra forma, por um lado, existe uma variante («secular») da conduta que reclama a atenção sobre si própria em função da magnitude do movimento ou da mudança que provoca; por outro lado, subsiste uma outra variante («diurna») da conduta em que o movimento ou mudança serão relativamente insignificantes, sendo que tal facto suscita uma interpretação que sublinha a relevância das disposições já reveladas e disponíveis — daí a referência em termos do estabelecimento de um carácter. Na conduta «secular», os limites e as fronteiras da actividade são questionados e reformulados; na conduta «diurna», os limites são reconhecidos enquanto condições que enquadram a actividade e nunca como obstáculos a essa mesma actividade.

Ensaiando uma integração das duas dimensões, a actividade «secular» cria a cada modificação um *continuum* e com ele a possibilidade da actividade «diurna». A modificação de uma prática política não implica simplesmente a adição de um qualquer novo elemento, pela

---

(2) Michael Oakeshott, «The Idea of "Character" in the Interpretation of Modern Politics» in *What is History? and other essays*, pp. 256–259.

razão objectiva de que tem como pretensão o estabelecimento de uma nova prática que detém toda uma coerência reconhecível. Como consequência, ao nível «secular» abre-se e explora-se um novo e histórico *continuum*, ao mesmo tempo que ao nível «diurno» o novo e histórico *continuum* é objecto de aceitação e de utilização. Oakeshott enfatiza a componente histórica de modo a indicar que, na actividade humana, e especificamente no pormenor da actividade política, o *continuum* observado no tempo não será nem fortuito, nem necessário, sendo que os respectivos limites e fronteiras, em último recurso, e por muito estáveis e fixos que surjam à observação, serão de uma forma inapelável evanescentes, o que significa sempre passíveis de modificação «secular».

Mas a designação de «secular» e de «diurno» justifica uma nota em tom de comentário. Estabelecida uma diferenciação qualitativa, o pensamento do autor aponta para o critério do tempo enquanto escala quantitativa e de aferição da frequência das condutas. A conduta «secular» refere-se a um tipo de acontecimento que se realiza de século a século no círculo das urbes e das órbitas humanas; ou seja, aponta para uma perturbação que ocorre num período muito longo de tempo e tendo como referência central o afastamento relativamente ao padrão médio de uma conduta geral observável. Não se encontra na circunstância qualquer referência a uma dicotomia entre aquilo que diz respeito aos assuntos eminentemente espirituais e aos preceitos da religião, e a matéria laica enquanto inspiração e matriz da coisa mundana. A conduta «diurna» representa no enquadramento geral a sucessão de acontecimentos que se ajustam simbolicamente ao espaço de um dia. O acontecimento «secular» será uma ocorrência rara e excepcional; o acontecimento «diurno» será uma ocorrência comum e habitual. Numa interpretação complementar, a conduta «secular» adopta a perspectiva da linha do tempo (*la longue durée*), a perspectiva da transformação no tempo, precisamente através da observação de uma dinâmica de concretização de um conjunto de *períodos* no tempo. A conduta «diurna» refere-se ao permanente conjunto de acontecimentos que ocorrem num mesmo *período*, que ocorrem no mesmo *segmento* de tempo. A conduta «secular» representa a dimensão diacrónica; a conduta «diurna» exprime a componente sincrónica. Utilizando uma interpretação de natureza dinâmica, a conduta «secular» explica uma *movimentação horizontal* que justifica o estabelecimento e a transformação dos limites e das fronteiras no tempo e na história; a conduta «diurna» justifica, por sua vez, uma *deslocação vertical* no interior dos limites e das fronteiras que, ao estabelecer-se como actividade normal e reconhecida, vai revelando aquilo que é *característico* de uma determinada conduta até atingir o alcance e a estabilidade de um carácter.

No pensamento de Michael Oakeshott esta ideia de carácter poderá e deverá ser aplicada à compreensão e à interpretação da política([3]). Na actividade do governo e na experiência de ser governado, existem circunstâncias e tempos históricos em que a actividade e conduta políticas exibem uma estabilidade suportada num elenco de disposições reveladas e estabelecidas. É como se a actividade e conduta políticas estivessem apoiadas num conjunto de marcas, caminhos, direcções, inscritos no tempo e no substrato da memória e da experiência, e que foram sendo definidos pela utilização de um *stock* limitado de ideias, imagens, sonhos, desejos, crenças, projectos, práticas, hábitos, aspirações, expectativas, e que em combinações distintas e complexas foram *coalescendo* em algo que pode ser descrito com propriedade como um carácter. O carácter será então um *canal*, um *sulco*, um *entalhe*, *marcações* que são o resultado do exercício livre das escolhas humanas, *marcações* que se tornaram visíveis e estáveis pela longa e continuada deslocação das condutas políticas, lapidando restrições, corrigindo derivações, tudo contribuindo gradual e espontaneamente para o equilíbrio das disposições. De acordo com a visão de Oakeshott, os limites e as fronteiras da política moderna europeia, sendo históricos, evanescentes e resultantes da actividade humana, apresentam-se estáveis e estabelecidos face à observação do critério mais exigente. Assim, para o autor, decisivo e notável será o facto de que na política moderna europeia a actividade dominante exibe a oscilação constituinte da conduta «diurna», sendo a movimentação «secular» residual até ao limite do imperceptível. Na leitura de Oakeshott, e considerando o horizonte de tempo percorrido nos últimos quatro séculos, a moderna actividade política europeia ocorreu e continua a ocorrer no interior de um mundo de possibilidades completamente reveladas e conhecidas,

---

([3]) Michael Oakeshott, «The Idea of "Character" in the Interpretation of Modern Politics» in *What is History? and other essays*, pp. 259–262.

e por consequência poderá a mesma política moderna europeia ser reconhecida e entendida em função de um elenco de disposições estabelecidas, logo percepcionada e analisada em termos da afirmação de um carácter.

Mas a reflexão sobre o carácter da política moderna europeia não ficará completo sem uma referência a dois aspectos decisivos — a existência de uma **personalidade política** (*persona*) e a verificação do **facto da pluralidade**(4). A *persona* surge como contraponto ao carácter da política moderna europeia, manifestando-se através da propensão para se deslocar em determinadas direcções, apresentando-se recorrendo a disposições diversas que apontam para formas do pensar, modos do falar e marcas do agir, estáveis, distintos e objectos de uma determinada *caracterização* política. As contingências da política moderna, fruto do tempo e das escolhas humanas, terão feito emergir gradualmente um conjunto de «papéis» susceptíveis de serem interpretados no interior de um *período* em termos da acção política e em função do discurso sobre a política. Esta *persona* será uma evidência histórica, não constitui, portanto, uma construção teórica, nem percorre um qualquer sentido da história em formulação determinista, pré-inscrito na conduta humana enquanto essência, destino ou natureza, mas representa tão-somente a *moral e as maneiras* que se foram estabelecendo relativamente ao empreendimento do governo e às expectativas dos governados. A *persona*, susceptível de uma ampla amplitude de adaptações no interior dos limites e fronteiras da política moderna, terá, pois, à sua disposição um vocabulário político que não inventou, mas que o uso e o tempo foram depositando na linguagem uma *multiplicidade de equivalências* — na variação, na intensidade e na interpretação dos respectivos significados políticos.

Finalmente, o facto da pluralidade. O carácter da política moderna europeia, o carácter da *persona* protagonista da política moderna, revela-se múltiplo na sua concretização e não único na definição de uma vinculação baseada na simplicidade. O carácter em apreciação não desenha uma direcção única nem unívoca, mas disponibiliza uma determinada amplitude na conduta política. Nos últimos cinco

(4) Michael Oakeshott, «The Idea of "Character" in the Interpretation of Modern Politics» in *What is History? and other essays*, pp. 262–266.

séculos, o exercício da prática política não poderá ser representado pela identificação de uma direcção privilegiada, podendo, no entanto, ser associado à multiplicidade de um complexo de direcções disponíveis e passíveis de escolha. De acordo com Oakeshott, a complexidade do carácter da política moderna deriva directamente da variedade de contribuições que confluem na sua gradual eclosão. Nas modificações que conduziram à composição do novo carácter, a mera destruição dos elementos passados terá tido uma contribuição insignificante, uma vez que o carácter em formação terá integrado e absorvido esses elementos passados, dependendo para a sua própria prosperidade da sobrevivência dos elementos que ia substituindo. Ainda como factor de intensificação política, poderá acrescentar-se a variável tempo que, em lugar de uma *certificação* no sentido da simplificação, terá contribuído para o aumento da complexidade ao adicionar uma variedade de possíveis interpretações ou versões do carácter. Como tal, na presença de um carácter político marcado pela diversidade, existe espaço para *deslocações* e para *estratégias*, tanto mais que são possíveis oscilações na ênfase das diversas disposições em presença. Existem disposições que se afirmam com mais exuberância, existem outras disposições que hesitam com mais timidez, sem que tal implique a destruição do balanço variável das disposições que preenchem o carácter. As disposições que contribuem para o carácter, nem sempre serão compatíveis, nem sempre serão congruentes, mas serão sempre factores de uma *estabilidade dinâmica* na definição do carácter em virtude das contingências, das circunstâncias e das escolhas humanas. Desta afirmação fica bem evidente que o carácter da política moderna não será uma colecção ordenada de disposições hierarquizadas pelo nexo formal de uma disciplina normativa vinculada às determinações de uma ciência lógica, mas sim um «composto histórico» resultante da confluência de um elenco de disposições historicamente relacionadas.

Na sua deslocação «diurna», este carácter plural e complexo depara-se ainda com a **persistência dos «extremos»**, «extremos» que representam, não impulsos exógenos ao carácter, mas sim deslocações extremas numa direcção específica e constituinte do próprio carácter. Normalmente, as deslocações internas observáveis num carácter político plural raramente atingem o epílogo dos extremos, e esta elucidação justifica-se pelo facto de que os extremos representam uma *condição* *de simplicidade* que será estranha ao carácter. Os extremos poderão ser distantes, opostos e contrários, impondo e banindo simultaneamente as mesmas condutas. No entanto, para Michael Oakeshott, os extremos não serão factores de dissolução do carácter porque se verifica um efeito de mediação entre os limites, desempenhado por componentes do carácter plural e que, não sendo estes por si só extremos, partilham certas características associadas a uma determinada «graduação das extremidades». Uma observação interessante do autor enaltece a imensa diversidade do carácter no seio de uma determinada civilização, sublinhando que os extremos serão sempre inteligíveis, não pelas suas qualidades auto-evidentes, mas sim pela realidade de um *espaço entre extremos* completamente preenchido, sem a mínima *lacuna*, por versões de um carácter que, apesar das suas diferenças, ainda será possível reconhecer como parte integrante do carácter da política moderna europeia. Na reflexão política de Oakeshott, e perante o carácter plural da política moderna, prioritário será então a determinação da amplitude das disposições através de um inquérito capaz de averiguar a modulação dos extremos passíveis de serem atingidos.

Nesta fase da análise, três comentários, em modo de conclusão, e uma observação, em modo de expectativa, ganham uma relevância significativa. Em primeiro lugar, a investigação sobre o carácter da política moderna transforma-se no inquérito sobre a determinação e a caracterização da possibilidade dos extremos — o carácter e os seus extremos são desta forma indissociáveis e parte integrante de uma mesma realidade. Em segundo lugar, a investigação sobre o carácter da política moderna, na sua formulação oakeshottiana, constitui um dispositivo de inquérito que permite manter a integridade do contexto sem cair na precipitação construtivista em direcção ao pleno de uma teoria abstracta. Em terceiro lugar, a complexidade e a pluralidade do carácter da política moderna poderá decididamente justificar a manifestação de **ambivalências** na objectivação da conduta política; em paralelo e em simultâneo, a *multiplicidade de equivalências*, variações na intensidade e na interpretação dos significados políticos, poderão certamente explicar a constatação de **ambiguidades** na linguagem política moderna. *Last but not least*, a percepção de um carácter político moderno diverso, flexível, plural, abre-se ao concreto de uma densidade de versões que, em vez de fecharem o carácter na uniformidade singular, conferem-lhe uma abertura passível de acomodar uma multiplicidade de escolhas humanas e com elas uma compatibilidade *ad intra* entre a história e a **liberdade**.

*

No conturbado ano de 1939, Michael Oakeshott publica uma obra intitulada *The Social and Political Doctrines of Contemporary Europe*. Numa Europa em vésperas da barbárie e à beira do abismo de uma civilização, na única nota que acompanha a introdução ao livro, o autor regista uma advertência de ordem política na forma de uma consideração de natureza moral:

> With regard to the moral ideals represented in these doctrines, the fundamental cleavage appears to me to lie neither between those which offer a spiritual ideal and those which offer a material ideal, nor in the actual content of the moral ideals themselves, **but between those which hand over to the arbitrary will of a society's self-appointed leaders the planning of its entire life, and those which not only refuse to hand over the destiny of a society to any set of officials but also consider the whole notion of planning the destiny of a society to be both stupid and immoral.** On the one side are the three modern authoritarian doctrines, Communism, Fascism and National Socialism; **on the other Catholicism and Liberalism. To the Liberal and the Catholic mind alike the notion that men can authoritatively plan and impose a way of life upon a society appears to be a piece of pretentious ignorance; it can be entertained only by men who have no respect for human beings and are willing to make them the means to the realization of their own ambitions.**([5])
> [ênfase adicionado]

Entre o argumento epistemológico e a invocação de uma linguagem kantiana em referência ao imperativo categórico, o intelecto de

([5]) Michael Oakeshott, *The Social and Political Doctrines of Contemporary Europe* (London: Basis Books by arrangement with Cambridge University Press, 1940), pp. xxii–xxiii.

Oakeshott observa com lucidez e profundidade a existência de dois extremos, dois pólos fundamentais ao entendimento da política moderna europeia — de um lado, a política enquanto planificação total da sociedade; de um outro lado, a política enquanto regulação parcial da sociedade. No espaço filosófico que distingue a *totalidade* e que afirma a *parcialidade* surge então de modo politicamente cintilante a constatação do **imperativo ético da liberdade**. E do lado da liberdade Oakeshott reconhece Liberais e Católicos.

Numa colectânea única e quase esquecida organizada por Michael Oakeshott, esta pequena nota isolada e quase anónima não constitui simplesmente uma esporádica *especulação filosófica*, pois sugere a existência de uma perspicaz percepção da política, à época ainda por revelar com a exuberância de um pensamento político vinculado ao detalhe da coerência da escrita, mas que abre definitivamente o horizonte de inquérito a todo um percurso intelectual essencial à organização interna da teoria política do autor e que aponta no sentido da localização e da exploração dos pólos constitutivos da política moderna europeia.

Para Michael Oakeshott, a experiência política moderna começa efectivamente com a gradual emersão do «moderno Estado europeu»([6]). Entre o final do século XV e o início do XVI, sem o desígnio expresso de um «arquitecto», o Estado moderno europeu vai emergindo das escolhas e das consequentes actividades humanas, assimilando uma herança medieval e incorporando os fracassos e os sucessos resultantes da agregação de múltiplos e variados empreendimentos políticos — o padrão e a direcção da moderna actividade política consistem assim nas «marcas» impressas no tempo, na memória e na experiência, pelos múltiplos e variados empreendimentos políticos. As marcas inscritas na experiência representam o trajecto de homens que ignoram um qualquer último e derradeiro destino, homens que

([6]) Michael Oakeshott, «The Character of a Modern European State» in *Lectures in the History of Political Thought* (Org. Terry Nardin and Luke O'Sullivan) (Exeter: Imprint Academic, 2006), pp. 359-361. Proferidas na LSE, as lições coligidas no volume baseiam-se essencialmente numa versão com a data de 1968-69.

escolhem uma determinada direcção em função das circunstâncias da realidade, e cujos propósitos e escolhas sofrem sempre uma possível modificação ou perturbação provocada pelos propósitos e escolhas de outros homens. No entanto, a direcção da política moderna não poderá ser entendida e interpretada como uma aleatória sequência de escolhas arbitrárias. De acordo com o entendimento de Oakeshott, o rumo da experiência política moderna assemelha-se à fortuna e às aventuras de um carácter composto por uma diversidade limitada de disposições, consistindo a actividade humana, e política também, numa sequência de respostas a um fluxo de circunstâncias de acordo precisamente com esse balanço ou equilíbrio de disposições. Sendo que a *intensidade* das disposições é múltipla e diversa, tal implica que não existe um desvio sincronizado numa única direcção. A actividade política moderna, o Estado moderno europeu, será deste modo uma colecção de *diferentes idiomas* que derivam de um conjunto limitado de disposições e que operam marginalmente, com base numa variedade de experiências, sobre a evidência disponível das circunstâncias observadas. Ao sobrelevar a importância das escolhas humanas, Michael Oakeshott não faz mais do que estabelecer uma relação directa entre o estabelecimento do Estado moderno europeu e uma certa expressão da **liberdade**.

Dúvidas existam nesta interpretação, estas serão imediatamente dissipadas quando se constata a súmula de características que completam o carácter do Estado moderno europeu([7]): (1) **Uma associação de seres humanos «legalmente livres», entre os quais um certo sentimento de solidariedade foi emergindo**; (2) Ocupação de um território definido e limitado por fronteiras estabelecidas; (3) Organização de um sistema legal único e exclusivo, ao qual se junta uma igualmente única hierarquia de tribunais que não permite a existência de jurisdições independentes; (4) **Uma associação dirigida por um governo exclusivo, centralizado e soberano, dispondo de um fortíssimo «poder executivo»**; (5) Membro de um conjunto numeroso e variado de estados reconhecidos pela designação de «Europa» tendo eventualmente possessões territoriais (vulgo «colónias») fora da Europa; (6) Uma associação normalmente em preparação para a guerra, eventualmente

([7]) Michael Oakeshott, «The Generation of a Modern State» in *Lectures in the History of Political Thought*, pág. 373.

em guerra ou em recuperação do último conflito, com o objectivo da manutenção de um «equilíbrio de poderes» no seio do sistema de estados da Europa.

Desde logo deverá ser salientado as duas ideias que se autonomizam imediatamente do conjunto, dois *marcadores históricos* que traçam uma *linha de rumo conceptual* e que permitem, da perspectiva da coerência interna do pensamento político, o estabelecimento de uma sequência de interpretação, mas que possibilitam sobretudo a identificação de duas noções que se *expandem* e se *propagam* ao longo da teoria política de Michael Oakeshott, a saber — o sentimento de **solidariedade** e o exercício da **soberania**.

Observe-se em detalhe o espírito de **solidariedade**(8). O sentimento de solidariedade em virtude do qual os membros do Estado moderno europeu constituem uma «comunidade específica» de seres humanos será, para o autor, algo mais fácil de detectar do que propriamente de definir. Oakeshott afirma mesmo que a compreensão e a interpretação deste sentimento é uma das questões fulcrais que ocupam o pensamento político moderno, tal como para Aristóteles seria vital o discernimento sobre a natureza da *polis*. O sentimento de solidariedade visível entre os membros do Estado moderno não se baseia nos laços de sangue, nem na partilha de uma linguagem comum, nem mesmo na determinação de uma religião comum, embora todos estes elementos possam estar presentes e possam eventualmente contribuir para a percepção desse sentimento de solidariedade. O moderno sentimento de solidariedade também não se confunde com a coesão de uma tribo, quer por ser menos definido, quer por ser menos poderoso, quer por ser menos homogéneo. Por outro lado, o sentimento de solidariedade pertence a uma categoria única, uma vez que sendo um «produto das circunstâncias» históricas, terá adquirido uma diversidade de idiomas em correspondência com a própria diversidade e número de estados europeus modernos. O autor destaca ainda o facto dos estados modernos sempre terem exibido uma enorme preocupação com a promoção deste sentimento de solidariedade entre os seus membros. Todavia, será uma característica do Estado moderno que

---

(8) Michael Oakeshott, «The Character of a Modern European State» in *Lectures in the History of Political Thought*, pág. 364.

a evidência de um sentimento de solidariedade sempre persista e permaneça enquanto fenómeno limitado. Oakeshott justifica esta asserção pelo motivo exclusivo e determinante de que, tal como a Europa é um conjunto numeroso e variado de estados, assim cada Estado terá uma «variedade interna» que sempre qualifica a solidariedade perceptível entre os seus membros. Esta variedade interna, ausente da *polis* grega e da *civitas* romana, será uma das heranças que a Europa moderna recebe da Europa medieval — a exacta variedade interna que constitui o «coração da política moderna».

Assim, o moderno Estado europeu, composto pela agregação de uma diversidade de territórios incorporados ao longo do tempo, reúne uma população eminentemente plural — plural nas memórias e nas condutas, plural nas fidelidades e nos costumes. Ou seja, no que respeita à nova comunidade específica, a diversidade será a marca por excelência do moderno Estado europeu(9). E será precisamente por reflexo da diversidade no seio da solidariedade que surge então uma primeira ambivalência na moderna política da Europa. Nos estados modernos, e influenciando toda a política moderna, será, pois, possível observar duas disposições opostas em diligente actuação — **a disposição para gerar a solidariedade através da *destruição* da diversidade**; e **a disposição para gerar a solidariedade através da *inclusão* da diversidade.** Gerar a solidariedade por destruição da diversidade implica um processo organizado pelo Estado que procura a *exclusão* das diferenças. No entanto, quando a *exclusão* se perspectiva como algo «impolítico» ou inconveniente face às dificuldades, a destruição da diversidade desloca-se no sentido operativo de uma objectiva *supressão* das diferenças. Na disposição considerada, o alcance na actuação do Estado moderno oscilará assim entre a *separação* e a *eliminação* da diversidade gerando a solidariedade pela imposição de um critério de *uniformidade*. No entanto, e como seria expectável, a disposição oposta à uniformidade sempre esteve presente no percurso constitutivo do Estado moderno. A experiência do Estado moderno coincide no tempo com a experiência da diversidade, de tal modo que a constatação das diversidades acaba por promover a ideia de que a política deverá ser

(9) Michael Oakeshott, «The Generation of a Modern State» in *Lectures in the History of Political Thought*, pp. 378-380.

uma actividade que suscita uma acomodação dessas mesmas diversidades, sendo que a solidariedade será *instituída* através de uma *regulação* e *moderação* de uma multiplicidade concreta de diversidades, muitas vezes em harmonia, muitas vezes em oposição, muitas vezes em conflito. O autor reconhece que este estilo particular de prática política foi, é e será sempre um exercício de elevada dificuldade, constantemente objecto de crítica e de rejeição, mas que obstante uma permanente oposição conserva-se como parte integrante do património político da experiência histórica do Estado moderno. Nesta circunstância, a solidariedade na diferença representa a ratificação pelo Estado moderno do princípio constitutivo da *pluralidade*.

Observe-se agora em pormenor o exercício da **soberania**. Mas antes, um ponto prévio essencial à compreensão da importância da soberania na percepção oakeshottiana do Estado moderno. A actividade do governo no Estado moderno poderá ser caracterizada pela distinção entre dois níveis de actuação([10]): (**1**) Composição, administração e aplicação da lei a casos específicos através de um procedimento judicial; (**2**) Definição de políticas. Nenhuma destas actividades representa uma novidade específica do Estado moderno, uma vez que correspondem aos termos do exercício medieval da *jurisdictio* e do *gubernaculum*, só que o Estado moderno introduz uma modificação, quer no carácter das actividades, quer na relação que se estabelece entre os dois níveis de actuação. Fundamental a destacar será o facto de que nenhum Estado moderno inicia a sua acção *de novo* relativamente ao respectivo código de leis. Como tal, no Estado moderno existe a consciência de uma distinção entre a lei que se sabe ter sido *estabelecida* através de uma prática legislativa informal (um exemplo será o da *common law*), e a lei que emana de um acto legislativo formal na configuração de um *estatuto* ou *decreto*. A característica específica do Estado moderno reside no reconhecimento da supremacia do acto legislativo formal, recaindo a autoridade de todas as outras leis na condição exclusiva de não terem sido objecto de modificação ou revogação por acto legislativo formal. Por outro lado, no Estado moderno, a acção legislativa transforma-se numa actividade quotidiana e comum,

---

([10]) Michael Oakeshott, «The Character of a Modern European State» in *Lectures in the History of Political Thought*, pp. 365–368.

e essa transformação acaba por introduzir uma alteração à natureza do próprio acto, afastando-o do mero procedimento judicial (*jurisdictio*) e aproximando-o decididamente do processo de elaboração de políticas (*gubernaculum*). No Estado moderno europeu, a produção legislativa é definitivamente assimilada à procura de um propósito político. Uma consequência óbvia desta quase *fusão de funções* implica que o governo de um Estado moderno não detém apenas a custódia da lei, mas apresenta-se também como o garante e o *conservador* de um *salus populi*. Para Michael Oakeshott, o Estado moderno será por excelência um «Estado político».

De uma outra forma, e introduzindo directamente o sentido da soberania, estas características do governo do Estado moderno poderão ser representadas pela afirmação de uma qualidade e de uma capacidade específicas([11]): **(1)** A governação é reconhecida como uma actividade soberana; **(2)** Os governos são entidades extremamente poderosas.

Estes dois traços do carácter do Estado moderno correspondem, respectivamente, às expressões medievais de *potestas* ou a autoridade legal de um governo; e *potentia* ou o real e efectivo poder físico que o governo é capaz de exercer. A ideia de soberania é admitida no vocabulário da política moderna como referência a uma associação cujo governo independente não reconhece nenhuma entidade legalmente superior, a não ser que aceite de modo voluntário e explícito tal obrigação — interessante paradoxo em que a *obrigação* deriva de um *acto de soberania*. De acordo com a visão do autor, o desenho de um Estado soberano inicia o seu percurso histórico como sinónimo de um «**Estado livre**». Mas existe um outro aspecto na ideia de soberania e que respeita directamente à relação entre a autoridade legal do governo e os indivíduos sob sua jurisdição, ou seja, a relação entre a lei e o indivíduo. O governo de um Estado moderno é uma actividade soberana e reconhecida como tal, não porque o governante possa exercer a sua vontade de modo arbitrário, mas sim porque o governo legalmente autorizado será supremo face a todas as outras autoridades, sendo ainda reconhecido pelos indivíduos como o único e legítimo *produtor* de leis. O reconhecimento pelos indivíduos da existência do governo

---

([11]) Michael Oakeshott, «The Character of a Modern European State» in *Lectures in the History of Political Thought*, pp. 368–371.

enquanto único e legítimo *produtor* de leis será uma das mais importantes características associadas ao Estado moderno. Adoptando um ponto de vista complementar, num Estado moderno não existem leis que ocupem uma *esfera exterior* à autoridade do governo, pois por mais antigas ou absorvidas que estejam nos hábitos e nas condutas, o governo terá sempre a capacidade para a necessária emenda ou para a desejada revogação. Tal significa que no Estado moderno existe um procedimento conhecido, reconhecido e autorizado através do qual a soberana *potestas* será exercida. E pela sua própria natureza, esta soberania só poderá ser «absoluta».

Relativamente ao efectivo poder de que o governo dispõe, este revela-se na real capacidade em formular desígnios políticos e de os projectar e concretizar sobre o conjunto do Estado moderno. A *potentia* que se manifesta também na perícia em reunir apoios e na habilidade com que consegue coagir e obrigar uma contínua aquiescência ou submissão. O poder do governo de um Estado moderno torna-se evidente na rapidez da decisão, na economia da acção, na certeza que imprime relativamente aos seus propósitos políticos e na impunidade dos seus actos livres de obstáculos e de efeitos não intencionais. O poder de um governo moderno será visível na capacidade com que faz a lei e na determinação com que faz cumprir a lei, do mesmo modo que a *potentia* de um governo moderno será observável na definição de políticas e na magnitude com que essas políticas são concretizadas até à sua mais ínfima conclusão. E pela sua própria natureza, este poder nunca poderá ser «absoluto».

Ainda uma característica do governo do Estado moderno relacionada com a possibilidade de um poder extremo estará relacionada com a capacidade de exercer um «controlo minucioso» das acções e condutas dos indivíduos. Esta propensão para acrescentar poder ao poder através da monitorização das movimentações e escolhas dos indivíduos é algo inscrito no carácter do governo do Estado moderno, algo adquirido metódica e repetidamente ao longo dos últimos cinco séculos. Como frisa Oakeshott, numa alusão directa a Lenine, um sistema de senhas de racionamento confere mais poder ao governo sobre os indivíduos do que a palavra de um profeta sobre o fogo do inferno — a perspectiva da inanição e da morte é mais persuasiva do que a promessa de uma condenação às penas eternas.

Uma questão aflora naturalmente ao entendimento do comentador — De que modo e por que razão os governos do Estado moderno adquiriram esta faculdade da soberania? A supremacia do *decreto*, que é uma outra forma de designar o exercício da soberania, é uma absoluta novidade do Estado moderno e uma experiência assinalada pelo carácter da *inovação*. Na leitura do autor, os governos do Estado moderno adquirem a qualidade da soberania em resposta directa às exigências e necessidades sentidas pelos indivíduos([12]). Esta resposta poderá tocar o facto da extravagância, uma vez que a regra da lei (*rule of law*) é usualmente considerada como a mais estimada protecção do indivíduo privado face às interferências de um governo poderoso. Colocar no âmbito da acção do governo a autoridade ilimitada de produzir e de revogar leis, poderá parecer uma aventura politicamente perigosa. A solução para a aparente tensão entre a *necessidade individual* e a consolidação do *arranjo político* reside na verificação de que o Estado moderno é essencialmente composto por indivíduos motivados na prossecução das suas próprias escolhas e orientados no sentido da concretização das referidas escolhas em acção, sendo que a coerência entre a *escolha* e a *acção* seria objecto de restrição e de impedimento pela ordem legal prévia ao Estado moderno. O governo do Estado moderno será desta forma uma solução política para uma *condição concreta do indivíduo*, nomeadamente através do reconhecimento das escolhas e da promoção da coerência entre as escolhas e a acção.

A consciência preponderante nos primórdios do Estado moderno apontaria assim para um sentimento de «frustração» relativamente ao conjunto de direitos e deveres vigentes. O sentido da necessidade de novos direitos e de novos deveres implica e exige a existência de um governo com a autoridade reconhecida e o poder acumulado capaz de abolir os velhos direitos e de instituir os novos direitos. O que o indivíduo reclama do governo do Estado moderno será uma efectiva **libertação** — libertação das limitações de um «passado frustrante». Neste ponto da narrativa, o sentimento de solidariedade e o sentido da soberania *tocam-se* na descrição das expectativas individuais e na elucidação da actividade do governo do Estado moderno, sendo possível

([12]) Michael Oakeshott, «The Generation of a Modern State» in *Lectures in the History of Political Thought*, pp. 386–388.

coincidir, em concordância com Michael Oakeshott, na afirmação da seguinte relação — **a soberania do governo será o equivalente e a contrapartida da liberdade no sujeito.**

No entanto, embora a experiência da liberdade através do usufruto de novos direitos seja a tendência predominante, a tendência oposta e vocacionada para a protecção e *conservação* dos antigos direitos manteve-se e mantém-se perante a *ameaça* de uma outra e nova condição. Será assim possível observar as duas disposições *operacionais* e em permanente tensão no Estado moderno — por um lado, o **reconhecimento do governo soberano enquanto símbolo da emancipação dos constrangimentos de um passado**; por outro lado, **a identificação do governo soberano enquanto ameaça à segurança estática de uma *existência habitual*.**

Haverá ainda uma outra face do exercício da soberania que não poderá deixar de ser objecto de consideração. O predomínio de uma soberania absoluta pode gerar um *efeito perverso*. Ao abranger todos os direitos, e sobretudo os direitos mais essenciais sobre a pessoa e a propriedade, quando associada a um poder extremo, a autoridade soberana do governo poderá transformar-se numa ameaça à própria liberdade do sujeito. Daí que, para Oakeshott, uma das questões fundamentais ao pensamento político moderno deverá ser formulada do seguinte modo: *Como deve ser constituído um governo para que a autoridade soberana na elaboração das leis possa instituir uma prática segura capaz de estabelecer a confiança do sujeito?*

O Estado moderno europeu constitui, pois, uma nova experiência política — a experiência de viver sob a égide de um *Estado*, ao mesmo tempo que o pensamento político moderno remete o observador para uma actividade intelectual em que as possibilidades dessa nova experiência política são exploradas através de um exercício de explicação e de entendimento. A política moderna surge assim com a emergência de governos soberanos e poderosos, e parte substancial do pensamento político moderno ocupa-se precisamente da elucidação da *substância* e do *modo* como os empreendimentos políticos são efectivamente concretizados([13]). Em lugar de uma reflexão sobre os

---

([13]) Michael Oakeshott, «Modern European Political Thought» in *Lectures in the History of Political Thought*, pág. 391, pág. 393, pág. 395.

argumentos abstractos retirados da mais pura filosofia política, central à teoria política de Michael Oakeshott será a compreensão dos sentimentos e das convicções, das analogias e das opiniões, até ao limite dos mitos constituintes de uma prática e de um discurso políticos associados ao carácter da política nos tempos modernos. Tendo em linha de conta esta concepção específica de teoria política, e considerando as questões que preenchem a literatura e o discurso do pensamento político moderno, o autor passa então a destacar aqueles que observa serem os seus principais tópicos: (1) **A Natureza do Estado Moderno Europeu**; (2) **A Constituição e a Autoridade do Governo**; (3) **O Ofício do Governo**(14).

§1
A Natureza do Estado Moderno Europeu

A natureza do Estado moderno europeu levanta uma série de questões, nomeadamente: Que espécie de «colectividade» composta por seres humanos é um Estado? Quais serão os laços que se estabelecem entre os componentes humanos de um Estado? Como se relacionam entre si esses mesmos componentes humanos? Qual será a natureza da solidariedade característica de um Estado?(15) Para uma melhor compreensão das questões e das resposta envolvidas no tema, convirá desde logo identificar com Oakeshott uma disposição intelectual que permitirá operar uma distinção de largo espectro relativamente a uma classificação ou ordenação das interpretações possíveis no âmbito do Estado moderno. A disposição intelectual em causa reflecte a assunção de que tudo o que no mundo se observa terá, ou uma origem «natural», ou uma proveniência «artificial», sendo ainda assumido que o

(14) Na lição em causa, Michael Oakeshott indica um quarto tópico, mais concretamente: «**The nature of political deliberation and argument**», pág. 395. No entanto, nas lições publicadas não consta o desenvolvimento deste tema, facto que passou omisso aos editores, uma vez que não ocorre qualquer referência ao facto na introdução à obra.

(15) Michael Oakeshott, «Interpretations of the Modern European State (1)» in *Lectures in the History of Political Thought*, pág. 401.

que não é «natural» só poderá ser «artificial»([16]). Nesta disposição do pensamento, o Estado moderno poderá ser entendido, quer enquanto uma emanação de uma «**comunidade natural**», quer enquanto uma concretização de uma «**associação artificial**».

Enquanto **comunidade natural**, o Estado moderno poderá ser considerado uma unidade orgânica, uma variante de um organismo, um todo natural composto por um conjunto de partes em harmonia funcional([17]). A analogia do corpo humano surge na compleição da designação de «corpo político», uma metáfora que remete o comentador para uma sensibilidade recíproca e uma correspondência interna entre as partes constituintes do Estado. Uma outra interpretação estabelece a analogia entre o Estado moderno e as comunidades de «animais sociais» observáveis na natureza. Nesta versão, o Estado moderno seria uma sociedade de componentes funcionalmente relacionados e em que cada elemento só poderia ser um contribuinte individual para uma condição de vida comum. Existe também a variante do Estado enquanto projecção em escala alargada do ideal natural de uma família patriarcal. Mas a mais importante versão do Estado moderno enquanto comunidade natural será aquela que opera uma equivalência entre a colectividade do Estado e o colectivo natural de uma nação, sendo os laços da nacionalidade o elo intangível de uma solidariedade natural que uniria todos os membros de uma comunidade de destino. No entanto, e na perspectiva oakeshottiana, o Estado moderno será uma composição de tal maneira empírica, reunindo uma compilação de tal modo contingente de sujeitos que a procura e a identificação de uma unidade natural poderá ocultar e até negar algo de notável e específico ao carácter próprio do Estado moderno europeu.

Observe-se agora os detalhes de uma interpretação que considera o Estado moderno como a concretização de uma **associação artificial**. A disposição intelectual acima referida classifica o universo das acções e das condutas do sujeito como o admirável «mundo do artifício»([18]).

([16]) Michael Oakeshott, «Interpretations of the Modern European State (2)» in *Lectures in the History of Political Thought*, pág. 413.

([17]) Michael Oakeshott, «Interpretations of the Modern European State (1)» in *Lectures in the History of Political Thought*, pp. 405-412.

([18]) Michael Oakeshott, «Interpretations of the Modern European State (2)» in *Lectures in the History of Political Thought*, pp. 413-417.

Nesta perspectiva, o Estado será entendido como uma *obra de engenho*, ou na terminologia de Oakeshott, o Estado moderno será interpretado como uma «obra de arte». Numa primeira aproximação, e de acordo com a explanação de Machiavelli referida pelo autor, o responsável pelo Estado moderno será o governante ele próprio, sendo que os laços de união entre sujeitos recaem na comum fidelidade e obediência ao governante. Mas para Oakeshott, existe uma explicação alternativa, e mais eficaz do ponto de vista histórico, à questão de quem será o responsável pelo Estado moderno — na base do *artifício* que conduz à emergência do Estado moderno estarão os próprios membros do Estado moderno, adoptando uma conduta que leva ao acordo entre uma diversidade de sujeitos em permanente interacção. Assim, o Estado moderno enquanto associação artificial será reconhecido como uma colecção de sujeitos unidos, quer por acordo, quer por escolha, na procura de um propósito unificado ou de um empreendimento comum. O propósito ou o empreendimento poderão hipoteticamente ter um fundamento numa interpretação particular daquilo que possa constituir a «natureza humana». Mas o Estado moderno será sempre um conjunto específico e limitado de sujeitos que escolheram o desígnio da associação como método privilegiado para a busca de um propósito comum. Existe uma analogia directa e disponível na experiência corrente dos sujeitos que pode descrever com propriedade o Estado moderno enquanto associação artificial — refere-se a analogia à ideia de uma *joint stock company*, que numa tradução livre poderá ser o equivalente de uma *sociedade por acções*, ou de modo ainda mais significativo no domínio da teoria política, o Estado moderno enquanto associação artificial corresponderá a uma *sociedade de capital colectivo*. Resta ainda um ponto essencial. O que distingue os estados no âmbito do modelo de uma associação artificial será rigorosamente o propósito ou o *fim último* procurado pelos respectivos membros. Desta forma, teremos uma norma de associação que poderá ocorrer numa pluralidade de versões, dependendo exclusivamente do propósito final eleito como desígnio canónico.

Michael Oakeshott identifica sucintamente as principais versões em função do respectivo desígnio canónico([19]). Refira-se a variante atribuída

([19]) Michael Oakeshott, «Interpretations of the Modern European State (2)» in *Lectures in the History of Political Thought*, pp. 417–420.

a Thomas Hobbes ou a ideia do Estado moderno enquanto associação artificial estruturada com base no estabelecimento e manutenção da paz entre os membros e por acordo entre os membros. Sublinhe-se a versão religiosa, quer na formulação de John Calvin, quer no entendimento de John Locke, em que o Estado moderno surge como uma associação artificial de sujeitos centrada exclusivamente na configuração de um modo de vida baseado na glorificação de Deus, e na aplicação dos preceitos Divinos, consubstanciados no enunciado da Lei Natural. Esta concretização religiosa do carácter do Estado moderno exibe ainda uma variante que será mais um contraponto e que o autor designa de «versão moral secular». A versão moral secular do Estado moderno baseia-se numa concepção particular de «vida virtuosa» e de «perfeição moral» adoptadas como fim último da associação artificial em causa. Em Rousseau, a perfeição moral significa, à maneira de Aristóteles, a subordinação da paixão ao domínio infalível da Razão. Em John Stuart Mill e em T. H. Green, o Estado moderno aparece já como uma associação de sujeitos em busca do «progresso moral». Mas para Oakeshott, a versão moral secular mais marcante no pensamento político moderno será aquela consubstanciada nos escritos de Francis Bacon, e em que o Estado moderno se apresenta como uma associação vocacionada para a exploração dos recursos naturais do mundo. Em Bacon, a doutrina recupera um renovado contorno moral e em estreita ligação com a dimensão religiosa, uma vez que a autoridade moral emana directamente das Escrituras, projectando uma nova visão em que o Estado moderno é literalmente interpretado como sendo uma economia, mais ainda, o Estado moderno será realmente elevado à condição de uma grande fábrica unido no desígnio comum da produção. Eliminados os originais reflexos morais e religiosos, banidas as cruas referências ao mecânico empreendimento da produção, o Estado moderno surge agora numa versão contemporânea derivada e em que o desígnio final será uma noção distributiva de bem-estar. O novo Estado de bem-estar apresenta-se na configuração de uma «corporação de serviço público», na qual todos os membros usufruem de uma dignidade de parceiros em função de um estatuto de igualdade. O Estado de bem-estar é assim uma associação específica unida no propósito comum de gerar, distribuir e usufruir de uma prosperidade material baseada na exploração dos recursos materiais e humanos.

Mas a compreensão do Estado moderno enquanto concretização de uma associação artificial implica ainda a referência a uma experiência política objectivamente observável na emergência da Europa moderna([20]). A real experiência política que esta interpretação do Estado moderno reflecte será a observação do modo particular como a nova associação política emerge no contexto histórico moderno, mais concretamente, o facto específico de se estar a gerar uma solidariedade associada que manifestamente exibe os atributos de uma resultante da acção e da conduta consciente dos sujeitos — a solidariedade inerente ao Estado moderno traz, pois, inscrita a marca do engenho e do artifício humano. Ou seja, o Estado moderno reflecte uma experiência mais profunda do que o mero reconhecimento e identificação de uma nova categoria de associação, uma vez que reflecte sobretudo um sentimento e uma convicção sobre a natureza própria do ser humano, de um *novo* ser humano individual e considerado como uma «unidade natural» desprovido de laços naturais com a imensa nebulosa de outros seres humanos. Estes indivíduos são capazes de estabelecer associações, mas estas associações serão sempre o resultado da vontade e do artifício humano. As associações serão expectáveis se exibirem um módico de utilidade reconhecido pelo *novo* ser humano individual — as associações podem ser percepcionadas como essenciais à vida civilizada, mas terão sempre de ser feitas, sendo permanentemente passíveis de dissolução e nunca alcançando o estatuto de *associações naturais*. Em súmula e fundamental, o Estado moderno terá de ser considerado uma associação artificial porque o que será natural é o ser humano individual, soberano sobre si próprio. O que Michael Oakeshott identifica como a nova experiência política é assim a **experiência moderna da individualidade**. Experiência política da individualidade que na economia da narrativa surge directamente associada ao efeito da soberania sobre si próprio, o que constitui um modo subtilmente explícito de colocar a **liberdade** como um *elemento natural* ao percurso histórico das interpretações do Estado moderno.

Existe, no entanto, uma terceira interpretação do Estado moderno e que representa um afastamento da rígida dicotomia associada à

([20]) Michael Oakeshott, «Interpretations of the Modern European State (2)» in *Lectures in the History of Political Thought*, pp. 415–416.

disposição intelectual *natural/artificial*(21). Esta interpretação representa a convicção de que existe uma outra categoria da realidade, nem natural, nem artificial, simplesmente porque assume um outro carácter designado por *histórico*. O reconhecimento de uma entidade histórica implica a constatação de uma ordem distinta da *ordem natural das coisas*. Aquilo que é natural não poderá ser concebido como sendo algo que na realidade não é; ou seja, o mundo natural será sempre o mundo da necessidade. O mundo da história será o mundo dos factos contingentes e que poderiam ter sido outros que não aqueles concretizados e que são passíveis de uma real observação. De modo similar, o reconhecimento de uma entidade histórica implica a constatação de uma ordem distinta da *ordem artificial das coisas*. Assim, qualquer objectivação de um artifício, que poderá ser denominado como *artefacto*, será pensado e planeado para servir na execução de um desígnio específico e na realização de um premeditado propósito. A *essência* de uma entidade histórica reside no facto de, ao constituir-se como um produto da pluralidade e da infinidade de escolhas de uma multiplicidade de sujeitos, essas escolhas não são planificadas nem desenhadas em função de um desígnio premeditado com vista a um propósito específico. O que Oakeshott pretende sublinhar será a ideia de que no Estado moderno os laços que mantêm os respectivos membros reunidos não são ligações naturais, nem sequer são vinculações artificiais, mas algo mais *intáctil* resultante da consumação do tempo e das circunstâncias, exibindo deste modo o carácter de um compromisso histórico. Este entendimento do Estado moderno conduz a uma interpretação do mesmo enquanto concretização de uma **associação histórica**. O Estado moderno deverá ser compreendido como uma colecção variada de sujeitos, desprovidos de ligações naturais, que jamais expressaram a vontade de se associarem na perspectiva integrada de um propósito unívoco, mas que as contingências do tempo e do acaso acabaram por juntar, gerando-se desta forma uma solidariedade baseada no facto de terem partilhado e usufruído, ao longo do tempo, de uma experiência histórica contínua e comum. Se existe um ponto essencial ao estabelecimento de uma solidariedade de matriz histórica, este só poderá

(21) Michael Oakeshott, «Interpretations of the Modern European State (2)» in *Lectures in the History of Political Thought*, pp. 421–423.

residir no património de todas as memórias acumuladas e que representam todas as experiências partilhadas em comum. A interpretação do Estado moderno enquanto elucidação de uma associação histórica afirma que é a experiência histórica comum que une os membros de um Estado. A experiência histórica comum poderá ser menos substancial e robusta do que uma hipotética filiação natural, mas também será, simultaneamente, menos frágil e menos volátil quando comparada com o fascínio exercido pela metamorfose dos desígnios específicos e pela miragem dos propósitos finais. O que une os sujeitos na lógica intrínseca ao Estado moderno enquanto associação histórica será a observação de um modo de vida comum consagrado pelo tempo e pelo uso, mais a memória do muito que foi feito e o reconhecimento do muito que em consciência deixou de ser feito, ao que se acrescenta todo um complexo de coisas sofridas, de causas acreditadas, enfim, de condicionalismos e contingências pressentidos individualmente como comuns. Pode o comentador acrescentar com propriedade que, embora a palavra jamais seja utilizada no contexto pelo autor, na interpretação do Estado moderno como concretização de uma associação histórica será perceptível uma ideia concreta de tradição — uma tradição suportada numa *memória coligida*, uma tradição alicerçada na abertura a uma *inscrição individual*, uma tradição entendida como tomada de consciência de uma experiência comum *interiorizada* pelo sujeito e *exteriorizada* na visibilidade de uma legenda política sobre o tempo.

Na percepção de Michael Oakeshott, a ideia de um Estado moderno enquanto realização de uma associação histórica será certamente a interpretação que mais se aproxima da realidade dos factos. No entanto, e em virtude de uma certa complexidade, esta interpretação terá experimentado alguma dificuldade no seu percurso histórico e na consequente afirmação no pensamento político moderno e europeu. A emergência da associação histórica poderá ser ilustrada nas hesitações observáveis na obra de Edmund Burke, hesitações que Oakeshott expõe e explora([22]). Por um lado, Burke parece aceitar a ideia do Estado moderno enquanto formulação de uma associação artificial e na qual o Estado assume a configuração de uma «obra de arte». A reforçar esta

([22]) Michael Oakeshott, «Interpretations of the Modern European State (2)» in *Lectures in the History of Political Thought*, pp. 423–425.

convicção virá a afirmação de que o modelo para um «povo» reside na definição do carácter de uma «corporação» ou «companhia», ou seja, no reconhecimento de uma realidade e de uma organização completamente artificial. Neste sentido, um «povo» é o produto de um «acordo comum» e o Estado é a resultante de uma «sociedade» ou «parceria». No entanto, Burke está persuadido de que o Estado nunca terá sido literalmente edificado através da consagração de um acto de acordo, nem que esse mesmo Estado tenha resultado de um «convénio» ou «contrato» celebrado entre indivíduos independentes e sem laços estabelecidos entre si. Na leitura de Oakeshott, esta reflexão de Burke justifica uma modificação à *teoria do artifício* e legitima o discurso que identifica o Estado como um «convénio de todas as épocas». Mas nesta versão, Burke continua a entender o Estado como uma associação artificial, continua a perceber no Estado a confluência e a conjugação das escolhas humanas. Por outro lado, e sempre de acordo com Burke, o Estado não exibe algumas características fundamentais a uma associação artificial, nomeadamente, a ênfase na prossecução de um premeditado desígnio, bem como uma certa facilidade na dissolução da «sociedade» ou «parceria», quer na circunstância de um desígnio concretizado, quer na eventualidade de desígnio falhado. Para os membros sob a égide do Estado, será tão difícil *libertarem-se* da respectiva *esfera de influência*, tal como é efectivamente difícil escapar ao modo de vida associado a uma comunidade natural. Como tal, o Estado é como a «família» em que cada membro vem ao mundo, não podendo afirmar-se que os laços estabelecidos representam o exercício de uma opção de escolha. Os laços que se estabelecem são parte de um processo de aquiescência, de concordância, de aprendizagem e de reconhecimento, mais do que laços construídos ou contratados. Oakeshott identifica em Burke um dilema e uma interrogação. O dilema refere-se directamente ao carácter do Estado — *natureza* ou *arte*; *necessidade* ou *escolha*? A interrogação propriamente dita, e que surge tacitamente na reflexão de Burke, continua sem se afastar do carácter do Estado — *Que entidade é esta, o Estado, simultaneamente natural e artificial, e que não sendo uma nem outra, não implica a exclusão de nenhuma destas categorias?* Oakeshott conclui que a solução para a qual Burke tende a orientar a sua resposta sobre o carácter do Estado moderno inclui o entendimento do despontar de uma entidade no horizonte da história. Percepcionado de uma primeira linha de observação, o Estado moderno será um produto da história do homem que, tal como se verifica numa obra de arte, é também um produto da agregação das escolhas humanas. No entanto, sendo um produto das escolhas humanas não será nunca um produto em benefício de um desígnio de expressão única. Analisado de uma segunda linha de observação, o Estado moderno terá uma persistência no tempo que lhe confere uma durabilidade, uma presença, uma amplitude e uma pluralidade, qualificações invariavelmente associadas à afirmação de uma realidade natural.

Na leitura que Oakeshott faz de Burke, surge ainda a possibilidade de uma analogia que representa o carácter complexo do Estado moderno. Entre a «linguagem» e a «paisagem», Oakeshott concentra-se na exploração da ideia de paisagem enquanto analogia operacional para o carácter do Estado moderno. A paisagem é uma combinação entre a natureza e a arte, é uma sobreposição entre o existente e o construído, sendo que o resultado exibe a coerência que pertence e obedece a um *princípio dos indistinguíveis*. Tal como na circunstância do Estado moderno, a paisagem é a imagem visível de uma acumulação de *estratos* que se sucedem no tempo e que emergem na história. Além do mais, tal como o Estado moderno, a paisagem será simultaneamente *estável* e *maleável*. Esta peculiar conciliação de tendências contorna dois aspectos fundamentais. Em primeiro lugar, evita o aparecimento de uma atitude passiva de mera aceitação — porque será sempre possível impor a vontade e as escolhas do sujeito. Em segundo lugar, desvia-se de uma atitude marcada pela simples e radical rejeição — porque será sempre impossível erradicar a dimensão natural que se apresenta como uma necessidade. Preenchendo o espaço remanescente da analogia, a situação do sujeito perante a paisagem deverá inspirar a disposição do sujeito perante o Estado moderno — uma disposição caracterizada pela *aceitação condicional* e pela *responsabilidade condicional* no contexto político concreto de uma experiência histórica comum.

A natureza do Estado moderno europeu conhece deste modo três disposições políticas distintas, válidas na respectiva actualidade e envolvidas numa permanente tensão que impulsiona a sequência plural de uma longa conversação. A definição de uma **comunidade natural**, o conceito de uma **associação artificial** e a ideia de uma **associação**

histórica, percorrem o pensamento político moderno através da afirmação de três pontos de observação que divergem sem se anularem, convergindo na complexidade de uma interpretação aberta e que recusa a uniformidade de uma declaração unívoca, definitiva, fechada. Como tal, na presença de um elenco de interpretações, na realidade um verdadeiro elenco de recomendações, será, pois, expectável a observação de *oscilações* no comportamento político dos membros do Estado moderno. Adoptando uma outra formulação, a conduta política dos membros do Estado moderno europeu estará assim intrinsecamente assinalada por uma **ambivalência constitutiva** não redutível a uma normatividade política linear.

§2
A Constituição e a Autoridade do Governo

Em interpretação convenientemente orientada, observe-se atentamente como Michael Oakeshott perspectiva a sua reflexão política sobre o tema em epígrafe. A evidência da autoridade de um governante não se projecta enquanto mera questão *de facto*, mas exige uma resposta no domínio estrito daquilo que constitui um normativo *de jure*. Na relevância de uma visão *de facto*, toda a discussão perpassa pelo exercício objectivo de um poder (*potentia*), um poder que na consolidação prática provoca no sujeito o reflexo irresistível de um acto de submissão([23]). O poder do governante pode ser aferido pela capacidade de remoção de obstáculos e de resistências aos seus comandos, no fundo, uma potência vital capaz de provocar uma inevitável submissão. No entanto, a capacidade de propagar a submissão entre os sujeitos não implica, não afirma, nem estabelece, o reconhecimento da autoridade. Por outras palavras, a força pode obter a obediência, mas não estabelece o direito de ser obedecido — *might is not right*. Na realidade, o entendimento próprio da questão da autoridade desloca o discurso da esfera do *is* para a área do *ought*. No eixo de consolidação *de jure*, a afirmação da autoridade do governo terá como reflexo no

([23]) Michael Oakeshott, «The Authority of Governments and the Obligations of Subjects (1)» in *Lectures in the History of Political Thought*, pág. 428.

sujeito o reconhecimento do vínculo de uma obrigação de obediência. Assim, a admissão do direito remete a discussão sobre a autoridade para o modo de constituição do governo; ou seja, recentra a interpretação na elucidação dos termos e da forma como a respectiva constituição terá ocorrido, mas também sobre a percepção e o entendimento do sujeito a propósito dessa mesma constituição([24]). Sublinhe-se que o autor utiliza o conceito de *constituição* em *senso lato*, querendo com a palavra designar, não necessariamente a existência de um documento político escrito com relevância jurídico-formal, mas sim a maneira como o governo foi constituído, reunido, composto, nomeado, estabelecido, ou simplesmente como acedeu ou sucedeu a um anterior governo. No pensamento político moderno define-se, pois, um nexo de relação entre a autoridade e a obrigação de obediência, sendo a matéria essencial a essa relação a constituição, a composição, em súmula, o carácter do governo. Como tal, a autoridade do governante e da vigência do governo será directamente dependente de um modo concreto e que corresponde à constituição observada. Existe, no entanto, uma condição basilar ao estabelecimento formal da autoridade por via da constituição do governo — o governo terá uma autoridade reconhecida *se e só se* o método de constituição coincidir com as convicções correntes sobre aquilo que configura a admissão declarada e legítima de um governo investido de autoridade([25]). Na leitura de Oakeshott, estas convicções correntes não poderão ser objecto de prova relativamente às categorias lógicas *verdadeiro* e *falso*. Para o autor, as convicções correntes são evidências pragmáticas que configuram fundamentações razoáveis e que permitem a consolidação de respostas a questões essencialmente práticas, a saber: *Quem me governa? Com que direito exerce a autoridade? Porque devo obedecer?*

O que se depreende da narração política de Oakeshott será sobretudo a ideia de que as convicções correntes sobre a autoridade do governo não constituem um padrão isolado na imobilidade normativa, nem descrevem uma atitude filosófica indiferente aos preceitos empíricos do

---

([24]) Michael Oakeshott, «The Authority of Governments and the Obligations of Subjects (1)» in *Lectures in the History of Political Thought*, pág. 429.

([25]) Michael Oakeshott, «The Authority of Governments and the Obligations of Subjects (2)» in *Lectures in the History of Political Thought*, pp. 440–441.

tempo e da prática. Em oposição, as convicções correntes sobre a autoridade do governo estabelecem precisamente uma correspondência e uma integração com as percepções correntes sobre o estatuto do sujeito e a projecção dessas percepções enquanto visão global do mundo. A diversidade das percepções correntes sobre o mundo justificaria assim a pluralidade das convicções correntes sobre a autoridade do governo e característica do pensamento político moderno.

Na reflexão do autor surge ainda por derivação um factor suplementar, mas nem por essa razão menos relevante. O reconhecimento de convicções correntes sobre a autoridade do governo não significa a perspectiva de uma visão do mundo adoptada como propósito comum que deverá ser implementada na configuração de um exercício político marcado pela determinação de uma política comum. Pelo contrário, as convicções correntes sobre a autoridade do governo serão convicções pessoais detidas individualmente em comum, num tempo e numa circunstância específica, e não convicções que sofrem um qualquer tipo de transformação impessoal de carácter geral e abstracto implicando a imposição de um particular desígnio específico associado a uma finalidade última e resultante do exercício da autoridade do governo. A legitimação da autoridade do governo não poderá ser interpretada como legitimação *a priori* da acção do governo. As convicções correntes e comuns sobre a autoridade do governo serão um factor de identidade, ao passo que será sempre remota qualquer possibilidade da acção do governo conhecer o benefício de uma aprovação universal. Desta forma se poderá compreender o facto de que, para Oakeshott, a existência de convicções correntes e comuns sobre a autoridade do governo possa vir a constituir um factor de solidariedade inter-pessoal e, logo, de coesão do próprio governo constituído([26]).

Este último ponto orienta a reflexão no sentido da capacidade hipotética da autoridade do governo poder ser estabelecida através da concretização da acção política([27]). Na interpretação do autor, tal hipótese será simplesmente contrária ao senso comum. A autoridade

([26]) Michael Oakeshott, «The Authority of Governments and the Obligations of Subjects (1)» in *Lectures in the History of Political Thought*, pág. 432.

([27]) Michael Oakeshott, «The Authority of Governments and the Obligations of Subjects (1)» in *Lectures in the History of Political Thought*, pp. 428–429.

do governo não se afirma pelo facto da acção política poder vir a corresponder à aprovação dos desejos, da vontade ou das aspirações do sujeito. De forma simétrica, a autoridade do governo não será revogada se a respectiva acção não se enquadrar na aprovação dos desejos, da vontade ou das aspirações do sujeito. Assim, a autoridade do governo não poderá ser deduzida através de um elenco de resultados transformado em processo de legitimação pelo desempenho. Recorrendo a uma nomenclatura moral, a autoridade não poderá afirmar-se através de um mecanismo em que o governo se apresenta como agente de um complexo de acções políticas tendo como desígnio a arquitectura de um *salus populi*, configurando aquilo que poderá ser designado pelo comentador como um *processo de legitimação consequencialista*. Um governante que exerce o poder no sentido de obrigar à submissão do sujeito, mas que não detém a legitimidade *de jure* para ser obedecido, no vocabulário da política moderna será sempre considerado como um usurpador ou como um tirano. Não será pela captação da benevolência do sujeito, através da *performance* do governo, que o governante em questão adquirirá o reconhecimento legítimo da autoridade. Quando muito, e num horizonte deveras optimista, o usurpador apenas e tão-somente poderá cativar a condescendência do sujeito.

Na fortuna do pensamento político moderno sobre a autoridade do governo, Michael Oakeshott identifica três disposições distintas relativamente à respectiva constituição — por **dotação divina**; por **dotação natural**; por **consentimento do sujeito**. A constituição do governo por **dotação divina** representa uma situação *de jure* em que a autoridade do governante deriva inteiramente de Deus([28]). Assim, o governante dotado de autoridade terá o direito de ser obedecido, e tal como os todos os direitos serão emanações divinas, também todos os deveres serão obrigações perante Deus, logo o direito do governante em ser obedecido pelo sujeito conflui numa observação comum e concreta perante Deus. A dotação divina poderá tomar a forma de um direito divino hereditário no exercício da autoridade (Monarquia) ou então assumir a versão da doutrina do direito divino dos eleitos pela Graça no exercício exclusivo da autoridade (Calvinismo). Embora pareça

([28]) Michael Oakeshott, «The Authority of Governments and the Obligations of Subjects (1)» in *Lectures in the History of Political Thought*, pp. 432–433.

deslocado no mundo contemporâneo, o idioma político ainda subsiste no modo como Deus é substituído pela História e consegue, por exemplo, conferir ao proletariado uma autoridade em tudo semelhante a uma comissão divina([29]). A constituição do governo por **dotação natural** representa uma situação *de jure* em que a autoridade do governo depende da posse e do domínio de uma particular qualidade natural — virtude, sabedoria, conhecimento([30]). A associação da virtude e da sabedoria tanto poderá revestir-se de uma qualificação platónica na autoridade do governante filósofo, como na configuração iluminista na ilustração de um governo esclarecido. A qualidade natural do conhecimento implica, na circunstância, a apreensão e o domínio de uma informação que confere uma autoridade e uma legitimidade ao exercício do governo. A convicção corrente identifica no conhecimento científico a origem da autoridade e a matriz de um governo racional. A constituição do governo por **consentimento do sujeito** representa uma situação *de jure* em que a autoridade do governo decorre de um convénio ou de um contrato estabelecido entre governante e governado. O enunciado contratualista afirma deste modo que a autoridade do governo constitui uma dotação do sujeito. De modo concreto, a constituição do governo por via do consentimento do sujeito introduz um processo aceite e reconhecido através do qual, em ocasiões periódicas e específicas, o governante será investido com a autoridade que lhe confere o estatuto de representante do sujeito, adquirindo assim, por eleição ou nomeação, o direito de exercer de forma legítima a responsabilidade do governo([31]).

Mas a celebração da autoridade do governo no percurso do pensamento político moderno conhece ainda uma interpretação oakeshottiana que releva de uma mais profunda e complexa inscrição da experiência prática no tempo. O *leitmotiv* do inquérito poderá ser descrito por uma modalidade do entendimento que persegue a *visualização das relações* ou uma certa *concretização do intangível*. Nesta

([29]) Michael Oakeshott, «The Authority of Governments and the Obligations of Subjects (1)» in *Lectures in the History of Political Thought*, pág. 439.

([30]) Michael Oakeshott, «The Authority of Governments and the Obligations of Subjects (2)» in *Lectures in the History of Political Thought*, pág. 442.

([31]) Michael Oakeshott, «The Authority of Governments and the Obligations of Subjects (2)» in *Lectures in the History of Political Thought*, pág. 449.

consideração do detalhe, o autor não se abstém de enfatizar uma distinção relevante na certificação do poder e da autoridade — o poder terá *causas* que impõem a submissão; a autoridade terá *razões* que legitimam a obediência. Oakeshott estabelece mesmo uma espécie de relação unívoca entre autoridade e poder expressa na ilação de uma observação empírica — a convicção na autoridade será uma das *causas* prováveis para a eficácia do poder(32).

Porém, o vocabulário da política moderna inclui ainda no respectivo glossário uma designação normalmente associada à autoridade do governo e que justifica uma análise mais detalhada — o objecto do inquérito será a palavra *despotismo*(33). Desde logo, será estabelecida a distinção entre o perfil de um tirano e a marca de um déspota. Um tirano será um governante que exerce o poder *de facto* em contradição com as convicções correntes e comuns sobre a autoridade *de jure*. O déspota não será um governante destituído de autoridade *de jure*, apenas se verifica o facto de que a autoridade com a qual o déspota se vê investido se revelar como inapropriada para um governante de um governo em consonância com o pensamento político moderno. Na original interpretação de Oakeshott, a peculiar autoridade do déspota constitui a autoridade a partir da qual a autoridade associada ao governo característico da política moderna terá emergido. E de um modo objectivamente reversível, a autoridade do governante de um governo em sintonia com o carácter da política moderna terá a tendência para regredir, para recair, enfim, para reincidir, no perfil de autoridade simbolizado pela lógica inexorável de um déspota. Nesta evidência empírica, suporta e justifica o autor o lugar ambíguo da expressão *autoridade despótica* no idioma da política moderna. O que de particularmente relevante tem a autoridade de um déspota será o facto desta se constituir como uma emanação da propriedade — território e sujeitos incluídos (*dominium*). Assim, o déspota será investido *de jure* de uma *autoridade fundiária* correspondendo tal estatuto ao reconhecimento de uma autoridade e ao exercício de um poder.

---

(32) Michael Oakeshott, «The Authority of Governments and the Obligations of Subjects (3)» in *Lectures in the History of Political Thought*, pp. 454–455.

(33) Michael Oakeshott, «The Authority of Governments and the Obligations of Subjects (3)» in *Lectures in the History of Political Thought*, pp. 457–459.

No entanto, entre os sujeitos objecto desta autoridade, e na eclosão do carácter da política moderna, começam a surgir gradualmente indivíduos que se libertaram de uma obrigação de submissão e de um encargo de serviço perante a autoridade estritamente suportada pela evidência da propriedade. Estes **indivíduos livres**, agora também eles detentores de propriedade, adoptam naturalmente uma convicção corrente e comum sobre a autoridade do governante não compatível com a legitimidade fundiária. Precisamente com base nesta nova situação, observa-se então a emergência gradual de um novo tipo de autoridade, uma *autoridade institucional*, que obviamente poderá ser designada com real autenticidade por autoridade política. O pensamento político moderno incorpora deste modo duas disposições tão distintas como essenciais à definição própria do carácter e da natureza da autoridade — a noção de **autoridade fundiária** e a ideia de **autoridade política**. Considerando a época contemporânea, não poderá o comentador assumir a extinção da autoridade fundiária como legitimação *de jure* para a autoridade do governo([34]). A persistência da disposição, largamente não reconhecida, surgirá sempre que um Estado é entendido como uma propriedade (território e respectivos habitantes) e sempre que o governo entende o seu exercício como um desígnio de gestão. A persistência da disposição surgirá sempre que o governo adquire uma elevada extensão da propriedade e uma intensiva exploração dos recursos, aos quais se junta o meticuloso controlo das actividades do sujeito. Perante as referidas contingências, será virtualmente impossível não associar a autoridade do governo ao domínio da autoridade fundiária, sendo a autoridade política residual até ao limite da invisibilidade. Com esta mesma cláusula em consideração, Michael Oakeshott cita ainda Mme. de Staël que, no século XVIII, escreve — «Despotism is new, liberty is old». O autor interpreta as palavras de Mme. de Staël precisamente como uma evidência do recrudescimento das convicções correntes e comuns em torno da relevância da autoridade fundiária em detrimento da autoridade surgida na afirmação do pensamento político moderno; ou seja, em detrimento da autoridade política como a única capaz de reconhecer e aceitar a **liberdade do indivíduo**.

([34]) Michael Oakeshott, «The Authority of Governments and the Obligations of Subjects (3)» in *Lectures in the History of Political Thought*, pág. 460.

Para além da fortuna do pensamento político moderno sobre a autoridade do governo, a interpretação oakeshottiana persiste no entendimento mais profundo das relações normalmente não objectivadas. O autor exercita três observações, todas de natureza prática, e que poderão ser enunciadas do seguinte modo([35]): (1) A autoridade pertence ao cargo, ao governo, sendo que a autoridade do governante reflecte a posse legítima do cargo; (2) Tendo o governante acedido ao governo em dissonância com as convicções correntes e comuns, como poderá ser adquirida uma autoridade *de jure* quando o único recurso do governo é o poder *de facto*? (3) Surge ainda a experiência da não existência do cargo público, uma situação prática em que o governo enquanto instituição simplesmente não se encontra na convergência dos arranjos políticos vigentes na sociedade dos homens. Embora se possa detectar uma tensão entre a questão (2) e o argumento inicial, válido e expresso no normativo de que *might is not right*, Oakeshott recentra a discussão na exigência intelectual de um inquérito sobre o modo como o cargo público do governo *per se*, e enquanto instituição, adquire uma autoridade *de jure*. O autor identifica no património do pensamento político moderno dois modos de proceder, sendo que, enquanto o primeiro orienta a atenção para uma reflexão explanatória sobre as origens do cargo, o segundo reflecte a ideia de autoridade na confluência normativa de uma questão filosófica. Afirmando um certo particularismo intelectual, Oakeshott aponta o inquérito para uma *terceira via*, para uma perspectiva menos sofisticada, menos extravagante, menos doutrinária([36]). O ponto de partida desta linha de inquérito admite o desconhecimento específico sobre as origens do governo, mas reconhece como prudente e seguro assumir o facto de que o governo terá iniciado o seu percurso pela manifestação do poder, pelo exercício da força e pela acção da violência. Não obstante, a legitimidade do governo permanece em conformidade com a verificação do diagnóstico da autoridade, logo uma previsível perplexidade reclama a primazia de uma interrogação — *Como poderá a autoridade surgir de uma*

([35]) Michael Oakeshott, «The Authority of Governments and the Obligations of Subjects (3)» in *Lectures in the History of Political Thought*, pp. 462–463.

([36]) Michael Oakeshott, «The Authority of Governments and the Obligations of Subjects (3)» in *Lectures in the History of Political Thought*, pp. 465–468.

circunstância que se inicia no mundo pela primordial e pura potência do poder? A resposta surge célere na consideração de que a ocorrência da autoridade a partir da potência do poder constitui um processo histórico, mas não um acontecimento histórico. Na interpretação e na imaginação oakeshottianas, considerando o curso do tempo, algumas exigências do poder adquirem a dignidade de um costume; ou seja, essas exigências passarão a ser perspectivadas pelo sujeito com a reciprocidade de um comportamento socialmente aceitável. Este comportamento socialmente aceitável será meramente indicativo e não compulsoriamente imperativo. Mas de modo imperceptível, aquilo que se inicia como indicativo passará a ser reconhecido como um *dever usual e consuetudinário* — o reconhecimento de um dever implicará logicamente a admissão de uma autoridade. Como tal, a *autorização* (ou reconhecimento da autoridade) não será um evento histórico, nem um acto hipotético e necessário, mas terá as características de um processo em que o *poder* é, na experiência e na prática, objecto de *moralização*. Na espessura concreta do tempo, o hiato entre o poder e a autoridade será lenta e gradualmente preenchido por uma série de diligências mínimas, de tal modo que nenhuma das providências experimentadas poderá ser identificada como a etapa decisiva e definitiva. Na argumentação *prima facie* histórica, o autor recorre ainda à analogia dos *squatters*, uma analogia em que a autoridade do governo será comparada aos direitos de um ocupante que, originados num acto de poder, conhecem a aceitação que nasce da aquiescência e que cresce na ausência de objecção, até ao momento em que adquirem, por efeito de prescrição, a relevância *de jure* reconhecida enquanto afirmação de autoridade. A prescrição será o processo através do qual, pelo uso e pelo tempo, o poder se moraliza e se consagra em autoridade. Neste particular, Michael Oakeshott invoca a formulação de Edmund Burke em reforço deste entendimento sobre a autoridade do governo: «**Our constitution is a prescriptive constitution whose sole authority is that it has existed time out of mind**». Assim, a autoridade do cargo revela-se na concretização do prescritivo, afirma-se positivamente por defeito e adquire o estatuto de instituição através da condescendência do sujeito que gera a convicção no *direito*.

A questão da autoridade do governo não conhece a conclusão de um sistema de ideias reconhecido com o privilégio da aceitação universal.

De novo, o pensamento político moderno terá acumulado um património de disposições políticas sobre a concepção de autoridade *de jure* — **dotação divina, dotação natural, consentimento do sujeito.** Michael Oakeshott acrescenta duas outras disposições, menos referidas, mas não menos relevantes — **autoridade fundiária** e **autoridade política.** Observa-se uma vez mais, no concreto do tempo e da história, uma ambivalência constitutiva que alimenta e suporta a cadência plural de uma persistente conversação. No equilíbrio entre a autoridade e a obediência, uma observação fulcral sobre a liberdade. Na experiência da *consumação original* da autoridade do governo enquanto instituição, o vínculo da condescendência perfila-se como requisito prescritivo para a condição da liberdade, como se a liberdade iniciasse o seu percurso histórico no âmbito da tutela inicial da obediência. Mas será sempre a condição da liberdade que orienta a reflexão de Oakeshott sobre a autoridade do governo *de jure* no círculo de afirmação da política moderna. Uma condição da liberdade representada numa interrogação que atravessa todo o exercício oakeshottiano sobre a matéria — *Qual a natureza da autoridade capaz de governar indivíduos livres sem que tal exercício possa resultar na negação da liberdade?*

§3
O Ofício do Governo

Sem nunca assumir a personalidade de um profeta benevolente, Michael Oakeshott continua a sua digressão pelo património do pensamento político moderno, reposicionando agora a sua reflexão retrospectiva na questão da actividade do governo([37]). A análise do autor é captada de novo por um problema prático — Como deverá ser a actuação do governo? O que será governar? Qual o alcance do exercício da governação? O autor identifica cerca de dezoito analogias no percurso da política moderna, uma abrangente colecção de convicções, todas ensaiando uma ideia luminosa sobre o comércio do governo. Mas

([37]) Michael Oakeshott, «The Office of Government (1)» in *Lectures in the History of Political Thought*, pp. 469–471.

recorrendo a uma observação detalhada e amplificando as diferenças e as semelhanças pela utilização de uma imaginação sistemática, Oakeshott identifica duas grandes tendências, duas distintas orientações do pensamento político relativamente à actividade do governo: (1) A acção do governo expande-se na organização dos sujeitos no sentido da identificação e da procura de um único, singular e premeditado fim ou propósito; esta primeira **disposição** política enquadra um moderno entendimento da governação enquanto manifestação de uma **actividade telocrática** — uma actividade cujo desígnio central será a imposição de um propósito singular e unificado, abrangendo todos os sujeitos e englobando todas as actividades; (2) A acção do governo revela-se no estabelecimento de condições específicas a partir das quais os sujeitos podem empreender a procura dos respectivos e variados propósitos sem colocar em causa o estatuto e a unidade mínima inerente à experiência prática de uma associação; esta outra **disposição** política delimita um moderno entendimento do activo da governação enquanto concretização de uma **actividade nomocrática** — uma actividade cuja função essencial será a provisão de regras aplicáveis à conduta dos sujeitos, regras que, no entanto, não impõem, nem a singularidade fechada de um propósito único, nem o desígnio premeditado de um destino fechado; na estrita observância do perímetro das regras, a conduta dos sujeitos dependerá da avaliação decorrente do livre arbítrio.

A **telocracia** será o ofício próprio do governo concretizado na organização das energias e das actividades dos sujeitos, bem como da exploração dos recursos do território, tudo em função de um desígnio final premeditado. Dito de outro modo, o governo apresenta-se como guardião e organizador da solidariedade da comunidade, uma solidariedade que será interpretada como uma emanação lógica da procura de um propósito único e comum(38). No entanto, convirá salientar o facto de que a prática concreta de uma telocracia não implica necessariamente uma compulsória constrição da actividade do sujeito a um mínimo limitado. O essencial sobre a actividade do sujeito é que esta só será permitida em função do propósito comum e apenas se

(38) Michael Oakeshott, «The Office of Government (1)» in *Lectures in the History of Political Thought*, pp. 472–473.

representar uma contribuição efectiva para o desígnio final, sendo o garante de ambas as condições a acção vigilante e vinculativa do governo telocrático. Se o desígnio final constitui a escala única para todas as actividades do sujeito, tal significa que todo o dinamismo da associação será subordinado e subsidiário do propósito comum, sendo que a valorização das acções corresponderá exclusivamente à contabilização dedutível à finalidade última. Neste sentido, poderá o comentador afirmar a ausência de distinção entre *público* e *privado*, uma ausência que justifica a constatação de que uma telocracia representa o *primado absoluto do político*.

Nesta associação marcada pela incondicional proporção do político, o desígnio final, embora irrompa racional e deliberadamente como uma escolha e uma imposição da exclusiva responsabilidade de um governo telocrático, poderá ocasionalmente e no domínio das possibilidades ser efectivamente *extraído* ou *deduzido* a partir dos sujeitos. Mas seja qual for o processo na base do projecto de um propósito comum, imposição ou dedução, o Estado será invariavelmente um colectivo de sujeitos unidos na perseguição de um desígnio comum sob a direcção de um governo telocrático. Apenas mais um detalhe fundamental: este propósito final representa na realidade uma *condição substantiva das coisas — distribuição de bens, de condição, de estatuto* —, representa, pois, uma *condição substantiva da vida*, representa, enfim, um modelo concreto, axiomático e necessário à existência de todos e de cada um dos sujeitos.

Uma observação adicional que se relaciona com a relevância da lei no domínio de um governo telocrático. A telocracia não significa necessariamente a arbitrariedade da ausência de lei. A lei situa-se na periferia dos mecanismos gerais de uma telocracia, significando esta apreciação que à *regra da lei* não será atribuída uma qualquer virtude particular ou benefício específico. O que se constata numa possível interpretação será o pragmatismo de uma *perspectiva utilitarista da regra da lei*, tanto assim que a hipotética valorização de uma qualquer garantia legal remete sempre para a conveniência da lei em função de um contributo expedito para a concretização mais célere e mais eficaz do desígnio final.

Na versão maior e característica da magnificência de uma telocracia, o governo estará ao serviço de uma causa, uma causa que coincide com uma condição substantiva das coisas([39]) — unitária, uniforme, universal. Esta condição substantiva da vida não exibe uma relação com os anseios ou com os desejos do sujeito, nem a mesma condição pretende a definição de um espaço específico que abra o horizonte da associação à proposta das preferências individuais ou à afirmação das escolhas pessoais. Num primeiro momento, a expressão das escolhas individuais representará uma perturbação e um desvio à uniformidade de um propósito comum. Num segundo momento, e como expressão de uma concepção mais genuína ao regime telocrático, o sujeito será diluído numa massa anónima considerada como ignorante, impotente e retrógrada, cujas actividades permanecem estéreis, improdutivas e inconsequentes, a não ser que um desígnio final uniforme seja imposto como padrão único e superior. Os sujeitos são observados como criaturas pueris que devem ser educadas e organizadas. Neste sentido, a acção de um governo telocrático representa um amplo e intenso exercício de manipulação sobre o mais ínfimo acto da conduta humana de modo a transformar o Estado numa associação de sujeitos em perpétuo movimento na direcção de um propósito final.

Existe, contudo, uma suprema convicção que inspira a prática de um governo telocrático em busca desse desígnio capital. Passará esta inspiração pela ideia de que a governação telocrática constitui o desenho e a concepção de uma verdadeira operação científica. Versado, pois, na ciência da administração, o governante telocrata estará assim permanentemente empenhado no mais extenso projecto ao alcance de uma visão científica e de uma ambição política — o projecto de transformação total de uma associação humana pela aplicação metódica e intensiva de uma autêntica engenharia social.

Será porventura importante esclarecer que esta disposição relativamente à natureza da actividade do governo não surge de forma inexplicável ou arbitrária no percurso do pensamento político moderno. Na afirmação da experiência política do Estado moderno, poderá ser elencado um conjunto de circunstâncias que terão estado na base da convicção e formulação do governo telocrático, nomeadamente([40]):

([39]) Michael Oakeshott, «The Office of Government (1)» in *Lectures in the History of Political Thought*, pp. 477–479.

([40]) Michael Oakeshott, «The Office of Government (1)» in *Lectures in the History of Political Thought*, pp. 474–475.

(1) O Estado moderno nasce da diversidade; logo, a primeira tarefa do governante será a de gerar uma solidariedade comum, uma actividade que em si mesma condiciona o governo numa direcção telocrática; (2) O governante do Estado moderno vai herdar a autoridade do governante medieval (*potestas*), bem como, em larga medida, vai receber a autoridade da Igreja medieval (*auctoritas*); a incorporação de toda a autoridade no governante moderno como que representa a assimilação da *consciência* da associação sobre a qual exercita o ofício do governo; (3) A telocracia depende em larga medida dos recursos do poder (*potentia*); a grande acumulação de poder no governo do Estado moderno transforma a intenção intelectual telocrática na realidade concreta de uma possibilidade política prática; e se a telocracia se perspectiva como uma forma de governação cada vez mais racional, tal percepção deve-se à imensa quantidade de poder que a torna cada vez mais possível; (4) A experiência da guerra será sempre uma ocasião que força o governo numa direcção telocrática; de acordo com as competências técnicas vigentes, o Estado é organizado na garantia de um desígnio único, a vitória, desígnio relativamente ao qual todas as actividades serão subordinadas; (5) A experiência da governação colonial, na qual as colónias são geridas como propriedades, terá aperfeiçoado a fórmula de uma governação telocrática — organização de sujeitos e recursos em prol de uma finalidade única: o progresso da metrópole; assim, a experiência da governação colonial terá sido reflectida numa tendência telocrática observável no governo do Estado moderno europeu; (6) A convicção sobre o governo telocrático será reforçada pela identificação de um *problema singular e único* que se impõe e intromete de forma tão avassaladora que a respectiva solução tenderá a assumir a prioridade exclusiva de um desígnio final ao qual todos os outros propósitos deverão ficar subordinados; os *problemas do desenvolvimento*, *do emprego* ou *da pobreza*, serão exemplos típicos dessa singularidade exclusiva, urgente e dominante; ressalve-se o facto de que estes só serão *problemas políticos* se o Estado for entendido na lógica e na escala de uma *economia*.

Como fica bem demonstrado, e no decurso da experiência política moderna, serão muitos e variados os motivos que justificam a promoção de uma consistente e persistente convicção sobre as virtudes do governo telocrático.

A **nomocracia** será o ofício próprio do governo entendido como a regulação da acção dos sujeitos pela aplicação do princípio da regra da lei (*rule of law*)([41]). Tal convicção implica que o exercício da governação terá necessariamente uma componente capital — a governação nomocrática representa a salvaguarda e a conservação de um sistema legal de direitos e de deveres, no usufruto e na observação dos quais os sujeitos poderão procurar os seus propósitos e seus desígnios particulares, mantendo, no entanto, o vínculo comum de uma associação. Se, numa análise superficial, a nomocracia parece poder configurar apenas uma negação formal de um perfil de governação telocrática, tal interpretação revelará uma perspectiva distorcida e uma visão redutora. Em primeiro lugar, no percurso do pensamento político moderno, a convicção no governo nomocrático antecede no tempo e na experiência prática a persuasão telocrática. Em segundo lugar, o entendimento da nomocracia exclusivamente em termos de oposição e de afirmação de um carácter negativo constitui uma estratégia de ocultação de um verdadeiro carácter positivo. Mas atente-se ao detalhe do pormenor. A palavra nomocracia utilizada para denotar o predomínio da regra da lei parece constituir numa primeira aproximação, apenas uma oposição oblíqua à ideia de telocracia. A nomocracia aproxima-se aparentemente de uma convicção sobre a *forma* e não sobre a *substância* das actividades do governo. E a regra da lei enquanto *forma* nomocrática não será banida ou proibida da *substância* telocrática. Na interpretação oakeshottiana, este facto será indicativo de uma significativa diferença que distingue e separa as duas convicções políticas, a saber: numa **nomocracia**, o *how*, a *forma* como o governo dirige as suas actividades será uma consideração mais importante do que o *what*, a *substância* dos desígnios concretizados pela acção do governo; numa **telocracia**, o *how* não constitui qualquer reserva de consideração perante o *what* que se concentra exclusivamente na promoção exaustiva da prioridade do propósito final. Poderá o comentador afirmar que, no governo nomocrático, a *forma* já consagra o concreto de uma *substância*. Começa então a distinguir-se de modo gradual um carácter positivo associado à ideia de nomocracia.

([41]) Michael Oakeshott, «The Office of Government (2)» in *Lectures in the History of Political Thought*, pp. 483–485.

Mas este carácter positivo descreve os contornos de uma assinalável demarcação quando se atenta ao significado da expressão *direitos* e da designação *deveres*, quer na consolidação telocrática, quer na experiência nomocrática. A telocracia reconhece no sujeito um direito poliédrico, tão único como abrangente — o direito de usufruir de uma condição substantiva das coisas garantida pelo governo; e a mesma telocracia atribui ao sujeito um dever não menos poliédrico, único e abrangente — o dever de participar na realização do desígnio final. Em contrapartida, a nomocracia reconhece que os direitos serão em número significativo e que constituem sobretudo oportunidades que os sujeitos poderão ou não utilizar; a mesma nomocracia que entende os deveres como sendo múltiplos e variados, mas que dizem respeito normalmente ao conjunto de relações e interacções entre sujeitos, e apenas em circunstâncias excepcionais, esses deveres consagram as relações entre os sujeitos e o governo. Por análise comparativa, a explicitação da ambivalência e da ambiguidade estabelece definitivamente o perfil positivo da nomocracia.

O carácter de um governo nomocrático declara-se na plenitude da substância presumida sobre o *Estado*, o *sujeito* e o *governo*([42]): (1) O Estado será entendido como uma associação contingente de indivíduos adultos e diferentes entre si; (2) Os indivíduos terão uma diversidade de convicções morais e religiosas, exibindo a tendência para se envolverem numa multiplicidade de actividades, ocupações e empreendimentos, variáveis no tempo; estes indivíduos terão ainda uma esfera particular própria, na clara afirmação de uma dimensão *privada*; (3) **O que os indivíduos mais prezam será a liberdade para realizarem as suas próprias escolhas, na procura individual de uma *felicidade* que exibe uma pluralidade de entendimentos e de interpretações**; (4) Enquanto membros de um Estado, e numa linguagem moral e de inspiração aristotélica, os indivíduos terão em comum um conjunto de *bens admitidos* e um elenco de *males reconhecidos*; **entre os mais valiosos bens admitidos, destaca-se a liberdade para a realização de escolhas pessoais e autónomas; entre os males reconhecidos, o lugar mais proeminente será ocupado pela profunda antipatia**

([42]) Michael Oakeshott, «The Office of Government (2)» in *Lectures in the History of Political Thought*, pp. 485–486.

relativamente a qualquer interferência sobre o exercício da liberdade; (5) Os indivíduos vivem sob a jurisdição de um sistema legal orientado pela regra da lei, usufruindo de um complexo de direitos e de deveres, quer relativamente às interacções entre indivíduos, quer no que respeita à relação entre o indivíduo e o governo; o sistema legal reflecte no essencial a colecção de bens admitidos e mantidos em comum; (6) O sistema de direitos e de deveres não foi objecto de um design específico (individual ou institucional) e não representa qualquer condição substantiva das coisas; de modo a manter-se benéfico e operacional, o sistema deverá ser periodicamente revisto e, com menor frequência, alargado; a interpretação mais correcta do sistema de direitos e de deveres aproxima-se do entendimento das funções típicas das *regras de um jogo*; (7) O ofício do governo terá duas dimensões: (**a**) O governo terá como responsabilidade a salvaguarda, a conservação e a eventual revisão da lei de forma a manter o sistema legal benéfico e operacional; o governo será a única entidade com legitimidade para a imposição de sanções face ao desrespeito das provisões legais; (**b**) Em situações excepcionais ou de emergência, o governo poderá exceder o âmbito da sua *performance* normal, podendo impor, temporariamente, novos direitos e deveres que recaem sobre a acção dos indivíduos — no limite, o governo poderá mesmo impor um propósito geral.

A actividade de um governo nomocrático afirma-se na preservação do equilíbrio entre bens admitidos, o que significa normalmente a resolução das múltiplas e constantes colisões de interesses entre indivíduos([43]). Poderá afirmar-se que o sistema permanente de direitos e de deveres constitui uma *terceira parte* envolvida na contingência de uma colisão, agindo o governo como árbitro ou juiz versado na regra da lei. Numa nomocracia, a acção do governo concretiza-se, ou na aplicação da lei disponível, ou na elaboração de uma nova lei necessária. A nova lei terá de cumprir três requisitos característicos: (**1**) A lei deverá ser consistente com o sistema corrente de leis, acrescentando-lhe coerência — logo, a lei será simultaneamente *nova* e *antiga*; a lei reflecte o conjunto de bens admitidos pela associação e não representa a imposição de uma nova política; (**2**) A lei será geral, universal e comum a toda

([43]) Michael Oakeshott, «The Office of Government (2)» in *Lectures in the History of Political Thought*, pp. 486–488.

a associação; (3) A lei será do conhecimento prévio dos indivíduos, estando permanentemente disponível para a resolução da divergência de interesses. Recorrendo ao universo da mecânica, a analogia oakeshottiana procede à equiparação entre a governação nomocrática e a acção do *mecanismo regulador de um motor* — a função não envolve a decisão do movimento, concentrando-se sim no controlo da velocidade relativa entre os diversos componentes. Como ficará bem patente, a distinção entre nomocracia e telocracia não poderá ser descrita como a tensão entre o minimalismo *laissez-faire* e o maximalismo *intervencionista* — a diferença não reside na *quantidade de actividade*, mas consiste sim no *carácter da actividade*.

Será, porém, importante esclarecer que esta disposição relativamente à natureza da actividade do governo não surge de forma inexplicável ou arbitrária no percurso do pensamento político moderno. Existe uma confluência de circunstâncias que ajudam a tornar inteligível a lógica de uma nomocracia, a saber[44]: (1) O Estado moderno inicia o seu trajecto político no seio da diversidade — diversidade de comunidades, diversidade de convicções morais e religiosas, diversidade de actividades e de propósitos; a nomocracia surgirá então como o modo mais apropriado para acomodar toda esta diversidade; (2) O Estado moderno incorpora na respectiva emergência o usufruto de uma ordem legal composta por um conjunto de direitos e de deveres; o Estado moderno não inventa *de novo* a concepção de um sistema de direitos e de deveres sob a protecção da lei; no decorrer da experiência prática concreta, a ideia de um governo que representa a salvaguarda e a conservação de um sistema legal será uma solução política familiar e reconhecida; (3) **A actividade legislativa do Estado moderno começará por ser inicialmente dirigida no sentido da emancipação dos sujeitos relativamente às obrigações feudais e corporativas; esta diligência do Estado moderno será experimentada pelo sujeito como um processo através do qual a liberdade de escolha e de movimentação é objectivamente estabelecida e aumentada**; (4) No despontar do Estado moderno, afirma-se o *problema singular e único da pobreza*, descrito por Oakeshott

(44) Michael Oakeshott, «The Office of Government (2)» in *Lectures in the History of Political Thought*, pp. 489–490.

pela existência de um conjunto de sujeitos incapazes de proceder a escolhas individuais e autónomas, abrindo espaço para o estabelecimento de um governo telocrático e para a correspondente imposição de uma condição substantiva da vida; **no entanto, em todos os estados modernos terão surgido em número significativo uma imensa multiplicidade de sujeitos, vocacionados para a realização de escolhas individuais e autónomas, e decididos a resistir perante esta tendência telocrática**; e sempre que estes indivíduos terão sido capazes de exercer a sua influência sobre a orientação do governo, esta ter-se-á deslocado no sentido e na direcção nomocrática; (5) Muitos estados modernos transformam-se em zonas de conflito entre versões telocráticas rivais; para se evitar uma guerra civil telocrática, os estados modernos terão optado por uma opção nomocrática, consistindo a actuação do governo na salvaguarda e na conservação da paz, bem como na preservação de uma variante mais elementar dos bens admitidos, tudo através da concretização de uma ordem legal substantivamente neutral; (6) Existe uma doutrina no Cristianismo que afirma que Deus não governa a Humanidade de modo telocrático; surge então a consequente interrogação — por que razão há-de então o governante exercer o seu ofício sobre o sujeito de forma telocrática? Para além desta constatação, poderá também afirmar-se que Deus terá um propósito único que gostaria que a Humanidade procurasse em comum; mas, no entanto, Deus dotou o Homem com o livre arbítrio — livre arbítrio que abre os caminhos da Humanidade, tanto para a conformidade, como para a dissidência; por muitos erros que a conduta da Humanidade acumule e continuará a acumular, nunca Deus demonstrou a disposição para compelir o Homem numa única direcção; *Deus entrega ao Homem uma lei, não um plano*; em conclusão, se Deus governa a Humanidade de modo nomocrático, porque haverá o governante de exercer o seu ofício sobre o sujeito de outra forma que não a forma nomocrática? Esta convicção religiosa terá sido um factor muito importante na afirmação e na promoção da nomocracia.

Como ficará bem evidente, e no decurso da experiência política moderna, serão muitos e variados os argumentos que justificam a elevação de uma consistente e persistente convicção sobre as virtudes do governo nomocrático.

Todos os governos no decorrer da experiência política moderna sentirão, em simultâneo, o impulso telocrático e a influência nomocrática([45]). Estas disposições políticas constituem os dois pólos entre os quais as convicções sobre o ofício do governo terão oscilado nos últimos cinco séculos. Se a política moderna exibe um módico de lógica e de coerência interna, tal deverá ser entendido e reconhecido como a expressão de uma significação emergente directamente imputável à tensão estabelecida entre estas duas disposições. Deveras e na realidade, entre a ambivalência e a ambiguidade, a política moderna terá mesmo inventado um vocabulário político no qual cada palavra terá dois significados correntes — um significado adaptado à visão telocrática; outro significado adequado à percepção nomocrática. E a palavra **liberdade** não conhece o privilégio de uma excepção.

§4
A Tradição Política da Paixão e a Tradição Política do Cepticismo: Entre uma Concepção Pluralista da Tradição e uma Concepção Liberal da Tradição Conservadora

Em registo de reflexão, ao contrário de um moralista que conhece todas as respostas mesmo antes do enunciado material das perguntas, Michael Oakeshott repousa na inquietação de quem apenas tem perguntas depois de ter escutado o elenco disponível de respostas. As ideias de Oakeshott desenvolvem-se na conjugação da observação do tempo e do estudo da história, promovendo a constatação de circunstâncias concretas, evitando a lógica fechada e apriorística das proclamações abstractas. Por este exacto motivo, as ideias políticas que dão corpo ao universo oakeshottiano resultam, pois, de uma reflexão sistemática, mas evitam com elegância e inteligência a imposição de uma teoria — a profusão sistemática descentralizada é o antídoto metodológico para a arquitectura fixa de uma teoria. Será desta forma que o autor consegue uma explanação da experiência política moderna europeia enquanto contexto panorâmico para a compreensão da prática

([45]) Michael Oakeshott, «The Office of Government (2)» in *Lectures in the History of Political Thought*, pág. 497.

política contemporânea sem transformar esse mesmo *contexto* numa *teoria*. Poderá o comentador detectar uma certa *disposição radical*, um radicalismo que se projecta com a afirmação política do primado da prática consubstanciada na seguinte proclamação: *No princípio estava a experiência*. Peculiar radicalismo este que em nada se distingue de uma visão do mundo em tudo inspirada pela observação presente e corrente de um *conservadorismo imanente porque endógeno*.

Um outro elemento determinante será o reconhecimento e a aceitação do imponderável da política moderna associada ao factor contingência. A eventualidade do factor contingência fica espelhada na associação da *possibilidade do facto* em perfeita justaposição com a *incerteza do facto*, sendo que o acontecimento tanto poderá ter uma importância essencial como uma relevância residual. Na narrativa de Oakeshott, a condição da contingência aproxima-se de uma interpretação que a transforma, em simultâneo, numa categoria *não intencional* e *não instrumental*. Perante a ausência de determinismo e a carência de causalidade, a experiência política moderna revela-se, por excelência e por exigência, o domínio de uma *permanente inteligência circunstancial* face a um interminável fluxo de intimações.

Como tal, as disposições políticas estabelecidas resultam da contingência e da flexibilidade das oscilações internas e inerentes à fluidez da experiência prática. As disposições políticas ocorrem ao longo da linha do tempo. Recorrendo a uma matriz de influência berliniana, nesta linha do tempo não existem ciclos recorrentes, não se vislumbram modelos mecanicistas, não se observa a rectidão dos segmentos lineares, não se detecta a aceleração dos movimentos em espiral, não se constata a lenta regularidade de uma sequência evolutiva, não se pressentem as oscilações capazes de provocar a abstracção de uma explosão conceptual. As disposições políticas configuram a estabilidade de um carácter político ao mesmo tempo que revelam a consistência de uma identidade política. Nesta asserção, as disposições políticas pertencem a uma realidade maior, uma realidade que integra uma diversidade de códigos de conduta, uma realidade que incorpora uma variedade de padrões de comportamento, códigos e padrões partilhados por uma determinada associação humana politicamente organizada. As disposições políticas estabelecidas são os elementos de uma linguagem política. Uma linguagem política que se manifesta nas normas, nas convicções, nos hábitos, nos costumes, nas instituições, nas leis. Uma linguagem política que permanece na ausência de uma harmonia derradeira. Uma linguagem política que prevalece face à exigência dos testes e do tempo. Uma linguagem política que irradia sobre a política dos homens um vínculo de coerência e que percorre o mundo com a complexa simplicidade de um nome comum — **tradição**.

As disposições políticas *compõem* o vocabulário que estabelece a tradição da política moderna europeia. Uma observação mais atenta e sistemática do *ensemble* das disposições concretas firmadas e instituídas no tempo permitirá ao comentador a identificação de dois ramos, de dois eixos, que se destacam e que poderão ser enquadrados pelo reconhecimento de uma *simultânea sintonia dos opostos discordantes*. Refira-se que não existe um qualquer intuito hierárquico ou valorativo na sequência da exposição que se segue, no fundo a separação representa um dispositivo artificial e retórico com a finalidade de proceder à elucidação do argumento. O primeiro ramo a destacar constituirá a **tradição política da paixão**, e que inclui no respectivo vocabulário: (1) A disposição para gerar a solidariedade através da destruição da diversidade; (2) A identificação do governo soberano enquanto símbolo da emancipação dos constrangimentos do passado; (3) O entendimento do Estado moderno como resultante de uma associação artificial; (4) A autoridade do governo enquanto emanação de uma dotação natural; (5) A autoridade do governo entendida com base na autoridade que advém da posse da propriedade, incluindo os sujeitos como activos integrantes do espólio global — autoridade fundiária; o modelo de governante descreve *tecnicamente* o perfil de um déspota; (6) O ofício do governo caracteriza-se por ser uma actividade telocrática — a telocracia como imposição de um desígnio final e a concretização de uma condição substantiva da vida e das coisas, comum a todos os sujeitos. O outro eixo que se destaca constitui a **tradição política do cepticismo**, e que apresenta no devido vocabulário: (1) A disposição para gerar a solidariedade através da inclusão da diversidade; (2) O reconhecimento do governo soberano enquanto símbolo da emancipação dos constrangimentos do passado; (3) O entendimento do Estado moderno como evidência de uma associação histórica, simultaneamente natural e artificial; (4) A autoridade do governo estabelece-se na elucidação de um processo histórico e no qual a prescrição será o procedimento por excelência e através do qual, pelo uso e pelo tempo, o poder se moraliza e se consagra em autoridade; (5) A autoridade do governo entendida com base na autoridade que advém da elevação e da ocupação legítima de uma instituição — autoridade política; o perfil do governante exige o reconhecimento do pressuposto da liberdade e das múltiplas interacções entre indivíduos livres; (6) O ofício do governo caracteriza-se por ser uma actividade nomocrática — a nomocracia como exercício baseado na regra da lei e no qual os indivíduos utilizam os seus talentos na livre prossecução dos respectivos desígnios individuais.

Na investigação do carácter da política moderna, poderá ainda o comentador adicionar duas disposições não enunciadas pelo autor, mas que se depreendem por observação e dedução lógica do contexto. A tradição política da paixão terá uma concepção da política como **argumento**; a tradição política do cepticismo terá uma ideia da política como **conversação** — no primeiro eixo, eis a política enquanto exaltação do absoluto; no outro eixo, eis a política enquanto primazia do concreto.

A **tradição política da paixão** e a **tradição política do cepticismo**([46]) serão os factores internos intrínsecos, tão distintos quanto inseparáveis, e que constituem as tendências e os extremos da política moderna europeia — na tradição da política moderna europeia existe deste modo uma permanente tensão entre tradições. Assim, a linha do tempo não será preenchida por um feixe único, unívoco, fechado, monolítico, monista. A tradição é como uma dupla hélice que expande e amplifica a amplitude das condutas políticas. Mesmo as disposições não referidas explicitamente na interpretação apresentada constituem parte integrante do património político da civilização europeia, constituem um recurso permanente e disponível, pois, pertencem com o exacto estatuto a uma mesma tradição e resultam na exacta medida das oscilações e contingências da experiência política moderna. Estará, pois, na natureza da tradição um efeito de tolerância e uma acção de coerência sobre a variedade interna, mas não a consolidação de um acto

---

([46]) Na designação dos dois eixos da tradição optou-se pela recuperação de uma dicotomia oakeshottiana expressa no seguinte ensaio: «Political Parties» in *The Vocabulary of a Modern European State*, pp.78–80. *Vide* pág. 80. O ensaio foi originalmente publicado in *Spectator*, 193 (1954), pp. 92–93.

de insistência no sentido da conformidade e da configuração monocromática de um carácter político. O mundo da política moderna na narrativa oakeshottiana consagra de uma forma evidente uma **concepção pluralista da tradição**.

Do percurso intelectual de Michael Oakeshott pelas vicissitudes e cambiantes do carácter da política moderna europeia, destaca-se com particular intensidade o estabelecimento de uma tradição que, ao mesmo tempo que se afirma através de um processo de transformação, exibe uma apreciável capacidade de mudança. A estabilidade da tradição exibe uma flexibilidade e uma resiliência dúctil que lhe confere a capacidade para incorporar a mudança sem hipotecar a identidade. Em certo sentido, a mudança não constitui a ameaça extrema da extinção, mas sim uma oportunidade que poderá contribuir para o reforço dos traços de um carácter e de uma identidade. Embora à superfície possa parecer contra-intuitivo, a tradição afasta-se do cenário estático, estético, extinto, próprio do pensamento antiquário. Embora à superfície possa parecer contra-intuitivo, Oakeshott devolve uma ideia da tradição como circunstância viva, presente e dinâmica — não um cenário, mas uma linguagem.

A metáfora da tradição enquanto linguagem abre ainda mais o campo de reflexão. Ao pluralismo interno da tradição política corresponde a possibilidade de escolha relativamente à variação e à intensidade da linguagem. E sempre que se detecta a possibilidade de escolha, tal implicará a presença de uma opção de **liberdade**. Recorrendo a Andrew Sullivan como inspiração([47]), será então possível afirmar com propriedade que uma tradição política reúne o léxico de uma linguagem política que acabará por conferir uma diversidade e uma multiplicidade, uma ambivalência e uma ambiguidade, a toda a conduta política observada. A linguagem política da tradição resulta da acumulação da experiência e do tempo, não constitui, pois, um acto voluntarista isolado nem uma ideia luminosa gerada num instante de revelação. As novidades, as modificações, as mudanças, ocorrem pela **acção de uma liberdade no interior da tradição** — uma liberdade para utilizar os recursos da linguagem de um modo politicamente criativo, quer no

([47]) «Language, then, is nothing but tradition.» in Andrew Sullivan, *Intimations Pursued — The Voice of Practice in the Conversation of Michael Oakeshott*, pág. 66.

sentido da percepção de novos idiomas, expressões, palavras, pensamentos, tendo, no entanto, sempre presente o património das regras estabelecidas e legitimadas pelo tempo e pelo uso — *nada será criado do nada*. Uma tradição política encerra uma infinidade de matrizes e de padrões, suficientemente estabelecidos para exibirem uma identidade, suficientemente flexíveis para serem objecto de interpelações e de interpretações políticas. Assim, as intimações de uma tradição política constituem precisamente a abertura e a fluidez que desafia o conhecimento e a inteligência de uma prática política. Na generosa latitude da linguagem que exprime a natureza de uma tradição política, não existem respostas formatadas e coligidas em dicionários políticos. Entre a sofisticação *highbrow* de um novo *estilo* e o bárbaro demótico de um novo *cockney*, a liberdade no interior de uma tradição política é a garantia do princípio axiomático de que em política a verdade não constitui uma unidade. Em tom de corolário ou de ilação, o que se detecta na leitura de Michael Oakeshott será a originalidade de uma consciência moral e política que, observando a complexidade de uma tradição, entende e regista uma visão política concreta e particularmente relevante — **a ideia de uma concepção liberal da tradição conservadora**.

Mas uma análise criteriosa e atenta da reflexão oakeshottiana não poderá ignorar um detalhe fundamental e de importância absolutamente decisiva para a compreensão e sequência do argumento sobre a liberdade. Na lógica interna à cadência da narrativa política que conduz à identificação da tradição política da paixão e à determinação da tradição política do cepticismo, observa-se de um modo absolutamente inequívoco que a ideia de liberdade na política moderna europeia emana de uma forma quase *natural* do eixo constituído pela tradição política do cepticismo. A concepção política que se desenha no enunciado de Oakeshott configura o princípio da não interferência e a percepção clássica da liberdade enquanto ausência de coerção intencional por terceiros — eis a afirmação do **paradigma da liberdade negativa**.

Em virtude de uma permanente e irresolúvel tensão entre os dois eixos da tradição, refira-se a propósito que, na mundividência política de Oakeshott, deveras e na realidade, entre a ambivalência e a ambiguidade, a política moderna europeia terá mesmo inventado um vocabulário político no qual cada palavra terá dois significados correntes

— um significado adaptado à tradição política da paixão; outro significado adequado à tradição política do cepticismo. E a palavra **liberdade** não conhece o privilégio de uma excepção. Como tal, haverá o indício de uma questão que envolve a lógica constitutiva e a própria abrangência do argumento — **Qual o *equivalente da liberdade* na tradição política da paixão?** Sobre esta questão, não existe paradoxo, contradição, complementaridade, tensão, apenas porque no horizonte de reflexão se observa uma lacuna que adopta a formulação de um pesado silêncio.

CAPÍTULO II

RATIONALISM IN POLITICS. A TRADIÇÃO DA LIBERDADE NA CONVERSAÇÃO DA POLÍTICA

A propósito dos jardins ingleses, e sem a pretensão ilustre da filosofia, Goethe afirmava com o rigor do senso comum e com a concisão do registo poético — *English gardens are made not to a plan, but to a feeling in the head*. Percorrendo o contexto da política moderna europeia, contornando todos os detalhes inscritos no tempo, *Rationalism in Politics* representa a superfície de uma corrente profunda que suporta o carácter da política moderna. A leitura dos ensaios não promove a estruturação de um plano, mas apela à imaginação política na medida em que interpela os sentidos e exige uma inteligência instrumental capaz de interpretar o mundo e nele percepcionar a aparente invisibilidade de um carácter político. Ao devolver-se o texto ao contexto, surgirá então um elenco de ideias políticas concretas e em acção, promovendo-se um efeito de *desocultação* sobre as vicissitudes da política face à permanente tensão entre a preservação e a mudança, sem a certeza dos desígnios teleológicos, e apenas com a convicção não dogmática na infinita resistência do espírito humano.

Rationalism in Politics poderá ser interpretado como a consequência da tensão entre as duas grandes tradições da civilização política do Ocidente — a tradição política da paixão *versus* a tradição política do cepticismo. Assim, a sequência de ensaios constitui uma reflexão e uma exploração de uma dicotomia em acção, mais precisamente a antítese central que coloca em permanente dialéctica uma concepção telocrática do governo e uma ideia nomocrática da governação. Na perspectiva oakeshottiana não se trata do desenvolvimento de uma teoria geral, nem da aplicação de uma hipótese experimental na tentativa de explicação definitiva do fenómeno político moderno. *Rationalism in Politics* pode iludir a conceptualização de uma estrutura formal normativa, no entanto, a obra será suportada pelos dois grandes eixos subjacentes à tradição da política moderna — eis a ideia que preenche o espaço político entre os ensaios e que confere uma coerência que não implica a construção de uma doutrina ou a edificação de uma ideologia. Os ensaios reunidos dissertam assim sobre as consequências de uma questão prática, discutem as inferências das circunstâncias concretas observadas no tempo e que resultam da permanente tensão entre concepções distintas sobre a actividade da governação.

Em certo sentido, a interpretação da obra recorre a duas ideias operacionais, a leitura do conjunto de ensaios utiliza dois eixos de aproximação que abrem duas grandes bissectrizes no *corpus* de *Rationalism in Politics* — a tradição política da paixão estimula uma *profundidade* pelo recurso ao ensaio precisamente intitulado «**Rationalism in Politics**»; a tradição política do cepticismo provoca um *alongamento* que atravessa a espessura do ensaio denominado «**On Being Conservative**». Serão estes os eixos que garantem a coerência e a coesão entre o texto e o contexto.

Mas esta estratégia de abordagem terá um efeito de propagação ao longo do *corpus* da obra, de tal modo que a interpelação dos ensaios provocará uma completa dispersão das múltiplas categorias morais e políticas que vão pontuando a reflexão de Oakeshott. As bissectrizes terão como virtude um efeito de revelação e de explicitação de uma tensão oclusa entre tradições políticas, promovendo a observação de múltiplas e variadas categorias morais e políticas em *suspensão* num espaço não normativo. No entanto, e em simultâneo, as duas tradições da política moderna actuam enquanto *dispositivos operativos* que permitem uma certa confluência das categorias de acordo com o respectivo *background* histórico e percurso político. A tradição política da paixão e a tradição política do cepticismo serão *feixes de atracção* que revelam uma ordem subjacente face à aparência de um caos desprevenido e tantas vezes criticado.

Ainda o fundamental de uma observação. Michael Oakeshott não é um praticante da teoria política normativa, não é nem um criador nem um construtor de sistemas. Oakeshott será sobretudo um observador da condição do sujeito face à pluralidade das visões do mundo.

O mundo que perpassa nos ensaios de *Rationalism in Politics* é um lugar marcado por um profundo desequilíbrio entre os *meios* e os *fins*. Um aspecto menos considerado deste desequilíbrio será aquele que se reveste da consonância entre a *política* e a *metafísica*. O mundo moderno operou a transformação dos *fins* em *meios*, modificação que teve como consequência lógica inevitável a substituição da *política* por uma formulação da *metafísica*. Em *Rationalism in Politics*, assiste-se a uma tentativa de restabelecimento de uma regra de equilíbrio, um equilíbrio em perpétuo movimento e sempre suportado pela tensão constitutiva da política moderna. Na linguagem oakeshottiana, existirá um pendor acentuado no sentido da paixão, um pendor que deverá ser balanceado pela difusão de um exercício pontuado pelo cepticismo. Na arquitectura de um equilíbrio céptico, os ensaios «**Rational Conduct**» e «**Political Education**» ocupam uma importância vital na constituição de um novo equilíbrio restabelecido. O *common sense* de Oakeshott está assim longe do sortilégio das palavras ou do impulso das acções heróicas.

II.1. A Política e o Balanço de um Novo Equilíbrio. O Conceito de Conduta Racional e a Ideia de Educação Política

O ensaio «**Rational Conduct**» abre com uma epígrafe de Coleridge retirada da obra *Aids to Reflection* — «The word *rational* has been strangely abused of late times». O que pode parecer uma divagação poética de Oakeshott constitui efectivamente uma observação da realidade que coincide com a avaliação do autor sobre o uso e o abuso do epíteto *racional* como afirmação de autoridade e princípio de legitimação. Central à reflexão estará uma preocupação com a aplicação da nomenclatura à conduta humana e ao universo da política. Refira-se que o ensaio parte da perspectiva de que a *racionalidade* será uma qualidade reconhecida e louvável na tradição do Ocidente, algo que aplicado à conduta humana implica um juízo positivo de louvor e recomendação. No entanto, no vocabulário paralelo da tradição política moderna, e na descrição do comentador, a palavra *racional* terá sido objecto de um *efeito de modificação*, de tal modo que, de acordo com Oakeshott, a designação se tornou numa variante que encerra uma significação negativa e que atinge o vértice da «difamação». Este efeito no sentido da conjugação de um sentido pejorativo terá resultado de uma oposição a um movimento que implicaria a «limitação das simpatias humanas» — uma oposição à restrição sobre aquilo que se julgava admirável e apropriado à conduta humana e convenientemente incorporado na prática e no significado da palavra. Uma interpretação da leitura oakeshottiana aponta para uma primeira acção de reformulação do conteúdo funcional da designação *racional*, uma reformulação que, ao mesmo tempo que terá imprimido uma definição mais precisa e concisa da palavra, terá produzido um reflexo de *estreitamento* do significado corrente observado, de tal modo que, perante a exclusão de determinadas condutas, a *reacção* contra a *nova* denominação de *racional* se terá apresentado como a única atitude lógica, e, logo, paradoxalmente, racional. Refira-se que o autor não inicia a reflexão no pressuposto de uma atitude anti-racional caracterizada por um posicionamento vago marcado por uma visão politicamente tendencial e alicerçada numa versão não explicitada de um qualquer tradicionalismo. Sublinhe-se ainda que o autor não deixa de identificar aberta e explicitamente dois entendimentos observáveis nas convicções correntes, duas percepções valorativas da designação *racional*, uma tradicionalmente positiva, outra tradicionalmente negativa. A neutralidade conceptual de Oakeshott ficará bem patente na descrição dos elementos que para o autor integram e constituem uma conduta racional:

> Thus, to behave «rationally» is to behave «intelligently», and whether such behaviour is pragmatically successful will depend upon circumstances other than its «rationality».(1)

A linha de base do argumento não assume como pressuposição uma espécie de irracionalismo orgânico e vitalista, pois identifica como categorias-base a *racionalidade* e a *inteligência* na formulação adoptada, duas categorias política e moralmente neutras. Por ilação lógica, a fase seguinte da argumentação passará obrigatoriamente pela explicitação do conteúdo moral e político associado.

---

(1) Michael Oakeshott, «Rational Conduct» in *Rationalism in Politics*, pág. 100.

Michael Oakeshott começa por dissertar sobre uma concepção de racionalidade particularmente em evidência. Esta perspectiva de racionalidade afirma-se por implicar uma depuração intelectual que promove a eliminação dos preconceitos e de outras ideias dispersas e pré-concebidas([2]). A racionalidade desejada deverá exibir um carácter eterno e uma qualidade universal, definitivamente separada do mundo da opinião, irrevogavelmente instalada no absoluto mundo da certeza. A marca da racionalidade na conduta estará associada à definição de um *propósito* — actividade racional será uma conduta na qual um propósito premeditado e independente é perseguido; será, pois, uma conduta única e exclusivamente determinada por um propósito externo e pré-estabelecido. Tal como existe uma finalidade premeditada, deverá também existir uma identificação e selecção pré-estabelecida dos meios a utilizar na conduta considerada racional. A definição dos *fins* e dos *meios* requer compulsivamente uma reflexão que será prévia à concretização da conduta. A operação de cálculo envolvido no raciocínio exige, pois, um distanciamento e uma resistência em relação ao corrente e indiscriminado fluxo das circunstâncias. Assim, a racionalidade atribuída à conduta terá como origem um conjunto de operações que serão preliminares à concretização da acção — a conduta será racional na estrita medida em que será gerada de acordo com um procedimento específico e codificado. Esta visão da racionalidade estará em permanente oposição relativamente a toda a conduta que não revele a aceitação deliberada de uma regra, princípio ou cânone, derivados da observância explícita do propósito formulado. Mais ainda, esta visão da racionalidade exclui toda a conduta alicerçada na *autoridade não certificada* de uma tradição, costume ou modo habitual de comportamento. Neste ponto essencial, Oakeshott como que faz uma pausa no discurso e permite o registo de uma reflexão quase confessional, mas conceptualmente reveladora. O autor refere que a consecução de um propósito poderá estar simplesmente incorporado num «modo de conduta tradicional» e no qual o propósito enquanto entidade independente não estará em posição destacada([3]). Desta forma, um sujeito

([2]) Michael Oakeshott, «Rational Conduct» in *Rationalism in Politics*, pp. 101–106.

([3]) Michael Oakeshott, «Rational Conduct» in *Rationalism in Politics*, pág. 104.

poderá permanecer leal a uma tradição, embora se mantenha perfeitamente desconhecedor de uma formulação proposicional relativamente a um fim perseguido. Uma reflexão sem dúvida a retomar.

A versão de racionalidade em análise estrutura-se com base numa concepção de inteligência que actua de modo independente, que não terá incorporado disposições e conhecimentos específicos sobre as actividades em causa — eis o **paradigma da liberdade de uma inteligência autónoma**. Só esta inteligência consegue libertar a potência da Razão capaz de formular normas e princípios geradores de uma determinada actividade, através da formatação prévia de proposições abstractas, vinculativas e universais. Na radical separação entre o *pensamento* e a *prática*, só o entendimento racional da actividade poderá originar e definir a essência de uma conduta racional. Na radical separação entre o *pensamento* e a *prática*, na imposição de um propósito externo e pré-determinado à actividade, a racionalidade mantém-se exclusivamente suportada na base de um equívoco — o erro ergue-se quando se atribui à totalidade da actividade o carácter de uma única acção. No fundo, observa-se a aplicação de um tropo da retórica, a sinédoque, transformado por efeito de um silogismo teórico em tropo da conduta. Em termos filosóficos, cumpre-se nitidamente os reflexos de uma falácia, um entendimento que recorre ao sofisma, que consiste em concluir do particular para o universal.

No entanto, a crítica ao argumento centra-se na observação de que não existe actividade humana que possa afirmar-se por antecipação à própria conduta humana([4]). A actividade será o resultado da reflexão sobre a existência de uma conduta, a actividade será a consciencialização de uma interpretação subsequente à análise de uma conduta. Uma actividade, uma prática, depende invariavelmente de um conhecimento que terá como factor fundamental e constitutivo um *saber como*; mas o exercício corrente e concreto da prática exibe e projecta igualmente os contornos de um *saber como*. Em qualquer momento posterior, esse *saber como* poderá ser parcialmente reduzido a um conhecimento em forma de proposições (propósitos, regras, princípios), sendo que estas proposições não poderão ser confundidas com as origens da prática, não constituirão o propósito da actividade, nem terão uma qualquer

([4]) Michael Oakeshott, «Rational Conduct» in *Rationalism in Politics*, pág. 110.

função reguladora da mesma. Em súmula, não haverá modo de determinar o propósito de uma prática previamente à existência dessa prática, o que implicará a observação da realidade e a análise de uma conduta concreta e corrente. A identidade de uma prática continuará a ser o conhecimento de um *saber como* — de um saber como agir na prossecução do propósito incorporado na constituição da prática. E este exercício exige e estimula a existência de uma coerência inscrita na própria conduta.

Na interpretação oakeshottiana de um outro entendimento, a racionalidade de uma conduta não poderá ser apenas determinada pelo respectivo propósito pré-determinado, mas deverá ser conjugada globalmente tendo em consideração as «tradições da actividade» em que a conduta se integra e pertence([5]). Será pelo facto de que o sujeito detém um *saber como* resolver genericamente as situações nesta actividade que lhe confere a capacidade para decidir sobre uma situação em particular. A conduta reflecte deste modo o conhecimento concreto de uma prática, ao mesmo tempo que revela uma particular *skill*, uma particular perícia, proficiência, destreza, habilidade. Tanto o propósito como a sequência da acção estão inscritos tacitamente na complexidade da prática, e serão extraídos pelo sujeito em cada momento específico pela utilização da inteligência empenhada num processo de *abstracção concreta*. Será, pois, fundamental a posse de um conhecimento, a posse de um *saber como agir no interior da actividade*, quer para a designação de um propósito, quer para a acção ou conduta mais recomendada em face do propósito. Desta forma, uma conduta não terá nunca como origem uma pontual e particular especificidade, uma vez que se inicia sempre no interior de um corrente e estabelecido «idioma ou tradição de actividade». De acordo com o autor, um idioma ou tradição de actividade será o conhecimento que abrirá a possibilidade de uma conduta apropriada de acordo com as circunstâncias observadas. A racionalidade de uma conduta posiciona-se assim como uma questão de *adequação*, algo inscrito no idioma próprio da conduta, algo que se projecta como uma qualidade intrínseca e inscrita no carácter da conduta. Nas palavras de Oakeshott:

([5]) Michael Oakeshott, «Rational Conduct» in *Rationalism in Politics*, pp. 119–122.

> If, then, it is agreed that the only significant way of using the word «rational» in relation to conduct is when we mean to indicate a quality or characteristic (and perhaps a desirable quality or characteristic) of the activity itself, then it would appear that the quality concerned is not mere «intelligence», but **faithfulness to the knowledge we have of how to conduct the specific activity we are engaged in.** «Rational» conduct is acting in such a way that the coherence of the idiom of activity to which the conduct belongs is preserved and possibly enhanced.(6)
> [ênfase adicionado]

Convirá realçar o facto de que a fidelidade que caracteriza a racionalidade não representa uma lealdade para com um idioma fixo e acabado, não representa uma lealdade para com uma tradição invariável e perfeita, tanto mais que o conhecimento necessário à conduta inscrita na actividade estará em permanente movimento. A fidelidade na reflexão de Oakeshott será uma lealdade que não apenas ilustra, como contribui activamente para a coerência da actividade.

Racionalidade será a certificação de uma conduta que saberá como manter o equilíbrio perante o fluxo de simpatia constituído por um idioma ou tradição de actividade, sendo que a preservação da coerência da actividade acaba por resultar numa contribuição para a preservação de um determinado modo de vida(7). Racionalidade será a ilustração de uma conduta que, ao saber como agir, dará também forma e coerência a uma tradição de comportamento. Por oposição, a ignorância de uma tradição de comportamento, o desconhecimento relativamente a um determinado idioma de actividade, quando associados à acção humana, conferem neste entendimento um grau de não racionalidade à conduta observada. Numa frase, toda a conduta humana será racional quando exibe o tipo de inteligência apropriado ao idioma ou à tradição da actividade.

O comentador estará perante duas concepções distintas de racionalidade e de conduta racional que podem e devem ser perspectivadas à luz das duas grandes tradições da política moderna. A primeira concepção enquadra-se perfeitamente no contexto da tradição política

(6) Michael Oakeshott, «Rational Conduct» in *Rationalism in Politics*, pág. 122.
(7) Michael Oakeshott, «Rational Conduct» in *Rationalism in Politics*, pág. 130.

da paixão e poderá ser designada por **racionalidade dogmática** ou **racionalidade técnica.** A segunda ideia adapta-se à sequência de um contexto interpretado com base na tradição política do cepticismo e que poderá ser designada por **racionalidade tradicional** ou **racionalidade prática.** A racionalidade dogmática suporta uma conduta racional que permite a concretização dos propósitos de uma governação telocrática. A racionalidade tradicional explicita uma conduta racional que legitima o exercício de uma governação nomocrática baseada na regra da lei e no respeito pela multiplicidade dos desígnios individuais e concretos.

Haverá na interpretação específica da distinção oakeshottiana uma hipotética relação com a filosofia política de Karl Popper, mais concretamente, o paralelismo poderá ser traçado pelo estabelecimento de uma consequente lógica de equivalência política entre a **racionalidade dogmática** em Oakeshott e o **racionalismo não-crítico ou compreensivo** em Popper, no contexto de uma **sociedade fechada**; do mesmo modo que se poderá identificar uma aproximação entre a **racionalidade tradicional** de Oakeshott e o **racionalismo crítico** de Popper([8]) na lógica de uma **sociedade aberta.** Na dicotomia entre a razão e a tradição, Oakeshott não assume um posicionamento que na terminologia popperiana possa ser classificado como uma atitude típica de um **tradicionalismo anti-racional.** Pelo contrário, a distinção entre os dois entendimentos da racionalidade presentes e activos na tradição da política moderna permitem a Oakeshott uma *correcção* aos excessos da racionalidade dogmática, ao mesmo tempo que abrem as perspectivas para uma outra leitura política. De um modo mais afirmativo, a caracterização de uma racionalidade tradicional possibilita a conciliação entre a razão e a tradição, uma vez que afirma que a razão pode e deve operar no interior de uma tradição. De modo surpreendente, o cepticismo oakeshottiano quase que transcende a tensão iluminista que separa Razão e Tradição.

([8]) *Vide* Karl Popper, «Towards a Rational Theory of Tradition» in *Conjectures and Refutations* (First Published 1963) (London: Routledge & Kegan Paul, 2002), pp. 161–182. O ensaio constitui originalmente uma comunicação apresentada à Third Annual Conference of the Rationalist Press Association, em 26 de Julho de 1948, no Magdalen College, Oxford. O ensaio foi publicado pela primeira vez in *The Rationalist Annual*, 1949.

Ainda a brevidade de uma nota. A racionalidade tradicional, ao apelar para um conhecimento alicerçado na designação de um *saber como*, invoca, numa leitura paralela, a ideia de *phronesis* presente na filosofia de Aristóteles. Nesta asserção, *phronesis* representa a capacidade de concretizar um gesto de avaliação e de exercitar um juízo crítico perante uma circunstância particular — numa expressão, o comentador constata a evidente prerrogativa de uma **inteligência prática**. Na sequência lógica do argumento, a inteligência prática recorre ao vocabulário de uma tradição política para desse modo definir as virtudes de um carácter político capaz de reconhecer as genuínas intimações de uma coerência sempre presentes no fluxo interminável de contingências e circunstâncias inerentes à existência concreta de uma particular tradição. Como tal, a racionalidade de uma conduta será assim a marca de uma inteligência prática em movimento.

No ensaio «**Political Education**», Michael Oakeshott começa a digressão sobre o tema com um gesto metodológico raro e algo surpreendente no conjunto integral dos respectivos escritos políticos. Desagregando as componentes da expressão em debate, o autor inicia o exercício com uma reflexão particular e específica sobre o entendimento da actividade designada por **política**([9]). Oakeshott toma a política como sendo a actividade de «atender» aos arranjos gerais de um determinado conjunto de «pessoas» que se viram reunidas, quer pelas circunstâncias, quer pelas escolhas. As comunidades em que este modo de actividade é preeminente são os «grupos hereditários cooperativos», todos conscientes de um passado, de um presente e de um futuro — comunidades normalmente designadas por *estados*. Embora a política seja uma «actividade secundária», no sentido em que os membros da comunidade terão outras ocupações para além de atender aos arranjos políticos, o entendimento comum da política atribui um papel e uma responsabilidade a cada membro da comunidade. Na sensibilidade oakeshottiana, poderá mesmo afirmar-se que, na tradição da política moderna, com graus e níveis distintos, a política será uma «actividade universal». Do ponto de vista do discurso, o autor opta

([9]) Michael Oakeshott, «Political Education» in *Rationalism in Politics*, pp. 44–46.

pela designação *atender aos arranjos* em detrimento da expressão mais abrangente *fazer os arranjos*, uma vez que nos grupos hereditários cooperativos a actividade política nunca terá no respectivo horizonte a tela branca das infinitas possibilidades — o novo será sempre uma proporção insignificante face à totalidade dos arranjos políticos observados. Na leitura de Oakeshott, a maioria dos membros da comunidade revela uma determinação em melhorar as respectivas condutas no contexto dos arranjos políticos correntes, nunca reconhecendo nestes a carga de um obstáculo ou o pesadelo que limita e oprime. O entendimento observado dos arranjos políticos passa, pois, pela percepção de uma «herança» que deve ser objecto de atenção e de cuidado para poder ser motivo de uma permanente fruição.

A actividade política enquanto forma de atender aos arranjos políticos de uma «sociedade» exige uma aprendizagem e apela para um conhecimento. No entanto, Oakeshott não pretende uma definição de actividade política para a partir daí extrapolar e deduzir o carácter da educação política. O propósito da investigação não será a identificação do conhecimento específico, que deverá ser previamente adquirido pelo indivíduo que deseja afirmar-se politicamente activo; nem será mesmo a selecção da informação necessária e suficiente para atingir o sucesso na actividade política. O inquérito oakeshottiano pretende uma compreensão da actividade política que inclui desde logo o reconhecimento do carácter da educação política subentendido na prática. O conhecimento e a educação não serão apêndices externos e estranhos à actividade, mas deverão ser perspectivados como parte integrante e inerente à própria actividade; logo e por implicação, o conhecimento específico e a educação política devem ser incorporados no entendimento próprio da actividade política. A proposta do autor passará então pela observação do conhecimento e da educação inerentes a dois entendimentos correntes da actividade política; passará, pois, pela determinação do conhecimento e da educação implícitos em duas interpretações da prática política, e desta forma aproximar-se um pouco mais da complexidade e da profundidade do exercício da política moderna no interior de uma comunidade humana.

Para algumas versões do exercício, a política poderá ser considerada uma **actividade empírica**, uma prática em que a actividade política é caracterizada pelo facto de não ter propriamente uma política([10]). Para Oakeshott, esta percepção da política é simplesmente um equívoco, uma vez que o empirismo puro não constitui um modo de actividade concreto. Do ponto de vista prático, este estilo de política confunde-se com uma variante da demência. Do ponto de vista teórico, este estilo de política será simplesmente impossível. A demência advém do facto de se considerar a política como a concretização dos desejos, impulsos e caprichos; a impossibilidade revela-se na incapacidade para definir os *meios* e os *fins*, ordenando as prioridades, e logo a política se revela como a eloquente demonstração do caos — ou como escreve o autor, sublinhando uma dimensão moral: «to try to do something which is inherently impossible is always a corrupting enterprise»([11]). Na narrativa oakeshottiana, a actividade política surgirá como uma prática autónoma e concreta quando a *praxis* política empírica é precedida e orientada por uma «**actividade ideológica**». Assim, quando ao empirismo puro se adiciona uma ideologia política, a política assume um perfil autónomo e concreto, passando o estilo de política da simples impossibilidade para uma interpretação adequada daquilo que poderá ser, em princípio, um entendimento correcto da actividade política. Oakeshott entende uma ideologia política como sendo a expressão de um princípio abstracto, ou um conjunto relacionado de princípios abstractos, que foram deduzidos de modo premeditado e independente. Uma ideologia política coloca previamente à disposição da actividade de atender aos arranjos políticos de uma sociedade a formulação de um propósito objectivamente determinado. Ao disponibilizar o desígnio político final, a ideologia introduz um critério que permite a distinção entre os desejos que devem ser encorajados e os impulsos que devem ser reorientados ou suprimidos — a ideologia fornece assim a eficácia de um modo operacional que se projecta na hierarquia e na ordenação das prioridades. Na sequência desta descrição de uma ideologia política, Oakeshott considera como exemplo de ideologias, quer a «**Liberdade**», entendida como uma ideia abstracta, quer o «**Liberalismo**», entendido como um esquema complexo de ideias abstractas([12]).

([10]) Michael Oakeshott, «Political Education» in *Rationalism in Politics*, pp. 46–50.
([11]) Michael Oakeshott, «Political Education» in *Rationalism in Politics*, pág. 48.
([12]) Michael Oakeshott, «Political Education» in *Rationalism in Politics*, pp. 48–49.

Face ao panorama exposto, será evidente que a actividade política interpretada desta forma requer desde logo um conhecimento da ideologia política previamente seleccionada; exige, pois, o conhecimento do propósito final a concretizar. Mas uma característica fundamental é que o conhecimento exigido deverá ser adquirido numa fase prévia e anterior à actividade de atender aos arranjos políticos da sociedade. Quanto à educação necessária, esta será a doutrinação através do itinerário de normas e princípios que completam a ideologia enquanto visão exclusiva do mundo e previamente elevada à condição de admirável guia de toda a prática política.

Mas segue-se uma crítica fundamental à compreensão e à aplicação de uma ideologia política. Na interpretação oakeshottiana, uma ideologia política não resulta de uma premeditação prévia à actividade política, mas será a consequência de uma «meditação» sobre o modo e a maneira de uma prática política — a prática política surge sempre primeiro e a ideologia política virá sempre depois([13]). Nesta acepção, o autor considera a actividade política conduzida de acordo com os axiomas de uma ideologia como algo de «prepóstero», um exercício absolutamente «ilógico» e «irracional». Como tal, o «catecismo» de uma ideologia política consta essencialmente de um «resumo» ou «simplificação» de um modo concreto de atender aos arranjos políticos, e no qual os propósitos e os desígnios estarão oclusos, implícitos e por revelar. De forma significativa, Oakeshott recorre uma vez mais ao exemplo da **liberdade**, contrapondo a uma visão abstracta a elucidação de uma ideia concreta:

> But the «freedom» which can be pursued is not an independently premeditated «ideal» or a dream; like scientific hypothesis, it is something which is already intimated in a concrete manner of behaving. Freedom, like a recipe for a game pie, is not a bright idea; it is not a «human right» to be deduced from some speculative concept of human nature. The freedom which we enjoy is nothing more than arrangements, procedures of a certain kind: the freedom of an Englishman is not something exemplified in the procedure of *habeas corpus*, it *is*, at that point, the availability of that procedure. And the freedom which

([13]) Michael Oakeshott, «Political Education» in *Rationalism in Politics*, pp. 51–55.

> we wish to enjoy is not an «ideal» which we premeditate independently of our political experience, it is what is already intimated in that experience.[14]

No âmbito da validade no domínio da interpretação, uma ideologia política será a formulação de um *abstract* inspirado nas tradições políticas de uma sociedade. Após esta reflexão em torno da natureza de uma ideologia política, Oakeshott aborda directamente a prática política considerada como **actividade ideológica.** O «estilo da política ideológica» é para Oakeshott o exemplo de um exercício confuso. Propriamente dito, o estilo da política ideológica será o modo tradicional de atender aos arranjos políticos de uma sociedade que terá sofrido uma abreviação, uma simplificação e resumo, dando então origem a uma doutrina sobre os fins últimos de uma sociedade. Poderá o comentador acrescentar com propriedade que, no entendimento oakeshottiano da actividade política, a ideologia será uma sinopse da tradição. Sem louvor ou censura, à doutrina transformada em breviário político junta-se então os recursos de um indispensável glossário do conhecimento técnico, estando deste modo reunidos o mecanismo dos *fins* e dos *meios* que tornam a aventura da política ideológica uma realidade corrente e observável na tradição da política moderna europeia.

Por ilação lógica da interpretação, surgirá a constatação da prática política enquanto modo de actividade concreto que reconhece e incorpora, na existência e no exercício, o património de uma tradição de comportamento[15]. A designação mais apropriada para este entendimento poderá com certeza recorrer à expressão da **actividade política como tradição de comportamento.** A configuração da actividade política como tradição de comportamento assumirá o seu carácter no movimento concreto de «emendar», de «corrigir», de «melhorar», os arranjos políticos correntes, explorando e interpretando as intimações certamente implícitas nesses mesmos arranjos. Os arranjos políticos que constituem uma sociedade capaz de actividade política, sejam eles costumes, instituições, leis, decisões diplomáticas, serão simultaneamente coerentes e incoerentes. Se os arranjos compõem um «padrão»,

---

(14) Michael Oakeshott, «Political Education» in *Rationalism in Politics*, pp. 53–54.

(15) Michael Oakeshott, «Political Education» in *Rationalism in Politics*, pp. 56–60.

os arranjos sugerem igualmente um fluxo de «simpatia» relativamente aos elementos constitutivos da tradição que, estando presentes, não conhecem a visibilidade de uma total exposição ou a intensidade de uma concreta expressão. Na observação oakeshottiana, a política será a exploração desse fluxo de simpatia, e por consequência, o raciocínio político relevante será aquele que conduz à convincente revelação de uma simpatia, presente, mas ainda não seguida. Por outro lado, e em simultâneo, o raciocínio político relevante será aquele que conduz à convincente demonstração de que o momento escolhido constitui o momento apropriado para a revelação dessa particular simpatia.

Em política, todo a prática será assim uma prática consequente, não no sentido da procura de um sonho ou da realização de um princípio geral, mas na convicção de que a actividade política será sempre a busca de uma intimação. As intimações não terão o carácter impositivo de uma implicação lógica ou de uma consequência necessária, mas embora as intimações de uma tradição de comportamento possam parecer menos importantes ou mais imperceptíveis, tal não significa que tenham uma menor relevância. Na actividade política como tradição de comportamento, não existe nenhum mecanismo intrínseco de prevenção de equívocos, não estará disponível qualquer aparato interno capaz de extrair ou deduzir a intimação mais digna e merecedora da atenção da prática política no desígnio de emendar os arranjos políticos correntes. O último *ratio* será sempre a capacidade de entendimento e de julgamento, de compreensão e de avaliação, de uma determinada tradição de comportamento — o último *ratio* será sempre o indivíduo perante o fluido permanente das contingências e das circunstâncias. Na perspectiva de Oakeshott, os enganos serão menos frequentes, os desacertos serão menos funestos e desastrosos, sobretudo porque desaparece a ilusão de que a política poderá ser a *busca do ideal*, e porque a política se entende nos limites da *busca de uma intimação*. A distância entre o *ideal* e a *intimação* representa o espaço que separa a concepção de política como *argumento* da ideia de política como *conversação*.

Uma tradição de comportamento político não será um modo fixo e inflexível de concretizar uma prática política([16]). E poderá até ser objecto de quebras e perturbações temporárias, poderá ser desviada,

([16]) Michael Oakeshott, «Political Education» in *Rationalism in Politics*, pp. 59–60.

coarctada, imobilizada, parecer atingir o esgotamento, ou poderá mesmo revelar um tal grau superlativo de incoerência que uma crise política será o resultado observável. Mas mesmo em situação de crise política, não existirá um guia externo infalível que possa garantir o restabelecimento da *normalidade* — não existem recursos para além dos fragmentos, vestígios, relíquias, da tradição política que se preservaram incólumes na vigência do período de privação. Para o autor, as crises políticas surgem sempre no *interior* de uma tradição de actividade política, e se existe efectivamente «salvação», esta só poderá surgir dos recursos da tradição que persistiram ilesos e intactos perante as vicissitudes de uma crise. Na leitura oakeshottiana, e face ao ritmo das permanentes mudanças, as sociedades que são mais competentes na conservação de um activo sentido da sua própria «identidade» e «continuidade», são para o autor sociedades «afortunadas». Por um lado, porque não exibem aquele «ódio» à sua própria experiência que as inspira no sentido de tudo esquecer e de tudo apagar; mas acima de tudo, porque terão mobilizado para uma qualquer eventualidade os recursos de uma tradição de comportamento político — o último factor em que as sociedades podem confiar e a derradeira reserva de saber com que as sociedades podem contar. A sequência desta visão culmina e será ilustrada de um modo literário e conradiano, na clássica prosa de Oakeshott sobre a actividade política:

> In political activity, then, men sail a boundless and bottomless sea; there is neither harbour for shelter nor floor for anchorage, neither starting-place nor appointed destination. The enterprise is to keep afloat on an even keel; the sea is both friend and enemy; and the seamanship consists in using the resources of a traditional manner of behaviour in order to make a friend of every hostile occasion.([17])

Não existe no excerto citado nenhum reflexo de uma perspectiva minimamente determinista, a tradição de comportamento político não se posiciona perante o exercício da prática política com a placidez de um *canal*, mas sim com a complexidade de um *mar oceano*. O que se evidencia na passagem será um profundo cepticismo no entendimento

---

([17]) Michael Oakeshott, «Political Education» in *Rationalism in Politics*, pág. 60.

da actividade política, um cepticismo que justifica a afirmação de que, no universo oakeshottiano, a actividade política não conhece a certeza de uma cartografia desenhada nas estrelas, porque apenas poderá contar com a incerteza das marcas desenhadas na experiência e no tempo, e permanentemente à disposição da inteligência prática que acompanha a lucidez da presença de espírito.

A actividade política como tradição de comportamento implica um conhecimento tão complexo quanto possível de uma tradição de comportamento político([18]). Uma tradição de comportamento político será uma realidade ilusiva, de tal modo difícil de aprender que por vezes pode parecer na essência ininteligível. Começa por não ser uma entidade fixa e acabada, depois não tem um centro imutável capaz de regular a inteligência no sentido do entendimento, a seguir não exibe um propósito soberano perceptível nem uma direcção invariável e detectável, finalmente não existe um modelo a ser copiado, uma ideia a ser realizada, uma regra a ser seguida. Numa tradição de comportamento político, algumas parcelas mudam mais rapidamente do que outras, mas nenhuma delas será imune à mudança; de certa maneira, tudo será temporário, mas nada será arbitrário. Porém, a tradição projecta uma **identidade**, e o que a transforma num objecto de conhecimento será o facto de que nem todas as suas parcelas mudam numa mesma escala de tempo, ao qual se associa a característica de que todas as mudanças observadas estarão potencialmente implícitas no seu interior. O princípio da tradição política será o princípio da **continuidade** — a autoridade encontra-se difusa pelo passado, pelo presente e pelo futuro; a autoridade encontra-se difusa pelo antigo, pelo novo e pelo que ainda estará para vir. A tradição mantém-se estável porque, embora se mova permanentemente, nunca se move totalmente; e embora pareça tranquila, nunca estará completamente em repouso. Nada que alguma vez tenha integrado uma tradição política estará alguma vez definitivamente perdido. A significação de cada elemento figura sempre por comparação, não com o elemento mais próximo, mas sim no enquadramento global da tradição que disponibiliza um contexto. E como numa tradição política não existe distinção entre o essencial e o acessório, o conhecimento da tradição

---

([18]) Michael Oakeshott, «Political Education» in *Rationalism in Politics*, pp. 61–63.

será inevitavelmente o conhecimento do detalhe — saber o essencial é conhecer nada. Numa tradição de comportamento político, o que deve ser aprendido não será uma ideia abstracta, nem um conjunto de expedientes, nem mesmo a singularidade de um ritual, porque o verdadeiro objecto de entendimento deverá ser a complexidade de um modo de vida concreto e coerente.

A educação política não será apenas o processo de familiarização com a linguagem de uma tradição de comportamento, pelo motivo próximo de que a educação política inclui também a percepção e o entendimento do que significa participar numa conversação — como tal, a educação será a «iniciação» numa herança específica e a capacidade de interiorizar e explorar as respectivas intimações. Nesse sentido, a educação política terá início no preciso momento em que o indivíduo toma consciência de si no contexto do «mundo natural-artificial» em que nasceu, pois tal implica tomar consciência de um modo de vida corrente e observável e, logo, tomar consciência de um presente — a revelação de um presente implica imediatamente a consciência de um passado e a percepção de um futuro. A educação política passará forçosamente pelo entendimento da identidade e da continuidade dessa linha do tempo.

O comentador será confrontado com duas percepções distintas do conceito de educação política, duas percepções que exigem um enquadramento relativamente às duas tradições da política moderna. A primeira concepção corresponde com precisão ao contexto da tradição política da paixão e poderá ser designada por **educação ideológica**, ou, com maior rigor, deverá ser designada por **educação na ideologia**. Sendo uma **educação teórica**, uma educação *by the book*, esta fornece ao indivíduo o **conhecimento técnico** apropriado às exigências de um governo tipicamente telocrático. A segunda concepção adapta-se com evidência ao carácter da tradição política do cepticismo e poderá ser denominada por **educação tradicional**, ou, com maior precisão, deverá ser denominada por **educação na tradição**. Sendo uma **educação prática**, uma educação *by doing*, esta transmite ao indivíduo um **conhecimento prático**, que será simultaneamente um **conhecimento tácito**, e que o prepara para os detalhes e *nuances* de uma governação nomocrática. Na tradição política da paixão, convirá salientar que a política como actividade ideológica requer a conformidade de um

sujeito passivo, objecto de uma **educação formatada e normalizada num conjunto de regras circunscritas por um princípio geral cativo de um propósito final.** Na tradição política do cepticismo, a política como tradição de comportamento implica a abertura e a liberdade de um **sujeito activo,** dotado de uma capacidade de *observação participativa* e inserido no fluxo permanente de uma **educação implícita que não poderá ser formalmente ensinada nem aprendida, mas apenas transmitida e adquirida.** A distinção oakeshottiana devolve uma renovada validade epistemológica à concepção de conhecimento prático centrado na observação crítica da tradição. Mas a observação crítica da tradição representa também uma afirmação cujo conteúdo político não poderá ser ignorado. Na divagação do comentador, a reafirmação da importância do conhecimento prático revela, na percepção do autor, uma ponderação dos arranjos políticos correntes com a sensibilidade de um *conservadorismo político de matriz epistemológica.* Assim, ao contrariar o preconceito de que o conhecimento técnico será a expressão única organizada da totalidade do saber, uma vez que a educação na tradição não seria mais do que o vazio de um exercício néscio no domínio da opinião e da superstição, Oakeshott repõe a dignidade e a legitimidade de um conhecimento prático que se revela essencial para o restabelecimento de um outro equilíbrio político.

A questão do restabelecimento do equilíbrio político não significa, pois, a substituição do predomínio da tradição política da paixão pelo domínio da tradição política do cepticismo. A operação de *isomeria política* insinuada representa exclusivamente uma mudança no sentido da inclinação observável, representa uma alteração do ângulo de distorção da realidade política, sendo o resultado final sempre uma inclinação e sempre uma distorção. O restabelecimento do equilíbrio implica o património de uma perícia política expressa na preservação de uma estabilidade reconhecida face ao perpétuo movimento das circunstâncias e das contingências, tendo como recurso exclusivo a permanente tensão entre as tradições constitutivas da política moderna europeia. A lógica inserida não pretende a construção de uma geometria do equilíbrio, mas procura sim a região média do deslocamento capaz de garantir as condições de um equilíbrio dinâmico e em permanente movimentação. Na interpretação do comentador, e face à configuração política de um equilíbrio dinâmico, o património da perícia política perante o perpétuo movimento das circunstâncias e das contingências configura com propriedade uma disposição política que poderá ser associada à expressão de um *conservadorismo posicional*. De um modo mais assertivo, a interpretação oakeshottiana do cíclico desvio constatável na experiência da «política contemporânea» aponta para uma urgência que passa pela necessidade do restabelecimento de dois factores que introduzem o carácter variável de uma razoável proporção — o «equilíbrio da atenção» e o «equilíbrio do poder»([19]). O desequilíbrio na política contemporânea centra-se na fixação obsessiva com a edificação do futuro, impulsionada pela tradição política da paixão; mas uma outra versão do desequilíbrio será observada se a preocupação política se fixar no presente ou se virar para o passado. Para o restabelecimento do equilíbrio é necessária a promoção de um entendimento da política enquanto conversação — conversação entre o passado, o presente e o futuro; conversação no interior de uma tensão dialéctica que tanto une como separa, tanto afasta como aproxima, a tradição política da paixão e a tradição política do cepticismo. Embora paixão e cepticismo possam correctamente prevalecer numa determinada circunstância, nenhum deles deverá ser objecto de uma atenção exclusiva nem mentor de um domínio permanente. De certo modo, entre o *common ground* e o *common sense*, entre a moral e a política, o equilíbrio de Oakeshott encontra filosoficamente o equilíbrio de Burke:

> I have little to recommend my opinions, but long observation and much impartiality. They come from one who has been no tool of power, no flatterer of greatness; (...) from one who wishes to preserve consistency; but who would preserve consistency by varying his means to secure the unity of his end; and, when the equipoise of the vessel in which he sails, may be endangered by overloading it upon one side, is desirous of carrying the small weight of his reasons to that which may preserve its equipoise.([20])

([19]) Michael Oakeshott, *The Politics of Faith & the Politics of Scepticism* (Org. Timothy Fuller) (New Haven and London: Yale University Press, 1996), pp. 86–87.

([20]) Edmund Burke, *Reflections on the Revolution in France* (Oxford: Oxford University Press, 1999), pp. 249–250.

II.2. O Racionalismo em Política. A Torre de Babel e as Aventuras da Perfeição

E a tradição política da paixão estimula toda uma *profundidade* de que o ensaio «**Rationalism in Politics**» acaba por se constituir como parcela fundamental da plácida superfície do grande lago do Racionalismo na sua *Viagem ao País da Manhã*. Na imobilidade do centro, presciente, perfeito, permanente, o racionalista domina em círculos concêntricos e com superior técnica apurada todos os destinos da política. A disposição do racionalista será marcada pelo activismo a favor da independência do espírito, o carácter do racionalista será assinalado pelo pensamento livre de qualquer obrigação relativamente a uma autoridade estabelecida, uma regra que reconhece uma única excepção na omnipotente autoridade da Razão([21]). Hiperactivo e conflituoso, o racionalista apresenta-se como «inimigo» perpétuo do tradicional, do usual, de tudo o que seja meramente habitual. Na atitude mental do racionalista, o «**cepticismo**» e o «**optimismo**» destacam-se — o cepticismo, porque nada do que exista debaixo dos céus estará isento do juízo da Razão; o optimismo, porque o racionalista não duvida por um único instante de que só o poder da Razão será capaz de estabelecer o real valor de todas as coisas. Mais ainda, o racionalista acredita na Razão como uma categoria universal comum à Humanidade, pressuposto que lhe confere a original convicção num certo «**igualitarismo intelectual**». Mas o racionalista exibe simultaneamente a face de um perfil «**individualista**», uma postura que se concretiza na convicção de que, sob os auspícios da Razão, todos aqueles que pensam de modo sério e lúcido sobre uma questão acabarão por coincidir no pensamento e na conclusão com as deduções intelectuais do próprio racionalista. Para o comentador existe algo de paradoxal no carácter racionalista quando o igualitarismo intelectual se projecta num individualismo radical que rapidamente se transforma numa espécie de *unicidade universal* e que se manifesta no mais dogmático monismo existencial. O racionalista será estruturalmente sensível à passagem do tempo, será intelectualmente impassível ao facto da experiência, tendo como propósito permanente a eterna ambição de um momento

([21]) Michael Oakeshott, «Rationalism in Politics» in *Rationalism in Politics*, pp. 5–7.

fundacional e primeiro. Desejando tudo *de novo*, o racionalista não terá o sentido da acumulação inerente ao exercício da prática, apenas a técnica capaz de manipular a experiência convertida na eficácia de uma fórmula — o passado será sempre o emblema de um embaraço. Na leitura oakeshottiana, o racionalista desconhece a virtude de uma «**capacidade negativa**» (que Keats reconhecia em Shakespeare), ignora o equilíbrio de um «**entusiasmo negativo**». Sem a capacidade negativa, o racionalista revela uma total intolerância face às contingências e incertezas da experiência, contingências e incertezas que o incitam na procura da ordem e da simetria, tudo num reflexo inflamado de quem deseja subjugar o tempo. Sem o entusiasmo negativo, o racionalista exibe a mais total inaptidão para detectar e apreciar as pequenas variantes de um detalhe, sendo apenas poderoso no reconhecimento dos grandes desígnios de uma teoria geral que se pretende sobrepor à realidade dos factos e dos sujeitos. O racionalista será filosoficamente um gnóstico, intelectualmente o produto sofisticado de uma mente treinada nos recursos de uma técnica, pragmaticamente uma entidade que percorre o mundo com o propósito de remover todo e qualquer vestígio do ritmo natural do tempo e da persistente continuidade da experiência. Isolado do conhecimento tradicional da sociedade, a sua actividade distingue-se na identificação e análise de uma sucessão peremptória de pontos críticos, todos a serem superados por um *tour de raison*. Por compleição e carácter um *self-made man*, o racionalista demonstra uma profunda desconfiança relativamente à passagem do tempo, projecta um entusiástico desejo pelos desígnios da eternidade, revela uma irascível agitação nervosa face a tudo o que seja corrente, circunstancial, transitório.

De acordo com esta disposição do pensamento, a **actividade política** do racionalista consiste no estabelecimento de um *tribunal da razão*, instância à qual será presente em audiência a herança social, legal, institucional e política de uma sociedade([22]). Em tudo o mais, a actividade política afirma-se no exercício de uma «administração racional» que será consequência da jurisdição ilimitada da Razão exercendo um controlo global e permanente sobre todas as circunstâncias e todas as contingências. No limite da eficiência, a Razão acabará por

([22]) Michael Oakeshott, «Rationalism in Politics» in *Rationalism in Politics*, pp. 8–11.

eliminar todas as circunstâncias e todas as contingências. Facilmente se depreende que neste conceito de actividade política não haverá lugar para *ajustes*, *correcções* ou *reformas*. O racionalista só entende dois grandes movimentos nas deslocações da política — a **política da destruição** e a **política da criação**. O racionalista observa a presença de uma tradição de comportamento político como causa de submissão e sintoma de estagnação, logo objecto preferencial de uma premente decisão política. Pela acção da política da destruição, uma tradição de ideias será imediatamente eliminada do panorama político observável. Pela acção da política da criação, uma ideologia será elevada na hierarquia dos princípios gerais e no compasso dos desígnios finais, abrindo assim no tempo a primordial passagem para a eternidade política. Existe neste exercício o semblante de uma **Razão Libertadora**, tanto como na acção política do racionalista se poderá detectar implícito o **Carácter do Libertador**. Mas na configuração da **tradição política da paixão**, a lógica da governação acaba de adoptar a rigidez de um **governo telocrático**.

Implacável na conduta da causa pública, inexorável na resolução de problemas, na actividade política o racionalista reclama-se do «**carácter do engenheiro**» — um intelecto movido pela Razão, treinado numa técnica, e cuja acção política primeira passará pela rejeição e eliminação de todas as circunstâncias que não se relacionam com as intenções específicas politicamente assinaladas. Na imaginação do comentador, para o racionalista a sociedade ocupa o lugar de uma *black box* no grande esquema da ideologia, onde o *input* da acção política se transformará no *output* previamente determinado e inscrito no desígnio final da grande aventura da plenitude ideológica. Na observação oakeshottiana, esta assimilação da política à engenharia constitui então o grande «**mito da política racionalista**». O estilo de política inspirada no mito racionalista representa o que o autor designa por «**política da consciência da necessidade**». Sem imediatas conotações marxistas, para o racionalista, e considerando cada momento da história de uma sociedade, a mera existência de obstáculos e de resistências à satisfação da consciência de uma necessidade constitui uma explosão de misticismo ou o predomínio da lógica do absurdo. A política do racionalista terá sempre como propósito a definição de «soluções racionais» para os «enigmas da prática» cujo reconhecimento objectivo da «soberania da consciência da necessidade» perpetuamente projecta na vida de uma sociedade. Deste modo, o exercício da política declara-se como uma sucessão infindável de crises, sendo que estas só poderão ser dominadas pela proficiência da técnica calibrada pela potência ideal da Razão.

A fisionomia racionalista inclui ainda duas características que expandem de modo incomensurável o alcance e os limites de uma consequente acção política, a saber, e nomeadamente, a «**política da perfeição**» e a «**política da uniformidade**». Cada uma destas categorias consideradas no isolamento da metafísica dará lugar a estilos e configurações políticas distintas. A originalidade da essência racionalista será, pois, uma visionária compulsão filosófica que opera a combinação política entre a perfeição e a uniformidade. Pela acção criadora e fundacional da política, a grande «crença» do racionalista converge no desígnio da «evanescência da imperfeição». Se a Razão é a expressão superlativa e sublime das capacidades humanas, tal significa que toda a solução racional de um problema será, por natureza e definição, a solução perfeita. No paraíso artificial da filosofia racionalista, não haverá espaço para a consideração da hipótese do *melhor de acordo com as circunstâncias* — se a Razão se apresenta como instrumento dominador das circunstâncias, o espaço da perfeição coincide com a *maximização* do alcance da acção política. Sendo assim, na política da perfeição estará a origem, a causa e o motivo para a política da uniformidade — num esquema que não reconhece as circunstâncias não haverá espaço para a variedade plural da diversidade. Neste sentido, não existe lugar para o pluralismo das preferências, apenas subsiste o espaço para as preferências racionais que, por lógica e orientação, sendo racionais terão necessariamente de coincidir. No mundo do racionalista, o pluralismo das preferências será a expressão organizada de uma forma orgânica do mais extremo irracionalismo. Ou seja, de acordo com o racionalista, a actividade política será interiorizada como a imposição de uma condição geral e uniforme da perfeição extensível à totalidade da conduta humana.

Neste ponto particular, justifica-se uma breve incursão do comentador. O Racionalismo actua sobre a actividade política pela eliminação apriorística do contexto, da experiência, da prática e da tradição. No desenho filosófico de um espaço político abstracto, o Racionalismo afirma-se pela adopção de um **humanismo heterónomo**. Assim, e explicitando o conceito, a *humanização* representada pela ilimitada elevação das capacidades e talentos da Razão Humana não implica a consagração plena de uma **liberdade individual**, uma vez que acabará por reverter numa *totalitarização da política* que, por intermédio da perfeição e da uniformidade, redunda no mais extenso e complexo programa de *desumanização*. No seu carácter de engenheiro, o racionalista pretende o registo geral de uma engenharia social, mas avança sobretudo com o princípio criador do *Homem Novo* só ao alcance da materialidade moral de um *engenheiro das almas*.

Pela Razão e pela técnica, o Racionalismo perspectiva o mundo da política através de um modelo puramente mecânico. Mais ainda, o racionalista acredita que o conhecimento formal e normalizado nos princípios de uma ideologia poderá tornar simplesmente obsoleta a importância de uma educação moral e política. Pela Razão Calculadora, dominador da lógica que percorre a sequência entre a *causa* e o *efeito*, conhecedor das normas fundacionais e dos desígnios finais, o racionalista projecta a larga convicção de que o conhecimento técnico inscrito no funcionamento da «máquina política» será condição necessária e suficiente para a erradicação das superstições tradicionais e dos preconceitos políticos. Sem reconhecer a necessidade de um qualquer preceito moral intermédio, para o racionalista a soberania da Razão estará directamente representada na auto-suficiência da **soberania da técnica**([23]). Mas na configuração da **tradição política da paixão**, a lógica da governação procede pela destruição da diversidade plural e acaba na imposição universal de um propósito final consentâneo com o domínio de um **governo telocrático**.

Neste retrato politicamente denso do racionalista, Oakeshott introduz literalmente uma nota assaz incógnita, sistematicamente ignorada pelos estudiosos políticos, e que se refere a uma «imagem poética» do racionalista([24]). Sem divagações extremas, o romance *The Aerodrome*,

---

([23]) Michael Oakeshott, «Rationalism in Politics» in *Rationalism in Politics*, pág. 16; pp. 20–21; pág. 25.

([24]) Michael Oakeshott, «Rationalism in Politics» in *Rationalism in Politics*, pág. 28. *Vide* na referida página a nota 29: «A poetic image of the politics of Rationalism is to be found in Rex Warner's book, *The Aerodrome*.»

de Rex Warner (publicado no ano de 1941), coloca em confronto dois modos de vida incompatíveis. De um lado, o palimpsesto da aldeia com a complexidade do tempo, das tradições, dos conflitos, das múltiplas e persistentes interacções entre indivíduos. Do outro lado, o Aeródromo com a organização rigorosa das unidades individuais, cada uma com um lugar determinado na hierarquia e com uma função específica no sistema global, numa espécie de realidade asséptica onde impera a disciplina política e a higiene social, e em que a perpétua ordem do dia estipula para todo o sempre — «That the world may be clean». Mas o que aparenta ser uma nota peculiar e romanesca encerra para o comentador um profundo e significativo conteúdo político. A alegoria ou macro-metáfora do Aeródromo com o seu *slogan* programático remete a leitura para o imediato da expressão de Cícero, *salus populi*([25]). Considerando as ambivalências e ambiguidades da política moderna, a expressão exibe neste contexto específico uma interpretação que atinge a magnitude máxima da significação moral e política — *Salvação das Massas*. Assim, a observação oakeshottiana associa por via indirecta o racionalista, não apenas à perfeição, mas sobretudo à ideia de uma espécie de *eugenia social e política* ao serviço da purificação e da salvação da Humanidade. O racionalista com o seu estatuto de omnipotência coloca-se deste modo no limiar extremo da **tradição política da paixão** e no topo de um **governo telocrático** no sentido ascendente da Torre de Babel.

No âmbito da tradição política da paixão, e em complemento à explanação do carácter do racionalista, será ainda possível identificar uma importante confluência de **categorias morais** que concorrem para a compreensão de uma ordem subjacente à lógica descentralizada e ostensivamente não ideológica da obra *Rationalism in Politics*.

No que respeita à configuração da vida moral, o racionalista determina a sua acção pela «**aplicação reflectida de um critério moral**»([26]). Na realidade, existem duas variações ou modalidades morais — a «**busca auto-consciente de um ideal moral**» e a «**observância reflectida**

([25]) Michael Oakeshott, *The Politics of Faith & the Politics of Scepticism*, pp. 39–41.

([26]) Michael Oakeshott, «The Tower of Babel» in *Rationalism in Politics*, pp. 472–476; pág. 481.

de regras morais». Nesta busca auto-consciente, o racionalista seguirá princípios morais previamente estabelecidos e que constituem um sistema amplamente abstracto. A conduta humana será decidida na convergência de uma sucessão de problemas que exigem uma solução. Nesta perspectiva, a conduta moral implica a aquisição de uma «técnica moral», exige a determinação e o conhecimento de uma conduta de referência que funciona como permanente representação de uma «visão da perfeição». Sendo uma moral rígida, impenetrável à mudança, quando na ideologia moral o desígnio final entra em colapso, o resultado será objectivamente uma «revolução». Na narrativa oakeshottiana, a busca auto-consciente de um ideal moral terá capturado as energias morais da política moderna europeia para a real edificação da mítica Torre de Babel.

Na consideração de uma outra conformação moral, o racionalista expressa um idioma moral que encerra uma interpretação específica sobre a natureza e sobre o carácter humano([27]). Na leitura de uma «**moralidade do bem comum**», os indivíduos serão reconhecidos como centros de uma actividade independente, mas a aprovação da conduta moral não dependerá da prevenção das colisões entre indivíduos. Sempre que se verificarem colisões entre os interesses individuais e os «interesses da sociedade», haverá uma automática supressão da individualidade face ao bem supremo da sociedade. A moralidade do bem comum opera na interface entre o indivíduo e a sociedade, garantindo o predomínio do interesse geral. Deste modo, todos os indivíduos estarão empenhados na concretização de um empreendimento colectivo, único, uniforme, definitivo. O propósito final aprovado representa a condição geral e uniforme extensível à totalidade da conduta humana e designa-se, quer por «bem social», quer por «bem geral». A moralidade será tão-somente a arte da concretização e manutenção desta condição geral e final.

Revisitando a natureza e o carácter da conduta humana, o universo moral do racionalista será habitado pelo típico militante anti-individual, ou na peculiar expressão de Oakeshott o «individual *manqué*», aquele que, pela incapacidade para o exercício da escolha e pela

([27]) Michael Oakeshott, «The Moral Life in the Writings of Thomas Hobbes» in *Rationalism in Politics*, pág. 297.

objectiva superioridade numérica, acabará por corresponder à imagem do «homem de massas»([28]). A «**moralidade do anti-indivíduo**» corresponde à **moral da «igualdade» e da «solidariedade»** e na qual prevalece como núcleo central o desenho de uma condição substantiva das circunstâncias humanas. Esta condição substantiva corresponderá com rigor à definição de um «bem público comum» que deverá ser idealizado e respeitado com a dignidade de uma «entidade independente». O bem público comum não corresponde à agregação dos interesses individuais, mas será um desígnio supra-individual, estabelecido em abstracto e que terá uma lógica inquestionável e uma dinâmica inabalável. Na moralidade do anti-indivíduo não existe espaço para a auto-estima, nem lugar para o respeito pelo semelhante, para a caridade ou para a benevolência, porque o sentimento total e global aponta para o «amor à comunidade». Sendo uma moral radicalmente igualitária, a moralidade do anti-indivíduo estipula apenas a exclusiva uniformidade de uma «réplica». Ou seja, na lógica inerente ao estatuto das «unidades anónimas da comunidade», cada anti-indivíduo reconhece no outro apenas uma réplica de si mesmo — eis um mundo moral onde só nascem «cidadãos» e «camaradas». O anti-indivíduo será sempre o *homem a débito*, o sujeito de uma dívida para com a comunidade, alguém que desde o primeiro momento recebe uma herança na qual não teve qualquer intervenção na respectiva acumulação, mas que, por maior que seja a magnitude das futuras e subsequentes contribuições, jamais conseguirá sequer igualar uma parcela daquilo que usufruiu. Na mecânica da moralidade da *solidarité commune*, o anti-indivíduo morre necessariamente insolvente.

Em todas as categorias morais subsidiárias de uma visão racionalista será detectável uma matriz moral em que se expressa a disposição para a submissão do indivíduo a um factor próximo do aristotélico *telos*, condição em que os sujeitos convergem numa associação cujo propósito final consiste na busca moral de uma excelência comum([29]). A configuração do *telos* racionalista revela-se então no conceito de

([28]) Michael Oakeshott, «The Masses in Representative Democracy» in *Rationalism in Politics*, pp. 373–376.

([29]) Michael Oakeshott, «Logos and Telos» in *Rationalism in Politics*, pág. 355; pág. 358.

actividade política que se projecta e prolonga através da imposição de uma condição geral e uniforme de perfeição moral extensível à totalidade da conduta humana.

Considerando as disposições morais no âmbito da consolidação da política moderna europeia, será interessante a afirmação de uma interpretação que associa o *ensemble* dos ensaios de *Rationalism in Politics* ao *ensemble* das conferências reunidas na obra *Morality and Politics in Modern Europe — The Harvard Lectures*. Em rigor, o esforço interpretativo converge no sentido de uma *expansão* dos temas e das teses, de tal forma que *Rationalism in Politics* assume um papel de *pivot* na compreensão da teoria moral e política de Michael Oakeshott.

Como tal, e considerando *Morality and Politics in Modern Europe* nesta exacta perspectiva, observa-se desde logo a eclosão de uma «**moralidade do colectivismo**» no percurso histórico da moral subjacente à política moderna([30]). A moral do colectivismo resulta de uma integração ou associação da moralidade do bem comum com a moralidade do anti-indivíduo, categorias descritas como disposições morais separadas e autónomas na economia do argumento em *Rationalism in Politics*. Deste modo, o racionalista surgirá associado a uma *categoria moral composta*, uma categoria ontologicamente mais profunda e politicamente mais absoluta. Na percepção oakeshottiana, a configuração da moralidade implica uma conformação política relativamente ao ofício do governo, e por esta ordem de razões, o comentador constata a adopção de um efeito de *scale-up* normativo entre o moral e o político. Assim, nas contingências e circunstâncias do percurso da política moderna, Oakeshott regista a formação de uma polaridade constitutiva e designada por «**teoria política do colectivismo**»([31]). A «política do colectivismo» considera que o propósito do governo deverá passar pela imposição de um único e exclusivo padrão de conduta a todos os sujeitos, procedendo a uma organização total das acções e actividades do sujeito de modo a que estas entrem em sintonia e conformidade

([30]) Michael Oakeshott, *Morality and Politics in Modern Europe — The Harvard Lectures* (Org. Shirley Robin Letwin) (New Haven and London: Yale University Press, 1993), pp. 25–27.

([31]) Michael Oakeshott, *Morality and Politics in Modern Europe — The Harvard Lectures*, pp. 89–92.

com o padrão designado. A política do colectivismo terá como propósito a criação de uma comunidade, sendo que para tal empreendimento o governo deverá constituir-se como arquitecto do bem comum e como engenheiro da estrutura social. A construção do bem comum não contempla a hipótese da tolerância relativamente ao exercício de escolhas individuais, tanto mais que o bem comum representa a imposição de uma condição geral e uniforme de perfeição extensível à totalidade da conduta humana. Na escala crescente da avaliação moral e política dos sujeitos, o exercício das escolhas individuais, **o exercício individual da liberdade**, começa por ser uma perturbação, depois desobediência, a seguir dissidência, para finalmente atingir o irrevogável estatuto de crime. No vocabulário da tradição política da paixão, e por intermédio da disposição racionalista, a política do colectivismo completa desta forma mais uma face da complexa experiência de um **governo telocrático**.

Na transição da moral para a política, convirá referir que o racionalista propaga no seu entendimento da política a convicção de que o ofício do governo é uma «**actividade de ordem primária**», uma «**actividade substantiva**» a exercer sobre o universo dos sujeitos([32]). O governo na configuração de uma actividade primária exige a «**direcção centralizada**» do pleno das condutas individuais de forma a poder instituir um «**modo de vida total**», sendo o ofício do governo a manifestação do exercício burocrático e racional de uma «**administração pública**».

De novo em complemento à exploração do carácter do racionalista, será ainda possível identificar uma convergência de **categorias políticas** que concorrem para a compreensão de uma lógica subjacente à obra *Rationalism in Politics*.

Em presença da disposição racionalista, o **discurso político** observado terá de projectar a capacidade de convencer, deverá acima de tudo afirmar-se por ser necessariamente verdadeiro, quer pela evidência, quer pela demonstração. De inquestionável influência platónica, o discurso político racionalista recupera o **discurso político apodíctico**, exercitando um domínio do verbo que Oakeshott designa por «**discurso**

([32]) Michael Oakeshott, «The Concept of Government in Modern Europe» in *The Vocabulary of a Modern European State*, pp. 99–100.

político demonstrativo»([33]). O discurso político demonstrativo poderá surgir de dois modos distintos, consoante a configuração específica da **ideologia** que lhe serve de base: (**1**) A ideologia foco exibe um conjunto de axiomas e princípios de certificação absoluta e aplicação universal relativamente aos quais o mérito da proposta política deverá ser referenciado e estabelecido; (**2**) A ideologia foco reúne os recursos de uma informação categórica sobre a conduta humana, as circunstâncias do mundo e a sequência dos acontecimentos, permitindo a previsão das consequências de uma decisão política e, logo, a respectiva validação apriorística. Na primeira versão do discurso político demonstrativo, o desígnio politicamente desejável deverá ser simples, universal e imutável. Logo, a possibilidade de qualquer conflito entre diferentes ideais políticos e morais deverá ser expeditamente removido para permitir o estabelecimento de um discurso político com as características desejadas. O design do discurso político demonstrativo será a determinação da infalibilidade das decisões políticas, quer pela evidência do erro, quer pela demonstração da certeza. Para tal, pela remoção das contingências, pela designação de um ideal político, toda a situação política será constituída pela quantidade do ideal político incorporado, sendo que toda a decisão política passará pelo reconhecimento do conteúdo do ideal político presente e desejável. O discurso político demonstrativo opera deste modo através de um complexo de relações que se vão estabelecendo no interior de uma sequência de conceitos abstractos, cuja certeza e previsibilidade será directamente proporcional ao respectivo grau de abstracção. De certo modo, o discurso político demonstrativo representa à superfície da experiência política a infalibilidade filosófica que repousa na perfeição que se eleva da *volonté general*. Na segunda versão do discurso político demonstrativo, a informação categórica convocada em suporte do exercício de dissertação sobre a certeza política reside no enunciado das «***leis*** **da conduta humana**» ou na formulação das «***leis*** **da mudança social ou desenvolvimento**»([34]). A analogia construtivista reside no reconhecimento da superioridade de uma metodologia similar aplicada na biologia e na genética. Na presença

([33]) Michael Oakeshott, «Political Discourse» in *Rationalism in Politics*, pp. 82–85.

([34]) Michael Oakeshott, «Political Discourse» in *Rationalism in Politics*, pp. 85–87; pág. 95.

comprovada da eficiência destas leis será então possível o diagnóstico das situações políticas; estará finalmente ao alcance do racionalista a consideração das consequências de uma decisão política no sentido da avaliação e da previsão das respectivas tendências, seja pela identificação de uma propensão divergente relativamente ao desígnio político, seja pela confirmação de uma vocação convergente com o propósito político. A política transforma-se na aplicação de um *protocolo científico* no perímetro de um imenso *laboratório social* — a política afirma deste modo uma total autonomia, completamente emancipada da pluralidade de opiniões, plenamente libertada das conjecturas e das refutações. Em complemento, o conhecimento destas leis permitirá ainda o domínio sobre o conjunto das circunstâncias humanas, de tal forma que a consequência das decisões políticas poderá ser controlada com a minúcia ínfima do detalhe, declarando-se assim a abolição das consequências não intencionais. Desde logo, sublinhe-se o *continuum* que se estabelece entre o discurso político e a decisão política — não existe efeito de mediação entre a palavra e a acção. Mas mais relevante ainda será a conjugação do discurso político demonstrativo com a sugestão de que as escolhas políticas poderão ocorrer por inferência lógica com base em princípios e em leis abstractas. De todos os ângulos será observável uma transferência da responsabilidade das escolhas políticas, do indivíduo para uma entidade abstracta. Na visão moral de Oakeshott, este processo de transferência poderá implicar a objectiva corrupção, quer do indivíduo, quer da prática política. Na visão do comentador, no discurso político demonstrativo operacionaliza-se a extinção da responsabilidade individual, naquilo que configura objectivamente uma variante ao *positivismo moral* popperiano. Na **tradição política da paixão**, o discurso político demonstrativo será um instrumento essencial ao propósito de um desígnio final substantivo, logo um recurso fundamental ao exercício de um **governo telocrático**.

Na sequência da moralidade do anti-indivíduo, do carácter do homem de massas e da moralidade do bem comum, Oakeshott constata a formação específica de uma categoria política que designa por «**governo popular**»([35]). O anti-indivíduo anseia por uma condição

([35]) Michael Oakeshott, «The Masses in Representative Democracy» in *Rationalism in Politics*, pp. 377–378.

substantiva das circunstâncias humanas, na qual a necessidade de realização de escolhas individuais seja um *luxo excedentário* e como tal erradicado do âmbito particular do sujeito. O anti-indivíduo não encontra lógica ou motivo para a celebração da «procura da felicidade», algo que observa como uma incomodidade, mas deseja intensamente por uma condição que lhe permita o «desfrutar da felicidade». Projectando o seu carácter, o anti-indivíduo associa este estado geral dos assuntos humanos com o atributo da «**Segurança**», não segurança contra a interferência arbitrária no exercício individual das preferências, mas certamente Segurança em relação ao facto de ter de realizar escolhas de modo a enfrentar as vicissitudes da existência apenas com os recursos individuais próprios. Assim, o anti-indivíduo reclama pela definição de um direito específico e apropriado à interpretação do seu carácter — **o direito de existir nos limites de um «protectorado social» *livre* do esforço e da responsabilidade inerentes ao exercício da «auto-determinação»**. A Segurança no centro da reivindicação do anti-indivíduo representa uma condição substantiva, implica um desígnio singular, mas prolonga sobretudo uma genuína e radical condição de igualdade extensível e aplicável sem excepção à totalidade dos sujeitos. Será a lógica da réplica elevada ao estatuto universal do homem no mundo — *o que tu és, todos virão a ser.*

A Segurança assumida como um direito pelo anti-indivíduo, pelo homem de massas, exigirá a definição de um padrão geral de conduta designado por «bem público», tarefa que recairá no âmbito da jurisdição do governo popular([36]). A instituição do governo popular exige o estabelecimento do «sufrágio universal», uma dedução lógica tanto mais que o poder do homem de massas reside precisamente no seu número. Depois, o representante eleito não será um *indivíduo*, mas será sim um *mandataire* responsável pela imposição da condição substantiva das circunstâncias humanas em sintonia com os requisitos do homem de massas. Na concepção do governo popular, o parlamento não deverá assumir o estatuto de uma assembleia deliberativa onde se confrontam, em debate, um conjunto de propostas rivais; o parlamento deverá ter o génio e a força de um *workshop*, a oficina e a fábrica

([36]) Michael Oakeshott, «The Masses in Representative Democracy» in *Rationalism in Politics*, pp. 378–380.

politicamente ao serviço da supremacia do bem público. No entanto, estes dispositivos políticos não constituem garantias suficientes para o anti-indivíduo. No carácter do homem de massas reside a tendência para identificar em todo e em cada sujeito a figura de um potencial «funcionário público», um agente ao serviço da grande causa do «bem público», do mesmo modo que existe a propensão para considerar os respectivos representantes não como *indivíduos*, mas sim como comissários ou delegados passíveis de instrução. De forma similar, no carácter do homem de massas verifica-se a disposição para reconhecer em cada votante o estatuto de participante directo na actividade da governação, sendo que a arquitectura política que permite e viabiliza tal participação será, para o homem de massas, a implementação do instrumento político do *plebiscite*. Portanto, o governo popular envolverá a formação de uma assembleia eleita por sufrágio universal, cuja composição integra uma colecção de delegados passíveis de instrução e permanentemente «flanqueados» pelo dispositivo político do plebiscito — eis a contrapartida política do homem de massas. A estrutura política do governo popular vai ao encontro do maior desejo e da maior ansiedade do anti-indivíduo — a ilusão da escolha isolada da realidade da escolha; a ilusão da escolha separada da responsabilidade de ter de escolher.

Na leitura oakeshottiana, o delegado controlado por instruções prévias e o plebiscito serão dispositivos políticos que operam no sentido de evitar a necessidade do exercício da escolha. Desde a respectiva instituição, o conceito de *mandato* não será mais do que pura ilusão. Em virtude do carácter do homem de massas, este será totalmente incapaz de decidir sobre as escolhas a incluir na minuta política do delegado. Sempre que a disposição de um governo popular domina a cadência das interacções políticas, será precisamente sobre o prospectivo delegado que recairá a responsabilidade de redigir o conteúdo político do mandato. No entanto, através de uma transferência em tudo equivalente à prática de um «ventriloquismo» político, as instruções políticas, por expediente e conveniência, *retornam* à mente do homem de massas e pelo seu discurso entram por ilusão no grande palco da política. De um modo exemplar e simétrico, o plebiscito não garante o domínio do controlo do homem de massas sobre os detentores do governo popular. O plebiscito será mais um método político com um elevado índice de proficiência na geração de um governo com poderes ilimitados na suposta prossecução das necessárias escolhas no sentido e no interesse do homem de massas. O plebiscito representa a **libertação** definitiva dos vínculos e das exigências da individualidade. Na perspectiva do autor, todo este «dispositivo constitucional» institucionaliza em práticas e protocolos a «arte de liderar» no entendimento do idioma político moderno. Na interpretação do comentador, para além da Segurança, este desenho político garante ainda ao homem de massas uma espécie de suspensão ou modificação da condição humana, o que constitui um assinalável progresso no sentido do desígnio final da Salvação. Ao longo da leitura oakeshottiana do governo popular, será impossível não detectar o espectro de Rousseau e a sombra permanente de uma *volonté general* no diligente ofício de construção dos arranjos políticos. Finalmente, e na **tradição política da paixão**, o carácter do racionalista enquanto individual *manqué* parece preencher os requisitos necessários à *performance* política do delegado, sendo que na disposição geral o racionalista se apresenta como paradigma por excelência da figura política do comissário, perfeitamente enquadrado na causa pública do governo popular. E pelo detalhe de uma geometria institucional, o governo popular revela mais uma face do carácter de um **governo telocrático**.

Considerando as disposições políticas no domínio genérico da consolidação da política moderna europeia, será relevante a asserção de um entendimento que associa o *ensemble* dos ensaios de *Rationalism in Politics* à natureza das reflexões de Oakeshott explicitadas na obra *The Politics of Faith & the Politics of Scepticism*. Em rigor, o esforço interpretativo converge no sentido de uma *expansão* das teses e dos temas, de tal forma que, uma vez mais, *Rationalism in Politics* possa assumir o papel de *pivot* na compreensão da teoria política de Michael Oakeshott.

Como tal, e considerando *The Politics of Faith & the Politics of Scepticism* com a concisão desta perspectiva, observa-se desde logo o despontar de uma «**política da fé**» no percurso concreto da afirmação histórica da política moderna([37]). A política da fé apresenta-se

([37]) Michael Oakeshott, *The Politics of Faith & the Politics of Scepticism*, pp. 23–24; pág. 55.

como a realização da actividade do governo ao serviço da perfeição da Humanidade. Este estilo de governo afirma que a perfeição, a salvação, será uma condição substantiva do sujeito no mundo, uma condição em que o sujeito atinge o desígnio da redenção na própria história. Eis um estilo de política que afirma sem limitações o pleno da concepção de um **pelagianismo político**. Assim, nesta percepção da política, o homem será totalmente responsável pela sua salvação e, portanto, não necessita da Graça Divina para atingir tal propósito. Ao nascer *moralmente neutro*, ao revelar a capacidade para o controlo total das respectivas acções, o homem será repositório da perfeição e objecto da salvação. Na política da fé, o governo enquanto entidade omnisciente e omnipotente, será o agente supremo ao serviço exclusivo da perfeição e da salvação. O ofício do governo será então um exercício minucioso, inquisitivo, incomplacente, e numa alusão a Jeremy Bentham, a sociedade será um gigantesco *Panopticon* e os governantes serão os mais diligentes *Panoverseers*([38]). Na política da fé, o estilo de governação é «sério», integrado na «vida normal», a política um argumento onde o contraditório não conhece lugar([39]). Mais ainda, na disposição da política da fé observam-se algumas tendências características — ausência de escrúpulos; suspeição relativamente à formalidade na governação; percepção da «letra da lei» como uma obstrução à realização do desígnio final; aversão à participação de «amadores» nos assuntos da governação; preferência pela prevenção sobre a punição; ausência de aversão relativamente ao instrumento da legislação retrospectiva; predominância do interesse pelo futuro. Na tradição da política da paixão, na confluência da disposição racionalista, a política da fé percorre transversalmente e de uma forma implícita o temperamento político da obra *Rationalism in Politics*. Subjacente ao idioma político racionalista, a política da fé configura uma síntese que integra e combina um complexo elenco de categorias morais e políticas. Do ponto vista estritamente político, a política da fé representa a efectivação máxima do expoente superlativo de um **governo telocrático**.

([38]) Michael Oakeshott, *The Politics of Faith & the Politics of Scepticism*, pág. 29.

([39]) Michael Oakeshott, *The Politics of Faith & the Politics of Scepticism*, pág. 56; pág. 111.

A descrição de uma omnisciência, e de uma omnipotência, intrinsecamente constitutiva da polaridade histórica da política da fé, motiva imediatamente a leitura de uma actividade política que convoca a designação clássica da *hubris*. Na narrativa oakeshottiana, a reflexão passará então a centrar-se na rectificação e na descrição de uma *nemesis* observável nas intimações do estilo político da fé — a *nemesis* constitui a manifestação do estilo na sua forma mais pura e extrema, revelando as contradições internas que provocam o colapso moral e a auto-destruição política([40]). Serão várias as manifestações da *nemesis* da política da fé, nomeadamente: (1) O governo total ao serviço da perfeição redunda, não num estilo de política, mas na efectiva **abolição da política**; (2) Na busca da perfeição exige-se o domínio e a submissão da sociedade de tal modo que o governo se confunde com uma **força da natureza**; uma força da natureza perpetuamente activa na correcção dos desvios ao padrão, uma actividade que desperta na política da fé a génese do **terror**; (3) A condição exclusiva das circunstâncias humanas designada por perfeição terá um carácter e validade permanentes; não reconhecendo as contingências da história, este estilo de política actua na certeza imperiosa da eternidade, um modo de acção que transforma a política da fé na **política da imortalidade**; (4) O zelo da perfeição exige do sujeito devoção, gratidão e amor; no desígnio final da perfeição, o sujeito tudo deve ao governo e sem ter a possibilidade de retribuição — eternamente devedor, a alegria transforma-se em **angústia** e a gratidão degenera em **ódio**; (5) A segurança do sujeito implica o controlo total da conduta de acordo com o paradigma da perfeição; logo, a absoluta segurança representa a **absoluta precariedade** e também a **absoluta submissão**; (6) Se a actividade moral exige o preceito de um princípio de auto-limitação, a política da fé será estranha a esse princípio; como consequência, o desígnio moral da perfeição assume o perfil de um **projecto em permanente busca e expansão do poder**, constituindo este propósito a **enfermidade moral** da política da fé. Na **tradição política da paixão**, na convergência do carácter racionalista, a *nemesis* da política da fé representa o crepúsculo entre o dia e a noite, entre a perdição e a salvação, entre Apolo e Dioníso,

---

([40]) Michael Oakeshott, *The Politics of Faith & the Politics of Scepticism*, pp. 90--105.

e exprime o sentimento político de uma sociedade onde *il n'y a que de cadavres ou de demi-dieux*. No extremo do **governo telocrático** existe uma Torre de Babel que acolhe sob a sua sombra parte do *coração político* de *Rationalism in Politics*.

Numa primeira ordem de leitura, o idioma político conceptual que explana a reflexão sobre o racionalista poderá apontar para a elucidação de uma disposição histórica e politicamente situadas — nomeadamente, no eixo de uma conjuntura específica e particularmente associada às vicissitudes políticas do século XX. No entanto, o argumento oakeshottiano terá uma outra profundidade no tempo, uma dimensão que só se revelará na sua plenitude quando ao idioma político conceptual se adiciona e sobrepõe a sequência de uma narrativa histórica e política. A imagem complexa resulta de uma sobreposição de duas ilustrações distintas na aparência, mas inseparáveis na essência. A intersecção do texto com a profusão do contexto permite um entendimento da disposição racionalista, não como um fenómeno exclusivamente contemporâneo, mas certamente como a configuração actual de um carácter inserido numa determinada tradição — a **tradição política da paixão**. Neste esforço de interpretação, uma interpretação implícita na análise, mas que justifica uma explicitação reveladora da verdadeira amplitude do argumento, deve o comentador relembrar a realidade do Estado moderno europeu emergindo das preferências e das escolhas dos indivíduos a partir dos séculos XV–XVI; deve ainda o exacto comentador remeter para a exploração prévia do conjunto de circunstâncias que terão estado na base da convicção e formulação de um **governo telocrático**. Para que a percepção política do tema possa transmitir a sequência de um movimento inscrito na dinâmica do tempo será finalmente de capital importância a referência às sucessivas **versões da governação telocrática**([41]). Na narrativa de Oakeshott, a concretização do governo telocrático começa por surgir suportada na justificação de um «**idioma religioso**». Na fortuna deste idioma, a condição substantiva e uniforme das circunstâncias humanas deverá difundir um sentimento de «**rectidão**» e «**probidade**» como pilares da nova

([41]) Michael Oakeshott, «The Office of Government (1)» in *Lectures in the History of Political Thought*, pp. 475–482.

«**comunidade dos justos**». A Genève de Calvin e Beza no século XVI, a Zurich de Zwingli, os Puritanos Britânicos no século XVII, são exemplos de uma «**versão puritana**» na convicção telocrática e na afirmação dos assuntos do governo. Uma segunda versão de telocracia será o «**despotismo iluminado**», o «**absolutismo iluminado**» ou simplesmente o «**governo iluminado**», e que deverá ser referido, a benefício do rigor, que se trata de uma versão que surge num «**idioma secular**». Sendo uma convicção moderna que terá origem no século XVI, atinge o pleno do esplendor na Europa dos séculos XVII e XVIII, tendo como primeiros e proeminentes teorizadores uma escola de pensadores e escritores originários da Alemanha — os Cameralistas. O princípio essencial ao governo iluminado será o de que o governante não se posiciona como servidor de Deus ou dos sujeitos sobre os quais exerce o seu domínio, uma vez que assume o carácter de guardião de uma «**causa**». A causa será, uma vez mais, uma condição substantiva e uniforme das circunstâncias, e que o autor reconhece ser o «bem-estar» e a «felicidade», numa versão inicial e rudimentar do contemporâneo «Estado de bem-estar». Sem espaço para preferências ou escolhas individuais, o governante exerce o ofício do governo sobre uma *canaille* obscurantista, conferindo-lhe protecção, organização, educação, em suma, segurança. Com tal finalidade no horizonte próximo e distante, o governo iluminado promove a definição de «políticas sociais» com o desígnio da realização do propósito final. No entanto, a iluminação do governo esclarecido manifesta-se igualmente na concepção dos novos meios que deverão completar a prossecução de um entendimento telocrático do ofício do governo. E neste campo específico, os Cameralistas serão uma referência central, e central porque inspiraram e difundiram a convicção de que o governo de um Estado constitui uma «operação *científica*», uma actividade com os contornos de uma «engenharia social» — e a *ciência* convocada para tal tarefa passa pelo entendimento de uma «ciência da administração» pública. Em certo sentido, o «Despotismo Benevolente» que Oakeshott reconhece nos *philosophes* poderá ser relacionado com propriedade a este ramo da tradição política telocrática([42]). Uma outra versão do governo telocrático, embora próxima do governo iluminado, distingue-se, no entanto, pelo

---

([42]) Michael Oakeshott, «The new Bentham» in *Rationalism in Politics*, pág. 137.

propósito final a inscrever na realidade. Nesta configuração, todos os meios devem ser reunidos e orientados para a máxima exploração dos recursos naturais do Estado no sentido da «**produtividade**» e do «**desenvolvimento**» — sublinhe-se que os próprios sujeitos serão considerados como recursos naturais do Estado na «grande batalha da produção». O principal representante desta concepção será Francis Bacon, logo no século XVI, uma reflexão que haveria de se tornar fundadora e recorrente na literatura política. Esta variação telocrática estará entre o idioma religioso e o idioma secular, uma vez que o dever de exploração dos recursos naturais resulta de uma «imposição» de Deus sobre a Humanidade. De certa forma, o subsequente desenvolvimento da concepção original de Bacon terá evoluído no sentido de uma certificação no idioma secular. Nesta «**versão produtivista**» da telocracia, o Estado será perspectivado como uma «economia» e o governo cumprirá as funções de um «director executivo» do empreendimento. Por outro lado, e embora com intimações no século XVII, já no século XIX terá surgido uma outra variação do entendimento telocrático, nomeadamente aquele que Oakeshott denomina por «**versão distributivista**». A condição substantiva das circunstâncias passará nesta variante pela imposição de uma ideia de «igualdade» e novamente de «segurança». Na visão oakeshottiana, todas estas versões da percepção telocrática do governo pertencem ao património da política moderna europeia, de tal modo que todas continuam activas e todas apresentam uma falange de adesões contemporâneas. No entanto, em pleno século XX, o ofício de um governo telocrático, mais do que uma doutrina coerente, constituirá uma antologia de todas as convicções que ao longo da experiência política moderna foram enriquecendo a tradição política da paixão através das múltiplas contribuições para a compreensão telocrática da governação. De acordo com Michael Oakeshott, a «colecção heterogénea de convicções» designada por socialismo contém certamente uma óbvia e incontornável disposição telocrática —, mas as versões puritana, iluminada, produtivista e distributivista deixaram de se distinguir com a claridade cortante de uma identidade política autónoma.

Perante as sucessivas versões da governação telocrática, poderá afirmar-se que o racionalista terá um longo futuro atrás de si. Interessante no entendimento oakeshottiano será a percepção do racionalista como o padrão actual de um carácter histórico, sucedendo a uma diversidade de configurações de acordo com as contingências e circunstâncias políticas de cada época. O racionalista não poderá ser reduzido a uma dicotomia ideológica situada historicamente no século XX — para além da perspectiva redutora, esta interpretação encerra talvez uma visão também ela empenhada na confrontação política que assinalou o século. Impossível de ignorar na análise do autor será certamente o argumento religioso. O governo telocrático começa como a expressão política de um idioma religioso, transitando gradualmente para a afirmação política num idioma secular. Ou seja, um fenómeno que terá uma primeira expressão no âmbito de um radicalismo político religioso, transforma-se com o tempo na representação de um radicalismo político secular de cariz anti-religioso. O processo de secularização referido justifica a passagem da **idade da fé** para a **idade da razão**, mas explicita também a mudança da **política da religião** para a **religião da política**. Assinala-se deste modo, no âmbito das ambiguidades e ambivalências da política moderna, o aparecimento do fenómeno que Eric Voegelin virá a classificar como «religiões políticas» e Raymond Aron virá a denominar por «religiões seculares». Na consideração do argumento, a identificação por Oakeshott de uma política da fé como pólo constitutivo da política moderna europeia, bem como a referência do comentador a uma tradição política da paixão, ganham subitamente uma outra densidade política e uma apreciável profundidade histórica, muito para além dos circunstancialismos conjunturais da configuração política do século XX.

Face ao contexto anterior, o racionalista na sua auto-suficiência racional será o depositário político de uma tradição política telocrática, cuja origem se situa no epicentro das dissensões religiosas que marcaram e dividiram a Europa no contexto da Reforma. Alguma ironia do argumento reside no facto de que a Razão racionalista poderá descender em linha directa, por via da política da fé e da tradição política da paixão, da auto-consciência de uma Fé Puritana. Pela identificação da categoria política telocrática, a subtil análise de Oakeshott permite o estabelecimento de uma relação política entre a Fé e a Razão, conferindo uma consistência e um conteúdo político substantivo à expressão de que o *racionalista pensa que sabe, só não sabe que acredita*. Na transição da mecânica celeste para a mecânica terrestre, com o enquadramento pleno de um idioma secular, muitas vezes próximo de uma disposição geral quase deísta, o racionalista mantém uma atitude que suporta a convicção de que o mundo natural funciona como um imenso mecanismo regido por leis que apenas a ciência poderá revelar. A política não escapa a esta concepção e a assimilação da política a um ramo da engenharia, algo que constitui o mito político racionalista por excelência, mantém a coerência da interpretação oakeshottiana do carácter próprio do racionalista.

Recorrendo à inspiração de George Weigel, e na sequência da tradição política telocrática, o racionalista afastou-se da assimetria das catedrais e terá adoptado a simetria recta dos ângulos de um cubo. No sentido estritamente político, detentor de uma fé irracional na Razão, o racionalista poderá exibir a aparência de um novo estilo político, poderá recorrer ao radicalismo de um discurso actual e permanentemente actualizado face à realidade do momento, poderá mesmo reivindicar o exclusivo final de uma interpretação da política na sua configuração científica superior, infalível, racional, perfeita, uniforme, original, única e eficiente no processo de manipulação das condutas humanas no trajecto de emancipação e no percurso de redenção da Humanidade. No entanto, o racionalista permanece na essência e no conteúdo como o representante de uma longa linhagem de governantes telocráticos.

II.3. O Conservador em Política. O Labirinto do Mundo e as Contingências da Imperfeição

«**On Being Conservative**» é um título politicamente enigmático. O simples contacto com a designação remete o comentador para uma dimensão do *ser* que aponta para a ideia de um carácter, de uma disposição específica; mas também promove a percepção de um *sendo* que se prolonga no exercício da prática e na experiência do tempo. Uma observação mais cuidada detecta ainda a ausência de uma essência abstracta, a recusa de uma proclamação de princípio; a mesma observação que pressente a continuidade de um percurso, a ideia concreta de uma conduta que desconhece a origem de um momento primeiro, tal como ignora o desígnio de uma circunstância final. Apelando ao sentido de uma certa imaginação política, no título de Oakeshott está incorporada a reflexão de Bernard Williams quando o filósofo intitula um dos seus ensaios com a superior declaração «In the Beginning Was the Deed»([43]) — politicamente uma afirmação do primado da prática e de uma consciência individual face ao domínio de um construtivismo fundacional e abstracto. Na designação «On Being Conservative» existe implícito um preceito político que persiste e subsiste na experiência prática com a flexibilidade e a extensão de um *ser no tempo*. Assim, ao convocar-se a tradição política do cepticismo, verifica-se de forma algo evidente um efeito de *alongamento* que atravessa e revela a espessura do tempo inscrita no ensaio «On Being Conservative».

Dispensando desde o primeiro momento o idioma geral de uma crença, convicção ou doutrina, Oakeshott propõe uma reflexão sobre aquilo que designa como «**disposição conservadora**». O centro da disposição conservadora reside na propensão para usar, usufruir e desfrutar das circunstâncias observadas e disponíveis no presente([44]). Não existe uma nostalgia pelo passado nem um entusiasmo pelo futuro, não se vislumbra uma idolatrização do passado nem uma idealização do futuro; o que será objecto de estima é o presente enquanto representação de uma **familiaridade** com o mundo. Quanto mais extensos são os recursos disponíveis no presente, maior também será a percepção do risco evidente que alimenta um **sentimento de perda**. A disposição conservadora será então a atitude mais consentânea com a personalidade de um indivíduo perfeitamente consciente das contingências da perda como um facto corrente e provável na familiaridade de um mundo que se habituou a estimar. A disposição conservadora será a postura mais apropriada ao indivíduo suficientemente afluente em oportunidades, mas que não atinge a opulência da imunidade que o torne indiferente à eventualidade da perda. A disposição conservadora será mais «natural» na maturidade e menos usual na juventude, do mesmo modo que poderá ser ténue e débil quando por ignorância ou distracção o mundo se apresenta ao indivíduo como uma celebração da injustiça, ou como

---

([43]) Bernard Williams, «In the Beginning Was the Deed» in *In the Beginning Was the Deed — Realism and Moralism in Political Argument* (Org. Geoffrey Hawthorn) (Princeton and Oxford: Princeton University Press, 2005), pp. 18–28.

([44]) Michael Oakeshott, «On Being Conservative» in *Rationalism in Politics*, pp. 408–409.

um «resíduo de inoportunidades». Em alguns indivíduos, esta disposição representa uma escolha deliberada; noutros, será uma disposição que emerge das preferências e das desafeições, não sendo objecto de escolha nem de recurso especificamente cultivado. Como tal, este modo de estar no mundo implica uma determinada atitude relativamente à **mudança** e à **inovação**([45]) — a mudança denota alterações nas circunstâncias que implicam no indivíduo a inevitável flexibilidade de uma necessária acomodação; a inovação reflecte um processo em que a mudança será corpo de um design premeditado e de uma execução deliberada. A disposição conservadora, ao privilegiar uma predilecção e uma ligação ao presente, consolidada numa ideia de **continuidade**, tenderá a perspectivar com desafecto o factor da mudança, mudança que representa de modo inequívoco a contingência de uma **privação**. Sem se confundir com os requisitos da imobilidade, e como consequência de uma postura prudencial, o conservador exibe uma dose apropriada de tolerância relativamente a mudanças parciais, reversíveis e delimitadas no tempo, em detrimento da ilustração dos grandes esquemas abstractos e de âmbito global — na linguagem de Karl Popper, o conservador equaciona a moderação de uma **engenharia social parcelar** e recusa o radical exercício de uma **engenharia social utópica**. Refira-se a este propósito que a tolerância específica do conservador relativamente ao facto da inovação aumentará na proporção em que o processo de inovação converge na proximidade do parcial e na delimitação do tempo; ou seja, quando o global se torna local e a utopia se transforma na gradação de uma dimensão parcelar — numa expressão, quando a inovação reflecte o carácter de uma mudança. Assim, na referência a Popper existe uma intenção ontológica e política significativa, tanto mais que no temperamento conservador a aversão à mudança será parte integrante de uma atitude mais abrangente de acomodação à própria mudança. Dito de outro modo, a mudança representa uma permanente ameaça à **identidade**, sendo que cada mudança se projecta como um emblema da extinção. Mas a identidade do indivíduo ou da comunidade não será mais do que a narrativa ininterrupta das contingências, continuamente submetida ao arbítrio das

---

([45]) Michael Oakeshott, «On Being Conservative» in *Rationalism in Politics*, pp. 409–412.

circunstâncias agindo sobre uma significativa proporção de uma recorrente familiaridade. A preservação da identidade não estabelece a estagnação do indivíduo ou comunidade na segurança inexistente de uma «fortaleza», estipulando sim que a conservação da identidade se faça utilizando o património da experiência face à incerteza de um destino em aberto. A conservação da identidade implica precisamente a afirmação da identidade através de uma inovação prática que comprova a tentativa de um ensaio político no sentido de um sempre volátil e hipotético controlo da mudança. Existe uma aparente tensão entre os termos da identidade, da inovação e da mudança no argumento oakeshottiano, uma tensão imediatamente sublimada quando se procede ao *alongamento* da conjectura e se consegue identificar a presença silenciosa e decisiva do pensamento político de Edmund Burke — «A state without the means of some change is without the means of its conservation»([46]). Deste modo, confirma-se no indivíduo de temperamento conservador o reconhecimento do predomínio de uma disposição para desfrutar, jamais se revendo na exuberância de uma predisposição para explorar. E na consumação da tradição de Burke, confirma-se ainda a disposição conservadora consubstanciada no exercício permanente de uma «**prudência racional**». Mas numa sociedade industriosa e «progressiva» caracterizada por uma luxuriante obsessão com a mudança, haverá ainda lugar para o ingrediente do conservadorismo no elenco das preferências humanas? Na visão oakeshottiana, a resposta será afirmativa, e sobretudo afirmativa no domínio daquelas actividades em que o propósito se concentra na exercitação de uma prática apenas e exclusivamente pelo benefício ou prazer inerentes à fluência da prática em si mesma e por si só. Não existe, pois, a motivação de uma recompensa, de um prémio ou de um desígnio final, para além do exclusivo desfrutar da experiência([47]). Convocando a fortuna da familiaridade, o preceito da duração do tempo e a essência do ritual, a actividade não terá assim uma perspectiva utilitarista, mas terá com certeza a vibração de uma vinculação moral e dramática. Na asserção desta lógica, a política entendida como o tempo ritual e familiar de

([46]) Edmund Burke, *Reflections on the Revolution in France*, pág. 21.

([47]) Michael Oakeshott, «On Being Conservative» in *Rationalism in Politics*, pp. 415-418.

uma **conversação** representa a compreensão e a prática de uma actividade intrinsecamente compatível com a disposição conservadora. Na prossecução da narrativa oakeshottiana, o autor passará a dissertar sobre a distinção entre «**instrumentos**» e «**projectos**»([48]). A disposição relativamente aos instrumentos será apropriadamente conservadora, uma vez que a respectiva concepção se dirige ao preenchimento das necessidades de toda uma classe de projectos. Enquanto os projectos são matéria onde se reflecte por excelência a *driving force* de uma inovação abstracta e global, os instrumentos exibem uma continuidade no tempo que torna inteligível a exigência de uma perícia na utilização que será inseparável da prática e, logo, de um nexo de familiaridade. A familiaridade é a essência da plural diversidade associada à versatilidade dos instrumentos — na medida em que o indivíduo tem por natureza uma propensão para utilizar instrumentos, o indivíduo afirma na plenitude uma disposição a todos os títulos conservadora. Mas existe uma categoria específica de instrumentos a que Oakeshott atribui uma importância e uma atenção particular, nomeadamente os instrumentos que designa por «**regras gerais de conduta**»([49]). A familiaridade que emerge deste instrumento relaciona-se com uma relativa imunidade à mudança, o que confere às regras gerais de conduta uma suprema adequação à regulação de procedimentos, rotinas, hábitos de conduta, tradições de comportamento. Uma tendência para manifestar uma disposição conservadora relativamente a esta ordem de actividades enquadra-se naturalmente no domínio de uma prudência racional. A virtude cardeal destes arranjos reside no facto de serem fixos e familiares, permitindo estabelecer e satisfazer um elenco alargado de expectativas, proporcionando uma ordenação dos discursos considerados relevantes, bem como a prevenção de colisões extraordinárias que convergem na conservação das motivações da conduta humana. No entanto, as regras gerais de conduta são resultantes da reflexão e da escolha e como tal poderão ser susceptíveis de um eventual processo de «inovação», mas sempre com base na observação das intimações da

([48]) Michael Oakeshott, «On Being Conservative» in *Rationalism in Politics*, pp. 418–419.

([49]) Michael Oakeshott, «On Being Conservative» in *Rationalism in Politics*, pp. 421–422.

experiência corrente. Não existindo nenhum elemento «sacrossanto» na respectiva constituição, o seu valor reside na estabilidade e na continuidade, o que justifica uma atitude de alguma advertência e muita circunspecção relativamente à pretensa «inovação» — uma «inovação» que se reveste de uma ocasião rara e que deverá ser precedida pela prévia suspensão das operações da regra.

A disposição conservadora de Oakeshott transporta a identidade de um **conservadorismo natural** perfeitamente compatível com a interpretação que John Kekes faz, não apenas do conceito, mas sobretudo da prevalência de uma ideia concreta que se materializa numa atitude prática relativamente ao mundo e face às contingências e circunstâncias do presente([50]). Será precisamente a partir desta perspectiva de um conservadorismo natural que Oakeshott reorienta a sua reflexão no sentido da «construção» de uma **disposição conservadora em política**. A disposição conservadora em política não implica o suporte de uma convicção geral sobre o universo, nem uma perspectiva particular sobre o mundo, nem o ideal comum sobre a conduta humana, mas apresenta uma relação essencial com uma ideia precisa relativamente ao exercício do governo e aos instrumentos da governação([51]). A posição oakeshottiana não preenche a exigência de uma Lei Natural nem reflecte a existência de uma Ordem Providencial — a disposição conservadora em política terá como motivo central a observação do modo de vida corrente, combinado com a convicção de que o ofício de governar será uma actividade específica e limitada, mais concretamente, o ofício da provisão e custódia de regras gerais de conduta, que não devem ser entendidas como planos com vista à imposição de um conjunto de actividades substantivas, mas sim como instrumentos que permitem ao indivíduo a prossecução das suas escolhas e actividades com o mínimo de colisões e frustrações, logo instrumentos relativamente aos quais será lógico, inteligente e racional perspectivar uma atitude conservadora. Não existe uma oposição entre o caos e a ordem, não existe a percepção da necessidade de um plano, não existe

---

([50]) John Kekes, *A Case for Conservatism* (Ithaca and London: Cornell University Press, 2001), pp. 6–13.

([51]) Michael Oakeshott, «On Being Conservative» in *Rationalism in Politics*, pp. 423–424.

a imposição de um sonho particular que se expande à distinção de um modo de vida, pois o que prevalece é a condição observada da livre interacção dos indivíduos no exercício diurno das preferências e das escolhas. **Na disposição conservadora, o ofício do governo limita-se ao exercício de uma actividade de regulação**([52]). Na experiência de uma actividade específica e limitada, o governante será a imagem de um «árbitro» ou «juiz» que administra as regras de um jogo; o governante será a figura do *chairman* que gere a cadência do debate de acordo com as regras estabelecidas sem que ele próprio participe activamente na discussão. No entanto, o reconhecimento e aceitação da condição corrente e observada da qual emerge uma disposição conservadora em relação ao governo, não significa nem supõe que a actividade de governação se retraia no vácuo da distância e no vazio da inactividade. O ofício atribuído ao governo incorpora uma responsabilidade na «**resolução das colisões**» justificadas por uma pluralidade de convicções e provocadas por uma profusão de actividades. O ofício do governo abrange ainda a «**preservação da paz**», não pela imposição de um édito de interdição sobre o exercício da escolha, não através de uma limitação sobre a diversidade que se projecta na manifestação das preferências individuais, nunca pela declaração de uma uniformidade geral e substantiva, mas sempre pela aplicação das regras gerais de conduta a todos os indivíduos e a todos os indivíduos na proporção de uma condição de igualdade. Como tal, e num entendimento conservador, as intimações de um governo residem sobretudo na prática de um «**ritual**», não na obediência aos preceitos de uma moral, filosofia ou ideologia; as intimações residem sobretudo no desfrutar de um comportamento pacífico e ordeiro, não na busca desesperada de um ideal de verdade ou de perfeição. Na visão conservadora, a custódia do ritual pertence ao governo, tal como as regras de conduta estabelecidas constituem a lei — o governo disponibiliza deste modo a referência de um *vinculum juris*. Assim, a atitude conservadora relativamente ao ofício do governo reflecte o conservadorismo que se afigura apropriado no que respeita à observância das regras gerais de conduta. No âmbito de um governo conservador não consta o desejo

---

([52]) Michael Oakeshott, «On Being Conservative» in *Rationalism in Politics*, pp. 427–429.

de um aperfeiçoamento moral do indivíduo, e da parte do indivíduo; embora a devoção relativamente ao governo seja uma atitude excessiva, deslocada e sem justificação, observa-se talvez a hipótese de que a **lealdade, o respeito e alguma reserva**, sejam elementos proverbiais à proficiência do governo([53]). Por outro lado, a adequação de um governo conservador implica que as regras gerais de conduta sejam as mais consentâneas com a condição corrente da pluralidade de convicções observada. A condição corrente das circunstâncias humanas cria oportunidades para a perpétua modificação das convicções e das actividades, de tal modo que as regras gerais poderão ficar desfasadas das condutas que supostamente deveriam regular. Quando tal se verifica, haverá a necessidade de um movimento no sentido da «**inovação**» das regras gerais de conduta, só que uma «inovação» de acordo com uma percepção especificamente conservadora do termo — a «inovação» não deverá recorrer ao design de uma imposição abstracta, mas deverá proceder a uma modificação que reflecte uma mudança nas convicções e actividades dos indivíduos, sem nunca ameaçar ou destruir a coerência do *ensemble* das regras instituídas. A «inovação» deverá, pois, corresponder a uma intimação inscrita na condição corrente observada. Na disposição conservadora, o ofício do governo será então perspectivado como uma actividade em que um conjunto valioso de instrumentos, entenda-se regras gerais de conduta, são objecto de inovação e de renovação, movimentos periódicos suficientemente espaçados no tempo para serem considerados como acontecimentos raros, e de modo a **avaliar, ajustar e equilibrar** — *to trim*, os referidos instrumentos, nunca atingindo a «oportunidade para um reequipamento perpétuo» e total dos meios e da natureza da governação. No panorama de um governo conservador não consta a promoção das paixões individuais ou colectivas, sendo que o posicionamento da governação estará focalizado na promoção de um módico de **moderação**([54]). Tal não significa que na disposição política conservadora a paixão seja um vício e a moderação uma virtude, mas apenas pela circunstância de

([53]) Michael Oakeshott, «On Being Conservative» in *Rationalism in Politics*, pp. 430–431; pág. 433.

([54]) Michael Oakeshott, «On Being Conservative» in *Rationalism in Politics*, pp. 432–434.

que só a moderação poderá prevenir o extremo do excesso na colisão das paixões individuais centradas em exclusivo na busca incessante das respectivas preferências. Haverá, pois, uma preocupação com o **refrear das paixões** alcançado pela via indirecta da familiaridade e do hábito associado à conformidade das regras gerais de conduta. O estilo de governação conservador projecta, deste modo, uma certa ironia na acção, promovendo a sobriedade sobre a extravagância, dispersando as tensões, «injectando» um toque de inércia e sobretudo garantindo a indispensável dose de **cepticismo** sem a qual o empreendimento individual resulta no desastre de uma colisão derradeira. Aliás, um governo conservador terá como motivo central a preservação do cepticismo que o indivíduo, na prossecução dos propósitos individuais, não será capaz de manter, quer pelas restrições associadas à escassez de tempo, quer sobretudo pela manifesta ausência de vocação. Convirá sublinhar o contraste entre o entusiasmo e a paixão do indivíduo com a moderação e o cepticismo do governo conservador, pois só a presença simultânea de duas ordens de actividade distintas permite o desígnio dinâmico de um equilíbrio político. Assim, não existirá vestígio de inconsistência quando se defende uma atitude conservadora em relação ao governo, ao mesmo tempo que se afirma uma postura radical relativamente a outra qualquer actividade([55]). O governo conservador não confunde o ofício de governar com a metafísica de um desígnio final — a conjugação do governo em forma de sonho contém o gesto inicial que sustenta a tirania. Na configuração da **tradição política do cepticismo**, a lógica da governação procede pela inclusão da diversidade plural e acaba na regulação universal pela aplicação das regras gerais de conduta consentâneas com o exercício de um **governo nomocrático**.

Ainda e sempre no âmbito da tradição política do cepticismo, e em complemento à explanação da disposição conservadora em política, será ainda possível identificar uma importante confluência de **categorias morais** que concorrem para a compreensão de uma ordem subjacente à identidade não ideológica da obra *Rationalism in Politics*.

No que concerne à configuração da vida moral na tradição política do cepticismo, esta será orientada por **um hábito de afeição, uma**

([55]) Michael Oakeshott, «On Being Conservative» in *Rationalism in Politics*, pág. 435.

forma de comportamento, um hábito de conduta([56]). Oakeshott não pretende reafirmar a existência de um «sentido moral» ou a constatação de uma «intuição moral», nem o autor deseja estabelecer uma teoria moral que confira autoridade a um imperativo da consciência. O propósito oakeshottiano será apenas o de sublinhar que a vida moral resulta da observância de uma «**tradição de conduta**» compreensível e observável no presente. O hábito moral revela-se através de uma abstenção no agir, afirma-se por defeito e não por excesso, o que promove um elemento de moderação na conduta. O autor pretende assim descrever uma forma de acção moral que se verifica em todas as «emergências» da vida, quando o tempo e a oportunidade para uma reflexão simplesmente não existem, assumindo então que a validade moral de uma acção em contexto de emergência se mantém nas circunstâncias e contingências que assolam a conduta humana em todas as ocasiões remanescentes. Haverá, no entanto, uma condição essencial — a **liberdade** sem a qual a conduta moral se tornará impossível será a **libertação da necessidade natural**, necessidade que «obriga moralmente» todos os homens a agir de modo idêntico. Sendo uma moralidade centrada numa tradição de comportamento, não deixará, pois, de exibir a estabilidade, a flexibilidade, a capacidade de mudança e a variabilidade local, características de uma moral tradicional. Não tendo por natureza a tendência para uma reflexão moral auto-crítica, se a conduta moral degenera numa variante da superstição, ou se uma situação de crise se manifesta, a moralidade baseada no hábito tradicional terá poucas probabilidades de recuperação. A relevância deste idioma moral reside precisamente na resistência e na resiliência relativamente às condições que podem despoletar uma situação de crise. Já a educação convocada nesta formulação será a fluência numa linguagem moral, um idioma moral que integra a conduta do indivíduo e que contribui para a definição de uma personalidade que se projecta na acção como manifestação de auto-estima e prova de uma identidade. Assim, quanto mais extensa for a educação e a fluência moral do indivíduo, mais extensos serão a amplitude das variações e os limites da conduta individual no

---

([56]) Michael Oakeshott, «The Tower of Babel» in *Rationalim in Politics*, pp. 467-472.

interior de uma moralidade da tradição. A questão que se eleva da reflexão será consubstancial a uma **ideia de liberdade individual** associada a um particular **modo de vida**. Constata-se, pois, uma liberdade e uma capacidade de inovação no âmago de uma moralidade tradicional subjacente a um particular modo de vida, de tal forma que a variação e os limites serão a expressão de uma liberdade que emerge de uma sensibilidade à tradição e de uma fidelidade à forma tradicional. A variação e os limites serão a revelação da personalidade de um indivíduo na afirmação própria de uma identidade no contorno específico de uma disposição conservadora.

Deverá o comentador alertar para a presença de um fluido de intimações no sentido do pressuposto essencial do valor do **individualismo**. Na sequência de uma exploração da vida moral centrada na ideia de uma tradição de conduta, será possível retirar um elenco de ilações a propósito da afirmação do individualismo no interior de uma tradição. As categorias tradição e indivíduo poderão constituir um par de categorias antitéticas. Mas tal não sucede no entendimento do autor. Na visão oakeshottiana, o hábito moral terá um contorno não fundacional em que o entendimento da moralidade promove uma linguagem coloquial concretizada na forma vernacular de um modo de vida. Na circunstância particular do indivíduo, Oakeshott parece recusar a percepção liberal de uma teoria radical ou abstracta do individualismo, uma vez que não incorpora na reflexão a ideia de que o indivíduo constitui uma entidade prévia, ontológica e moralmente independente das categorias sociais e das instituições políticas. Pelo contrário, o individualismo terá um significado e uma importância precisamente porque se manifesta no contexto de um modo de vida e não como extrapolação de um direito natural. Como tal, a individualidade será uma forma que permite responder às circunstâncias e contingências da existência no contexto de uma familiaridade com uma tradição de comportamento, sendo que o perfil moral da conduta observada permite a percepção de uma identidade. O propósito de Oakeshott reside, pois, na devolução do sentido da individualidade ao concreto de uma tradição moral e de uma prática política. Nesta acepção, a leitura de Oakeshott aponta para um pensamento em que se destaca a ideia de um **individualismo conservador**, ou, para utilizar a expressão de

Roy Tseng, um pensamento em que se enaltece o conceito de um «**individualismo tradicionalista**»(57).

A disposição conservadora em política surge da observação do modo de vida corrente, surge da constatação de uma sociedade industriosa e progressiva cujo ritmo será consequência das múltiplas interacções entre indivíduos. E neste contexto, a **moralidade da individualidade** será a moral dominante(58). Na moralidade da individualidade, os indivíduos são reconhecidos como sujeitos «separados» e «soberanos», não pela aplicação de um princípio abstracto e fundador, mas simplesmente porque terá sido esta a forma de um auto-reconhecimento que moldou um carácter historicamente estabelecido. Não existindo um empreendimento final e comum, observa-se a livre e permanente interacção entre indivíduos, sendo que o fundamental da acção dos sujeitos centra-se no exercício proeminente das escolhas individuais e que serão o meio por excelência vocacionado para a busca da felicidade. A conduta moral será identificada com a disposição das relações apropriadas às actividades prosseguidas por estes indivíduos, uma conduta que terá em consideração o panorama de uma individualidade independente e em interacção. **A moralidade será, pois, a arte da mútua acomodação.** Numa primeira aproximação poderá existir uma tensão entre a moralidade da individualidade e a moralidade de uma tradição de conduta. Recorde-se, no entanto, que no âmbito de um conservadorismo céptico e pluralista em relevo no pensamento político oakeshottiano, a coerência entre a autoridade e a autonomia será precisamente assegurada pela presença política da tradição(59). Como tal, a hipotética tensão será dissipada quando se considera a importância das regras gerais de conduta na definição de uma disposição política conservadora. Na sequência da **tradição política do cepticismo,** as regras gerais de conduta asseguram a coerência interna no relacionamento entre a governação e o indivíduo, uma coerência perfeitamente expressa na consideração de um **governo nomocrático**.

---

(57) Roy Tseng, *The Sceptical Idealist — Michael Oakeshott as a Critic of the Enlightenment*, pp. 169–174.

(58) Michael Oakeshott, «The Moral Life in the Writings of Thomas Hobbes» in *Rationalism in Politics*, pág. 297.

(59) John Kekes, *A Case for Conservatism*, pp. 36–41.

Revisitando a natureza e o carácter da conduta humana, Oakeshott passará a descrever o que poderá ser designado por **experiência da individualidade**. Numa reflexão profundamente não fundacionista e de um cepticismo admirável, o autor reconhece o surgimento de um conjunto de condições favoráveis à eclosão e afirmação da individualidade do sujeito num grau superlativo e nunca antes observado, nomeadamente pelas modificações do carácter da existência medieval e a superação de uma moralidade com vínculo comunitário. A disposição individualista terá conduzido à experiência da «auto-determinação nas convicções e nas condutas», disposição que terá assumido o carácter e a propensão para o exercício das escolhas individuais([60]). No novo idioma do carácter humano, os indivíduos regem uma conduta que se concretiza no labirinto das preferências pessoais, uma vez que a experiência da individualidade confere ao sujeito, em interacção permanente com outros sujeitos, um carácter múltiplo e uma capacidade de auto-transformação que Oakeshott associa à imagem de Proteu. Assim, a consolidação da experiência individual terá sido um fenómeno histórico, tão natural e tão artificial como os contornos de uma paisagem. No decurso do tempo, a experiência da disposição individual terá sido ampliada e sistematizada numa «teoria ética», teoria cujo motivo essencial passará a ser, não a justificação para o aparecimento deste carácter, mas sim uma elaboração ética sobre os deveres na concorrência da interacção entre indivíduos e qual a natureza moral desses deveres. Recorrendo a Kant e ao entendimento do imperativo categórico, o autor reafirma que **a moralidade consiste no reconhecimento de uma personalidade individual**. Mais ainda, e considerando a condição «inviolável» da individualidade, nenhum indivíduo terá o direito ou o dever de promover a «perfeição moral» de outro indivíduo; um indivíduo poderá contribuir para a felicidade de outros indivíduos, mas não poderá garantir o «bem» sem implicar a destruição da **liberdade**, que será a condição essencial à «virtude moral». **A moralidade da individualidade será exactamente a moral da liberdade e da auto-determinação.**

([60]) Michael Oakeshott, «The Masses in Representative Democracy» in *Rationalism in Politics*, pp. 364–368; pág. 370; pág. 374.

Na afirmação da política moderna europeia, o idioma da individualidade constitui o acontecimento de suprema e seminal importância([61]). A disposição para a individualidade será o motivo imediato que terá provocado a reacção que leva à expressão do designado «indivíduo *manqué*», categoria que não se remete a uma «relíquia do passado» e que se afirma como um fenómeno moderno — a fortuna da política moderna comporta deste modo duas modalidades de carácter que se opõem de «forma oblíqua». Na apreciação oakeshottiana, o anti-indivíduo permanece um carácter derivativo, uma emanação da busca da individualidade, desamparado, parasítico, apenas capaz de sobreviver em virtude da sua oposição ao factor da individualidade. Em todos os aspectos relevantes, a moralidade da individualidade permanece como a substância, enquanto a moral do anti-indivíduo terá sempre o perfil de uma sombra. De uma outra perspectiva, observa-se igualmente o estabelecimento de uma relação histórica essencial ao entendimento da liberdade no contexto da política moderna — **a identificação entre a consolidação da individualidade e a instituição da propriedade privada.** Na configuração da **tradição política do cepticismo**, a observação dos indivíduos no usufruto da liberdade estará na base do entendimento e da experiência de um **governo nomocrático.**

Nas categorias morais subsidiárias de uma perspectiva da individualidade será possível observar uma matriz moral que se expressa na disposição para a afirmação de uma conduta deliberada, «educada», consciente das preferências e das escolhas, e que se exprime através de um factor próximo do aristotélico *logos*. Nesta disposição existe o empenho do sujeito na busca moral de uma excelência individual — uma excelência entendida como concretização de um processo histórico de auto-realização no contexto de uma experiência prática([62]). A configuração do *logos* de uma disposição conservadora em política revela-se então no conceito de actividade política que se projecta e prolonga através da provisão de regras gerais que permitem o exercício deliberativo e consciente de uma condição de auto-representação

([61]) Michael Oakeshott, «The Masses in Representative Democracy» in *Rationalism in Politics*, pág. 382; pág. 371; pág. 375; pág. 383.

([62]) Michael Oakeshott, «Logos and Telos» in *Rationalism in Politics*, pp. 354–355.

consentânea com a necessidade de decisões individuais face à contingência das vicissitudes e circunstâncias.

Considerando as disposições morais no âmbito da tradição política do cepticismo, será interessante um exercício de interpretação que associa os ensaios de *Rationalism in Politics* às conferências reunidas na obra *Morality and Politics in Modern Europe — The Harvard Lectures*. Na circunstância da moralidade da individualidade observa-se um paralelismo entre o argumento de *Rationalism in Politics* e a leitura reflectida em *The Harvard Lectures*(63). Embora o pendor céptico surja atenuado, mantém-se a descrição de uma disposição moral inscrita no tempo e na história, resultado das circunstâncias e das contingências das escolhas humanas. Relativamente à «**teoria política do individualismo**»(64), Oakeshott descreve uma sociedade industriosa e progressiva no pleno da respectiva actividade, para afirmar de seguida que a «política do individualismo» começa exactamente pelo reconhecimento desta condição como corrente e representativa das circunstâncias humanas. Para além da evidência de um ponto de partida em comum, o que será digno de nota e reflexão consta do facto de que toda a elucidação posterior da teoria política do individualismo coincidir, nos traços gerais e no carácter político, com os contornos da disposição conservadora em política. Assim, entre o ensaio «On Being Conservative» de 1956 e *The Harvard Lectures* de 1958, Oakeshott não procede a uma reformulação do argumento político, mas efectua uma reformulação da linguagem política em que o estilo céptico e conservador será substituído por um registo e por uma incidência que podem ser considerados como liberais. Haverá certamente uma hipótese interpretativa que justifica a flexibilidade do argumento oakeshottiano. Como tal, partindo politicamente de um individualismo conservador ou tradicionalista, o autor promove um possível campo de conciliação entre um núcleo conservador e uma superfície liberal, a saber, e nomeadamente: (1) Pela libertação do individualismo da vinculação radical, abstracta e atomista associada ao liberalismo;

---

(63) Michael Oakeshott, *Morality and Politics in Modern Europe — The Harvard Lectures*, pp. 20–24.

(64) Michael Oakeshott, *Morality and Politics in Modern Europe — The Harvard Lectures*, pp. 47–52.

(2) Pela libertação do conservadorismo da vinculação ao passado e da rigidez de uma tradição orgânica e comunitária; (3) Pela associação política entre a moralidade da individualidade, industriosa e progressiva, e a regulação de um governo conservador, moderado e céptico. Deste modo, o paradigma metodológico da disposição conservadora em política poderá assumir a configuração de um argumento passível de uma interpretação próxima do desenho político liberal em evidência na obra *Morality and Politics in Modern Europe*.

Facto relevante em *The Harvard Lectures* será também a inclusão de Edmund Burke na série dos autores representativos da teoria política do individualismo([65]). O argumento de Oakeshott inicia-se com um entendimento de Burke em plena observação dos sujeitos no exercício das escolhas inerentes ao reconhecimento do estatuto da individualidade. Na leitura de Oakeshott, Burke propõe a reinterpretação de uma «disposição natural» para o exercício das escolhas no sentido da derivação de uma «disposição moral» associada à efectividade das escolhas — a experiência prática da auto-determinação individual implica e exige o dever do reconhecimento de um direito igual e recíproco aos outros indivíduos. Nesta fase da conjectura, e para fundamentação do argumento, o autor recorre a uma citação de Burke: «Men are never in a state of *total* independence of each other. It is not a condition of our nature». Sublinhe-se que uma provável leitura do excerto poderá apontar para o entendimento de uma vertente do individualismo de contornos conservadores ou tradicionalistas. Perante o movimento de auto-afirmação individual, fulcral ao ofício do governo será a capacidade para **refrear as paixões** de modo a possibilitar a concretização do direito moral à auto-afirmação de todos os indivíduos. De acordo com a leitura de Burke feita por Oakeshott, o ofício do governo será então o da provisão de **regras de conduta** que se aplicam a todos os indivíduos em condições de recíproca igualdade, associando ao governante a imagem do «**juiz**» ou do «**árbitro**» que intervém exclusivamente no sentido da resolução das colisões resultantes da interacção entre os indivíduos. Ou seja, o governo deverá inserir um elemento de **moderação**, e porque não de cepticismo, uma vez que o indivíduo, por distracção, ausência

([65]) Michael Oakeshott, *Morality and Politics in Modern Europe — The Harvard Lectures*, pp. 69–72.

de tempo ou falta de vocação, será efectivamente incapaz de exercitar tais qualidades — e eis o comentador de novo perante o paradigma da disposição conservadora em política. Recorrendo à dimensão filosófica e à autoridade política de Edmund Burke, relevante de uma perspectiva estritamente política será a hipótese de uma superfície liberal que rapidamente converge para um núcleo conservador.

Este movimento entre a disposição conservadora em política e a teoria política do individualismo reflecte a ambiguidade e a ambivalência inscritas no carácter da política moderna europeia. Mas pondera do mesmo modo uma flexibilidade e uma versatilidade na teoria política de Michael Oakeshott que ilude e evita a normatividade de um registo ideológico para privilegiar a complexidade de uma cintilação histórica que reflecte empiricamente as vicissitudes das escolhas humanas e as contingências da imperfeição. Contudo, o movimento entre a disposição conservadora em política e a teoria política do individualismo encontra a circunstância de um equilíbrio político no entendimento e na prática de um **governo nomocrático**.

Na transição da moral para a política, será conveniente referir que a disposição conservadora em política adopta a convicção de que o ofício do governo é uma «**actividade de ordem secundária**», uma «**actividade regulatória**» a exercer sobre o universo dos sujeitos([66]). O governo na configuração de uma actividade secundária aceita e reconhece a pluralidade das condutas individuais, procedendo apenas à regulação das actividades de modo a prevenir e a atenuar as colisões e os conflitos inerentes à livre interacção dos indivíduos.

De novo em complemento à exploração da disposição conservadora em política, será ainda possível identificar uma convergência de **categorias políticas** que concorrem para a compreensão de um nexo subjacente à obra *Rationalism in Politics*.

Na sequência da tradição política do cepticismo, o **discurso político** deverá permitir um elenco de actividades associadas à experiência prática política, mais concretamente e em detalhe: o diagnóstico de uma situação política; a elaboração e a exposição de uma proposta política; a recomendação de uma proposta política face ao cenário das

---

([66]) Michael Oakeshott, «The Concept of Government in Modern Europe» in *The Vocabulary of a Modern European State*, pp. 99–100.

consequências prováveis; a comparação dos méritos de uma proposta política face às qualidades de uma proposta rival ou alternativa; a possibilidade de assumir um acordo ou compromisso político relativamente à condição geral das circunstâncias a ser objecto de preferência([67]). De forte influência e codificação aristotélica, o discurso político em consideração constitui um modo de raciocínio que, sem recorrer a axiomas, pretende recomendar e convencer no sentido da adopção de um determinado rumo político face a uma situação contingente e em que existe um leque alternativo de possíveis acções políticas — será, pois, um **discurso político persuasivo.** A construção do argumento persuasivo recorre aos exemplos, aos sinais e às probabilidades, categorias à qual se junta a utilização de máximas, e que constituem afirmações de carácter geral sobre a conduta humana ou sobre matérias normalmente perspectivadas como desejáveis. O discurso político persuasivo não poderá ser refutado nem demonstrado, podendo, no entanto, ser alvo de «resistência» pela opção de um outro discurso político persuasivo que reúne uma outra constelação de argumentos, convergindo ambos os discursos no procedimento instituído de uma experiência prática vocacionado para o exercício do esclarecimento e para a designação do vínculo da decisão e da acção política. Desta forma, o discurso político persuasivo abre o horizonte dos assuntos humanos a um processo de deliberação política em que as conjecturas e as opiniões se envolvem na cadência dialéctica de uma **conversação.** Por outro lado, o discurso político persuasivo também pretende dissertar sobre as consequências benignas ou malignas de um determinado curso da acção política. Existe, pois, uma dimensão moral no discurso político relacionada com a «felicidade humana» e que se concretiza na rejeição ou na recomendação de um determinado rumo político. Na ponderação dos *prós e dos contras*, a felicidade não constitui, no entanto, uma condição substantiva e universal das circunstâncias humanas, mas será sim a imperfeita composição complexa resultante da permanente mudança das circunstâncias e das vicissitudes do sujeito face ao labirinto do mundo e ao universo dos «bens admitidos». O discurso político persuasivo será o mais apropriado ao tipo de deliberação racional associado à tradição política do cepticismo. Mais ainda, o discurso

([67]) Michael Oakeshott, «Political Discourse» in *Rationalism in Politics*, pp. 78-81; pág. 95.

político persuasivo permite o reconhecimento dos arranjos políticos correntes e observáveis como consequência de um processo de escolha, processo no qual a responsabilidade moral será um factor de identidade e de reflexão; permite também a compreensão do lugar e da importância de cada arranjo político no conjunto das circunstâncias vigentes; possibilita igualmente que a acção política responda à realidade das condições observadas e não ceda à tentação das situações imaginadas; finalmente, abre a possibilidade de um discurso político suportado em propostas baseadas em argumentos relevantes e nos quais as conjecturas não pretendem a exclusividade da certeza nem as opiniões desejam a solidez da verdade demonstrável. O discurso político persuasivo introduz um elemento de moderação na prática política, evidencia uma atenção e sensibilidade às intimações de uma realidade corrente e observável, enquanto operacionaliza na experiência política um factor de mediação entre a palavra e a acção, todo um somatório de características essenciais ao exercício de um **governo nomocrático.**

Na sequência da moralidade da individualidade, Oakeshott constata a formação específica de uma categoria política que designa por «**democracia representativa moderna**»([68]). Na exploração das intimações da individualidade, o exercício da governação deverá ter a capacidade de transformar os «interesses da individualidade» num conjunto de «direitos e deveres». Na confluência dos arranjos políticos necessários à consolidação dos direitos e deveres da individualidade, a democracia representativa moderna incorpora os ofícios de um governo e de um parlamento representativo dos indivíduos, entidades que partilham a responsabilidade no processo de elaboração das leis. As leis emanadas do corpo legislativo concretizam a modificação dos interesses num elenco de direitos e deveres, «providenciando os detalhes de uma condição específica da circunstância humana, normalmente denotada pela palavra **liberdade**». O registo de Oakeshott a este propósito justifica a autoridade de uma citação:

> In this condition every subject was secured of the right to pursue his chosen directions of activity as little hindered as might be by his fellows

([68]) Michael Oakeshott, «The Masses in Representative Democracy» in *Rationalism in Politics*, pp. 368–370.

> or by exactions of government itself, and as little distracted by communal pressures. Freedom of movement, of initiative, of speech, of belief and religious observance, of association and disassociation, of bequest and inheritance; security of person and property; the right to choose one's occupation and dispose of one's labour and goods; and above all the «rule of law»: the right to be ruled by a known law, applicable to all subjects alike. And these rights, appropriate to individuality, were not the privileges of a single class; they were the property of every subject alike.([69])

Observa-se assim o percurso da experiência da individualidade que se eleva à condição de uma teoria ética e que estabelece a norma política de um regime representativo regido pela regra da lei. Numa outra perspectiva destaca-se na reflexão de Oakeshott, uma enumeração precisa de um conjunto de liberdades que podem assumir o compasso liberal de uma *Bill of Rights.* Quanto à liberdade, esta assume de modo inequívoco o perfil político típico do conceito de **liberdade negativa**. Em simultâneo, uma possível interpretação aponta ainda para o reconhecimento da liberdade enquanto modo de vida observável e corrente, regulado pela provisão de regras gerais de conduta na sequência do exercício de uma **governação nomocrática**. Na tradição política do cepticismo, o comentador depara-se uma vez mais com um hipotético campo de conciliação entre uma superfície liberal e um núcleo conservador.

Refira-se que na visão oakeshottiana, a democracia representativa moderna, também designada por «**democracia parlamentar**», será precisamente o objecto original que, fruto de alterações e modificações, terá dado origem ao governo popular na mitologia do anti-indivíduo([70]). Recorrendo à linguagem dos direitos inserida na citação, a principal modificação terá envolvido a transformação dos «**direitos *civis* da individualidade**» nos «**direitos *sociais* da anti-individualidade**». No contexto analítico em que estas reflexões são escritas, o espaço semântico

---

([69]) Michael Oakeshott, «The Masses in Representative Democracy» in *Rationalism in Politics*, pág. 369.

([70]) Michael Oakeshott, «The Masses in Representative Democracy» in *Rationalism in Politics*, pp. 377–379; pág. 382.

que separa a palavra *civil* da palavra *social*, corresponde aos limites do espaço político que separa a liberdade da anti-liberdade.

Considerando as disposições políticas no domínio genérico da consolidação da política moderna europeia, será relevante a asserção de um entendimento que associa os ensaios de *Rationalism in Politics* à natureza das reflexões de Oakeshott explicitadas na obra *The Politics of Faith & the Politics of Scepticism*.

Com a concisão desta perspectiva, destaca-se então a categoria que Oakeshott designa por «**política do cepticismo**»([71]). O cepticismo em questão observa a experiência humana na sua múltipla pluralidade e complexa variedade, de tal modo que considera a elaboração de um plano central para ordenação e perfeição da conduta humana como um exercício fútil e condenado ao malogro, sendo que qualquer tentativa nesse sentido, para além da opressão do sujeito, promove a depressão do espírito humano. Pela adopção de um entendimento marcado por uma postura prudencial, a política do cepticismo terá a tendência para «subavaliar» as possibilidades da acção humana, e como tal a projecção ideológica de um propósito geral e final terá o óbvio estatuto de uma extravagância política. Na política do cepticismo, o exercício do governo será uma actividade específica e limitada, não considerando a busca de um ideal de perfeição como uma circunstância humana e uma condição mundana. Esta atitude não se alicerça num cepticismo radical, mas radica, pelo contrário, numa ponderação, timidez e modéstia que estabelecem a prudência política como norma primeira. A experiência prática da política do cepticismo centra-se numa «leitura da conduta humana» e não na projecção de uma «doutrina sobre a natureza humana», sendo que deste modo a actividade do governo persiste em função de uma necessidade e nunca em função de uma causa. Através da observação das condutas correntes, a política do cepticismo considera como apropriada a acção do governo no estabelecimento de regras que visam a prevenção e a eventual atenuação das colisões e dos conflitos que derivam da livre interacção entre indivíduos. Ao promover um sistema de direitos e deveres, a política do cepticismo exibe um entendimento do ofício da governação

([71]) Michael Oakeshott, *The Politics of Faith & the Politics of Scepticism*, pp. 31–37.

centrado essencialmente numa «actividade *judicial*». Assim, dotada de uma «imaginação para o desastre», na expressão literária de Henry James, poderá afirmar-se que a política do cepticismo se caracteriza pela custódia de uma «ordem superficial» e também por um modo de actuação no governo que promove, não a prodigalidade, mas a economia na utilização do poder. Em resposta às intimações da realidade e sempre que seja apropriado às circunstâncias observáveis, a política do cepticismo não esquece a necessidade de promoção das necessárias «inovações». Ressalve-se que o entendimento céptico das inovações representa um «melhoramento» no sistema de direitos e deveres e no concomitante sistema de reparações e compensações. Sublinhe-se que as inovações não se dirigem ao aperfeiçoamento da conduta humana nem à definição de uma circunstância final na complexa geometria da perfeição. Deveras, na política do cepticismo, a inovação será apenas um instrumento que visa a manutenção, articulação e actualização da ordem superficial. Como tal, numa percepção céptica, o governo será uma actividade, entre um imenso complexo de actividades, que se distingue pelo facto de exercer o ofício de «juiz» ou «árbitro» na perspectiva da preservação de uma «ordem pública». Se a barbárie se alimenta da desordem, a barbárie também se poderá revelar numa ordem que prescreve a salvação política e que encerra a perfeição de um desígnio final. Na política do cepticismo, o estilo de governação será um «jogo» com regras estabelecidas, um «desempenho» num tempo particular, uma «actuação» num palco específico em que impera a disposição do *Homo Ludens*, um estilo distanciado e «irónico» em relação à «vida normal», em que a política se guia pela economia da regra da lei e se expressa através de uma pluralidade de visões que perfazem uma infindável conversação([72]). Face a este cenário, entende-se que a política do cepticismo tenha uma propensão para «suavizar a importância das ocasiões», revele um respeito rigoroso pela «formalidade» dos procedimentos e exponha um apreço significativo pela experiência política inscrita nas «instituições». Do ponto vista eminentemente político, a política do cepticismo percorre transversalmente o carácter da obra *Rationalism in Politics*, e na congregação de um conjunto de categorias

([72]) Michael Oakeshott, *The Politics of Faith & the Politics of Scepticism*, pp. 86-89; pp. 110-111.

morais e políticas representa a concretização do expoente superlativo de um **governo nomocrático**.

Com um apurado sentido da finitude, com uma apurada percepção política de uma *amicitia rerum mortalium*, a política do cepticismo implica também uma *nemesis* perceptível nas intimações do respectivo estilo político([73]). Serão várias as manifestações da *nemesis* da política do cepticismo, nomeadamente: (**1**) Um governo que preserva uma severa economia na utilização do poder gera uma severa **auto-limitação** que o torna desadequado às condições da política moderna; (**2**) A **insensibilidade relativamente à mudança** rápida e perpétua confere-lhe o perfil de uma **política própria para uma sociedade estática**; (**3**) A **fidelidade ao formalismo dos procedimentos** pode gerar uma política desfasada da realidade de tal modo que a **ordem superficial se transforma no epicentro da auto-destruição**; (**4**) No limite da indiferença, na completa ausência de um ímpeto perfeccionista mínimo e local, a política do cepticismo degenera no mais profundo **quietismo político**; (**5**) Recusando o reconhecimento da emergência de uma circunstância extraordinária, desvalorizando politicamente as condições observáveis, e eis que se manifesta o **paradoxo da política do cepticismo** — o governo com a maior reserva de poder não utilizado opta pela inacção de um minimalismo político, não actuando perante a evidência de uma situação excepcional; (**6**) Em consequência, e num mundo assinalado por um profundo activismo político, a excessiva **moderação** poderá ser motivo para a **perda de autoridade** do exercício político do cepticismo; (**7**) O entendimento da política como um «jogo» em que o «resultado final» é irrelevante pode originar o colapso na **apatia** e na **letargia política** — a *nemesis* desta atitude representa a convicção de que nada existe de verdadeiramente sério no mundo dos mortais. No *ensemble* da **tradição política do cepticismo**, se existe uma característica específica na *nemesis* da política do cepticismo, esta será a evidente conjugação de um excesso que se manifesta por defeito e num defeito que reside no excesso de uma virtude.

No entendimento da disposição conservadora, *The Politics of Faith & the Politics of Scepticism*, através da política do cepticismo, permite

---

([73]) Michael Oakeshott, *The Politics of Faith & the Politics of Scepticism*, pp. 106–113.

ainda a revelação de uma categoria política inquestionavelmente decisiva. Naobservação oakeshottiana, a política do cepticismo constitui um dos limites, um dos extremos, da moderna política europeia. No entanto, a sua identidade enquanto extremo ou limite não se manifesta pela imposição de um padrão único de conduta, exibindo em flagrante contraste uma «indulgência» relativamente à conduta individual que poderá ser interpretada como a intimação de uma mais abrangente «doutrina da moderação»([74]). Absorvendo a inspiração de Halifax em *The Character of a Trimmer*, Oakeshott recorre à ideia concreta de um «**princípio da média na acção**» política, atitude personificada no carácter do *trimmer* — «The *trimmer* is one who disposes his weight so as to keep the ship on an even keel». A descrição da disposição política do *trimmer* remete o discurso para a clássica metáfora sobre a política utilizada pelo autor no ensaio «Political Education», mas reforça também, através da identificação de um carácter político, a importância do restabelecimento de um equilíbrio. Refira-se a propósito que exactamente na mesma linha de pensamento, e na exploração das categorias morais no ensaio «The Tower of Babel», Oakeshott afirma que a coerência da vida moral será devidamente acautelada pela configuração de uma moral em que o elemento dominante constitui a **moral da tradição de conduta** e o elemento dominado acomoda a **aplicação reflectida de um critério moral**([75]). De uma forma similar, na narrativa sobre a disposição conservadora em política, o autor releva o movimento de **avaliar, ajustar e equilibrar** — *to trim*, como os instrumentos típicos do ofício de um governo nomocrático. O *trimmer* será desta forma um *time-server* no contexto da complexidade da política moderna, ensaiando em permanência o restabelecimento da liberdade de movimento no interior de uma tradição política e nos limites assinalados pelas polaridades constitutivas da moderna política europeia. A acção política do *trimmer* será objecto de uma interessante e substantiva explicitação no argumento oakeshottiano:

> And his task in the current situation is clear. It is, first, to restore the understanding of the complexity of modern politics. In the present

([74]) Michael Oakeshott, *The Politics of Faith & the Politics of Scepticism*, pág. 123.

([75]) Michael Oakeshott, «The Tower of Babel» in *Rationalism in Politics*, pp. 477–478.

> circumstances this is, perhaps, his most difficult task: the ascendancy of faith has obscured, indeed almost obliterated, this understanding by imposing upon our politics a counterfeit simplicity. Secondly, his task is to renew the vitality of political scepticism so that this pole of our politics can once more exert its pull. Thirdly, in his participation in politics, he must dispose his weight against the prevailing current — not in order to make it flow to the opposite extreme, but to recall our political activity to that middle region of movement in which it is sensitive to the pull of both of its poles and immobilizes itself at neither of its extremes.([76])

Num primeiro momento, Oakeshott parece querer afirmar a constatação implícita de dois princípios práticos e gerais: (**1**) O excesso e o defeito não ocupam posições geometricamente equidistantes da média; (**2**) A moderação reside na ponderação por defeito, não na estimativa por excesso. Num segundo momento, o carácter do *trimmer* destaca-se na evidência de uma orientação que não encerra, nem uma determinação filosófica, nem uma definição ideológica, mas que tão-somente pretende referenciar um ponto de partida no sentido de uma renovada busca das intimações de uma tradição política, ou melhor ainda, no sentido de um renovado e essencial equilíbrio na complexidade das tradições políticas constitutivas da moderna política europeia.

Assim, na afirmação da tradição política do cepticismo, bem como na delimitação morfológica da política do cepticismo, a figura do **conservador** poderá ser equiparada com exactidão ao carácter do *trimmer*. Sendo obviamente um céptico, o conservador não será um céptico puro, pois tal disposição corresponderia à imagem do domínio absoluto de uma tradição política com o provável movimento inerte na direcção de um círculo fechado. No labirinto do mundo, face às contingências da imperfeição na conduta humana, o conservador terá de exibir as capacidades e qualidades de um *trimmer* para responder às intimações do modo de vida corrente e observado, tendo como recurso exclusivo o pleno da complexidade das tradições políticas constitutivas do carácter da política moderna. No entendimento da política como emanação da experiência prática, a obra *Rationalism in Politics* será a configuração no idioma das ideias concretas da presença do conservador na

([76]) Michael Oakeshott, *The Politics of Faith & the Politics of Scepticism*, pág. 128.

exploração implícita do carácter do *trimmer*. Na *praxis* do **governo nomocrático**, o conservador deve conhecer o labirinto da cidade e reconhecer os míticos horizontes do Sol — e, no entanto, o exercício político maior reside na compreensão das intimações que habitam permanentemente no recorte das sombras.

CAPÍTULO III

A ECONOMIA POLÍTICA DA CIVILIZAÇÃO DA LIBERDADE. O *MODUS VIVENDI* DE UMA TRADIÇÃO POLÍTICA

Em *Rationalism in Politics*, o *pedigree* da liberdade surge na sua formulação mais explícita no ensaio intitulado «The Political Economy of Freedom». Talvez a mais completa reflexão de Oakeshott sobre o tema da liberdade, ocorre na sequência de uma recensão à obra *Economic Policy for a Free Society* da autoria do economista Henry C. Simons. O dispositivo metodológico oakeshottiano como que se apropria da obra, de tal modo que a forma de Simons como que parece reflectir o conteúdo de Oakeshott, sendo por vezes literalmente impossível a distinção entre a cadência da recensão e a incidência do ensaio — a espaços, Simons confunde-se com o *alter-ego* de Oakeshott. A força cinética que mantém vivo o argumento de Oakeshott será a plena consistência de uma **reflexão conservadora**, uma atitude cuja lógica interna exibe uma vocação para o concreto da compreensão dos conflitos que tendem a rodear os arranjos políticos vigentes e correntes, arranjos políticos que, na circunstância, mantêm, garantem e protegem as condições políticas para a persistência de uma ilustração da liberdade.

Oakeshott começa por reconhecer que Simons não pretende a elaboração de uma «filosofia política» — o âmbito da obra configura a exploração de um «credo político»(1). Simons afirma inscrever-se numa particular tradição, considerando-se um «liberal à moda antiga».

(1) Michael Oakeshott, «The Political Economy of Freedom» in *Rationalism in Politics*, pp. 385–387.

Oakeshott desvaloriza de imediato e em termos críticos a referência a uma derivação liberal:

> If he was a liberal, at least he suffered from neither of the currents afflictions of liberalism — ignorance of who its true friends are, and a nervy conscience which extends a senile and indiscriminate welcome to everyone who claims to be on the side of «progress».(2)

Para além da depreciação das palavras, o que Oakeshott releva na reflexão de Simons será precisamente a filiação numa tradição política que encontra a sua identidade na projecção de uma «ênfase na liberdade». Sendo alguém que «acredita na liberdade», Oakeshott considera Simons como um «genuíno libertário», como uma figura que experimenta uma visão da liberdade como algo de *unum necessarium* e não como uma categoria política cuja valorização depende da volatilidade dos interesses e dos arranjos circunstanciais. Na sequência desta constatação, Oakeshott enfatiza os danos que a «política libertária» terá sofrido ao longo do tempo pela reiterada intervenção de uma apreciável variedade de «inimigos». No entanto, na análise oakeshottiana, a coligação dos «auto-denominados amigos» da política libertária terá sido a facção que, pela sua forma de pensar e actuar, mais danos terá causado na consolidação de uma política que privilegia a ênfase na liberdade. E num excerto exemplar, Oakeshott descreve o *modus operandi* desses pretensos libertários:

> We must be clear, they say, about what we mean by «freedom». First, let us define it; and when we know what it is, it will be time enough to seek it out, to love it and to die for it. What is a free society? And with this question (proposed abstractly) the door opens upon a night of endless quibble, lit only by the stars of sophistry. Like men born in prison, we are urged to dream of something we have never enjoyed (freedom from want) and to make that dream the foundation of our politics. We are instructed to distinguish between «positive» and «negative» freedom, between the «old» and the «new» freedom, between «social»,

(2) Michael Oakeshott, «The Political Economy of Freedom» in *Rationalism in Politics*, pág. 385.

> «political», «economic» and «personal» freedom; we are told that freedom is the «recognition of necessity»; and we are taught that all that matters is «inner freedom» and that this is to be identified with equality and with power; there is no end to the abuse we have suffered.(3)

Dois pontos se destacam imediatamente como essenciais. Em primeiro lugar, Oakeshott recusa um entendimento do liberalismo na sua configuração abstracta, o que será equivalente à afirmação de que o autor reafirma as deficiências do liberalismo reduzido à dimensão de uma ideologia. Acrescente-se que este posicionamento político se reflecte de modo veemente e enfático na refutação absoluta de uma concepção abstracta da liberdade. Em segundo lugar, a designação de libertário parece não coincidir com a definição de uma categoria conceptual de acordo com a normatividade da teoria política. Na organização interna do discurso de Oakeshott, o termo libertário será utilizado como uma referência radical, e radical porque se dirige à raiz etimológica da palavra, desde logo remetendo o comentador para a origem e para o valor da liberdade. Esta interpretação parece ser perfeitamente corroborada pelo discurso do autor quando esclarece que a liberdade que preenche o inquérito de Simons não será, nem uma «abstracção», nem um «sonho». Simons será um libertário, não porque inicia o seu inquérito com uma definição em abstracto da significação política da palavra liberdade, mas será certamente um libertário porque usufrui de um modo de vida que se tornou corrente e familiar, e que os indivíduos se habituaram a associar a um «modo livre de viver», considerando e avaliando esse modo de vida como bom. Assim, o desígnio do inquérito não se orienta para a definição de uma palavra, pois o seu real propósito encontra-se na detecção do «segredo» subjacente ao entendimento da liberdade que os indivíduos se exercitaram a desfrutar. Desta forma, a liberdade perfila-se como uma ideia concreta em que as conotações políticas emergem de uma experiência política que se afirma no tempo e que se perspectiva como uma circunstância corrente — uma liberdade objectivamente observável na pluralidade das condutas humanas.

---

(3) Michael Oakeshott, «The Political Economy of Freedom» in *Rationalism in Politics*, pp. 386-387.

A questão de Oakeshott que acciona o manual do inquérito será a invocação de todo um posicionamento político: «What, then, are the characteristics of our society in respect of which we consider ourselves to enjoy freedom and in default of which we could not be free in our sense of the word?»([4]). A liberdade que o «libertário Inglês» conhece e valoriza será a coerência de uma «colecção de liberdades que se suportam mutuamente» e na qual cada liberdade amplia a totalidade e nenhuma liberdade se perspectiva de modo isolado([5]). A liberdade emerge de um elenco de dispositivos e de arranjos políticos, cada um com a sua significação, cada um com a sua representação, e que conferem à sociedade uma característica absolutamente fundamental — a ausência no horizonte corrente de qualquer vestígio de uma ou de várias «**concentrações de poder dominante**». Na visão oakeshottiana, a inexistência de concentrações de poder dominante será a mais importante condição geral da liberdade, e de tal forma é assim que o autor chega mesmo a afirmar que todas as hipotéticas condições remanescentes poderão ser incluídas na condição geral. A ausência de concentrações de poder dominante projecta-se em dois grandes eixos complementares. Numa primeira dimensão, a condição geral da liberdade manifesta-se pela «**difusão da autoridade entre o passado, o presente e o futuro**». Uma sociedade governada em exclusivo pelo passado, ou pelo presente, ou pelo futuro, exibirá o domínio qualificativo do «despotismo da superstição» que exclui a liberdade. Oakeshott relembra com prudência que a política é uma conversação na qual passado, presente e futuro terão uma voz activa na congregação do ritmo de uma sociedade — se num determinado momento um destes tempos poderá prevalecer, em nenhuma ocasião qualquer tempo dominará em exclusivo; e em função de um sempre renovado equilíbrio, o indivíduo poderá considerar-se livre e desfrutar da liberdade. Na interpretação do comentador, esta formulação primeira da condição geral da liberdade poderá ser designada por **Cláusula Burkeana**. Na imaginação política do comentador, e pelo dispositivo da política operacionalizada pelo

([4]) Michael Oakeshott, «The Political Economy of Freedom» in *Rationalism in Politics*, pág. 387.

([5]) Michael Oakeshott, «The Political Economy of Freedom» in *Rationalism in Politics*, pp. 388–389.

conceito de conversação, Oakeshott minimiza a influência do passado enquanto factor de causalidade que converge na articulação concreta da liberdade face às circunstâncias e contingências do momento; mas Oakeshott minimiza de igual modo um certo consequencialismo teleológico na projecção do futuro, e que se posiciona como condicionante da liberdade perante as circunstâncias e as contingências do momento. De certo modo, a liberdade não encerra a nostalgia de uma *idade de ouro* situada algures no passado, nem cauciona a perfeição dos *amanhãs que cantam* diferido num futuro incerto. Entre o passado e o futuro, a reflexão crítica do comentador permite preencher o espaço conceptual e proceder à transição para a segunda formulação da condição geral da liberdade. Como tal, a segunda dimensão da condição geral da liberdade expande-se pela «**dispersão do poder**», quer através da «**multiplicidade de interesses**», quer através das múltiplas «**organizações de interesses**», presentes, correntes e observáveis. O propósito não será o de suprimir a diversidade de interesses própria de uma sociedade moderna e progressiva, mas toda a liberdade será «imperfeita» se a dispersão do poder for distorcida ou incompleta, de tal forma que permita que interesses específicos ou que combinações de interesses exclusivos possam adquirir uma quantidade de poder compatível com a coerção dos indivíduos particulares, tornando-se assim uma limitação e uma ameaça à liberdade. De forma similar, a conduta do governo também implicará uma partilha do poder, uma partilha que tanto envolve os órgãos do governo como abrange a administração e a oposição. Em súmula, o indivíduo poderá considerar-se livre e desfrutar dessa liberdade se não existirem na sociedade concentrações ilimitadas de poder. Na visão oakeshottiana, o «segredo da liberdade» reside na composição de uma «multidão de organizações» que, no melhor da respectiva constituição, reproduzem a difusão do poder que deverá ser característica da sociedade considerada como um todo. Na interpretação do comentador, esta formulação segunda da condição geral da liberdade poderá ser designada por **Cláusula Lockeana**.

Na progressão do argumento, Oakeshott não pretende estabelecer uma estrutura básica rígida e gerida por princípios primeiros que assegurem um resultado final pré-determinado. Colocando-se num ponto de observação político oposto, o autor revela a consciência de que a condição geral da liberdade, com os seus dois feixes complementares, exige da sociedade um equilíbrio que, no seu dinamismo, será sempre um equilíbrio precário([6]). Ou seja, os arranjos políticos que iniciam o seu trajecto operacional como instâncias ao serviço da promoção da dispersão do poder, com frequência, e no decorrer do tempo, transformam-se eles próprios em concentrações de poder que persistem em reclamar o estatuto e a exigir a lealdade e obediência pela aplicação dos critérios que presidiram à elucidação do carácter original. Na narrativa oakeshottiana, para o patrocínio das condições da liberdade exige-se então a perspicácia e a inteligência prática capazes de reconhecer a mudança e a resolução célere no sentido de uma correcção atempada da distorção observada. O factor determinante e garante de uma inestimável perspicácia, lucidez ou inteligência prática, será precisamente a ausência das distracções provocadas pelo domínio de uma «doutrina rígida» que fixa sobre uma instituição um falso carácter permanente. As mais proficientes instituições serão aquelas que exibem uma constituição sólida e auto-crítica, interpretando o respectivo carácter como o repositório de um fragmento benéfico de poder, recusando como consequência a inevitável atracção pelo poder absoluto e dominante.

Alguns críticos poderão afirmar que uma sociedade concebida de acordo com o concreto das ideias de Oakeshott estará permanentemente no limiar da desintegração, sendo que a desagregação só poderá ser evitada pela acção decisiva de um governo absolutamente poderoso e dominante. O autor sublinha, por sua vez, que uma interpretação que antecipa a desintegração da sociedade pela abstenção de um poder dominante só se justifica pelo excesso de um pensamento ideológico e mecanicista sobre a sociedade em abstracto, exibindo simultaneamente a ausência total de uma experiência prática que se consubstancializa no desfrutar de um modo de vida. Assim, na descrição oakeshottiana, o governo para levar a cabo o seu ofício, ofício que se concretiza na «**prevenção da coerção**», necessita apenas de uma quantidade de poder maior do que aquela que se verifica estar concentrada em outro qualquer centro de poder numa determinada ocasião. A liberdade depende em igual medida, tanto da moderação com que o governo exercita o seu poder, como da coragem e decisão com que aplica o poder quando as

---

([6]) Michael Oakeshott, «The Political Economy of Freedom» in *Rationalism in Politics*, pp. 389–391.

circunstâncias e as contingências assim o aconselham. Mas mais ainda, a experiência política moderna terá revelado um «método de governo» notavelmente económico na utilização do poder, logo e peculiarmente adaptado à preservação da liberdade — trata-se, pois, da **regra da lei** (*rule of law*). O governo pela regra da lei significa o exercício do poder pelo processo de aplicação, através de métodos estabelecidos, de regras estáveis e conhecidas que geram um vínculo de obrigação que recai em condições de igualdade, quer sobre governantes, quer sobre governados. Sem provocar uma diminuição na intensidade e na eficácia do poder, o governo pela regra da lei será em si mesmo um emblema e uma representação da mesma difusão de poder que se pretende promover com a sua existência e através da respectiva acção, e por esse motivo um método admiravelmente apropriado para o governo de uma sociedade livre. O governo pela regra da lei será o mais económico e parcimonioso na utilização do poder; envolve uma parceria, quer entre o passado e o presente, quer entre governantes e governados, que não deixa lugar para o vazio onde se possa instalar o poder da arbitrariedade; estimula uma certa «tradição de resistência» face às concentrações de poder potencialmente dominantes; exercita um controlo efectivo da sociedade sem provocar uma fractura no «grande fluxo afirmativo das coisas»; disponibiliza uma definição prática do carácter limitado, mas necessário, do benefício que a sociedade pode esperar do governo — a moderação do indivíduo face às expectativas fúteis e perigosas. Ao remover das circunstâncias individuais o «grande medo» relativamente ao governo no grandioso exercício do poder, o governo pela regra da lei será, de todos os arranjos políticos considerados isoladamente, a mais importante condição da liberdade.

O argumento de Oakeshott desloca então o seu eixo de observação das condições gerais da liberdade, no sentido concreto dos arranjos políticos, para a exploração explícita das liberdades correntes e observáveis que darão forma, dimensão e segurança à liberdade como modo de vida([7]). Num primeiro momento, o autor realça a importância da **liberdade de associação** e da **liberdade inerente ao direito à posse de propriedade privada**. Em categoria separada, surge a **liberdade de**

([7]) Michael Oakeshott, «The Political Economy of Freedom» in *Rationalism in Politics*, pp. 391–394.

expressão. A **liberdade de expressão** será inquestionavelmente uma das mais importantes e elementares liberdades, sendo mesmo reconhecida como a «pedra de toque» do grande arco da liberdade. No entanto, a pedra de toque não poderá absorver e substituir o grande arco da liberdade, de tal modo que o predomínio exclusivo da liberdade de expressão possa ser pervertido numa ameaça à própria liberdade que pretende representar, dissimulando a potencial erosão de outras liberdades igualmente estimáveis. A redução das liberdades ao ícone da liberdade de expressão poderá revelar a manifestação de um interesse particular que se transforma numa concentração de poder dominante, violando a exigência da dispersão do poder como condição geral da liberdade. No que diz respeito à **liberdade de associação**, o respectivo usufruto terá permitido a criação de uma vasta «multidão de associações», de tal forma importante que poderá afirmar-se que a integração do indivíduo na grande sociedade se concretiza através da mediação promovida pela profusão de «associações voluntárias» — por meio das associações voluntárias, a liberdade torna-se mais extensível e adquire a coerência de uma maior segurança. Num sentido mais genérico e global, as associações voluntárias representam uma difusão do poder perfeitamente apropriado ao modo de vida caracterizado pela liberdade. Convirá ao comentador referir a dupla categoria que Oakeshott coloca no fluxo lógico da sua reflexão sobre a liberdade: de um lado, a exigência de uma multidão de organizações; de outro lado, a urgência de uma multidão de associações voluntárias. De novo, no silêncio da teoria será possível detectar o espírito de Edmund Burke, nomeadamente, na formulação oakeshottiana que remete e reafirma a importância dos *little platoons* como factor de integração do indivíduo na sociedade, através de uma rede de instituições intermédias, entre o governo e o indivíduo, e que se afirmam como garante da segurança e veículo da liberdade. Na percepção de Oakeshott, a liberdade de associação implica o «direito» de adesão a associações previamente constituídas, bem como o «direito» à formação de novas associações, como também o «direito» de não integrar qualquer associação, sendo que em todas as circunstâncias em que tal se aplique, o direito de saída será sempre uma opção garantida — o «direito» à associação voluntária será sempre e em simultâneo o «direito à dissociação voluntária». Mas a liberdade de associação integra ainda o «dever» de não formação de associações cujo propósito seja o de privar outros indivíduos do exercício dos seus direitos, e em particular, o direito à associação voluntária. Este «dever» não poderá ser entendido como uma «limitação ao direito» — o «dever» será simplesmente a «definição negativa do direito». O exercício da liberdade de associação poderá originar uma situação de objectiva hostilidade ao pleno usufruto da liberdade, sobretudo quando possibilita a formação de entidades que negam o carácter original, mais concretamente, «**associações *compulsório-voluntárias***». De acordo com o autor, uma associação *compulsório-voluntária* não será mais do que uma «conspiração» cujo propósito específico aponta para a abolição do direito à associação voluntária, uma vez que será certamente uma concentração de poder, real ou potencialmente destrutiva da liberdade.

Relativamente à **liberdade inerente ao direito à posse de propriedade privada,** Oakeshott começa por enfatizar o facto de que a propriedade será inquestionavelmente uma «forma de poder», e como tal, uma «instituição da propriedade» perfila-se como um modo particular de regular e organizar o exercício desta variante do poder no seio de uma sociedade. Sem efectuar qualquer distinção sobre o tipo ou a categoria de propriedade em questão, o autor afirma que em todas as sociedades a existência de uma instituição da propriedade será uma exigência inevitável([8]). Na avaliação de Oakeshott, a instituição da propriedade poderá ser, em termos comparativos com outras instituições de uma sociedade livre, a menos complexa, mas apresenta-se como a mais hostil das instituições do ponto de vista da liberdade. A instituição da propriedade mais consentânea com o predomínio da liberdade deverá perspectivar o seguinte carácter geral — a instituição da propriedade deverá permitir e facilitar a mais ampla distribuição da propriedade, ao mesmo tempo que projecta através da sociedade um efeito de dissuasão que desencoraja efectivamente a tendência para as grandes e perigosas concentrações de poder centradas no património. Fundamental na instituição da propriedade será a garantia do vínculo e do **direito à propriedade privada,** na circunstância com um alcance e uma dimensão extensiva — qualquer indivíduo adulto e membro da

---

([8]) Michael Oakeshott, «The Political Economy of Freedom» in *Rationalism in Politics*, pp. 392–394.

sociedade terá um direito igual de desfrutar da propriedade constituída pelas suas capacidades pessoais, bem como o direito a toda a propriedade obtida através dos métodos de aquisição reconhecidos e correntes na sociedade. No entanto, e tendo em consideração que a sociedade impõe determinados limites externos, excluindo certos bens do âmbito da propriedade privada, o que prevalece nas sociedades modernas será o que Oakeshott denomina por «direito modificado à propriedade privada», uma vez que o que será objectivamente promovido não atinge a máxima difusão do poder que emerge da dispersão da propriedade. O argumento político fixa-se na constatação de que toda a propriedade que não entra na posse de um indivíduo deverá, não obstante, integrar o património de uma qualquer entidade, e na circunstância a identidade em questão será, directa ou indirectamente, o governo, ampliando deste modo o poder governamental que tenderá a aumentar a ameaça potencial à condição da liberdade. Perante esta leitura, a instituição da propriedade mais favorável à liberdade será inquestionavelmente aquela que garante o acesso à propriedade privada qualificada pelo menor número de restrições, exclusões e limites arbitrários, pois só desta forma e através destes meios se poderá assegurar a máxima difusão do poder que naturalmente emerge da difusão da propriedade. O arranjo político específico e que se concentra na questão particular da propriedade privada, não constitui uma disposição nem simples nem primitiva — a constituição da propriedade privada representa a mais complexa das instituições da propriedade, exigindo na sua preservação uma vigilância constante, o efeito ocasional de uma reforma e a recusa absoluta de uma metodologia da improvisação. De um prisma essencialmente centrado no sujeito, qualquer indivíduo será livre se puder usufruir dos direitos de propriedade sobre as suas capacidades pessoais e sobre o seu trabalho. No que concerne à questão do trabalho, a liberdade significa sobretudo a **liberdade de escolha e de movimento** através de uma pluralidade de organizações autónomas e independentes, o que, por sua vez, implica a existência de propriedade privada baseada em recursos para além da mera capacidade individual. A propriedade privada em causa refere-se à posse e detenção de «**meios de produção**», pois sempre que os meios de produção caem sob o controlo exclusivo de um poder dominante, a liberdade transforma-se numa recordação distante.

Com a instituição da propriedade, a narrativa de Oakeshott entra em definitivo na «organização económica da sociedade»(9). Em parte, a instituição da propriedade será um dispositivo político que providencia no sentido da organização e distribuição da actividade produtiva de uma sociedade. Para o «libertário» da tradição oakeshottiana, a interrogação essencial prende-se com o enunciado da seguinte questão: como regular o empreendimento da produção de uma sociedade sem que tal implique a destruição da liberdade? A instituição da propriedade privada será um modo efectivo de regulação da produção que respeita na íntegra a condição da liberdade. O maior impedimento à liberdade terá origem numa concentração de poder que através da expansão e dos ganhos de escala se transforma na instituição de um monopólio. A propriedade privada será o único obstáculo que se interpõe entre a afirmação do monopólio e a destruição da liberdade. Sendo o monopólio o expoente por excelência do poder absoluto, decorre da observação e da experiência prática que todo o poder absoluto existe no pressuposto da impunidade e do abuso. Como tal, para a preservação de uma sociedade livre, os arranjos políticos correntes e vigentes deverão prevenir e evitar a formação de concentrações de poder a tocar o monopólio; ou seja, os arranjos políticos deverão reflectir o entendimento de que o único modo de organização da produção que não solicita a privação da liberdade reside no estabelecimento e na manutenção de uma efectiva prática de «**competição**». A prática de uma competição eficaz não surge de forma espontânea na sociedade, no entanto, estará no perímetro da acção dos arranjos políticos a definição das condições necessárias para a difusão de uma eficiente prática de competição regulada pelo preceito da lei. No entanto, haverá uma fulcral distinção. A tarefa de conferir eficácia ao mecanismo de competição e o propósito de organizar a produção no sentido da satisfação das necessidades (função a ser desempenhada pela própria eficácia da competição) serão duas ordens de actividade distintas, de tal modo que a confusão entre as categorias terá um desenlace fatal para a liberdade. A substituição da integração da produção por meio da competição, ou seja do mercado, pelo controlo político da produção,

(9) Michael Oakeshott, «The Political Economy of Freedom» in *Rationalism in Politics*, pp. 394–396.

para além de criar um monopólio centrado no governo, inviabiliza definitivamente a efectiva dispersão de poder que é inseparável da afirmação da liberdade. Haverá ainda um *item* que deverá ser referenciado e prende-se este com a «acusação» de que uma «política libertária» simplesmente negligencia a eficiência com que os bens são produzidos pelo sistema económico; ou seja, em registo de interrogação: como conciliar o conflito entre a exigência da liberdade e a pretensão da eficiência? Na leitura oakeshottiana, a única eficiência que deverá ser tida em ponderação prende-se com o modo mais económico de produção e distribuição dos bens pretendidos pelos indivíduos. E as circunstâncias formais que permitem tal resultado ocorrem, numa dimensão máxima, quando o mercado opera em condições de competição efectiva e eficaz. Em síntese, todo o factor contrário e hostil à liberdade — o monopólio, o quase monopólio e todas as grandes concentrações de poder — impede simultaneamente a única eficiência digna de consideração.

Uma nota final em tom de conclusão. De acordo com o autor, a preservação da «divisão do trabalho» entre o controlo da competição e o controlo político será uma das condições que encerram o «segredo da liberdade»([10]). Como tal, a noção de que a competição não regulada será uma quimera, a percepção de que a regulação da competição não significa uma interferência nas operações dos mecanismos de controlo da competição em contexto de mercado, o entendimento da diferença entre estas duas ordens de actividade, todos estes elementos reunidos constituem o começo da «**economia política da liberdade**».

No *outline* do credo político de um «libertário na tradição inglesa» não existe lugar para a definição de um propósito ou desígnio final a dirigir e a influenciar as opções, os caminhos e os horizontes da sociedade([11]). Pertence a uma outra tradição política o pensamento de que o propósito de uma sociedade remete sem variação para o empreendimento de uma «premeditada utopia», ou implica a realização de um «ideal abstracto» (seja a felicidade, seja a prosperidade), ou até que imponha a consecução de um vago, pré-determinado e inevitável

([10]) Michael Oakeshott, «The Political Economy of Freedom» in *Rationalism in Politics*, pág. 403.

([11]) Michael Oakeshott, «The Political Economy of Freedom» in *Rationalism in Politics*, pp. 396–397.

destino. Se deveras se poderá considerar que uma sociedade nos moldes da descrição oakeshottiana possa ter um propósito, convirá então destacar o facto de que o propósito em consideração não representa a imposição de uma finalidade extrínseca e imposta por ditames ideológicos, artificiais e exteriores, nem poderá ser enunciado através de uma codificação abstracta sem a prévia aplicação de uma radical operação de condensação e simplificação. A sociedade que o autor revisita na sua reflexão possui um carácter bem definido e um conjunto de «tradições de actividade» bem estruturadas no tempo. Perante estas circunstâncias, a grande proeza da sociedade repousa na percepção do próximo passo sugerido pelo próprio carácter da sociedade quando em contacto com o fluxo de modificações observadas no conjunto das condições correntes, desencadeando-se uma acção política que não provoca rupturas nem compromete as prerrogativas das gerações futuras. Fundamental no desenho da sociedade não será a existência de um propósito pré-concebido, pois a sociedade encontrará o respectivo «guia» no «**princípio da *continuidade***» (que será a difusão do poder pelo passado, pelo presente e pelo futuro) e no «**princípio do *consenso***» (que será a difusão do poder entre os diferente e legítimos interesses observados no presente). A liberdade significa que a busca dos desejos correntes não compromete nem provoca a privação de um nexo de simpatia relativamente às circunstâncias passadas — a sociedade permanece e mantém-se reconciliada com o passado. Tendo em consideração uma escala de tempo que não será curta nem longa, a liberdade reflecte-se na recusa em sacrificar o presente em função de um futuro remoto e incalculável, tal como se manifesta na rejeição da renúncia a um futuro imediato e previsível em função de um presente meramente transitório. A liberdade identifica-se com a preferência pelas mudanças lentas e limitadas, mudanças que têm subjacente o voluntário consenso das opiniões. A liberdade espelha a habilidade para resistir à desintegração sem ter de suprimir a oposição. A liberdade concentra a percepção de que será mais importante para uma sociedade ter um «movimento» em equilíbrio com um conjunto integrado, do que adoptar um «movimento» súbito e rápido em direcção a um desígnio distante. A liberdade não transmite às decisões a pretensão da infalibilidade; na verdade, uma vez que não existe nenhum teste externo ou absoluto que assegure a «perfeição», a infalibilidade não terá simplesmente sentido. Na observação de Oakeshott, os únicos recursos viáveis, possíveis e necessários, serão, pois, um «**princípio da mudança**» e um «**princípio da identidade**». Sobra no final o cepticismo do autor relativamente a todos aqueles que insistem na imposição de um «carácter heróico» à realização do ideal da liberdade.

Não poderá o comentador deixar de referir um aspecto fundamental relativamente à condição geral da liberdade. Na lógica de uma sociedade livre de concentrações de poder dominante, na consideração dos dois grandes eixos complementares que concretizam em termos políticos a condição geral da liberdade, a identificação de uma Cláusula Burkeana e a constatação de uma Cláusula Lockeana apresentam como que uma extensão na reflexão final de Oakeshott. Na continuidade e coerência da interpretação assumida, a **Cláusula Burkeana** incluirá a sequência de três componentes distintas — **difusão da autoridade, princípio da continuidade** e **princípio da identidade**. No que respeita à constituição da **Cláusula Lockeana,** esta incluirá igualmente a sequência de três componentes igualmente distintas — **dispersão do poder, princípio do consenso** e **princípio da mudança**. Refira-se ainda que a Cláusula Burkeana afirma peremptoriamente a perspectiva da linha do tempo, considerando a condição da liberdade do ponto de vista de uma dinâmica inscrita no âmbito da dimensão alargada da escala do tempo. Em consonância com a patente leitura, a Cláusula Lockeana perspectiva a condição da liberdade no desenvolvimento da observação do presente, centrando-se na visibilidade dos factores contemporâneos em permanente interacção. A complementaridade dos dois grandes eixos em discussão sairá deste modo significativamente reforçada, pois se, por um lado, afasta a ideia de uma normatividade abstracta ao serviço de um plano imaginário, por outro lado, posiciona a condição geral da liberdade no domínio político do concreto e na esfera de intersecção entre o *tempo* e o *momento*.

A **economia política da liberdade** repousa no manifesto reconhecimento de que o assunto em debate e consideração não será a exposição de uma estratégia económica nas suas clássicas componentes, nomeadamente a maximização da riqueza, a optimização da produtividade ou o aumento dos índices de bem-estar([12]). A questão que percorre

---

([12]) Michael Oakeshott, «The Political Economy of Freedom» in *Rationalism in Politics*, pág. 406.

a economia política da liberdade não será a definição dos impregnáveis e permanentes termos de uma sociedade estática, mas sim a «arte» da compreensão de um rumo a seguir na exploração de uma sociedade pré-existente e que revela um inquestionável carácter tradicional. A economia política da liberdade será um ensaio sobre política, e a política entendida como a custódia de um modo de vida, mais precisamente, o *modus vivendi* característico da tradição política da civilização da liberdade.

Em contra-corrente a um certo pensamento dominante, Oakeshott, em «The Political Economy of Freedom», reafirma a supremacia das categorias moral e política relativamente à importância do elemento económico na definição e formulação dos arranjos políticos de uma sociedade. Não se observa, pois, uma reflexão orientada pelo princípio ordenador de uma «ética da produtividade», pois se existe uma forma política por excelência para compreender a liberdade inscrita na substância de um modo de vida, esta implicará certamente o entendimento de uma **moral da conservação** e de uma «**ética da custódia**»(13) como elementos constituintes da preservação do *modus vivendi* da liberdade.

Este mesmo posicionamento oakeshottiano poderá ser observado no ensaio «Contemporary British Politics», e no qual o autor reafirma de novo que a «política da difusão do poder» será a «única garantia da mais valiosa e substancial liberdade»(14), conhecida e aberta à pluralidade das condutas humanas. O ofício do governo será sobretudo assinalado pela ética da custódia consubstanciada na moral da conservação ao serviço de um particular e observável modo de vida caracterizado pelo usufruto da liberdade. Na circunstância, o autor reafirma o facto de que a liberdade objecto das suas congeminações políticas não se perspectiva como um ideal abstracto, não se apresenta como uma derivação centrada numa construção filosófica baseada numa «teoria do direito natural». A liberdade de Oakeshott não entronca na resolução de um conceito ideológico, mas reivindica a preponderância da

---

(13) Roy Tseng, *The Sceptical Idealist — Michael Oakeshott as a Critic of the Enlightenment*, pág. 166.

(14) Michael Oakeshott, «Contemporary British Politics» in *The Concept of a Philosophical Jurisprudence: Essays and Reviews 1926–51*, pág. 216. *Vide* ainda a sequência pp. 214–219. Originalmente publicado in *Cambridge Journal*, 1 (1948), pp. 474–490.

regra da lei como elemento que recupera um entendimento da política como uma forma de estar no mundo, e, sobretudo, que afirma a liberdade como um modo de vida corpóreo que projecta o conjunto de interacções do indivíduo em sociedade como uma realidade regulada por um elenco de direitos e deveres concretos e consolidados na continuidade da experiência prática. A liberdade não será a faculdade de um «direito natural», pois a liberdade desenha-se nos contornos de uma *jurisprudência* da sociedade no tempo, ou melhor ainda, a liberdade expande-se e estabelece-se no contexto de uma particular tradição política:

> The truth is, however, that we do not begin by being free; the structure of our freedom is the rights and duties which, by long and painful effort, have been established in our society. The conditions of individuality are not limitations; there is nothing to limit. And the adjustments of those conditions are not interference (unless they are over-head adjustments); they are the continuation of the achievement.([15])

Deste modo, a liberdade como *modus vivendi* revela-se em plena consonância com a **tradição política do cepticismo** no exercício contínuo, perpétuo e permanente da realização no idioma das ideias concretas do ofício de um **governo nomocrático**.

Reforçando o universo político de Oakeshott, o ensaio intitulado «Freedom and Power» permitirá complementar o perímetro de observação da liberdade pela adição de uma perspectiva relativamente original e originalmente tradicional. O autor não revela a mais remota intenção de se dirigir no sentido de uma compreensão normativa e abstracta da categoria liberdade. Pelo contrário, o modo de pensar a questão da liberdade encerra uma disposição comparativa, promove, pois, um dispositivo de análise em que o que será motivo de reflexão consta da **relação entre o exercício da liberdade e a submissão ao poder**([16]). Neste cenário, o conteúdo da proporção entre a liberdade e o

([15]) Michael Oakeshott, «Contemporary British Politics» in *The Concept of a Philosophical Jurisprudence: Essays and Reviews 1926–51*, pp. 216–217.

([16]) Michael Oakeshott, «Freedom and Power» in *What is History? and other essays*, pp. 239–243.

poder não terá como ponto focal de propagação a «experiência de submissão a um poder dominador». O facto primário que se destaca será a «experiência de um padrão de vida em sociedade no qual o exercício da liberdade será um elemento reconhecível e independente». Nesta regulação das proporções, o exercício da liberdade não se posiciona na dependência de uma «concessão extraída ao poder», mas transparece como um «ingrediente original» na interacção entre os indivíduos na sua relação em sociedade. A liberdade não terá então de ser sonhada, nem inventada pela contemplação de uma ideia luminosa, e tudo isto pela superior circunstância real de que, em certo sentido, a liberdade será de facto e em concreto uma condição desfrutada. Como consequência, nesta forma de entendimento, o exercício da liberdade não «começa» com a projecção de um ideal, mas será uma evidência crescente no comportamento e na proporção de um modo de vida que se torna corrente na afirmação das escolhas individuais e que será identificado e reconhecido como o exercício concreto de um elenco de «liberdades». Estas liberdades não serão uma dádiva ou uma concessão de um poder dominante, pois constituem um elemento primordial na consolidação de um padrão de vida em sociedade. A liberdade em questão poderá não ter o suporte de um *direito natural*, mas terá certamente o beneplácito espontâneo de uma *ordem natural*. As liberdades em questão pertencem à categoria da liberdade que integra um documento com a dignidade e a condição de uma *Magna Charta*, sendo o elemento comparativo por simetria conceptual a elaboração de uma *Bill of Rights*. A *Magna Charta* será uma *Carta de Liberdades*, significando com esta denominação a existência de um documento no qual se procede ao «registo das liberdades específicas» experimentadas no exercício de um modo de vida corrente e vigente. A *Bill of Rights* será uma *Declaração de Direitos*, significando com tal denominação a existência de um documento no qual se procede à «declaração de uma reivindicação requerendo a autorização de um poder dominante» para o exercício de um conjunto de direitos na configuração de um conjunto de liberdades. A ideia de uma *Carta de Liberdades* será a consagração da liberdade intrínseca à experiência prática da **tradição política do cepticismo.**

Na presente compreensão da liberdade, o governo não se perspectiva como uma concentração de poder dominante que deverá ser dispersada em benefício e no interesse do exercício da liberdade;

o governo representa uma «parceria» em que o exercício da liberdade se encontra objectivamente integrado e representado — o governo será assim observado pelo facto de «envolver a cooperação de fontes independentes de poder». Não se verifica deste modo qualquer intimação no sentido da submissão ao poder, uma vez que a parceria em questão não constitui uma disposição política com o propósito de limitar o poder do governo, mas deverá em oposição ser considerada como um complexo modo de governação no qual o exercício da liberdade estará presente desde o primeiro momento. Não constituirá, pois, um excesso de interpretação o reconhecimento na patente descrição de uma óbvia referência ao ofício de um **governo nomocrático**.

No benefício da narrativa oakeshottiana, o indivíduo terá consciência da liberdade a partir do exacto momento em que «conheceu e com facilidade conseguiu accionar os procedimentos de reparação para cada infracção aos seus direitos já reconhecidos». Ou seja, neste modo de entender e pensar a liberdade, esta não se projecta com o halo de uma idealização abstracta à olímpica distância de um paraíso político terreno. Pelo contrário, no presente modo de pensar e entender a liberdade, o paralelo do eixo não-fundacionista será tão evidente e assertivo que a liberdade não se apresenta associada à definição de uma «ideia geral». Na circunstância, e através de métodos conhecidos e reconhecidos, a liberdade consiste tão-somente na protecção do indivíduo no usufruto do seu modo de vida corrente face às intimações no sentido da submissão ao poder.

Mais ainda, na forma específica de entender a liberdade não existe nenhuma provisão especial para o exercício da própria liberdade em relação ao poder do governo. Toda a insistência será direccionada, não para uma definição particular da liberdade, mas sim para a verificação da presença ou da ausência de procedimentos necessários e adequados. Assim, a existência de procedimentos de reparação, compensação e correcção, serão a base fundamental para o «**exercício positivo da liberdade**». Da mesma maneira, a ausência de um procedimento, o facto de que não existe um modo legal e conhecido de exercitar o poder numa determinada direcção, estará na base de uma limitação às intimações no sentido da submissão ao poder do governo.

O ensaio «Freedom and Power» só poderá sugerir ao comentador a breve nota de uma reflexão. Refira-se que Oakeshott considera na sua análise os dois extremos que assinalam os limites da conduta humana — o exercício da liberdade e a submissão ao poder(17). E os referidos extremos representam uma «polaridade positiva» e uma «polaridade negativa» na explanação do exercício das interacções individuais no contexto da sociedade. Seguindo o autor na sequência da ordenação do argumento relativamente ao conteúdo concreto de cada polaridade, será de razoável bom senso interpretar a liberdade como o pólo positivo e a submissão ao poder como o pólo negativo. Em todas as ocasiões da interacção em sociedade, as condições observáveis no concreto apresentam-se como uma «mistura» entre a liberdade e a submissão. Como corolário, a submissão ao poder nunca será completa, tal como uma actividade no usufruto da liberdade «raramente» deixará de integrar um elemento de submissão ao poder. Michael Oakeshott não revela a intenção de proceder a um inquérito filosófico no sentido da exploração de um mundo em que a oposição entre os extremos reivindicados encontre o desfecho de uma reconciliação teórica; nem o autor se demonstra disponível para a discussão a propósito da mais desejável proporção entre os elementos da liberdade e do poder presentes na mistura que concretiza o carácter do modo de vida vigente, corrente e observável. O estatuto oakeshottiano invoca a disposição do «homem prático», distante da preocupação com os «absolutos abstractos», mas centrado na evidência das «relatividades concretas».

Existe um reflexo e um tom na prosa oakeshottiana que se aproxima da perspectiva política apresentada em *The Politics of Faith & the Politics of Scepticism*(18). Desde logo, o autor utiliza uma percepção parcial e local da polaridade que se inscreve no carácter da política moderna — no lugar da política da fé *versus* política do cepticismo surgirá então a liberdade *versus* o poder. Refira-se que Halifax, em *The Character of a Trimmer*, apresenta uma versão próxima dos extremos utilizados na análise de Oakeshott, nomeadamente, a dicotomia será constituída pelo pólo da liberdade e pelo pólo da autoridade. No decorrer da lógica descrita, mais interessante será a referência implícita de Oakeshott à questão da liberdade perfeitamente enquadrada no contexto do

(17) Michael Oakeshott, «Freedom and Power» in *What is History? and other essays*, pág. 235.

(18) Michael Oakeshott, *The Politics of Faith & the Politics of Scepticism*, pág. 123.

princípio da média na acção política — a observação corrente da liberdade resulta de um equilíbrio instável e em permanente mutação entre o extremo do poder e o absoluto da liberdade; ou seja, a liberdade observada será sempre o ensaio de uma possibilidade, a liberdade será sobretudo o exercício permanente no sentido do restabelecimento do movimento no interior de uma tradição política e nos limites assinalados pelas polaridades constitutivas do horizonte político. Ao aceitar-se esta interpretação, a liberdade observada e desfrutada no modo de vida corrente ganha uma excepcional virtude ao mesmo tempo que integra o património de uma dinâmica política associada à concretização de uma experiência prática — a virtude estará relacionada com o entendimento de uma região média de movimento onde habitam as oportunidades políticas; a experiência prática haverá de se revelar nos movimentos internos da política, avaliando os desvios, ajustando os excessos, equilibrando os extremos. Na configuração das relatividades concretas, a liberdade perspectiva-se como uma categoria política profundamente associada ao desempenho político de um *trimmer*. E com o carácter do *trimmer*, a liberdade revela-se de novo como um valor conservador no âmbito da **tradição política do cepticismo**.

§1
Ensaio de Interpretação Política para uma Concepção Conservadora da Liberdade Liberal

A tradição política da civilização da liberdade justifica todo um elenco de reflexões reunidas sob a designação comum de um **ensaio de interpretação política**. A teoria política de Michael Oakeshott convida o comentador ao esforço de uma observação positiva na qual a heráldica das ideologias não completa a galeria final de uma escrita automática que representa a subversão da ordem dos factores — a supremacia do abstracto face à subalternidade do concreto. Aliás, a narrativa oakeshottiana sobre a liberdade encerra uma complexa e meridiana clareza filosófica no sentido da elucidação das precedências e da afirmação dos valores. No mundo onde os extremos colidem, a liberdade surge na confluência das ideias concretas e na linha de um horizonte moral onde se afirma a responsabilidade política de cada geração no contexto e no percurso de todas as gerações. Recuperando o cepticismo tão associado ao espírito de David Hume, as coisas são o que são, tal como a liberdade é o que é. O fascínio estético pela imagem de um exército compacto que desfila ao ritmo das ondas vermelhas de um estandarte encerra o segredo de uma liberdade que se esgota na abstracção dos símbolos metálicos entrelaçados. O olhar de Oakeshott será mais céptico e prudente, tal como deverá ser mais céptico e prudente o olhar do comentador. Longe da apoteose final das ideologias, distante da aceitação de um fim derradeiro, a lógica de um ensaio de interpretação política impõe-se na objectividade de uma sequência descritiva — **ensaio**, porque não existem formulações definitivas; **interpretação**, porque se impõe a necessidade permanente de responder às intimações; **política**, porque garante a ordem superficial que permite o exercício das escolhas individuais na profusão de uma sociedade plural.

Na substância da leitura e em consonância com a atitude metodológica referida, uma observação retrospectiva do fluxo intangível que percorre e suporta a fluência filosófica dos ensaios constitutivos da obra *Rationalism in Politics* permite ao comentador a explicitação de uma visão da realidade política no pleno da explanação de um conjunto de categorias concretas, inscritas na experiência prática e reveladas no ministério do tempo. Na ocorrência do discurso oakeshottiano, entre a tradição política da paixão e a tradição política do cepticismo, nos limites da distinção entre governo telocrático e governo nomocrático, a liberdade surge inequivocamente como um factor associado ao carácter de um particular modo de vida, da mesma forma que, na economia da política moderna europeia, a liberdade emerge como um elemento constitutivo da **tradição política do cepticismo** e expande-se sob a égide e os ofícios de um **governo nomocrático**. Será precisamente no âmbito deste mesmo ramo da tradição política moderna que a expressão de uma disposição conservadora encontra as condições para a respectiva afirmação histórica e para a consequente consolidação de um entendimento específico da natureza e do exercício da política. Assim, na teoria política de Oakeshott, a categoria da liberdade e o carácter político do conservador surgem no perímetro conceptual da tradição política do cepticismo, mas não por determinação de uma visão centrada na definição de uma posição original que se operacionaliza enquanto princípio primeiro e axioma fundador de uma teoria geral da liberdade. Pelo contrário, a constatação das categorias liberdade e conservador na vinculação da tradição política do cepticismo ocorre na exploração de duas *démarches* teóricas distintas, sendo o elemento genérico e comum ao inquérito a observação das circunstâncias da sociedade moderna, a sequência concreta dos acontecimentos históricos, bem como a mudança nas convicções morais e políticas dos indivíduos. Na literatura política de Oakeshott, a categoria da liberdade e o carácter político do conservador encontram um nexo contextual e empírico em duas evidências complementares: na actividade política do exercício do governo e na experiência particular do indivíduo governado. Como tal, existe efectivamente uma intimação na teoria política do autor que legitima uma interpretação que se desloca em direcção a uma ideia concreta de liberdade que hipoteticamente poderá coincidir com um modelo de liberdade conservador.

Um **modelo de liberdade conservador** será exactamente o que George Brenkert virá propor na obra intitulada *Political Freedom*(19). A visão da liberdade na perspectiva de um conservador estará longe da simplicidade normativa, primando sobretudo pela evidência de uma certa complexidade empírica(20). Assim, existe uma linha de interpretação que afirma a coincidência de liberais e conservadores numa concepção negativa da liberdade; por outro lado, observa-se uma tendência de leitura que detecta no posicionamento político conservador uma afirmação da liberdade positiva; finalmente, uma terceira escola manterá o discurso de que o entendimento da liberdade característico de uma disposição conservadora poderá ser revisto na combinação ou síntese entre a liberdade negativa e a liberdade positiva. A complexidade tenderá a aumentar quando se verifica a mais genuína reticência dos conservadores relativamente à estruturação de uma definição normativa do conceito de liberdade — o conservador utiliza na reflexão filosófica uma ideia de liberdade que não será nunca objecto de um enunciado geral e abstracto. O modelo de Brenkert afirma que o conceito de liberdade para um conservador não poderá ser reduzido à

(19) George G. Brenkert, *Political Freedom* (London and New York: Routledge, 1991), pp. 31–64.

(20) George G. Brenkert, *Political Freedom*, pág. 32.

dicotomia inclusiva ou exclusiva dos conceitos de liberdade negativa e liberdade positiva. Na análise de Brenkert, para os conservadores, a «**liberdade política consiste nos direitos e nas liberdades tradicionais através dos quais o poder será disperso de tal modo que não poderá ser exercido de modo arbitrário pelos membros da sociedade**». A sintonia entre o modelo proposto e a posição de Oakeshott não poderia ser mais explícita.

O conceito de liberdade acima apresentado, embora integre a ideia de uma esfera individual na qual o indivíduo não poderá sofrer a coerção intencional por terceiros, não deverá, no entanto, ser limitado a uma interpretação que simplesmente afirma o predomínio da liberdade negativa. Nesta acepção, não poderá afirmar-se que liberais e conservadores partilham uma mesma concepção de liberdade, mas poderá certamente referir-se o facto de que existirá um valor comum ao qual atribuem interpretações diferentes. De uma perspectiva alternativa, o conceito em questão não poderá ser identificado com uma concepção positiva da liberdade, uma vez que não se centra numa ideia de auto-determinação racional, nem refere o indivíduo, a entidade ou a instituição que eventualmente venha a exercer o controlo sobre a conduta e as acções do sujeito. Mais propriamente, o modelo de liberdade conservador na percepção de Brenkert «**consiste num conjunto concreto de inter-relações historicamente herdadas (direitos) no âmbito das quais cada membro da sociedade política vive livremente**». De novo, o paralelo entre o modelo conservador proposto e a narrativa de Oakeshott sobre a liberdade será a constatação de um facto evidente.

Um aspecto fundamental da disposição conservadora face à liberdade será a relutância na formulação de uma concepção geral e abstracta da liberdade, uma espécie de normativo filosófico que constituísse um invariável universal([21]). Em parte, esta atitude será o reflexo de uma visão em que a liberdade só poderá ser uma realidade na observação do concreto, uma visão em que a liberdade ocorrerá sempre no contexto particular de uma experiência prática. A análise conceptual e a teorização em abstracto suportada pelo enunciado de axiomas primeiros, para além de iludirem as contingências e as circunstâncias históricas e de excluírem da reflexão a complexidade das tradições correntes

([21]) George G. Brenkert, *Political Freedom*, pp. 33–38.

e observáveis, poderá resultar na «simplicidade» e na «elegância» de uma teoria geral, mas o reverso da fluidez conceptual repousa na fragilidade das falsas simplificações e no entusiasmo das grandes generalizações — o labirinto do mundo, a complexidade da sociedade, da vida e das tradições, perdem-se na intenção normativa e fundacional. Brenkert recorre então ao exemplo de Edmund Burke. De acordo com a interpretação do autor, a liberdade nas reflexões de Burke aparece com três significações distintas: no sentido da «acção espontânea»; na exigência de uma «ausência de restrições»; na observação de um «conjunto de direitos e liberdades desfrutados pelos membros da sociedade». O notável da situação residirá no facto de que nem Burke nem gerações sucessivas de filósofos conservadores tenham empreendido um trabalho de síntese e unificação dos diferentes significados. Em vez da construção de uma teoria geral na base da qual fosse possível a dedução e derivação da natureza e do significado da liberdade política na perspectiva conservadora, o conservador entende e assimila as três significações de Burke como três entendimentos igualmente legítimos do valor da liberdade. Neste sentido, a questão que se coloca não será «Which meaning of *freedom* is the true one?», pois a interrogação central ao entendimento conservador passará pela seguinte formulação: «**What aspects of our society contribute to (political) freedom?**» O foco da reflexão desloca-se do universo abstracto para se centrar na evidência concreta da experiência prática.

Uma outra dimensão que suporta a reticência conservadora relativamente ao abstracto reside na percepção de que o conhecimento envolvido na edificação de uma teoria geral centra-se no domínio absoluto de um conhecimento técnico que se projecta num posicionamento ideológico. Contornando a arquitectura de um estado natureza ou a definição hipotética de um contrato social, a questão da liberdade implicará inevitavelmente um conhecimento prático baseado na persistente observação e compreensão da experiência prática. Será na contemplação de um «modo de vida livre», resultante das circunstâncias do tempo, resultado das tentativas e dos erros, permanentemente corrigido pela intervenção parcelar de pequenos ajustes; será da contemplação desse modo de vida que o entendimento da natureza da liberdade política poderá ocorrer. Logo, a ênfase do inquérito deverá dirigir-se para o entendimento dos arranjos políticos que suportam e permitem a liberdade inscrita num particular modo de vida. A compreensão da liberdade emerge dos arranjos políticos, ao mesmo tempo que os arranjos políticos conferem uma dimensão concreta e corpórea à própria liberdade. O foco nos arranjos políticos de uma sociedade representa o movimento no sentido do entendimento de um património, património que integra uma ideia de liberdade suportada na acumulação no concreto de uma longa e profunda experiência prática. Eis um tópico oakeshottiano por natureza.

Na sequência deste posicionamento conservador, o fundamental no entendimento dos arranjos políticos reside na identificação dos detalhes e na sensibilidade para as *nuances*, não na definição de uma «essência» que deva ser objecto de um processo de abstracção. A insipiência do conhecimento na prática dos arranjos políticos concretos poderá implicar uma desvalorização dos padrões inscritos no tempo e na história, promovendo uma «alienação» da realidade da sociedade rapidamente preenchida pela análise conceptual de uma palavra (liberdade) e pela formulação de uma teoria geral abstracta e supostamente universal.

Relativamente à questão dos **direitos e das liberdades**, no modelo de liberdade conservador não existe uma lista fechada, tal como não se verifica uma hierarquia rígida e pré-determinada([22]). Não havendo recurso a uma formulação teórica, a resposta conservadora só poderá ser eminentemente prática, estipulando, por sua vez, que os direitos e liberdades de um indivíduo membro de uma sociedade livre só poderão ser estabelecidos em função das intimações suscitadas pelos costumes e tradições dessa sociedade em particular, e nunca por nunca serem objecto de uma derivação teórica com base em princípios abstractos e universais. A «sabedoria da espécie» estará assim contida nos costumes e nas tradições da sociedade, bem como nas «pequenas experimentações» que estes integram e realizam no concreto. Importa ainda referir quatro aspectos importantes na afirmação dos direitos e das liberdades: (**1**) Os direitos e as liberdades de uma sociedade devem, na realidade, corporizar o modo de vida real e habitual; será a propósito destes costumes e destas tradições que os conservadores reconhecem na observação concreta da sociedade aquilo que denominam como «**espírito da liberdade**» — os costumes e as tradições constituem

([22]) George G. Brenkert, *Political Freedom*, pp. 39–42.

na circunstância o «**coração da liberdade conservadora**»; (2) O estatuto dos direitos terá obrigatoriamente uma dimensão «prescritiva» — apenas o teste do tempo e do uso ao longo de sucessivas gerações confere ao direito a integridade de um carácter justo; não será, pois, pelo reflexo passivo de uma «inevitabilidade», nem pela ocorrência repetida e persistente de uma determinada «relação», que provocará o reconhecimento de um direito; (3) Os direitos constitutivos do entendimento conservador da liberdade estarão associados a um elenco complementar de responsabilidades e de obrigações; a ausência de uma vinculação recíproca entre direitos e deveres levará a uma concepção abstracta dos direitos típica do liberalismo e nos antípodas da percepção conservadora; (4) Sendo que os costumes e tradições são específicos de uma sociedade particular, e considerando que a liberdade terá uma ligação próxima precisamente aos costumes e às tradições, resulta desta associação o facto de que a liberdade não terá uma configuração universal, logo não será transferível de sociedade para sociedade no exacto formato de uma concepção abstracta; o entendimento conservador da liberdade política terá a particularidade de promover arranjos concretos distintos de sociedade para sociedade; tal não será uma «deficiência» do modelo, mas, pelo contrário, uma das suas grandes «vantagens». Ainda um ponto que justifica uma referência isolada. Indivíduos de denominação conservadora tendem a convergir na convicção, historicamente comprovada, de que o **direito à propriedade privada** será um factor essencial para a consolidação da liberdade política. A ligação entre a liberdade e a propriedade privada será um verdadeiro «cânone» do pensamento conservador. A propriedade privada desempenha um papel absolutamente vital oferecendo uma garantia relativamente à dispersão do poder na sociedade, evitando, no intuito da preservação da liberdade dos indivíduos, que o poder seja caprichosa e arbitrariamente exercido.

Por consequência, quando um conservador reflecte sobre a natureza da liberdade política efectivamente experimentada na realidade concreta de um modo de vida, a sua observação denota no imediato uma intrínseca relação entre a liberdade e o círculo de direitos e de liberdades associados à conduta do indivíduo em sociedade([23]). De acordo

([23]) George G. Brenkert, *Political Freedom*, pp. 43–44.

com Brenkert, será exactamente este conceito de liberdade que estará implícito ao entendimento de Burke, nomeadamente, quando o filósofo e político refere a importância de uma «**liberdade ordeira**», uma conformação da liberdade política constituída e definida por um elenco de direitos, leis e liberdades, efectivamente constitutivos do *tecido social* herdado e desfrutados em concreto por cada membro da «sociedade histórica». Deste modo, a resposta à intimação colocada pela experiência prática conduzirá naturalmente a uma resposta conceptual — eis a inversão conservadora da ordem dos factores em que o concreto da prática conduzirá ao conceptual concreto. Neste particular, o método e a visão subjacentes ao empreendimento de Oakeshott terão uma tácita e persistente vinculação ao legado burkeano.

Convirá referir que os direitos e as liberdades que contribuem para a coerência da liberdade política serão aqueles que, na prossecução da conduta dos indivíduos, garantem uma pluralidade de relações e de interacções em que os mesmos indivíduos não serão sujeitos ao exercício arbitrário e despótico do poder. Será de novo a ligação entre a dispersão do poder e o exercício da liberdade que a reflexão conservadora pretende sublinhar; mas o mais importante reside na afirmação implícita de que a realidade concreta da dispersão do poder será o factor determinante que contribuirá para a definição e caracterização dos direitos constitutivos da liberdade política. Na percepção de um conservador, a liberdade exige e reclama por um modo de vida no qual a busca incessante de poderes reais e imaginários no intuito exclusivo do exercício da dominação deve ser objecto de restrição e respectiva dispersão. Assim, o entendimento conservador do conceito de liberdade política parece consistir no usufruto pelo indivíduo de um *ensemble* de direitos e de liberdades que dispersam o poder através da sociedade na tentativa de evitar as oscilações perturbadoras que derivam do exercício arbitrário de todo e qualquer poder dominante. Para Brenkert, este será o significado do conceito de liberdade política que estará na base do modelo de liberdade conservador.

Na sequência do modelo de liberdade conservador será deveras interessante analisar a hipotética relação que poderá ser estabelecida com o **conceito de liberdade negativa**([24]). O discurso sobre os direitos

---

([24]) George G. Brenkert, *Political Freedom*, pp. 46–50.

e as liberdades e a exigência sobre a dispersão do poder, poderá ser interpretado como um modo de prevenir o nível de coerção efectivamente experimentado pelos indivíduos — logo, a expressão da dispersão do poder representará o equivalente operacional da liberdade negativa entendida como a ausência de coerção intencional por terceiros. Como tal, poderá ser admitido que o conceito de liberdade negativa será parte integrante do entendimento conservador da liberdade. Neste contexto e em rigor, a liberdade negativa será uma consequência do modelo de liberdade conservador, não sendo, pois, possível nem justificada uma redução do modelo conservador ao conceito negativo de liberdade. Em primeiro lugar, convirá salientar o facto de que a dispersão do poder não significa apenas um acto negativo, nem esta será a intenção essencial, pois encerra igualmente uma conotação afirmativamente positiva ao proceder a uma extensão do poder aos membros da sociedade. Neste sentido, existe uma afirmação da importância do poder na economia política da liberdade. A liberdade não será apenas a ausência de um poder arbitrário, nem a erradicação de um poder dominante; a liberdade será igualmente uma forma de poder que contribui para a limitação do poder. Só o poder poderá limitar o poder, e embora este deva ser objecto de dispersão, a liberdade não significa simplesmente o propósito negativo da fuga ao exercício de um poder dominante concretizado na ausência de coerção. Por outro lado, o modelo conservador de liberdade reivindica o estabelecimento de uma «naturalidade» e de uma «harmonia» na relação dos indivíduos em sociedade. Os conflitos serão minimizados, as colisões menos violentas; existe, pois, uma fluidez dinâmica, uma ausência perceptível de restrições e de coerção facilmente associada a um sentimento de libertação próximo do conceito de liberdade negativa. Uma vez mais, será simplesmente redutor identificar nestas características o predomínio da liberdade negativa. Numa acepção conservadora, os costumes e as tradições desempenham muitas vezes tarefas complexas com maior eficiência e complexidade do que o arbítrio do indivíduo agindo livre da coerção intencional por terceiros. Para Brenkert, e de modo paradoxal, serão os costumes e as tradições que conferem a liberdade ao indivíduo, tendo sobretudo em consideração que a liberdade terá uma expressão no concreto da fluidez da qualidade e da harmonia da actividade observada. Estes comentários dirigidos ao entendimento conservador da liberdade não revelam a presença subjacente de uma liberdade negativa. O sentido de libertação experimentado será um *spin-off* do aspecto crucial. Esta ausência de constrangimentos e de obstáculos à conduta do indivíduo poderão ser legitimamente confundidos com a simples ausência de coerção, mas tal interpretação representa uma inversão entre o essencial e o acessório. Brenkert relembra Burke no detalhe de uma referência preciosa: «the *effect* of liberty to individuals is that they may do what they please». O ponto em questão centra-se no facto de «doing as one pleases» será uma consequência da liberdade e não a liberdade propriamente dita — ou seja, será invariavelmente uma imprecisão confundir a consequência com o real princípio subjacente. Na presente interpretação, a liberdade negativa surgirá num contexto e numa ordem em que o modelo conservador constitui a base subjacente à liberdade do indivíduo e à ausência de coerção. Como tal, a liberdade negativa será a consequência observável do modelo conservador da liberdade, a liberdade liberal será, deste modo, um fenómeno de superfície. Finalmente, o presente argumento não coloca em questão a validade e a legitimidade da liberdade liberal ou negativa, nem significa que os conservadores não estarão atentos aos níveis de coerção observáveis na sociedade. Fundamental então no argumento será o facto de que, no modelo de liberdade conservador, o entendimento da liberdade política não poderá ser restringido a uma mera significação negativa. No entanto, o conceito de liberdade negativa será uma parte constitutiva do modelo conservador, mas uma parcela que representa uma consequência visível e não a causa profunda da liberdade.

Retomando a narrativa de Oakeshott sobre a liberdade e na sequência do modelo de Brenkert, será desde logo evidente à percepção do comentador de que a liberdade oakeshottiana se inscreve no modelo conservador com uma elegância e naturalidade eminentes. Mais ainda, a relação entre o modelo conservador e a determinação de um conceito de liberdade negativa justificam de um modo filosoficamente consistente a cintilação de uma superfície liberal e a coerência de um núcleo conservador detectáveis no discurso do autor. Nesta hipótese de leitura não haverá uma tensão entre uma pulsão liberal e uma compulsão conservadora, uma vez que a superfície liberal em Oakeshott será parte constitutiva de um núcleo filosófico inquestionavelmente conservador.

Poderá o comentador afirmar com propriedade que Oakeshott procede à fundamentação conservadora da liberdade liberal, o que será equivalente à afirmação de que na teoria política oakeshottiana se observa uma **concepção conservadora da liberdade liberal**. Na construção de uma imagem mitológica, a liberdade em Oakeshott terá a profunda complexidade do rosto de Janus.

Na sequência da anterior constatação poderá surgir uma interessante interpretação do entendimento do autor relativamente às determinações políticas de um liberal e de um conservador. No universo político de Oakeshott, liberalismo e conservadorismo (sem conotações ideológicas), constituem dois modos de vida correntes e observáveis, inscrevendo-se historicamente numa mesma filiação política que encontra o respectivo lugar precisamente na **tradição política do cepticismo**. Liberalismo e conservadorismo seriam, deste modo, duas configurações possíveis no âmbito da tradição política do cepticismo, convergindo na superfície da formulação de um **governo nomocrático**. Na afirmação das ambivalências e ambiguidades da política moderna europeia, o liberalismo na acepção específica oakeshottiana não se aproxima da ideologia do progresso e da ética produtivista que o remeteria para o exercício de um **governo telocrático** sob o domínio da **tradição política da paixão**. O liberalismo representará uma gradação na região média de movimento na proximidade da tradição política do cepticismo, sendo que a distinção entre famílias políticas reside no padrão de desvio observado relativamente à tradição política do cepticismo — o conservadorismo terá uma conformação mais próxima do cepticismo prático e o liberalismo exibirá uma configuração mais próxima do progressismo céptico. A presente hipótese de interpretação política confere à conciliação entre uma superfície liberal e um núcleo conservador, visíveis no entendimento da liberdade em Oakeshott, uma coerência compatível com a categoria da tradição política do cepticismo, categoria crucial para a revelação e para a consolidação do valor da liberdade na civilização política do Ocidente.

Na lógica da tradição política do cepticismo, a reflexão sobre a liberdade em Oakeshott revela no seu percurso descritivo todo um conjunto de categorias políticas em permanente interacção. Na afirmação de um elenco de ideias concretas, na consubstanciação da política como exímio fenómeno representativo da experiência prática, o discurso oakeshottiano recorre ao conceito de **conversação** como procedimento distinto e específico de um particular modo de entendimento da política. Na circunstância da liberdade, observa-se a permanente interacção entre a polaridade constituída pelos costumes e tradições, e o pólo de afirmação dos direitos e das liberdades; por outro lado, a intersecção entre a Cláusula Burkeana e a Cláusula Lockeana, para além de reflectir a dicotomia entre uma superfície liberal e um núcleo conservador, representa de modo significativo uma lógica de interacção aplicada ao entendimento da liberdade. As interacções em discussão, sem atingirem o zénite de uma tensão formal ou filosófica, projectam no percurso da liberdade uma tendência caracterizada pelo vínculo da conversação, e sobretudo pela afirmação de uma dinâmica de contornos inequivocamente dialécticos. A coerência da conversação no estabelecimento da liberdade reflecte sobretudo, não uma tentativa de imposição de um conceito abstracto e exterior ao modo de vida observado, mas repercute uma atitude e um filosofar que procura trazer à superfície e tornar explícito um significado concreto e tácito aos arranjos políticos e ao modo de vida organizado. Nesta perspectiva, a liberdade prolonga-se como factor essencial para a eventual correcção das imperfeições humanas face às contingências e circunstâncias do mundo. No momento da polaridade histórica da liberdade, esta exibe um carácter essencialmente político, um carácter que se consolida e adquire uma coerência material através da complexidade de uma conversação que se expande na cadência exigente de uma **dialéctica implícita, concreta, histórica, temporal**. E deste modo preciso, a liberdade transforma-se no *modus vivendi* da tradição política do Ocidente.

TERCEIRA PARTE

ON HUMAN CONDUCT, O *MAGNUM OPUS* NA REVISITAÇÃO DA POLÍTICA MODERNA. O CARÁCTER IDEAL DA ASSOCIAÇÃO CIVIL E AS INTIMAÇÕES DA LIBERDADE CIVIL

INTRODUÇÃO

O ABSTRACTO CONSERVADOR. ENTRE O ÍNDEX DAS IDEIAS POLÍTICAS CONCRETAS E O IDIOMA DAS IDEIAS POLÍTICAS GERAIS

On Human Conduct projecta uma intensa reflexão política marcada pela firme cadência de uma profunda densidade filosófica. O estilo e o discurso colocam a obra num lugar particularmente assinalável no mapa das referências essenciais ao universo político oakeshottiano. A obra resiste à leitura pela profusão de um pensamento político que recorre e que revela uma dimensão surpreendente e superlativamente abstracta, uma dimensão que Oakeshott reconhece em carta dirigida a Kenneth Minogue no ano de 1967: «What I've written seems to me a bit *dry*. I shall have to go through it and put in the light-heartedness»(1). *On Human Conduct* é uma obra maior, uma obra que exprime uma respiração espartana, um rigor estóico, um espírito epigramático, uma sensibilidade algo elegíaca e um perturbante sentido da identidade britânica. A questão da identidade britânica poderá parecer uma referência excessiva no âmbito de um ensaio que versa a teoria política de Oakeshott. No entanto, a obra, precisamente uma colecção de três ensaios «conexos», cada um com a sua «referência», invoca no espírito do comentador, com a melancolia que tantas vezes acompanha uma leitura mais próxima, uma dilaceração no discurso político que abandona a fluidez de um presente concreto em direcção à complexidade de um registo abstracto. Dito de uma outra forma, em *On Human Conduct* pressente-se o silêncio do concreto que acompanha a melodia do abstracto. Assim, se *Rationalism in Politics*

(1) Kenneth Minogue, «Michael Oakeshott (1901–1990)» in *LSE Magazine* 3 (Summer, 1991), pág. 17.

poderá ser observado como a celebração do tempo, *On Human Conduct* deverá ser entendido como a suspensão do tempo, gerando-se um espaço conceptual que prolonga a latitude da reflexão. Paradoxalmente, a tradição representa exacta e simultaneamente a celebração e a suspensão do tempo, na circunstância uma tradição política que suporta no mesmo eixo o concreto observado em *Rationalism in Politics* e o abstracto contemplado em *On Human Conduct*. Este movimento complementar de oscilação entre contrários, tão prodigiosamente britânico, poderá ser objecto de uma ilustre figuração poética nas palavras de T. S. Eliot:

> What we call the beginning is often the end
> And to make an end is to make a beginning.
> The end is where we start from. And every phrase
> And sentence that is right (where every word is at home,
> Taking its place to support the others,
> The word neither diffident nor ostentatious,
> An easy commerce of the old and the new,
> The common word exact without vulgarity,
> The formal word precise but not pedantic,
> The complete consort dancing together)
> Every phrase and every sentence is an end and a beginning,
> Every poem an epitaph. And any action
> Is a step to the block, to the fire, down the sea's throat
> Or to an illegible stone: and that is where we start.
> We die with the dying:
> See, they depart, and we go with them.
> We are born with the dead:
> See, they return, and bring us with them.
> The moment of the rose and the moment of the yew-tree
> Are of equal duration. A people without history
> Is not redeemed from time, for history is a pattern
> Of timeless moments. So, while the light fails
> On a winter's afternoon, in a secluded chapel
> History is now and England.([2])

([2]) T. S. Eliot, «Little Gidding, V» in *Collected Poems, 1909–1962* (London: Faber and Faber, 2002), pág. 208.

O abstracto político de *On Human Conduct* estará de certa forma contido na primeira parte da reflexão de Eliot, enquanto o concreto político de *Rationalism in Politics* se enquadra pacificamente na segunda parte da composição. Mas nesta convergência de movimentos contrários, envolvida a preceito numa estética que celebra uma atmosfera genuinamente conservadora, a memória política de «On Being Conservative» como que se expande numa espiral maior para atingir a vibração de uma identidade que se afirma no pleno de uma conduta e na síntese de uma designação — *On Being British*. Neste sentido e nesta interpretação, *On Human Conduct* não constitui qualquer «testamento político» nem o culminar de uma realização definitiva, não representa, pois, o fim de uma reflexão passada nem o início de uma súbita visão do futuro, mas afirma-se sim pela continuação do empreendimento político de uma vida, prosseguido agora por outros meios, por outras palavras, num outro estilo. A sensibilidade política de Michael Oakeshott não terá sido foco de uma epifania que subitamente revela os contornos políticos de um admirável mundo novo, mas será verdadeiro afirmar que o ponto de observação médio de Oakeshott se desloca objectivamente no sentido possível de uma tranquila reflexão à distância — a distância que separa o abstracto político profunda e tacitamente inscrito na exuberância do concreto político. Na já referida carta endereçada pelo autor a Kenneth Minogue, Oakeshott adopta uma tonalidade confessional para se referir à escrita de *On Human Conduct*:

> I am not going to get this finished as quickly as I hoped. Not only have I lost the faculty of rapid writing, but I am finding a vast discontent with a good many of the ideas which used to knock about in my head fairly agreeably, and what is worse (for these can always be replaced by others) I am finding that what I have thought I had clear is, when I come to it, just about as clear as mud. So the alternative I face each morning at 9am is either to do a bit of what is called skirting round the difficulties (which I can't quite bring myself to do: perhaps in another year or two) or to sit glassy eyed watching for a glimmer of light at the end of a long, long dark passage. It takes time. But I've invented something of a new vocabulary, which I hope will

> carry me through, but I never know that it isn't going to fall apart in my hands.(3)

Uma persistente ponderação impele o comentador no sentido e na obrigação de salientar o esforço de Oakeshott na procura de um entendimento sobre a sua própria reflexão política, respondendo de certa forma às intimações pendentes e subjacentes a um pensamento que, sendo o *seu*, será observado e analisado como pertencendo a um *outro*. Esta dicotomia, esta tensão entre o *seu* e o *outro*, provoca o inquestionável efeito de uma *gramática política da heteronímia*, expressa filosoficamente numa aproximação com distância que resulta na reapreciação política das ideias e das palavras. Nos antípodas da obsessiva correcção rawlsiana em busca da perfeição de um sistema filosófico e político, existe em Oakeshott uma ironia peculiarmente britânica na advertência de um gesto de observação auto-referencial em que o autor procede à revisitação do seu pensamento como parte integrante das ambiguidades e das ambivalências da política moderna europeia — a revisitação oakeshottiana completa e reencena a revisitação do carácter singular da política moderna. Como tal, Oakeshott contempla, observa, reflecte sobre o concreto previamente reflectido, submetendo a sua teoria política ao escrutínio e à luz da própria consciência dividida que assinala a moderna política europeia, e sempre na busca hipotética de um abstracto político que potencialmente espreita pela interpelação adequada de um inquérito filosófico preciso. Como tal, *On Human Conduct* reflecte a prossecução de um inquérito no interior de um inquérito, não com o intuito da edificação de um sistema centrado na ideia de um qualquer desígnio político fundacional, mas sempre na procura incessante de um entendimento inevitavelmente condicional. Numa nota marginal e em tom próximo do presumível simbólico, *On Human Conduct* insere-se com inteligência e com subtileza na **tradição política do cepticismo**, a mesma tradição política que a obra pretende explorar no compasso sistemático de uma reflexão marcada pela sobriedade, pela sensibilidade e sobretudo pelo cepticismo — a imagem da obra reflecte-se assim sem contradição nos dois

(3) Kenneth Minogue, «Michael Oakeshott (1901–1990)» in *LSE Magazine* 3 (Summer, 1991), pág. 17.

lados do espelho. Para além do cepticismo de um homem perante as suas próprias ideias, a missiva de Oakeshott não demonstra nem exibe uma qualquer certificação da certeza alicerçada na convicção de um critério filosófico definitivo ou suportada pela descoberta súbita de um princípio constitutivo exclusivo e que projecta a harmonia dos valores e a unificação dos factos políticos. O movimento de revisitação associado a um entendimento marcado pela majoração da auto-reflexão crítica resulta na análise e na procura das intimações subjacentes ao *pensamento pensado*. Nesta perspectiva, a cinemática do inquérito de *On Human Conduct* não se centra na existência de um desígnio específico, não se propaga pela inflação de um compêndio genérico, nem pela conjugação abstracta de uma súbita ideologia — a geografia teórica de Oakeshott terá como referência preferencial estável a disponibilidade intelectual para seguir as intimações de um «novo vocabulário». Esta disponibilidade intelectual implica uma especial e particular disposição, uma **disposição conservadora**. Poderá o comentador afirmar que a *démarche* oakeshottiana resulta na ilustração de uma legenda que coincide com a explanação profunda da teoria política do autor em formulação renovada, uma espécie de *repetição com diferença* em que o novo vocabulário exige a nomenclatura de um novo estilo. Em teoria política, o estilo não pretende desvendar a forma da alma, mas aponta com um rigor inclemente para a forma do espírito e para as intimações do pensamento. E relativamente aos pormenores do estilo, Oakeshott será absolutamente decisivo quanto à respectiva dimensão e importância:

> For every significant act or utterance has a style of its own, a personal idiom, an individual manner of thinking of which it is a reflection. This, what I have called style, is the choice made, not according to the rules, but within the area of freedom left by the negative operation of rules. We may listen to what a man has to say, but unless we overhear in it a mind at work and can detect the idiom of thought, we have understood nothing.([4])

([4]) Michael Oakeshott, «Learning and Teaching» in *The Voice of Liberal Learning* (Org. Timothy Fuller) (Indianapolis: Liberty Fund, 2001), pág. 59.

Numa linguagem que celebra Hobbes, *On Human Conduct*, no estilo e na forma, enquadra-se nesta área de liberdade criada pela operação negativa das regras, uma formulação liberal que expande a longitude da liberdade a um exercício teórico, abstracto, sistemático, mas que adquire uma surpreendente coerência compatível com uma inscrição na tradição política do cepticismo e representativa da persistência na memória de uma visão política concreta do labirinto do mundo à distância de uma disposição política conservadora.

Logo no prefácio de *On Human Conduct*, Oakeshott esclarece que a interpretação mais indicada para uma «reflexão filosófica» reproduz o espírito de uma «aventura» que pretende entender em novos termos a matéria previamente entendida, e em que o entendimento procurado (em si mesmo «inevitavelmente condicional») será uma «revelação das condições do entendimento usufruído» e não um esforço que visa a respectiva substituição([5]). Indirecta, mas inequivocamente, o autor reafirma que na *tradição* do seu pensamento filosófico *Experience and Its Modes* continua a ter uma validade objectiva. Mas absolutamente crucial será a implicação em termos políticos, uma vez que por extensão da premissa, e no âmbito da *tradição* específica do pensamento político de Oakeshott, *Rationalism in Politics* mantém o traço e a marca de uma referência tão decisiva quanto central. Como tal, poderá afirmar-se que *On Human Conduct* pretende o entendimento no idioma das ideias políticas gerais de todo um universo composto por um índex de ideias políticas concretas desenvolvidas e exploradas em *Rationalism in Politics* — a aventura oakeshottiana desloca-se na tranquilidade da distância entre a observação de um concreto político e a revelação de um abstracto político. A expressão mais apropriada para o empreendimento de Oakeshott envolve o requisito austero de um «ensaio filosófico», um ensaio em que o carácter da elocução corresponde ao carácter do compromisso — uma viagem intelectual que reconhece um rumo a respeitar, mas não a determinação de um destino. Um ensaio filosófico liberta um imenso espaço susceptível de se transformar em matéria de reflexão para o observador, uma vez que dirá sempre demasiado pouco por receio de afirmar excessivamente

---

([5]) Michael Oakeshott, *On Human Conduct* (Oxford: Clarendon Press, 1975), pág. vii.

muito; tendo uma atenção concentrada, o ensaio nunca esgota o ritmo da pontuação subjacente às implicações de uma ideia; o seu modo prima pela prudência sem jamais atingir a réplica de uma lógica defensiva; sendo certamente pessoal, nunca será meramente «subjectivo»; o ensaio não pretende dissimular a condicionalidade das conclusões, e se eventualmente poderá esclarecer, não terá como propósito o ministério da instrução. *On Human Conduct* não terá assim a grandiosidade de um tratado político, mas terá com certeza a grandeza de uma reflexão política abstracta na acuidade política de um ensaio filosófico. E um ensaio filosófico cujo carácter aponta para uma incontornável e óbvia disposição política conservadora, negando a rigidez de um sistema fixo e fechado, mas afirmando a flexibilidade e a abertura na revisitação de *Rationalism in Politics*, da política moderna europeia e da tradição política do cepticismo — *porque é por dentro das coisas que as coisas são*.

A lógica intrínseca a um movimento filosófico de revisitação política poderá intensificar uma certa perplexidade intelectual, que não atinge a dimensão de uma tensão propriamente dita, mas que coloca em confronto a delimitação de um *interior* e de um *exterior* relativamente à percepção dos arranjos políticos. Este limiar de uma *fronteira* ficará bem patente na dúvida flutuante que atravessa a reflexão de Alexis de Tocqueville quando, na sequência de uma viagem a Inglaterra no ano de 1835, regista nas suas meditações uma particular inquietação relativamente ao «espírito» da política britânica:

> [It] is an incomprehensible mixture of the spirits of innovation and of routine, which perfects the details of laws without noticing their principles; which always goes ahead in a straight line, taking step after step in the direction it happens to be in, without looking to right or left to make connections between the different roads it is following; active and contemplative; sometimes wide awake to notice the slightest abuse, and sometimes sound asleep to the monstrous ones; which exhausts its skills in mending, and does not create except, so to say, without knowing it and by chance; the most relentless for improving and the well being of society, but the least systematic seeker for these things; the most impatient and the most patient; the most clear-sighted and the blindest; the most powerful in some things, and the weakest

> and most embarrassed in some others; which keeps [millions of] people under their obedience three thousand leagues away, and does not know how to get out of the smallest administrative difficulty; which excels at taking advantage of the present, but does not know how to foresee the future. Who can find a word to explain all these anomalies?(6)

No *exterior* da percepção dos arranjos políticos, o espírito que Tocqueville observa aproxima-se de uma descrição rigorosa do concreto político que Oakeshott regista e analisa em *Rationalism in Politics*. Nesta perspectiva, *Rationalism in Politics* será simultaneamente parte da realidade política descrita e parte do significado da «palavra» que atormenta a divagação tocquevilliana. Se algo se destaca implicitamente na hesitação de Tocqueville, tal advém da perspicácia com que o autor detecta um modo de vida e uma forma de actuação política estranha às vicissitudes continentais e especificamente remota na consideração do caso francês — a inexistência de uma experiência política prática implica a ausência de uma designação política concreta. Será certamente consensual afirmar que a *resposta* de Oakeshott à interrogação de Alexis de Tocqueville aponta no sentido da afirmação incondicional de uma disposição política conservadora no espaço da tradição política do cepticismo. Considerando a transposição para o idioma das ideias políticas gerais, considerando a transição para a austeridade de um estilo compatível com a ilustração de um abstracto político, *On Human Conduct* exibe e projecta uma outra face na *resposta* à demanda da palavra tocquevilliana — um ensaio teórico de reflexão filosófica em que o *interior* de uma identidade política será objecto de um renovado entendimento no contexto da política moderna europeia.

O abstracto político oakeshottiano procede pela reflexão teórica sobre as atitudes, os comportamentos, os acontecimentos observados, ponderação esta que permite destacar as «características» de uma identidade política relativamente ao fluxo contínuo das contingências e das circunstâncias e combinar essas características na composição dos traços de um «**carácter ideal**»(7). Fundamental para o entendimento

---

(6) Alexis de Tocqueville, *Journeys to England and Ireland* (Org. J. P. Meyer) (London: Faber and Faber, 1958), pp. 82–83.

(7) Michael Oakeshott, *On Human Conduct*, pág. 4; pág.9; pág. 109.

de um carácter ideal será a determinação dos respectivos «postulados» — ou seja, a compreensão de um carácter ideal nos termos das suas «condições». Na perspectiva de Oakeshott, um carácter ideal será sobretudo uma «**plataforma de entendimento condicional**», sendo, no entanto, possível uma interpretação em que o mesmo carácter ideal surgirá como um **programa teórico de princípios abstractos,** tendo como desígnio prático a correcção das condutas individuais, a definição de um horizonte de perfeição e a consolidação de uma visão uniforme dos arranjos políticos. Poderá o comentador identificar os dois grandes eixos que mantêm a coerência filosófica de *Rationalism in Politics* e que assinalam a consciência dividida da política moderna europeia, na circunstância através de uma nova ambivalência na conduta e de uma nova ambiguidade no léxico político moderno. A ideia de um carácter ideal terá assim uma interpretação consentânea com a **tradição política do cepticismo** através da formulação de uma plataforma de entendimento condicional, ao mesmo tempo que mantém uma conformidade compatível com a **tradição política da paixão**, através precisamente da vinculação da acção ideológica a um programa teórico de princípios abstractos. Tomando como pertinente e válida esta leitura, estará o comentador confrontado com duas configurações distintas do abstracto político — uma primeira conformação representa o que poderá ser designado por **abstracto conservador**; uma segunda conformação representa o que poderá ser identificado como **abstracto racionalista**. Oakeshott procede mesmo a uma distinção fundamental entre a personalidade que designa por «**teórico**» e a personagem que identifica por «**teorizador**»([8]). Enquanto o teórico, o filósofo, estará vinculado ao desígnio de uma sempre renovada compreensão através da exploração dos recursos e das intimações de uma plataforma de entendimento condicional, o teorizador, o *philosophe*, concentrará a respectiva atenção na construção ideal de uma Torre de Babel pela aplicação sistemática de um programa teórico de princípios abstractos. Em *On Human Conduct*, Oakeshott recorre a uma interpretação pessoal da alegoria da caverna, de Platão, para exemplificar a dimensão, o impacto da acção e da ambição do teorizador, do *philosophe*, do «intelectual», do «ideólogo», face à observação de um modo de vida corrente

---

([8]) Michael Oakeshott, *On Human Conduct*, pp. 25–27.

e vigente — o propósito final será sempre o da erradicação dos arranjos políticos estabelecidos e a construção de uma Nova Jerusalém política baseada na omnisciência de um elenco de princípios primeiros(9). O elo entre *Rationalism in Politics* e *On Human Conduct* surge novamente reforçado e à superfície do discurso, uma vez que na transposição do concreto político para o abstracto político, a personalidade do teórico preenche visivelmente o prudente preceito de uma disposição política conservadora, enquanto a figura do teorizador explicitamente desenha a exuberância política do carácter racionalista. Como tal, tanto no modo como no estilo, *On Human Conduct* representa uma afirmação positiva do carácter maior próprio do abstracto conservador.

Na lógica do abstracto conservador impõe-se ainda uma nota relativamente ao título da obra. Oakeshott não utiliza a denominação de *On Human Condition*, pois na interpretação assumida tal título remete o comentador para a ideia de um estado, de uma forma, de uma constatação de facto que situa e vincula o indivíduo a um lugar determinado na arquitectura imutável de uma realidade política. Oakeshott também não recorre à designação hipotética de *On Human Nature*, uma vez que na leitura adoptada o título em questão reenvia o exacto comentador para um conjunto de leis que perfazem uma aritmética do comportamento, uma ciência da conduta, um conjunto de caracteres que definem uma determinada categoria, temperamento, compleição ou essência — a natureza do indivíduo confere-lhe uma identidade específica que exige uma configuração extensível aos arranjos políticos. Se a ideia de *condição* encerra a reflexão política no circunlóquio de uma configuração estática, a afirmação de uma *natureza* entrega a reflexão política à rigidez de um determinismo biológico elevado à dignidade racional de um princípio abstracto definidor dos arranjos políticos considerados *naturais*. Em flagrante contraste, *On Human Conduct* invoca um reflexo de abertura e uma visão de continuidade que sensibiliza o comentador para a percepção de um exercício que se prolonga na conjugação de uma prática marcada pela afirmação de um **espírito de liberdade**, na qual não se vislumbra um princípio primeiro, nem se adivinha um destino final — *a conduta é aquilo que é sendo*. Serão mais que óbvios os ecos de «On Being Conservative», tal

(9) Michael Oakeshott, *On Human Conduct*, pp. 27–31.

como será evidente a inscrição do empreendimento de teorizar a conduta humana no âmbito da **tradição política do cepticismo** — eis um título que invade a imaginação política com a ideia de um abstracto conservador.

A designação das categorias de abstracto conservador e de abstracto racionalista poderá criar alguma tensão no argumento político, uma tensão que se fará sentir com superior intensidade na circunstância da identificação de um abstracto conservador. Uma tensão que poderá em conjectura atingir a veemência dos elementos incompatíveis, mas sobretudo o paradoxo da contradição e da ruptura quando se considera a vigência de um abstracto conservador na interpretação de *On Human Conduct* face ao concreto político observável em *Rationalism in Politics*. A categoria de abstracto conservador parece encerrar o sortilégio dos elementos mutuamente exclusivos, uma situação em que a afirmação de uma componente implica a negação do factor remanescente. Na consideração de uma disposição política conservadora será uma evidência característica a relutância na formulação de concepções gerais, e o escrúpulo na definição em abstracto de valores e de conceitos políticos, privilegiando-se o concreto historicamente observado e empiricamente entendido em detrimento da conjugação ordenada de um compêndio de normativos filosóficos que se projectam como invariáveis universais. A *arte liberal da separação* constitui sem dúvida o modo de inquirição mais recomendado para a compreensão da diferença e da distinção, na comparação e no confronto, entre abstracto conservador e abstracto racionalista.

O **abstracto racionalista** caracteriza-se por uma sequência metodológica constituída pelos seguintes momentos filosóficos: (**1**) Constituição de Princípios Primeiros; (**2**) Identificação de Categorias Políticas; (**3**) Definição em Abstracto das Categorias Políticas; (**4**) Realização no Concreto das Categorias Políticas Abstractas. O abstracto racionalista terá assim uma lógica de expansão que se desloca do abstracto filosófico para o concreto político, daí poder identificar-se um padrão alicerçado numa *movimentação política*. Sendo o abstracto racionalista impulsionado por um certo optimismo metafísico, os Princípios Primeiros serão por natureza construções abstractas que poderão ser modificadas, alteradas, refutadas por cessação ou sucessão normativa. Os Princípios Primeiros poderão ser objecto de criação filosófica, inventados, reinventados, *desinventados*, tudo ao sabor do arbítrio e da evolução do pensamento filosófico. Na sua amplitude intemporal e universal, o abstracto racionalista existe no céu perfeito das ideias especulativas. Sendo o abstracto racionalista por definição e essência fundacional, o concreto político não poderá existir independentemente da instância abstracta fundadora. O abstracto racionalista adopta a substância e o património de uma ideologia política, espécie de *template* normativo que não reconhece a diversidade nem a variação. Em *Rationalism in Politics*, Michael Oakeshott relembra que uma ideologia representa um resumo ou uma simplificação de uma tradição de comportamento político. Na construção teórica da ideologia, esta terá um primeiro contacto com o concreto político no intuito de identificar, isolar, modificar, generalizar e conferir uma formulação racional abstracta dos aspectos da tradição de comportamento político observados, entendidos e absorvidos dogmaticamente como relevantes. A partir da conceptualização abstracta do concreto político, a ideologia passará a deter em exclusivo a legitimidade de uma visão política perfeita, reconhecida e transmitida com a uniformidade de um rigor exegético. Depois do momento criador, que ditará a abolição definitiva da tradição de comportamento político, o abstracto racionalista torna-se fundacional, o *alfa* e o *ómega* do horizonte político e o desenho perfeito e ideal de um novo concreto político a realizar.

O **abstracto conservador** apresenta-se pela composição sequencial dos seguintes momentos filosóficos: (**1**) Observação da Realidade Política Corrente e Vigente; (**2**) Identificação de Categorias Políticas; (**3**) Explicação no Concreto das Categorias Políticas; (**4**) Teorização em Abstracto das Categorias Políticas Concretas. O abstracto conservador terá assim uma lógica de progressão que se desloca do concreto político para o abstracto filosófico, podendo afirmar-se a existência de uma tendência alicerçada numa *movimentação filosófica*. Sendo o abstracto conservador impulsionado por um certo realismo histórico, a Realidade Política Corrente e Vigente será por inerência uma combinação concreta resultante das decisões e das condutas políticas em resposta às intimações de uma realidade objectiva, situada, e que se prolonga através de uma acumulação do tempo e no tempo, logo o concreto político em questão não poderá ser modificado, alterado, refutado por cessação ou sucessão normativa. A Realidade Política Corrente e Vigente não poderá ser objecto de criação filosófica, inventada, reinventada, *desinventada*, será, pois, imune à tentação de uma modificação conceptual abstracta, uma vez que podendo ser objecto legítimo de reflexão filosófica, jamais poderá ser objecto de uma transformação política concreta, retrospectiva e *a posteriori*. Na sua amplitude temporal, local e inevitavelmente histórica, o abstracto conservador existe no labirinto imperfeito do mundo em busca da visão provável de um carácter ideal passível de uma representação no idioma das ideias políticas gerais. Sendo o abstracto conservador pela evidência e pela prática objectivamente condicional, o abstracto conservador não poderá existir independentemente da instância original constituída pelo concreto político observado. O abstracto conservador ocorre na continuidade de uma tradição de comportamento político por via de um empenhamento filosófico que visa o entendimento teórico através de um método de inferência, método cuja intenção será o da *afirmação positiva das ideias políticas consolidadas* com vista a uma compreensão do respectivo carácter ideal e à identificação de um elenco de condições em pose de postulados. O abstracto conservador reafirma a validade e a complexidade de uma tradição de comportamento político, sublinhando, no entanto, uma dimensão teórica que pretende um entendimento na forma de um ensaio filosófico. A deslocação entre o concreto político e o abstracto conservador, o movimento teórico entre o *carácter prático* e o *carácter ideal*, terá na interpretação do comentador a marca indelével de Edmund Burke, sobretudo porque este *sentido ascensional* coincide precisamente com o entendimento de Burke sobre o modo correcto de se proceder a um exercício filosófico de especulação política([10]).

O abstracto racionalista e o abstracto conservador viajam eternamente em sentido contrário, não existindo em qualquer ponto das modalidades de inquérito a determinação de uma convergência, de uma pausa, de uma sobreposição ou de uma circunstancial coincidência. De certo modo, as duas categorias de abstracto revelam de um ângulo talvez inesperado, o carácter persistente da consciência dividida da política moderna europeia. A ideia de um abstracto conservador

---

([10]) *Vide* críticas de Edmund Burke a Jean-Jacques Rousseau in *Reflections on the Revolution in France*, pp. 269–274.

permite uma aproximação explícita entre *Rationalism in Politics* e *On Human Conduct*, uma vez que permite confirmar uma vinculação conceptual entre a observação do *carácter prático* e a teorização do *carácter ideal*. E se existe um *sentido ascensional*, este adquire uma dinâmica que se prolonga para além da hierarquia de *Rationalism in Politics* e na exacta direcção de *On Human Conduct*. O *Magum Opus* será, desta forma, uma extensão filosófica, uma derivação axiomática, uma extrapolação teórica, uma reflexão compassada que se suporta no compasso concreto de um modo de vida corrente, vigente, observado.

De volta ao breve prefácio de *On Human Conduct*, Oakeshott encerra com uma nota que, para além de pretender captar a benevolência do circunspecto leitor, não evita uma tonalidade a tocar o elegíaco:

> The themes explored here have been with me nearly as long as I can remember; but I have left the task of putting my thoughts together almost too late and the reader must forgive me if I have consequently gone slowly in order to avoid being flustered. And when I look back upon the path my footprints make in the snow I wish that it might have been less rambling.([11])

O Inverno metafórico oakeshottiano não se confunde com um mero exercício nostálgico e literário, pois de um modo elegante, indirecto e sofisticado, o autor delimita a fronteira que identifica o território racionalista: «[The Rationalist] mind has no atmosphere, no changes of season and temperature»([12]). O Inverno figurado de Oakeshott vai ainda ao encontro de um tópico da identidade britânica que Peter Ackroyd descreve de forma eloquente: «[The English imagination] is endless because it has no beggining and no end; it moves backwards as well as forwards»([13]). A dispersão das marcas na neve representa a sazonalidade de uma imaginação política em busca de respostas às intimações de um tempo e de um carácter político. Recorde-se a propósito que, para Oakeshott, um carácter político será uma espécie de

---

([11]) Michael Oakeshott, *On Human Conduct*, pp. vii–viii.

([12]) Michael Oakeshott, «Rationalism in Politics» in *Rationalism in Politics*, pág. 7.

([13]) Peter Ackroyd, *Albion: The Origins of the English Imagination* (London: Chatto and Windus, 2002), pág. xix.

canal, de sulco, de entalhe, marcações que são o resultado do exercício livre das escolhas humanas. Na auto-contemplação dos passos em volta, existe um surpreendente contraste entre a persistência dos canais e a fragilidade da neve que os preenche, que os cobre e que os oculta. Na observância da sequência das estações, a Primavera chegará em que a neve terá o seu destino final e acabará por revelar o lugar de um canal que é simultaneamente o lugar de um carácter e de uma conduta. O Inverno oakeshottiano será assim uma representação poética da disposição política conservadora. Levando a metáfora ao limite mais profundo, poderá afirmar-se que *Rationalism in Politics* será a neve que cobre o sulco de um canal, de um carácter, de uma conduta, marcas da suspensão de um tempo profundamente inscrito na tranquila complexidade de *On Human Conduct*.

CAPÍTULO I

A IMAGINAÇÃO CONSERVADORA. *ON HUMAN CONDUCT* E O POSTULADO DA LIBERDADE LIVRE

On Human Conduct abre com o ensaio sugestivamente intitulado: «On the Theoretical Understanding of Human Conduct». Na assimilação de uma interpretação política será de capital importância a explicitação de duas «identidades» que, de um modo cumulativo, sequencial e sistemático, contribuem para o entendimento teórico do carácter ideal associado ao conceito de conduta humana. Uma primeira identidade passa pela identificação de acontecimentos que podem ser reconhecidos como «exibições de inteligência»([1]). Na circunstância, importa salientar os acontecimentos directamente relacionados com a acção humana, ou seja, com a resposta de um agente individual face a uma situação por ele avaliada, entendida, e com o propósito de atingir um resultado imaginado ou simplesmente desejado. Face à manifestação de uma «inteligência reflexiva», Oakeshott denomina estas acções como exemplares típicos de um «**procedimento**». Uma segunda identidade caracteriza-se precisamente pela ausência de uma exibição de inteligência, querendo o autor com esta afirmação designar os acontecimentos que, na respectiva determinação, não implicam uma aprendizagem, uma análise, um entendimento, uma reflexão, no sentido explícito de uma ordenação operacional — a condição central e operativa recai na exibição de um nexo de causalidade. Neste sentido, Oakeshott reconhece nos acontecimentos em questão a presença de

---

([1]) Michael Oakeshott, «On the Theoretical Understanding of Human Conduct» in *On Human Conduct*, pág. 13.

uma «identidade mecânica»([2]) e à qual atribui a designação genérica de «**processo**». A discriminação entre duas ordens de acontecimentos, o movimento teórico com vista à distinção entre a esfera dos procedimentos e a esfera dos processos, corresponderá à divisão kantiana entre o *domínio da liberdade* e o *domínio da natureza*([3]), significando com o *domínio da liberdade* o conjunto de factos e de acontecimentos pensados, reflectidos e concretizados por uma inteligência prática, enquanto o *domínio da natureza* será representado por uma sucessão de factos e de acontecimentos de procedência impessoal e que projectam uma causalidade inscrita no compêndio regular das leis gerais e específicas.

Esta categorização oakeshottiana do carácter ideal que permite uma conceptualização abstracta de duas escalas de acontecimentos e de acções abrirá o campo de interpretação política através do estabelecimento de uma hipótese de relação, que acabará por se reflectir na variante a uma *tabela de equivalências* entre as categorias abstractas que consagram o carácter teórico dos processos, e dos procedimentos com as categorias práticas que consagram o carácter político do racionalista e do conservador. Como tal, o **racionalista** tenderá invariavelmente a projectar sobre os acontecimentos e as acções políticas a configuração de um **processo**, uma vez que acontecimentos e acções encontram uma significação num movimento que procede pela abstracção conceptual dos princípios primeiros, depois pela construção de um modelo mecânico e, finalmente, pela elaboração de uma lei geral e particular. A visão racionalista identifica em cada acontecimento e em cada acção uma parcela específica da grande lógica das coisas contida em abstracto na teleologia de uma lei genérica, racional, determinista, em que a narrativa dos factos políticos será representada pela racionalidade de um propósito final inerente à estrutura própria, incontornável, definitiva, de um modelo mecânico que representa *ad aeternum* a própria natureza humana. No mundo racionalista não existem *razões* para os acontecimentos e para as acções políticas, pois tudo parece estar reduzido a uma causalidade maior que aponta para um desígnio

([2]) Michael Oakeshott, «On the Theoretical Understanding of Human Conduct» in *On Human Conduct*, pág. 18; pág. 92.

([3]) Robert Grant, *Oakeshott*, pág. 73.

lógico final. A redução racionalista implica a redução da complexidade humana enquanto factor central ao entendimento da política, estabelecendo e estabilizando um horizonte de previsibilidade associado a uma razão dogmática, a uma ciência da política que será também uma ciência do comportamento político. Para o racionalista, a política acabará por exigir o controlo minucioso e preciso de um processo impessoal, imprescritível, perfeito. Na erradicação da incerteza, na linearidade dos processos, o racionalista actua politicamente no insofismável domínio da natureza. Assim, o conceito de **processo** devolve politicamente a imagem da **tradição política da paixão** associada à acção e ao desempenho imprescindível de um **governo telocrático**.

Na percepção de um **conservador**, este observa e identifica nos acontecimentos e nas acções políticas a marca afirmativa de um **procedimento**, pois reconhece a presença objectiva de uma exibição de inteligência e será sensível a um *modo de estar* que implica como necessidade permanente o efectivo exercício de uma consciência reflexiva. Por outro lado, o conservador constata que cada acção ou acontecimento político resulta da resposta de um agente individual confrontado com uma particular situação, sendo que uma sucessão permanente de situações exigirá a consonância de uma consciência reflexiva em permanente acção. Parece ser óbvia a relação entre a sucessão permanente de situações identificadas e a afirmação de um mundo pleno de **contingências**, sendo que a multiplicação sucessiva de respostas aponta para um procedimento reconhecido em que o agente responderá às **intimações** de um mundo insondável na complexidade de um labirinto. O conservador compreende um modo de actuação político em que a capacidade de deliberação, de persuasão e de explanação, constituem recursos fundamentais para o imprescindível exercício de avaliação e de compreensão das acções, isto em função de um resultado imaginado ou simplesmente desejado. No idioma político conservador, o agente individual terá o conhecimento de um procedimento que equivale a uma proficiência no âmbito de uma **tradição de comportamento**, tradição esta que encontra uma formulação estável e transmissível na difusão de um elenco de **regras gerais de conduta**. Para o conservador, a política acabará por exigir a regulação de um procedimento centrado no indivíduo, imprevisível, imperfeito. No entendimento da profusão da incerteza, na complexidade dos procedimentos que se perspectivam na permanente abertura a uma pluralidade de propósitos, nenhum deles atingindo o estatuto de desígnio derradeiro, o conservador actua politicamente na pródiga extensão do domínio da liberdade. Assim, o conceito de **procedimento** devolve politicamente o carácter de uma **disposição conservadora**, bem como uma imagem da **tradição política do cepticismo** associada à acção e ao desempenho de uma **governação nomocrática**.

Um conceito central ao esforço de teorização oakeshottiano será logicamente o carácter ideal da identidade designada por «conduta humana»([4]). A expressão remete para um indivíduo no exercício substantivo de uma acção, aponta para um indivíduo na prossecução de um empreendimento sequencial que persegue um determinado curso de acções, contemplando ainda a possibilidade de um elenco de afirmações que completam um discurso, também este considerado como uma acção ou como um factor auxiliar ao desempenho das acções. No entanto, a conduta em si mesma não poderá ser objecto de uma acção concreta observável; a mesma conduta que também não será um «ingrediente das acções» individuais que poderá ser extraído e isolado na configuração de um princípio primeiro ou na conjugação de um modelo fundacional. A conduta humana na consideração filosófica de Oakeshott representa um carácter ideal que as condições ou os postulados das *performances* individuais compõem e nos termos da qual conduta humana, estas mesmas *performances* poderão ser objecto e matéria de entendimento. Parece óbvia a sustentação do abstracto político na vinculação objectiva de uma referenciação ao concreto político, uma movimentação filosófica típica e característica do exercício teórico que *materializa* o abstracto conservador. A ideia conceptual de conduta humana será assim estabelecida na configuração específica da seguinte formulação:

> [A] human being responding to his contingent situation by doing or saying *this* rather than *that* in relation to an imagined and wished-for outcome and in relation, also, to some understood conditions.([5])

([4]) Michael Oakeshott, «On the Theoretical Understanding of Human Conduct» in *On Human Conduct*, pp. 31–32.

([5]) Michael Oakeshott, «On the Theoretical Understanding of Human Conduct» in *On Human Conduct*, pág. 32.

A conduta humana terá, desta forma, uma relação essencial com as crenças e com as convicções individuais, não podendo ser simplesmente remetida para uma lógica interpretativa que observa nas acções uma causalidade alicerçada numa estrutura biológica universal e determinista. A conduta humana surge também no mundo dos *pragmata*, um labirinto de coisas, de objectos e de ocasiões, relacionados com os desejos e com as necessidades dos indivíduos. A conduta humana implica o reconhecimento de situações que pressupõem a exigência de uma acção em função das condições imaginadas e em relação a um futuro possível ou simplesmente desejado. A conduta humana exige o exercício da deliberação, da escolha, da decisão, projecta-se através de um discurso inteligível e ganha a consistência de uma realidade observável na concretização substantiva de um propósito individual.

Como tal, a elucidação do carácter associado à conduta humana revela desde logo uma dimensão do agir concretizada na visibilidade de uma acção ou de uma *performance*, e que expressa inequivocamente uma exibição de inteligência. Na nomenclatura oakeshottiana, o carácter de um «agente» corresponde ao estatuto de um indivíduo que reconhecidamente possui uma capacidade para entender as suas acções em função de um elenco de desejos e de necessidades, sempre no horizonte reconhecido de uma particular experiência, competência e poder, uma capacidade que será complementada pela compreensão e pelo entendimento próprio das componentes do mundo pelo agente habitado. Neste contexto, uma acção será observada e reconhecida como uma manifestação ilustrativa de uma maior ou menor proficiência no domínio do entendimento do agente e na compreensão do labirinto do mundo. A atribuição de uma aptidão e faculdade de «agência», a identificação e o reconhecimento de uma disposição para a acção, representam a atribuição e o reconhecimento no indivíduo, no agente, da existência de uma «consciência reflexiva», o que poderá ser entendido como uma explicitação teórica sinónimo do conceito de inteligência reflexiva. Para que um acontecimento, *performance* ou acção possam ser enquadrados no domínio específico de uma conduta humana, tal implica a admissão de um *modo de estar reflectido num modo de agir*, e que será o resultado agregado de um movimento prévio de «aprendizagem» próximo da matéria essencial à conjugação de uma consciência, à composição de uma inteligência e à experiência de uma reflexão.

Deverá o comentador salientar o facto de que o entendimento oakeshottiano do carácter ideal da **conduta humana** será uma formulação específica e particular da identidade designada por **procedimento**. Como corolário desta constatação, o carácter da conduta humana revela uma filiação directa numa **disposição conservadora** inscrita na **tradição política do cepticismo**. Se esta relação terá uma relevância apreciável enquanto factor elementar e parcial, a mesma relação projectará a dimensão de uma incomensurável importância quando a circulação teórica entre conceitos atinge, inclui e torna explícita uma profunda percepção filosófica que sustenta o próprio título da *obra*. Numa contenção teórica assinalável, no rigor da lógica formal de um ensaio filosófico, Oakeshott mantém um hiato conceptual no qual a imaginação política do comentador poderá completar e operacionalizar a transposição de um argumento local, associado à elucidação do carácter ideal da conduta humana, na projecção de um argumento geral e relacionado com a explanação do carácter inerente ao empreendimento filosófico transmitido pelo *ensemble* dos ensaios constitutivos de *On Human Conduct*. Subitamente, *On Human Conduct* surge com uma luminosidade filosófica na consciência dividida da política moderna europeia e na lúcida linha de uma **tradição política do cepticismo** como exemplar por excelência de uma reflexão inscrita no carácter de uma **disposição política conservadora**.

Na sequência desta interpretação será então consequente a percepção de uma revisitação ao argumento do ensaio «On Being Conservative», nomeadamente na presença de uma ideia de agente e de agência perfeitamente compatíveis com a compleição de um modo de vida corrente e consubstancializado na observação de uma sociedade industriosa e progressiva cujo ritmo corresponde à cadência das sucessivas acções concretizadas pelos indivíduos na prossecução dos seus propósitos. Ou seja, o carácter ideal da conduta humana aponta para a contemplação em abstracto de uma moralidade que consiste no reconhecimento de uma autonomia associada a uma propensão própria ao génio do indivíduo. Se existe uma moralidade inscrita no carácter ideal da conduta humana, esta moralidade será exacta e simultaneamente a **moral da individualidade** e a **moral da liberdade**.

Refira-se a propósito que a questão moral projecta-se no carácter da conduta humana através de dois postulados, duas condições distintas, mas simultaneamente presentes em todas as *performances*(6). O primeiro postulado, Oakeshott denomina-o por «**auto-revelação**», referindo-se esta componente à «intenção» da acção tendo em linha de conta o resultado imaginado ou efectivamente desejado. O segundo postulado será genericamente designado por «**auto-representação**» e dirige-se directamente ao «motivo» de uma acção considerado em função do «sentimento» que terá levado à opção particular por uma determinada acção específica. Existe, no entanto, na confluência da conduta moral, uma considerável divergência entre a observação da auto-revelação e a consideração da auto-representação. Assim, a auto-revelação implica um conjunto de transacções, de interacções, com uma multiplicidade de indivíduos, todos e cada um empenhados na prossecução dos seus propósitos particulares e específicos. Em consequência, o movimento de auto-revelação surgirá imerso numa convulsão de contingências, enfrentará em permanência uma sucessão interminável de acções que exigem a resposta de novas e sempre renovadas *performances*, será, pois, intrinsecamente susceptível a frustrações, desapontamentos e derrotas. A auto-revelação expõe o indivíduo, o agente, às vicissitudes externas de um mundo complexo, labiríntico, infindável. Em contraposição, a deslocação no sentido da auto-representação será sempre uma componente da conduta moral «liberta» dos constrangimentos de uma *performance* que se dirige especificamente a uma situação caracterizada pela conjugação de uma contingência. Neste ponto particular, as hipotéticas oscilações na consolidação moral de um estatuto de auto-representação promovem uma valiosa «emancipação» das prováveis frustrações associadas a situações contingentes e adversas. A auto-representação permite a expansão das opções e dos pensamentos relativamente à configuração de um auto-conhecimento, configuração em que as acções correspondem às exigências de um *eu* e às determinações de um carácter real e presente, ou ideal e imaginado. A auto-representação expõe o indivíduo, o agente, às exigências internas de um mundo interior, complexo, infindável na busca da autonomia e da auto-direcção.

Na determinação teórica oakeshottiana, o movimento no sentido da auto-revelação envolve, na escolha e na acção, o reconhecimento

(6) Michael Oakeshott, «On the Theoretical Understanding of Human Conduct» in *On Human Conduct*, pp. 70–78.

e a «subscrição» de um conjunto de «condições», quer em forma de declaração, quer em modo de intimação, ambas associadas ao «exercício prático de uma interacção moral». Em conjugação lógica, a possibilidade de acção implicará a qualidade e o estatuto de um «**agente *livre***». Assim, as condições em causa articulam-se num complexo de relações, costumes, regras, deveres e todo um índice de considerações correntes e entendidas como as mais propícias à interacção entre agentes *livres* — as acções serão sempre sujeitas à consideração da respectiva «aceitabilidade». Por outro lado, a deslocação no sentido da auto-representação abrange a escolha de um motivo ou sentimento que envolve o desempenho de uma acção, motivo ou sentimento que deverá respeitar as condições inscritas nas intimações de uma «linguagem de conduta moral». A «compunção» da auto-representação requer uma exigência do agente que recai sobre o próprio agente, nomeadamente uma «*délicatesse* na conduta» que mais ninguém poderá exigir do agente em consideração; a mesma *délicatesse* na conduta que o agente não poderá exigir dos outros agentes; finalmente, o requisito de pensar sobre si mesmo como *deve*, enquanto realiza moralmente o seu *dever* — as acções serão sempre sujeitas à consideração da respectiva «virtude».

O campo de interpretação política abre-se de novo à possibilidade de uma leitura em função das categorias práticas que consagram o carácter político do racionalista e do conservador. Refira-se que a abordagem filosófica de Oakeshott relativamente à consciência moral na percepção da conduta humana não apresenta uma visão dualista da personalidade do agente, dividida entre um *eu ideal e autónomo* e um outro *eu contingente e empírico* — a formulação abstracta oakeshottiana define duas dimensões da acção moral, mas não contempla uma qualquer cisão metafísica do *eu*. No que directamente respeita a uma hipótese de interpretação política, recorde-se que o processo de acção político típico do **racionalista** implica um isolamento das influências exteriores, uma vez que consolidada a ideia da política da perfeição e da política da uniformidade; o racionalista define um cenário político sólido na anulação das consequências não intencionais, e imune ao efeito das contingências. Neste sentido, o racionalista tenderá a exibir um entendimento da acção moral que operacionaliza uma redução da complexidade moral, através do isolamento e da consideração exclusiva do efeito de auto-representação. A prática política do racionalista terá como ideia incisiva a concepção de um agente autónomo, não determinado pelas contingências exteriores, instigado nos seus propósitos conscientes pelo desígnio de uma perfeição marcada pela soberania de um *eu ideal e autónomo*, o único *eu* que corresponde às exigências da virtude. Mas numa asserção politicamente decisiva, o racionalista interpreta a ideia de virtude associada à auto-representação enquanto afirmação do predomínio da Razão, uma vez que só a Razão poderá ser fonte original de virtude. Eis o comentador perante uma dramática inversão do argumento, pois, deste modo, o racionalista observa-se a si mesmo como Criador do Agente Autónomo no Horizonte da Razão Criadora e no contexto substantivo de um Mundo Perfeito representado pelo Desígnio Final. São evidentes as intimações de uma **concepção positiva da liberdade**, são óbvias as conotações com uma ideia de **libertação**, tal como será objectiva a inscrição do processo político racionalista na exigência de um **governo telocrático** e no espaço da **tradição política da paixão.**

Na percepção de um **conservador**, o efeito de auto-representação, por constituir uma deslocação interior ao agente, reveste-se de uma dimensão exterior à política. Como tal, a disposição política conservadora tenderá a centrar a sua atenção na matéria exterior, visível e observável relativamente ao desempenho do agente. Sendo assim, no entendimento da disposição conservadora, o movimento de auto-revelação será por excelência o objecto de uma legítima e consequente acção política. No labirinto de um mundo contingente e empírico, o indivíduo recorre aos seus talentos e capacidades na prossecução dos seus desígnios pessoais, sempre no estrito respeito dos costumes, das regras, enfim, no respeito de uma tradição de comportamento, num exercício prático de interacção moral definidor do perfil de um agente *livre*. Será efectivamente através da observação das *performances* que desenham um determinado percurso de auto-revelação, que se poderá avaliar politicamente da ausência ou da presença de um efeito de coerção intencional por terceiros sobre a acção dos agentes — eis que a reflexão atinge com fluência lógica o conceito de **liberdade negativa**. De modo similar, será ainda pela observação das *performances* que traçam o vínculo de um movimento de auto-revelação que se poderá ajuizar politicamente sobre o conjunto concreto de direitos e de deveres, histórica e empiricamente consolidados, e no âmbito dos quais cada membro da sociedade política poderá agir no usufruto da liberdade e no âmbito de uma tradição de comportamento — eis que a reflexão atinge com fluência lógica o **modelo de liberdade conservador**. Na evidente necessidade de um gesto político de regulação e de moderação na conduta, gesto este consumado pelo efeito político da aplicação de regras gerais, o movimento de auto-revelação aponta para a exigência de uma **disposição política conservadora**, concretizada pelo exercício de uma **governação nomocrática** em linha com a **tradição política do cepticismo**.

Numa outra perspectiva da elaboração filosófica de Oakeshott, a conduta humana será também um encontro recíproco em que os agentes «conversam» entre si, o que implica uma relação em que a conversação será perceptível e reconhecível como um «acontecimento»([7]). A conversação que se estabelece entre os agentes recorre a declarações, a gestos e a acções, que permitem uma relação de reciprocidade no entendimento. Assim, o postulado da relação associado à conduta *inter homines* aponta para a existência e para a aceitação de uma «afinidade entendida», capaz de ser objecto de uma participação e de um empenhamento pelo facto prévio de ter sido motivo de uma aprendizagem. Mais ainda, a relação constitutiva do postulado em questão deverá «prescrever» as condições para a acção, mas não determina o conteúdo substantivo das escolhas e das *performances* dos agentes. Na aproximação oakeshottiana, o que constitui a linha de junção entre agentes em termos de conduta será o reconhecimento da própria conduta na proporção de uma «**prática**» — ou seja, um procedimento adequado ou vantajoso na respectiva observação, passível de ser negligenciado ou até mesmo objecto de infracção nas competentes condições, mas passível igualmente de ser respeitado apenas pela «subscrição» inscrita nas opções do agente. Recorrendo às palavras do autor:

> A practice may be identified as a set of considerations, manners, uses, observances, customs, standards, canon's maxims, principles, rules, and offices specifying useful procedures or denoting obligations or duties

---

([7]) Michael Oakeshott, «On the Theoretical Understanding of Human Conduct» in *On Human Conduct*, pp. 54–56.

which relate to human actions and utterances. It is a prudential or a moral adverbial qualification of choices and performances, more or less complicated, in which conduct is understood in terms of a procedure. Words such as punctuality, considerately, civilly, scientifically, legally, candidly, judicially, poetically, morally, etc., do not specify performances; they postulate performances and specify procedural conditions to be taken into account when choosing and acting.(8)

Como tal, uma prática celebra o «contexto condicional» que confere um módico de sentido às interacções que se estabelecem entre os agentes. Por outro lado, uma prática estabelece as «condições adverbiais» de uma acção, de uma *performance*, de um procedimento. E toda uma pluralidade de práticas haverá de enquadrar e de formalizar toda uma complexidade de acções e de interacções no exercício da decisão e da escolha.

No relevo da conduta humana, uma prática tanto poderá apresentar a dimensão de um «protocolo», a configuração de uma «instituição», a composição de uma «hierarquia», a flexibilidade de uma entidade «plástica», tal como projectar a complexidade e a densidade de um «modo de vida»(9). Na percepção da teoria de Oakeshott, as práticas poderão ser elas próprias resultantes de *performances*. Pretende o autor significar com tal afirmação que as práticas poderão ser objecto expresso de um «desígnio» — isto é, imaginadas, escolhidas, instituídas através do exercício substantivo de uma «composição de regras». Oakeshott admite mesmo a existência de regras, ou seja, procedimentos ou práticas que indicam as condições e o contexto em que o exercício substantivo de uma composição de regras deverá ocorrer. Assim, as práticas podem ser modificadas, reformadas, diferenciadas, redesenhadas, sempre em conformidade com as regras vigentes e correntes para a composição de regras; as mesmas práticas que poderão ser negligenciadas, suprimidas, abolidas, ou simplesmente caírem em desuso. Mas nenhuma prática será tão definitivamente imaginada ou

(8) Michael Oakeshott, «On the Theoretical Understanding of Human Conduct» in *On Human Conduct*, pp. 55–56.

(9) Michael Oakeshott, «On the Theoretical Understanding of Human Conduct» in *On Human Conduct*, pág. 56.

tão seguramente isolada das circunstâncias de modo a poder atingir um qualquer estatuto de imunidade relativamente às modificações «incidentalmente» impostas pelas *performances* que efectivamente regula e qualifica. No entanto, e esta será a situação mais comum, uma prática tenderá a surgir, a emergir, como uma «derivação», continuamente inventada, permanentemente inacabada, de uma *performance* relacionada com a obtenção de uma satisfação imaginada ou simplesmente desejada. Neste movimento de *sentido ascensional*, uma prática passará a ser reconhecida a partir do momento em que adquire formalmente um certo grau de definição, projecta a consolidação de um certo vínculo de autoridade, ou exibe no respectivo perímetro de regulação a filiação de uma utilidade reconhecida.

No aprofundamento da metáfora da conversação, na conformidade da questão da moral associada ao carácter da conduta humana, Oakeshott retira um argumento fundamental para o entendimento teórico de uma prática, mais concretamente, a afirmação de uma conjectura em que uma prática poderá ser correctamente reconhecida como uma «**linguagem de auto-revelação**» que só poderá ser efectivamente utilizada pelos agentes e na interacção entre os agentes([10]). Uma prática enquanto linguagem não impõe sobre o agente a exigência de uma conformidade de pensamento, tal como não obriga a uma configuração específica de sentimentos nem determina a obrigatoriedade de um elenco substantivo de declarações ou discurso. Uma prática entendida como linguagem apresenta-se face ao agente na forma de uma multiplicidade de «invitações» para entender, para escolher e para responder. Na sequência de uma linguagem de auto-revelação, uma prática será uma composição de convenções e de regras de discurso, com um vocabulário e uma sintaxe próprias; uma prática será continuamente «inventada» pelos agentes que a subscrevem, do mesmo modo que a utilização representa uma adição de novos recursos à própria prática; a aprendizagem de uma prática, a fluência verbal na linguagem, reflecte-se na capacidade do agente para usufruir e desfrutar, enfim, para explorar as possibilidades que se abrem na interacção ou conduta *inter homines*; os requisitos de uma prática não obedecem a um

([10]) Michael Oakeshott, «On the Theoretical Understanding of Human Conduct» in *On Human Conduct*, pág. 58.

procedimento de obediência ou desobediência, mas convergem no acto voluntário do agente no reconhecimento de um vínculo de subscrição — e no que respeita à generalidade e à persistência, as duas mais importantes práticas no termo das quais os agentes se inter-relacionam no exercício da conduta serão, explicitamente, um «**idioma comum**» e uma «**linguagem de conversação moral**»([11]).

Deste modo, o dispositivo teórico oakeshottiano, ao transitar entre o argumento da prática e a conjectura da moral, define desde logo a moral, não como um «sistema de princípios gerais», nem como um «código de regras», mas sim e sobretudo como uma «linguagem vernacular» resultante do exercício e da prática dos utilizadores — na percepção de Oakeshott, a linguagem moral não representa uma criação apriorística e fundacional de um grupo privilegiado de «gramáticos»([12]). Assim, a «educação moral» do agente significa a aquisição dos procedimentos que lhe permitem a utilização inteligente e inteligível de uma linguagem de conversação moral — uma linguagem que não será um modo expedito de resolução de dilemas morais, nem um dispositivo para a formulação de juízos sobre a conduta, mas será certamente uma prática nas condições da qual o agente poderá pensar, escolher, agir e falar. Assim, a reflexão transcorre da moral para a prática, evidenciando as características específicas de uma prática. Uma prática não prescreve um elenco de escolhas no horizonte do agente, e isto porque procede por um conjunto de considerações a subscrever na realização das escolhas, na execução das acções, na perseguição dos propósitos. Como consequência, uma prática terá como postulado a existência de «**agentes *livres***» — nenhuma prática terá o poder ou a capacidade para privar ou destituir o agente da sua condição de liberdade.

Será de capital relevância a transposição do postulado da prática na conformação da conduta humana para a exploração do carácter da política moderna de acordo com o panorama histórico e concreto apresentado em *Rationalism in Politics*. Apesar das vicissitudes do

---

([11]) Michael Oakeshott, «On the Theoretical Understanding of Human Conduct» in *On Human Conduct*, pág. 59.

([12]) Michael Oakeshott, «On the Theoretical Understanding of Human Conduct» in *On Human Conduct*, pp. 78–79.

vocabulário filosófico, parece ser de razoável bom senso uma interpretação que identifica o postulado da **prática** caracterizada no ensaio inaugural de *On Human Conduct* com a ideia de **tradição** reflectida nos ensaios de *Rationalism in Politics*. A começar na matriz de uma conversação associada à interacção entre indivíduos, poderá a argumentação oakeshottiana representar a revisitação de uma ideia de política entendida na conformidade de uma conversação, recuando um nível no objecto de análise, centrando-se agora na circunstância da matéria essencial ao exercício da política — ou seja, concentrando-se na acção individual de um agente face a uma multiplicidade de contingências como ponto de irradiação de toda a actividade política. Refira-se ainda a concepção da vida moral enquanto tradição de conduta, à qual se acrescenta a metáfora de uma linguagem coloquial associada ao conceito de tradição, uma metáfora obviamente extensível ao entendimento próprio daquilo que poderá constituir uma tradição política. Como consequência lógica de todo o argumento, o postulado da prática *toca* o conceito de tradição na confirmação de uma vertente pluralista, mas mais decisivo ainda será a comprovação de uma componente individualista que se manifesta numa tradição de comportamento moral com uma expansão da conjectura que atinge o pleno de uma tradição de comportamento político. Na explanação de um *saber fazer* inscrito numa prática estará certamente contida uma concepção de *inteligência na acção* que se aproxima do aristotélico conceito de *phronesis* — Oakeshott reafirma assim, e deste modo, uma ideia de individualismo tradicionalista. Uma modalidade de individualismo que, ao enfatizar o predomínio da liberdade no interior de uma prática, procede igualmente a uma renovada reafirmação de um individualismo conservador. A conjugação filosófica de uma prática associada ao condicionalismo do entendimento de uma condição reconhecida que estipula o pressuposto de um agente *livre* na proficiência de uma exibição de inteligência, tal modificação no discurso remete o comentador para a celebração do paradigma da liberdade associado a uma inteligência autónoma no *hinterland* de uma tradição. Sublinhe-se que a denominação da prática como postulado da conduta humana significa a corroboração da tradição como axioma da acção individual; e se a prática terá como postulado a existência de um agente *livre*, a tradição só poderá ter como condição o pressuposto da liberdade.

Refira-se ainda que na explicitação do postulado da prática (leia-se da tradição), na progressão teórica do carácter ideal da conduta humana, observa-se uma distância conceptual e filosófica absoluta relativamente à personalidade política do racionalista. O conceito de conduta humana na *performance* teórica de Oakeshott parece excluir, ou melhor, parece ser incompatível com os requisitos e com a *praxis* política estrutural ao desempenho histórico e filosófico do racionalista. Esta observação de qualidade e propensão interpretativa explicará, no entanto, o domínio da afirmação de uma **disposição conservadora**, o predomínio de uma atitude marcada pela *idiossincrasia* de uma **disposição política conservadora** na continuidade de uma **tradição política do cepticismo**.

Na consumação da coerência filosófica da reflexão oakeshottiana, o autor passará então a afirmar que o carácter da conduta humana terá como um dos postulados a *persona* do «**agente *livre***»([13]). Oakeshott esclarece de imediato que a denominação de «livre» deverá ser entendida na extensão de um esforço teórico no sentido da «separação formal» de certas condições que são intrínsecas a um procedimento de acção ou agência. A designação de «livre» não implica nem incorpora a qualidade do agente configurada na asserção objectiva de um indivíduo substantivamente «auto-dirigido», condição que um agente poderá ou não alcançar, uma condição que quando atinge um grau elevado na definição individual de uma *performance*, poderá ser correctamente identificada como «auto-determinação» ou «autonomia». Na sequência deste posicionamento teórico, a «liberdade» inerente a um procedimento de acção ou agência poderá então ser especificada nos termos que se seguem. Assim, o «lugar de partida» considerado na efectividade da acção será um estado de «consciência reflexiva», mais explicitamente, o entendimento próprio do agente relativamente a uma situação reconhecida como sua, o que contemplará o significado da respectiva situação no contexto do seu posicionamento circunstancial e contingente. Na disposição do indivíduo face ao entendimento da situação, esta será invariavelmente identificada nos termos e na dimensão de uma «situação substantiva». Na deslocação teórica

([13]) Michael Oakeshott, «On the Theoretical Understanding of Human Conduct» in *On Human Conduct*, pp. 36–37.

oakeshottiana, será precisamente pelo facto do lugar de partida estar inserido numa situação contingente, no âmbito do entendimento do agente, que o indivíduo para efeitos de conduta poderá ser considerado como «livre». Como tal, na projecção de uma consciência reflexiva, a situação do agente será necessariamente objecto de um entendimento, sendo que o *conteúdo* do entendimento será necessariamente próprio e específico do indivíduo. Na sequenciação teórica, o agente será «livre», não pelo facto da sua situação poder ser alterada através de um acto derivado da proclamação de uma «*vontade* não constrangida», mas será certamente «livre» pelo facto da sua situação prefigurar a conjectura de uma contingência entendida, à qual se acrescenta a noção de que a efectividade de uma acção implica da parte do agente a percepção de um «empenhamento inteligente». O entendimento exibido da situação será resultante e será «composto pelas convicções» do agente, convicções e entendimento que só poderão ser adquiridos através de um procedimento de «aprendizagem», porque num procedimento de aprendizagem o indivíduo adquire apenas o que aceita, interiorizando como seu os recursos que revela no exercício explícito de um entendimento. Para Oakeshott, e em consequência do referido procedimento de aprendizagem, o lugar de partida na efectividade da acção será o próprio agente na renovada perspectiva da auto-representação «histórica» de uma consciência reflexiva. E para que a expressão adquira uma plenitude isenta de potenciais equívocos, eis uma explanação do conceito conforme o registo de Oakeshott no ensaio «A Place of Learning» publicado no ano de 1975:

> [T]his connection between learning and being human means that each man is his own self-enacted «history»; and the expression «human nature» stands only for our common and inescapable engagement: to become by learning.([14])

A liberdade intrínseca a um procedimento de acção ou agência implicará então uma «independência» usufruída e desfrutada pelo agente, uma independência que deverá ser perspectivada no sentido

([14]) Michael Oakeshott, «A Place of Learning» in *The Voice of Liberal Learning*, pág. 6.

e na percepção de um indivíduo na posse de uma consciência reflexiva composta por uma multiplicidade de recursos adquiridos, a saber: sensações, emoções, sentimentos, afectos, compreensões, crenças, convicções, aspirações, ambições([15]). A liberdade em questão envolve um certo conhecimento que o agente deverá ter de si mesmo, mas exige igualmente o reconhecimento do «mundo dos *pragmata*» em que o indivíduo se movimenta, um mundo transformado em «desejos», e desejos que se especificam na escolha de acções e declarações. A liberdade equacionada não exclui o agente da apresentação de «razões» justificativas das acções ou declarações, do mesmo modo que não impede a interpelação do indivíduo relativamente à explicitação das razões não declaradas — se as razões não se perfilam como nexos de causalidade, a liberdade não se confunde com a afirmação de uma «vontade subjectiva e autónoma». A liberdade não depende do facto das acções completarem respostas «racionais» em vez de «emocionais», nem exige respostas «sábias» em vez de «néscias», tal como não impõe respostas «calculadas para atingir um resultado desejado» em vez de um simples «impulso», do mesmo modo que não estipula respostas de sucesso em termos de «resultados desejados» em vez do insucesso de um propósito desejado e não alcançado. A «vitória» não será demonstrativa da liberdade, tal como a «derrota» não emite qualquer qualificação da mesma — a liberdade não requer a «auto-suficiência substantiva» do agente. Na complexidade da reflexão oakeshottiana, a liberdade em consideração reconhece ainda toda uma colecção de obrigações, a submissão a «ordens» ou «comandos», a «obediência de um serviço», bem como a subscrição das condições de uma multiplicidade de práticas.

Assim, na demarcação do postulado da liberdade, o «auto-entendimento» do agente poderá ser reduzido, os poderes de «auto-determinação» poderão ser modestos, no entanto, o indivíduo será aquilo que na exacta medida do seu entendimento conseguirá compreender de si mesmo; tal como, de modo similar, as situações contingentes que se lhe deparam, serão e terão o significado que o seu entendimento será capaz de produzir, sendo que as acções e as declarações que correspondem às intimações das contingências constituem

([15]) Michael Oakeshott, «On the Theoretical Understanding of Human Conduct» in *On Human Conduct*, pp. 40–41.

auto-revelações e auto-representações do próprio agente. Nas palavras de Oakeshott: «He has a *history*, but no *nature*; he is what in conduct he becomes»([16]). A *história* a que o autor se refere não constitui um qualquer processo «evolucionário» ou «teleológico». A *história* em consideração resulta de um procedimento de representação do indivíduo para o indivíduo na prossecução de um empenhamento inteligente e «diurno» — uma incessante articulação de respostas entendidas face a uma interminável sucessão de situações contingentes no interior do respectivo perímetro de entendimento. E embora o indivíduo possa imaginar a presença de um «carácter humano *ideal*» que possa orientar e guiar as suas acções e realizações no sentido da respectiva auto-representação, não existe qualquer «homem primordial ou perfeito» oculto na matriz do tempo ou prefigurado nas personagens que percorrem o labirinto do mundo.

Num ensaio de interpretação política da liberdade convirá realçar desde logo uma subtil evidência na teoria de Oakeshott — a liberdade que o autor estipula na sua reflexão não configura a ideia de uma *liberdade ideal*, nem determina a afirmação de um *ideal de liberdade*. A liberdade apresenta-se como um postulado compatível com o entendimento do carácter da conduta humana, o que retira a liberdade de um isolamento filosófico e fundacional, inserindo-a simultaneamente num contexto mais abrangente de uma condição teoricamente necessária e historicamente imprescindível. Neste sentido, a liberdade que Oakeshott desenvolve associada à *persona* do agente *livre* poderá ser de facto denominada como liberdade humana, podendo, no entanto, ser também designada com propriedade como **liberdade elementar**. Refira-se por inferência lógica do argumento que Oakeshott dissipa qualquer hesitação relativamente ao alcance e propósito do inquérito filosófico quando, logo na abertura da reflexão sobre o significado do adjectivo *livre*, o autor exclui peremptoriamente uma utilização do termo que implica as características conceptualmente associadas a uma **concepção positiva da liberdade** — numa sequência teórica coerente com a incompatibilidade da *praxis* racionalista relativamente ao carácter da conduta humana, Oakeshott reforça a desconformidade entre

([16]) Michael Oakeshott, «On the Theoretical Understanding of Human Conduct» in *On Human Conduct*, pág. 41.

o racionalista e a explanação oakeshottiana de uma ideia de liberdade intrínseca à capacidade de acção ou agência, numa reafirmação da consciência dividida da moderna política europeia e no entendimento de uma **tradição política da paixão** em permanente tensão constitutiva com a **tradição política do cepticismo.**

Um outro factor relevante na apreciação oakeshottiana passará pela não utilização da expressão clássica da liberdade como *livre arbítrio* (*free will*), optando pela consagração de uma ideia de agente *livre*, o que desde logo implica a percepção de uma acção *livre*. Este aparente detalhe terminológico poderá apontar para uma posição teórica em que o indivíduo será observado na prossecução de uma actividade revelada numa acção (agente), não sendo, pois, o mesmo indivíduo considerado na concretização de uma acção impulsionada por uma faculdade (vontade). Na realidade, e com mais precisão, Oakeshott ao considerar o lugar de partida de uma acção o indivíduo enquanto consciência reflexiva no exercício de um empenhamento inteligente, pondera na respectiva formulação filosófica uma percepção da vontade projectada e integrada teoricamente no desígnio de uma «inteligência em acção»([17]). Nos termos da sequenciação de Oakeshott, uma consciência reflexiva associada a um empenhamento inteligente perfaz uma inteligência em acção, o que feita a transposição para o universo da conduta humana terá como equivalente operacional a efectividade de uma conduta livre. Recorrendo à inspiração de John Liddington([18]), autor do mais completo ensaio sobre a ideia de liberdade em Michael Oakeshott, embora em bom rigor o ensaísta se centre na essência e em exclusivo na obra *On Human Conduct*, será, pois, então filosoficamente relevante e politicamente prudente sublinhar com maior exactidão o sentido da designação de *livre* na atribuição da conduta, podendo nesse posicionamento teórico referenciar uma conjugação de interpretações: (**1**) O indivíduo sujeito da conduta será livre na acepção específica de que uma conduta implica uma aprendizagem; neste sentido, o indivíduo adquire apenas o que aceita, interiorizando

([17]) Michael Oakeshott, «On the Theoretical Understanding of Human Conduct» in *On Human Conduct*, pág. 39.

([18]) John Liddington, «Oakeshott: Freedom in a Modern European State» in *Conceptions of Liberty in Political Philosophy*, pp. 298–299.

como seu os recursos que revela no exercício explícito da própria conduta; (2) O indivíduo será livre na exacta medida em que a conduta envolve a determinação de um conhecimento e de um entendimento de si mesmo; tal conhecimento ou entendimento permite ao agente a deliberação sobre a escolha de uma acção que revela uma declaração sobre um carácter e sobre um propósito; (3) O indivíduo será livre porque ao entendimento de si mesmo acrescenta em complemento o reconhecimento de uma situação contingente como sendo a *sua* situação específica; a convergência entre a percepção do carácter individual e a perspectiva de uma situação contingente associada permite então afirmar que o agente será livre porque, em certo sentido, ele será sempre uma *criação* do seu próprio entendimento; (4) As acções do indivíduo enquanto exibições de inteligência serão livres porque a relação que se estabelece na sequência observada apresenta e obedece a uma condição da contingência; a inclusão da condição da contingência exclui à partida e por definição o vínculo de uma condição da causalidade — ou seja, a liberdade intrínseca ao exercício da acção de um agente *livre* significa a ausência observada de um nexo de causalidade. Se à convergência das interpretações referidas se acrescentar, pelo menos nesta fase da explanação teórica oakeshottiana, uma objectiva ausência de um efeito expresso e explícito de uma substantiva regulação ou moderação política da liberdade, poderá o comentador considerar a formulação de Oakeshott sobre o postulado de um agente *livre* um modo de discurso que poderá ser equiparado à formalidade do postulado de uma **liberdade livre**.

A condição da contingência aponta para uma conotação de abertura e de indeterminação permanentemente associadas à acção e, logo, à conduta do indivíduo, abertura e indeterminação que surgem como intimações de uma certa ideia de liberdade. Em contraposição, a condição da causalidade anula a deliberação individual através da determinação de um círculo fechado e de uma corrente de acontecimentos vinculados a uma relação estrutural, vinculação que surge como negação de uma certa ideia de liberdade e como comprovação científica da conformação com uma certa consciência da necessidade. Precisamente na condição da abertura enquadra-se todo o procedimento de aprendizagem como lugar de partida na efectividade da acção, um procedimento que reconhece o contexto condicional e a condição adverbial de uma prática. Robert Grant identifica com perspicácia uma interessante relação entre a sensibilidade de Popper relativamente à abertura e imprevisibilidade do conhecimento, logo à abertura e à imprevisibilidade do procedimento de aprendizagem, e o similar entendimento de Oakeshott relativamente à abertura inerente a todas as práticas, factor que aproxima Oakeshott e Popper numa divergência comum relativamente às pretensões do racionalista em função de um conhecimento absoluto, definitivo, fechado, na concretização de uma «*gnosis* quase-científica»([19]). Assim, no fechamento racionalista inscreve-se o fechamento a um entendimento da liberdade.

O cruzamento dos argumentos de Oakeshott sobre a liberdade e o carácter da conduta humana possibilita que duas identidades se destaquem de imediato — a ideia de **escolha** e a presença de **práticas**. Na possibilidade da escolha e da oposição à escolha poderá o comentador derivar o conceito de **coerção** associado à efectividade individual da acção; no contexto adverbial de uma prática poderá o comentador inferir uma ideia de **tradição de comportamento** omnipresente no percurso das escolhas. Numa transposição política do argumento filosófico, a imaginação teórica do comentador identifica, num primeiro momento, a intimação de uma **concepção negativa da liberdade**, ao mesmo tempo que, num segundo momento, a imaginação analítica do comentador reconhece a intimação do **modelo de liberdade conservador**. Uma vez que é numa prática que uma escolha encontra o respectivo contexto, será com plena legitimidade que o argumento desliza com uma lógica notável para a constatação política de uma **superfície liberal** e de um **núcleo conservador** na deliberação teórica oakeshottiana em torno do postulado da liberdade livre. Postulado da liberdade livre que se enquadra na textura de uma **disposição conservadora** e na pretensão de uma **tradição política do cepticismo**.

Numa outra perspectiva da leitura e da avaliação do significado da liberdade humana, convirá salientar a observação de Efraim Podoksik ao relembrar que esta particular ideia de liberdade poderá ser apresentada como uma reminiscência da percepção de liberdade associada aos estóicos ou, em simultâneo, poderá ser relacionada com a visão

---

([19]) Robert Grant, *Oakeshott*, pág. 113.

hegeliana de uma «vontade» derivada do «pensamento»([20]). De acordo com o autor, cujo artigo se baseia exclusivamente na abordagem do tema da liberdade na obra *On Human Conduct*, Oakeshott parece afastar-se da tradição empírica associada à observação da liberdade característica da filosofia inglesa. Este aparente afastamento justificaria a apreciação de Robert Devigne relativamente à rejeição oakeshottiana de uma concepção negativa da liberdade([21]). Como foi já referido na análise precedente, Oakeshott dissipa qualquer dúvida relativamente à adopção de um postulado da liberdade entendido como *inner freedom* e separa a sua reflexão dos vestígios argumentativos orientáveis no sentido de uma concepção positiva da liberdade.

Haverá, no entanto, uma interessante e heterodoxa interpretação do postulado da liberdade livre na configuração oakeshottiana. Recorrendo de novo ao modelo de liberdade conservador na teorização de Brenkert, recorde-se que um dos entendimentos legítimos da liberdade em Edmund Burke será precisamente a percepção da liberdade enquanto expressão de uma «**acção espontânea**»([22]). Na leitura de Brenkert sobre Burke, a liberdade surge no epicentro da «vitalidade humana», assumindo um carácter e um «sentido ontológico básico» — a capacidade para concretizar uma acção *livre* e independente de um nexo de causalidade natural. Sobre a liberdade como acção espontânea, Burke realça que na sua perfeição reside o seu maior defeito, o que aponta para a necessidade de um efeito de moderação e de regulação de natureza obviamente política. Mas quando objecto de regulação e de moderação, a liberdade como acção espontânea será «a private blessing of the first order» e sobretudo «the vital spring and energy of the state itself, which has just so much life and vigor as there is liberty in it». A ideia burkeana de liberdade como acção espontânea parece configurar uma forte identificação com a concepção oakeshottiana daquilo que poderá ser designado por **liberdade como acção elementar**.

([20]) Efraim Podoksik, «Oakeshott's Theory of Freedom as Recognized Contingency» in *European Journal of Political Theory* 2 (I), 2003, pág. 61.

([21]) Robert Devigne, *Recasting Conservatism: Oakeshott, Strauss, and the Response to Postmodernism* (New Haven: Yale University Press, 1994), pp. 119–121.

([22]) George G. Brenkert, *Political Freedom*, pág. 45.

Por outro lado, a liberdade como acção espontânea não será um conjunto de direitos e de deveres historicamente constituídos, nem será mesmo a constatação de uma ausência de coerção, mas será certamente o que Brenkert interpreta como um vigor vital inerente ao indivíduo. No aprofundamento da argumentação, a liberdade como acção espontânea não significa o pressuposto da auto-determinação, nem o postulado de um grau superlativo de auto-consciência, nem o domínio perfeito de uma infalível racionalidade — a liberdade como acção espontânea será um impulso, uma tendência, uma propensão, uma constatação observável nas contingências e na indeterminação da conduta humana. Esta liberdade deverá ser moderada para poder ser compatível com a «liberdade política». No entanto, tal não significa que a liberdade política possa ser entendida como simples modificação da liberdade como acção espontânea, uma vez que os direitos e deveres constitutivos da liberdade política não representam uma «protecção» do usufruto de uma liberdade centrada no efectivo pressuposto da acção espontânea — de certo modo, os direitos e deveres projectam uma substancial transformação no exacto domínio da acção espontânea. Como tal, a liberdade como acção espontânea e a liberdade política serão intrinsecamente distintas, sendo que nenhuma delas poderá em circunstância alguma reduzir e integrar a outra.

Como hipótese interpretativa, no postulado da liberdade livre explorado no ensaio «On the Theoretical Understanding of Human Conduct», Oakeshott consagra uma das leituras legítimas e tradicionais da liberdade em Edmund Burke, acrescentando de alguma forma as ilações de uma teorização de um abstracto conservador retiradas por inferência de um concreto político consubstancializado nos ensaios de *Rationalism in Politics*. De certo modo, e neste caso particular, Oakeshott acrescenta a Burke, incorporando a herança burkeana numa apreciável revisitação da consciência dividida da política moderna europeia, e na reafirmação de uma profunda e persistente **disposição conservadora** no contexto da **tradição política do cepticismo**.

«On the Theoretical Understanding of Human Conduct», Oakeshott aplica a sua imaginação filosófica no sentido de um entendimento e de uma valorização da acção individual na formulação do carácter ideal da conduta humana. Na releitura das evidências, na revisitação das conjecturas, o autor identifica o postulado da liberdade livre como uma condição necessária à imaginação moral dos indivíduos. Quanto a Oakeshott, a única condição essencial e em relevo na sua exploração teórica será o domínio de uma profunda e original **imaginação conservadora.**

CAPÍTULO II

A ASSOCIAÇÃO CIVIL. O APOGEU DA CIVILIZAÇÃO POLÍTICA NA CONSOLIDAÇÃO DA LIBERDADE CIVIL

On Human Conduct prossegue a respectiva exploração filosófica com um segundo ensaio intitulado «**On the Civil Condition**». Refira-se que a reflexão oakeshottiana assinala o seu percurso teórico na comparação e confronto entre dois modos de associação distintos — a «**associação civil**» e a «**associação projecto**» (*enterprise*). Através destas duas entidades políticas, Oakeshott retoma de novo a perspectiva de uma consciência dividida que caracteriza a moderna política europeia. No entanto, a centralidade do ensaio fixa-se na teorização do carácter ideal da «**condição civil**», circunstância teórica em que, se a associação civil é o ponto focal do ensaio, a associação projecto trará o contraponto e a derivação de um outro carácter e de uma outra condição política.

Será de capital relevância sublinhar que os postulados da condição civil terão como factor filosófico elementar os pressupostos da conduta humana explicitados no ensaio «On the Theoretical Understanding of Human Conduct». Assim, a condição civil ou *civitas* implica o entendimento de uma situação contingente, acções que representam uma inteligência reflexiva, indivíduos ou *cives* sujeitos activos de um procedimento, subscritores de um elenco de práticas e perspectivados na pressuposição de agentes *livres* que estabelecem um conjunto de relações inteligentes evidenciadas pela marca da «civilidade»([1]). Desta forma, a deslocação teórica oakeshottiana recorre aos postulados da

([1]) Michael Oakeshott, «On the Civil Condition» in *On Human Conduct*, pp. 108-112.

conduta humana como plataforma de entendimento condicional com a intenção filosófica de compreender e identificar os postulados de um estatuto individual, a condição civil; no âmbito de uma agremiação específica de indivíduos, a associação civil. O efeito de *scale-up* entre o indivíduo e a associação terá como consequência teórica inevitável a projecção de um carácter eminentemente político que promove o destaque imediato do ensaio em consideração, carácter político, aliás, bem expresso na própria designação de *civil* — com inspiração em Hobbes, civil reflecte a ideia de um «artifício» gerado pela confluência das acções e pela concorrência das vontades([2]). Em reforço desta interpretação, refira-se a epígrafe ao ensaio «On the Civil Condition» e na qual Oakeshott cita Vico em *La scienza nuova*: «[T]hat the civil condition is certainly a/ human invention and that its principles/ are therefore those of human intelligences.» E na percepção da condição civil reside a versatilidade de uma inteligência humana explicitamente associada à consolidação de uma condição da liberdade.

Oakeshott começa por considerar a substantiva concretização da conduta humana na associação recíproca, intermitente e transaccional entre agentes, na formulação de respostas na base do entendimento de situações contingentes e na procura da satisfação de um desejo ou necessidade — da interacção entre os agentes haverá de emergir uma substantiva satisfação procurada([3]). Os agentes poderão estabelecer regras de conduta individual, ou seja, condições a serem observadas no exercício específico das acções em função de uma situação desejada. No entanto, para além das transacções substantivas que se estabelecem entre os indivíduos, para além da prescrição de regras individuais, os agentes estarão relacionados pelo mútuo reconhecimento das regras e dos usos associados a um conjunto de práticas, práticas subscritas em diferentes graus de fidelidade e numa plural diversidade de níveis de proficiência. Estas práticas são «composições de considerações prudenciais» cujas regras e usos serão mutuamente perspectivados como «instrumentos» que promovem e estabilizam as transacções que

([2]) Michael Oakeshott, «Introduction to *Leviathan*» in *Rationalism in Politics*, pp. 246-248.

([3]) Michael Oaeshott, «On the Civil Condition» in *On Human Conduct*, pp. 112-114.

«governam». As mesmas práticas que poderão ser observadas como «linguagens» nas quais ocorrem e decorrem as interacções entre os indivíduos em busca das respectivas satisfações. Como tal, as práticas enquanto «relações formais e linguísticas» serão «utilidades» que subsistem apenas entre os agentes empenhados em acções ou *performances* substantivas, *performances* e transacções que seriam dificultadas, senão mesmo impossibilitadas, na ausência dessas práticas. No entanto, as práticas em si mesmas e por si só não constituem transacções formais ou efectivas. Dito de outro modo, as práticas perspectivam-se como relações em função do entendimento de um elenco de condições adverbiais que devem ser subscritas pelos agentes no exercício das escolhas, sem que em circunstância alguma seja identificada uma qualquer vinculação relativamente a uma acção específica e particular. Na teoria de Oakeshott, os indivíduos em causa poderão ser identificados pela atribuição do estatuto de *cives*, do mesmo modo que as relações e as interacções observadas na superação recíproca de situações contingentes poderão ser designadas por **associação civil**. Assim, a associação civil será uma entidade cujas relações constitutivas se inscrevem nos termos e nas condições de uma prática, uma prática que acaba por consistir numa plural e prolífica linguagem de auto-revelação e de auto-representação. A associação civil enquanto relação em termos de uma prática significa o reconhecimento comum de um conjunto de considerações, como regras e costumes, que devem ser subscritos de modo consciente e inteligente na opção individual por uma acção ou *performance*(4). A mesma associação civil que na circunstância significa a assunção de um carácter formal em detrimento de uma formulação substantiva, ou seja, uma associação que reconhece a existência de uma «linguagem comum», mas que não considera a unicidade das convicções, dos propósitos, dos interesses, dos discursos. Mais ainda, a associação civil será uma associação entre iguais, não porque todos os indivíduos evidenciam as mesmas capacidades na utilização de uma *linguagem civil*, mas sobretudo porque todos os agentes terão uma atenção ao domínio e à perícia da linguagem, e porque será igualmente por intermédio do exacto critério no domínio de uma *linguagem civil*

(4) Michael Oakeshott, «On the Civil Condition» in *On Human Conduct*, pp. 120-121.

que os agentes serão especificamente identificados. A associação civil será também uma associação auto-referencial, autónoma, independente, e este facto em virtude de não apresentar uma relação vinculativa com uma qualquer *performance* específica, nem com um qualquer propósito substantivo e comum.

Cives serão assim agentes relacionados em termos de uma prática([5]). Uma prática que se apresenta como uma série de condições adverbiais a serem subscritas na escolha das acções e na opção dos discursos; uma prática que não encerra um «propósito extrínseco» e que não interfere na determinação de uma satisfação substantiva, do mesmo modo que não intervém na fixação de um desígnio substantivo — na elucidação do perfil de uma prática, Oakeshott refere-se explicitamente à constatação de uma «**prática moral**». Como tal, a *relação civil* entre agentes poderá ser considerada como uma associação que se estabelece em torno de um elenco de considerações morais, o que significa que as condições da associação civil serão igualmente ponderações morais, e morais porque se afastam de um nexo «instrumental» na determinação de satisfações ou propósitos comuns e substantivos. Na observação oakeshottiana, a condição civil enquanto prática será uma representação contínua e permanente de uma «linguagem vernacular de entendimento e de relacionamento civil», aquilo que o autor considera ser uma determinada «versão histórica» de uma «linguagem de civilidade». Uma linguagem de civilidade não será um *stock* fixo e fechado de declarações admissíveis, nem poderá ser comparada a um vocabulário de normas específicas para resolução de discordâncias e conflitos. No parecer de Oakeshott, uma linguagem de civilidade representa o idioma no qual decorre a «conversação» entre os agentes, agentes que se reconhecem e se revelam como *cives* na persistente profusão de interacções que caracterizam a associação civil. Um ponto essencial a destacar: as práticas no âmbito das quais os *cives* emergem e interagem serão práticas inteiramente constituídas por regras — logo, a linguagem de interacção civil será a linguagem das regras, regras que prescrevem normas de conduta, o que terá como implicação teórica que a *civitas* será uma associação inteiramente articulada por regras.

([5]) Michael Oakeshott, «On the Civil Condition» in *On Human Conduct*, pp. 122–124.

No domínio da caracterização da associação civil, Oakeshott concebe então as seguintes considerações formais ou postulados: (1) *Lex* — As regras da associação civil serão as «leis», sendo a *lex* um sistema de leis auto-suficiente, definidor da sua própria jurisdição e reconhecido pela respectiva autoridade; a *lex* será um sistema de leis que prescreve um elenco de «responsabilidades» e um conjunto de «direitos» associados([6]); (2) **Adjudicação** — Consta de um procedimento através do qual o significado geral da *lex* será estabelecido relativamente a uma particular situação contingente; a adjudicação promove uma «ilustração» e uma «amplificação» do significado da própria *lex*; o procedimento implica a existência de um tribunal em que o juiz terá a custódia das normas da *lex*; o adjudicador será assim o «guarda» e o «conservador» da integridade e da coerência do sistema constituído pela *lex*([7]); (3) **Legislação** — Procedimento pelo qual a *lex* corrente poderá ser «emendada» ou «revogada», do mesmo modo que uma nova *lex* poderá ser «decretada»; a promulgação da *lex* terá como postulados a convicção do carácter «alterável» da lei, o reconhecimento de uma prática de «inovação legal» e a deliberação da lei em termos da respectiva «desejabilidade»; a lei não representa a codificação dos ditames da «Razão»; para o legislador a *lex* corporiza e reflecte uma «invitação» que emerge da composição do sistema moral denominado por associação civil([8]); (4) **Governação/Regulação** — Na condição civil, governar/regular significa o exercício de uma autoridade reguladora que deriva directamente da *lex* e em que se pretende que as condições inscritas na lei tenham a expectativa ou a garantia de uma subscrição adequada; uma autoridade que se concretiza na prática de uma injunção formal requerendo de um agente identificado uma escolha específica numa situação assinalada; em primeiro lugar, governar/regular será uma função «anexada» à adjudicação do significado da *lex*; num segundo momento, o ofício de governar/regular entendido na composição de

([6]) Michael Oakeshott, «On the Civil Condition» in *On Human Conduct*, pp. 128–130.

([7]) Michael Oakeshott, «On the Civil Condition» in *On Human Conduct*, pp. 130–138.

([8]) Michael Oakeshott, «On the Civil Condition» in *On Human Conduct*, pp. 138–141.

uma autoridade legitimamente habilitada a requerer *performances* substantivas de indivíduos identificados, será uma condição da associação civil focada na «administração» das prescrições inscritas na *lex*; governar/regular será o procedimento estabelecido de «policiamento» da associação civil([9]).

Para todo o sistema compreensivo que engloba os postulados ou condições da associação civil, Oakeshott propõe a designação de *respublica*([10]). O autor considera ainda a autoridade da *respublica* como um postulado da condição civil, uma vez que o sistema apresenta uma qualidade auto-referencial que produz um *efeito reflector* de auto-autenticação. Por outro lado, ao postulado da «autoridade civil» corresponderá o complementar postulado da «obrigação civil», pois a obrigação emerge do reconhecimento da autoridade da *lex*, não da normatividade superior de uma «constituição», não da pressuposta eficiência da lei, não do receio das eventuais sanções. Na óptica de uma hipotética obrigação política, esta não deriva de uma teoria da vontade geral, nem de uma concepção do bem comum, nem de uma teoria da justiça, nem mesmo do beneplácito de um contrato e do benefício de um consentimento — no domínio da *lex*, quando se refere o vínculo de uma obrigação na conduta, tal não significa uma evidência «não-opcional», pois a denominação projecta no exercício da escolha uma dimensão «condicional». A autoridade civil e a obrigação civil, enquanto «pilares gémeos» da condição civil, *injectam* nesta mesma condição um elemento de moderação, de formalidade e de comedimento, o que gera um nexo de civilidade que se transmite à associação civil na forma reconhecida de uma conduta característica de uma civilização.

No entanto, o sistema compreensivo designado por *respublica* enquadra-se filosoficamente na entidade que Oakeshott descreve e caracteriza num outro ensaio como a «**regra da lei**». O ensaio em causa intitula-se precisamente «The Rule of Law», e sem pretender referências redundantes de carácter teórico ou metodológico, convirá

([9]) Michael Oakeshott, «On the Civil Condition» in *On Human Conduct*, pp. 141–144.

([10]) Michael Oakeshott, «On the Civil Condition» in *On Human Conduct*, pp. 147–157.

salientar uma relação fundamental e convenientemente explicitada no ensaio em consideração:

> Many writers who have undertaken to *recommend* this vision of a state have thought its virtues in what they present as a consequence, something valuable which may be enjoyed as the outcome of this mode of association. And some have suggested that its virtue is to be instrumental to the achievement of «prosperity» understood as the maximum continuous satisfaction of wants of the associates. But the more discerning apologists (recognizing the inconsistency of attributing the virtue of a non-instrumental mode of association to its propensity to produce, promote or even encourage a substantive condition of things) have suggested that its virtue is to promote a certain kind of «freedom». But this is misleading. These rules certainly do not themselves prescribe purposes to be pursued or actions to be performed. They do not concern the motives of conduct, and this mode of association is in terms of the recognition of obligations, not their uninterrupted observance; and all this may be said to denote a certain kind of «freedom» which excludes only the freedom to choose one's obligations. But this «freedom» does not follow as a consequence of this mode of association; it is inherent in its character.([11])

Na formulação teórica oakeshottiana estabelece-se uma relação conceptual entre a regra da lei, que integra o carácter ideal da associação civil, e uma **ideia de liberdade** explicitamente referida como uma condição intrínseca à regra da lei e que se propaga à compleição filosófica da própria associação civil. Aliás, da perspectiva da aventura filosófica de Oakeshott, a associação civil começa por adoptar o pressuposto de um agente *livre* para culminar na conveniente caracterização teórica de uma afirmação da regra da lei como factor inerente e garantia elementar relativamente a uma certa ideia de liberdade — o percurso metodológico do autor começa com uma ideia de liberdade centrada no indivíduo para terminar numa concepção de liberdade centrada numa

([11]) Michael Oakeshott, «The Rule of Law» in *On History and Other Essays* (Indianapolis: Liberty Fund, 1999), pp. 174–175. Edição original — (Oxford: Basil Blackwell, 1983).

associação de indivíduos. Neste sentido, «On the Civil Condition» será um ensaio profundamente político no qual o tema da liberdade perpassa através de uma nomenclatura renovada, percorre a densidade de um discurso filosófico, emergindo finalmente da complexidade de um pensamento político-filosófico que contorna toda e qualquer normatividade restrita e fundacional.

O campo de interpretação política abre-se novamente a uma leitura comparativa entre as categorias filosóficas abstractas do ensaio e as categorias políticas concretas dos ensaios de *Rationalism in Politics*. Existe um *subtexto* político na base de «On the Civil Condition» que remete o comentador para o espaço político concreto delimitado pelos ensaios «Political Education», «On Being Conservative» e «The Political Economy of Freedom». Na revisitação do carácter da política moderna, Oakeshott *condensa* através da imaginação filosófica o carácter ideal de uma associação civil implícita politicamente nas intimações dos referidos ensaios. No entanto, não existe na reflexão abstracta a definição primeira dos princípios políticos fechados de um ideal de *regime político*. Assim, a associação civil abre-se a uma condição da conduta inscrita numa **disposição política conservadora**, compatível com o exercício de uma **governação nomocrática** na configuração maior de uma **tradição política do cepticismo**.

Na sequência das ambiguidades e ambivalências da política moderna, e em contraponto ao foco central da associação civil, Oakeshott passará a destacar o carácter ideal do empreendimento que designa especificamente como **associação projecto**. A associação projecto implica uma relação entre agentes, determinada pela busca de um propósito comum, ditada pela procura partilhada e articulada de uma condição substantiva das coisas ou até delimitada por um interesse comum que deverá ser objecto de uma continuada e permanente satisfação([12]). A associação em causa não estará vocacionada apenas para a satisfação substantiva de eventuais necessidades, pois expande o seu alcance e consideração à designação de acções substantivas e à definição de um discurso igualmente substantivo. As condições específicas de uma associação projecto implicam o plano de um propósito substantivo e a

([12]) Michael Oakeshott, «On the Civil Condition» in *On Human Conduct*, pp. 114–115; pág. 119.

«escolha» dos agentes em permanecerem relacionados em função desse exacto desígnio. O propósito substantivo poderá adoptar a arquitectura de uma qualquer condição substantiva das coisas, imaginada ou simplesmente desejada, e que poderá ser uma derivação ou consequência da actividade dos agentes, mas não exclusivamente dos agentes. Relativamente à opção do indivíduo, a escolha poderá ser revogada em qualquer momento, sendo que a revogação das preferências terá como consequência lógica o óbvio colapso da associação — a associação projecto tanto poderá ser dissolvida por mútuo consentimento como destruída por efeito das dissensões internas. Assim, um agente não necessita de proclamar explicitamente a sua adesão através de um acto ou declaração deliberada, mas a busca *colectiva* de um propósito exige o vínculo de um desígnio comum aceite e reconhecido como um *propósito comum assumido na acção individual*, sendo que o *direito de saída* assegura ao agente a possibilidade de se «libertar» por iniciativa própria da associação. Na reflexão distanciada de Oakeshott, este modo de associação será frequente e «perigosamente» identificado como uma «comunidade de vontades», e de forma menos contestável, relacionado com uma «comunidade de escolhas».

No entanto, a busca ou promoção de um propósito comum representa também o esforço permanente de uma decisão ou resposta face a uma contínua sucessão de situações emergentes relacionadas com a esperança e a expectativa de um efectivo desígnio comum. Numa associação projecto, os agentes deverão relacionar-se no sentido da definição das necessárias decisões ou, em alternativa, reconhecer como suas as decisões assumidas por uma outra qualquer entidade. Mas estas decisões estão relacionadas de modo contingente com o propósito comum, decisões que simplesmente não serão «deduzíveis» da escolha do agente em permanecer congregado na busca do desígnio comum e, logo, não poderão ser reconhecidas como decisões individuais e próprias pela virtude e pelo vínculo de uma escolha inicial. Como tal, na leitura oakeshottiana, a associação projecto não poderá ser uma relação estritamente definida em termos de um propósito final, pois deverá ser complementada e configurada pelo exercício de uma «administração» e de uma «governação» focadas na busca do respectivo desígnio final. A administração da procura do propósito final poderá ser executada pela decisão unânime ou maioritária dos associados, poderá ser efectuada por um *bureau* ou «directorado», poderá até ser desempenhada pela acção de um único «delegado», sendo que o carácter da associação não será alterado pelo arranjo administrativo adoptado. A governação de uma associação projecto será o empenho e o compromisso na determinação substantiva de escolhas, de acções, de discursos, que não estarão contidos no propósito comum, mas que integram de modo contingente a respectiva busca — assim, um projecto será uma «**política**» e a associação projecto será um «**empreendimento *administrativo***». Ainda um factor interessante. Na teoria de Oakeshott, o carácter ideal da associação projecto exclui uma condição compulsória, sendo que, para o autor, a invocação de uma cláusula de obrigatoriedade constitui uma «auto-contradição» ou incoerência nos termos da associação — a associação projecto será necessariamente constituída pela escolha prolongada no tempo da cada agente em permanecer associado em função de um propósito comum, uma escolha da qual o mesmo agente deverá poder retirar-se por iniciativa própria. Para o autor, a «escolha colectiva» simplesmente não existe.

Uma condição importante para o entendimento do carácter da associação projecto será a compreensão do lugar e função da autoridade das regras([13]). Refira-se que se a «formalidade» das regras é percepcionada como um obstáculo à busca do desígnio final, então a existência formal de regras poderá ser um corpo estranho a eliminar do âmbito da associação. No entanto, a associação projecto poderá ter estatutos, uma constituição escrita, um manual de regras, só que toda esta multiplicidade de *regulamentos* não poderá ser confundida com as «**decisões *administrativas***» que constituem efectivamente a busca do propósito comum — ou seja, a associação projecto não será uma agremiação estabelecida em termos de regras. Na sequência teórica desta asserção, o *status* condicional das regras numa associação projecto será então claramente exibido na circunstância específica das respectivas características, nomeadamente: (**1**) As regras não identificam, muito menos definem, o carácter de uma associação projecto; uma qualquer descrição inteligível da associação converge imediatamente na apologia da natureza do propósito ou na explicitação da essência do desígnio; o nome atribuído ao projecto será

([13]) Michael Oakeshott, «On the Civil Condition» in *On Human Conduct*, pp. 116–117; pág. 129.

bem mais revelador e informativo do carácter da associação, uma vez que recorta a legenda de uma identidade política que aponta o rumo de um desígnio e de um propósito; (2) As regras de uma associação projecto terão uma relação contingente com o propósito comum, o que significa que estas regras não necessitam de exibir uma adequação exclusiva relativamente a um propósito específico; tal condição implicará que em termos da «desejabilidade» das regras, o critério primordial seja o da avaliação das eventuais regras em função da promoção ou do impedimento da busca eficiente e substantiva de um propósito comum; uma dedução lógica deste critério estabelece a natureza «instrumental» das regras em relação ao propósito substantivo, propósito que se posiciona, deste modo, como a norma através da qual a propriedade das regras será determinada; o carácter sistemático das regras numa associação projecto deriva precisamente desta relação instrumental com a procura do propósito comum; (3) Embora a associação projecto possa considerar o reconhecimento da autoridade das regras, o respectivo propósito não poderá ser confundido com o respeito e observação dessas mesmas regras; mais ainda, o propósito comum não poderá ser identificado nem procurado recorrendo a uma conduta exclusivamente orientada pela observância das regras; na realidade, a recusa no reconhecimento da autoridade das regras não constitui um acto de negação do projecto nem implica uma explícita dissociação ou desvinculação do propósito. Como tal, e na forma de um quase teorema, uma associação projecto será a *multiplicidade* reduzida a uma *unidade* cuja singular *unicidade* reside no reconhecimento colectivo das decisões *administrativas* em resposta às situações contingentes e contingentemente relacionadas com a busca de um propósito comum.

Pelo carácter, perfil e *raison d'être*, a interpretação política da associação projecto na transposição entre categorias abstractas e categorias políticas concretas oferece a disponibilidade de um panorama em que o argumento político terá um conteúdo explícito e auto-revelador. O carácter ideal da associação projecto define uma **condição substantiva** que será simultaneamente uma **condição comum**, mas desenha igualmente e sobretudo a exigência de uma *praxis* política perfeitamente consistente com uma visão racionalista, racionalmente coerente com o desígnio de um **governo telocrático** na perfeita afirmação de uma **tradição política da paixão**.

A comparação directa entre condição civil e condição substantiva comum, a reflexão paralela em torno da associação civil e da associação projecto, provocam a revisitação do argumento político concreto e explorado no ensaio «The Masses in Representative Democracy», incluído em *Rationalism in Politics*. Na interpretação do comentador, a teorização das duas tipologias de associação observáveis no percurso e no carácter da moderna política europeia corresponde a uma categorização, por um lado, de um modo de associação directamente relacionado com o despontar da consciência e do estatuto do indivíduo — associação civil; por outro lado, de uma forma de associação correspondente à derivação e à reacção que conduziram ao fenómeno do anti-indivíduo ou homem de massas — associação projecto. Se na associação civil se constata a aplicação de um factor exponencial das opções de escolha através da elevação de um horizonte comum de regras, na associação projecto observa-se a subtracção do horizonte das escolhas à determinação convergente e colectiva de um propósito comum. Se na associação civil as escolhas são a perpétua condição do indivíduo, na associação projecto o anti-indivíduo terá *escolhido não escolher* através de uma *selecção* existencial, ontológica, metafísica. Um outro elemento politicamente relevante prende-se com a verificação de um recurso antitético e que poderá ser enunciado do seguinte modo: na associação civil, através da condição civil, cabem todas as condições possíveis e imaginárias compatíveis com a observação da regra da lei, diversidade que não afecta o carácter da associação, nem implica a respectiva transformação; na associação projecto, através da condição substantiva comum, cabe apenas a condição compatível com o propósito comum, sendo que todas as outras presumíveis e fictícias condições serão excluídas ou exigem uma mudança, não do carácter da associação, mas certamente do propósito dessa mesma associação. O confronto entre condição civil e condição substantiva comum representa politicamente a oposição entre **pluralismo** e **monismo**. Recorrendo à nomenclatura de Popper, a associação civil corresponderá assim à ideia de uma **sociedade aberta**, enquanto a associação projecto equivale ao modelo de uma **sociedade fechada**. Mas pela aplicação de um critério de leitura razoavelmente mais extenso, a comparação entre associação civil e associação projecto reporta o comentador para dois imaginários políticos distintos e opostos — a associação civil será uma epígrafe da **conservação**; a associação projecto será um epítome da **revolução**. Finalmente, na teorização oakeshottiana, a ideia de conversação e o conceito de argumento serão os paradigmas implicitamente referenciados nos dois tipos ideais de associação, respectivamente e a saber, da associação civil e da associação projecto([14]).

Mas a **associação civil**, para além de uma vertente moral e formal caracterizada pelo reconhecimento da autoridade da *respublica*, poderá ser objecto de entendimento e teorização com base no reconhecimento da «desejabilidade» das regras, critério de desejabilidade que se constitui em termos da «aprovação» ou «desaprovação» das condições prescritas na *lex*([15]). Nesta perspectiva, o procedimento em análise implica o empenhamento do *cives* na deliberação da desejabilidade das condições da *respublica*, procedimento que interpela os termos da associação, quer na promoção da mudança, quer na prevenção da mudança com base na preservação e conservação das condições correntes e vigentes. A consideração da desejabilidade das condições da *respublica* será para Oakeshott um procedimento único, distinto e exclusivo da associação civil. Assim, o empenhamento na observação da desejabilidade das condições prescritas numa prática, quando a prática em avaliação estabelece os termos da própria associação, poderá originar um procedimento de mudança susceptível de concretizar uma outra condição imaginada, factor que, para além de constituir um protocolo exclusivamente inscrito no carácter da associação civil, terá para Oakeshott a marca distinta de uma actividade específica que designa por «**política**». Na teorização oakeshottiana, a «**política**» será a disposição para deliberar sobre as condições prescritas na *respublica*, não como considerações de autoridade, mas como ponderações de desejabilidade, imaginando uma diferente configuração das condições, provavelmente a concretizar, possivelmente a resistir. Na circunstância da **associação projecto**, o que poderá ser o hipotético desígnio na consideração do normativo da desejabilidade, no critério da aprovação ou desaprovação, não serão as condições constitutivas da associação, mas sim os meios disponíveis em correlação com a busca proficiente

---

([14]) Robert Grant, *Oakeshott*, pág. 79.

([15]) Michael Oakeshott, «the Civil Condition» in *On Human Conduct*, pp. 158-163.

do propósito final. A desejabilidade encontra-se na intersecção entre a propensão e o obstáculo relativamente à causa última eficiente. Como tal, na associação projecto existe a determinação na busca de um propósito comum, bem como a confluência colectiva de uma «política» consubstanciada numa sucessão de decisões *administrativas*, que visam acções e discursos que vão definindo o percurso em direcção ao propósito constitutivo da associação. Todo e qualquer manual de regras será então subordinado ao empreendimento, as respectivas prescrições poderão efectivamente ser aplicadas, tal como poderão ser matéria de dissecação da circunstancial desejabilidade, mas a manutenção ou alteração das regras e prescrições remetem o critério da desejabilidade para uma derivação de um expediente pragmático e utilitário — a desejabilidade será uma categoria instrumental dominada pelo desígnio da promoção ou pelo espectro do impedimento tendo sempre como referência exclusiva o sucesso final do projecto. Na explanação oakeshottiana, a aplicação da actividade específica designada por «**política**» ao carácter ideal de uma associação projecto será resultante de uma utilização «confusa» e «metafórica», utilização operacionalizada por efeito de uma «analogia» com origem na associação civil e no procedimento de avaliação da desejabilidade dos termos e das condições da associação via *respublica*.

O «carácter circunspecto» que Oakeshott atribui à política deverá ser complementado pela elucidação de um elenco de *especificações* e de *condições* que no global acabam por constituir o núcleo da actividade: (**1**) A política implica um elemento de «**aquiescência**» e uma componente de «**crítica**»; aquiescência no reconhecimento da autoridade da *respublica*, crítica no questionamento, na desejabilidade, na aprovação ou desaprovação dos termos da *respublica*; na relação com a *respublica* assenta o carácter e a prática do *bonum civile*, logo o empenhamento no exercício da política exige a civilidade de uma «imaginação disciplinada»([16]); (**2**) A política será identificada por um «**foco de atenção**» e por um «**tópico de discurso**»; suportada por «razões», projectada num registo «persuasivo», a deliberação de uma mudança na *respublica* implica sempre uma «audiência», sendo que o interlocutor por

([16]) Michael Oakeshott, «On the Civil Condition» in *On Human Conduct*, pp. 163–164.

excelência será o detentor de um cargo público com autoridade para concretizar a mudança proposta; nada existe no exercício da política que sugira o estatuto de uma «profissão», do mesmo modo que nada se observa na política que negue de modo eloquente a possibilidade de uma profissão; enquanto «actividade pública», a política será sempre uma «actividade intermitente», limitada, parcelar, e nunca um empenhamento genérico, global, irrepetível, único, definitivo([17]); (3) **A política será categoricamente distinta do ofício da governação/regulação**; a governação reconhece, reforça e reafirma a autoridade da *respublica*, não delibera sobre a desejabilidade da *lex*; neste sentido, o adjectivo *político* não poderá qualificar com propriedade o ofício da governação; quando a governação se transforma em veículo de recomendação persuasiva da desejabilidade das prescrições futuras ou vigentes, os governantes deixam de ser *reguladores* para assumirem o estatuto de *administradores* de um desígnio — nesse exacto momento, a associação civil terá *degenerado* numa **associação projecto**; a única genuína «governação política» acontece numa associação projecto na qual a desejabilidade das condições estará instrumentalmente vinculada ao desígnio de um propósito final; na substituição da obrigação em subscrever as prescrições da *respublica* pela obrigação em aprovar as condições prescritas, estará inscrita a extinção da associação civil([18]); (4) Uma **proposta política** deverá conter um elenco de razões que suportam o discurso persuasivo no sentido de uma possível e desejável condição da *respublica*, aplicável pública e universalmente ao *ensemble* dos *cives*; uma proposta política não representa interesses específicos, nem incorpora benefícios ou vantagens para grupos particulares; uma proposta política não corporiza a desejabilidade de uma «filosofia moral» ou de uma «doutrina política»; apenas numa **associação projecto** uma filosofia moral ou uma doutrina política poderão ser objecto de um vínculo de reconhecimento e de aprovação por via de uma decisão *administrativa* em função de um propósito final([19]); (5) **Na relação**

([17]) Michael Oakeshott, «On the Civil Condition» in *On Human Conduct*, pp. 165-166.

([18]) Michael Oakeshott, «On the Civil Condition» in *On Human Conduct*, pp. 166-168.

([19]) Michael Oakeshott, «On the Civil Condition» in *On Human Conduct*, pp. 168-172.

entre a autoridade e a desejabilidade, a política enquanto deliberação e discurso sobre a desejabilidade civil terá duas preocupações centrais, nomeadamente: que a autoridade das condições prescritas na conduta civil possam também ser prescrições civilmente desejáveis; que a *respublica* possa reflectir de modo adequado as condições percepcionadas nas convicções correntes como civilmente desejáveis([20]).

Assim, a política, a deliberação política, será sempre condicional relativamente, quer aos postulados da conduta humana, quer aos postulados da associação civil; mas estes postulados não constituem «axiomas» a partir dos quais podem ser deduzidas conclusões políticas([21]). A associação civil é uma condição moral que não se orienta pela «satisfação de necessidades», nem pela definição de uma condição substantiva; a política representa a preocupação com a desejabilidade das normas da conduta civil e com a aprovação ou desaprovação das regras civis que, ao qualificarem a busca dos propósitos individuais, não poderão ser extraídas por inferência de uma multiplicidade de propósitos — logo, será lógico e expectável que uma prescrição civil não poderá evidenciar a respectiva desejabilidade pela aplicação do critério da satisfação das necessidades ou pela norma da condição substantiva. Mais ainda, a desejabilidade não poderá ser estabelecida pela ligação privilegiada a um «normativo superior» e extrínseco à condição civil, seja pela aplicação de uma Regra Moral, de uma Lei da Razão, de uma Regra de Ouro, de uma Lei da Natureza, de um Princípio de Utilidade, de um imperativo categórico. Por outro lado, e na afirmação da dimensão de um carácter ideal, a própria condição civil não constitui uma norma capaz de suportar a dedução da desejabilidade das condições da *respublica*; ou seja, na sensibilidade oakeshottiana, não existe uma qualquer formulação de um *summum bonum civile*, tácito, implícito e expectante relativamente à presciência de uma «Razão Civil» capaz de estabelecer em definitivo a perfeita desejabilidade das regras de interacção civil; mas também não será possível a observação de uma *cosmopolis* discernível pela «Imaginação Civil» e que se constitua

([20]) Michael Oakeshott, «On the Civil Condition» in *On Human Conduct*, pp. 172–173.

([21]) Michael Oakeshott, «On the Civil Condition» in *On Human Conduct*, pp. 173–177.

como modelo imaginário para a aprovação ou desaprovação dos termos e das condições da *civitas*. De um modo mais afirmativo, as normas da conduta civil serão «escolhas contingentes», que poderão e deverão ter «razões», mas não títulos de «causalidade», e que abrem o discurso do entendimento político em função dos argumentos capazes de elucidar a alegada desejabilidade das componentes de uma prescrição, corrente ou futura, e constitutiva da *respublica*.

O tópico considerado no exercício de deliberação política será então uma determinada prática verificável e vigente, sendo observada na perspectiva da desejabilidade das componentes constitutivas das condições prescritas([22]). A situação que se coloca perante o procedimento de deliberação política será então o de uma prática de interacção civil que não estará, nem em repouso, nem em movimento, mas que representa a exigência de um fluxo contínuo de respostas, em termos de regras, face a uma sucessão contínua de circunstâncias. Será precisamente esta situação específica que estabelece o objecto da deliberação política, a mesma situação que proporciona os recursos intelectuais disponíveis quando a atenção crítica se focaliza numa particular parcela da prática, e uma *proposta* de inovação passará a constituir motivo de ponderação, discussão e debate. Não existe, pois, a possibilidade de um critério de aprovação ou desaprovação que seja imune ao facto incontornável da contingência. Toda a deliberação sobre a desejabilidade oscilará entre os alegados defeitos da inovação e as alegadas virtudes da conservação, ou como escreve Oakeshott: «The anchorage of this deliberation and argument is a sea-anchor». Dito de outro modo, não existe a possibilidade de demonstrações conclusivas, nem a possibilidade de soluções finais e ideais para uma alternativa ao sistema constitutivo da *lex* que não sejam «subterfúgios persuasivos» ou «ilusões corruptoras». Pela incontornável condicionalidade do procedimento, as considerações fruto da deliberação política serão, pois, auxiliares da reflexão e não constituem o «critério incontestável de uma escolha».

Enquanto auxiliares da reflexão, as considerações da deliberação política invocam a «tolerância» da *respublica*, mas sublinham

([22]) Michael Oakeshott, «On the Civil Condition» in *On Human Conduct*, pp. 177-180.

sobretudo a relevância dos valores da «continuidade» e da «economia» relativamente ao procedimento de «inovação política».

A visão teórica oakeshottiana aponta sobretudo para a ideia de que o que se pretende atender e deliberadamente reformar em política será uma «linguagem vernacular de interacção civil», e tal significa que existe uma «compostura etimológica» e uma «particularidade sintáctica» que devem ser tidas em consideração mesmo quando as «novas expressões» propostas implicam apenas indirectamente uma modificação no normativo do idioma civil.

Perante a condicionalidade da deliberação política, toda e qualquer proposta vocacionada para a inovação das condições da conduta específica da *respublica* representa uma «celebração» das realizações de uma vigente e corrente civilidade, ao mesmo tempo que se projecta como uma «exploração das intimações» precisamente inscritas nas referidas realizações — e não existe nenhuma «maneira» que permita uma execução deste procedimento ao abrigo da falibilidade e do erro. Tal como não existem dúvidas ou perplexidades relativamente ao modo como as situações que reclamam pelo exercício de uma «inteligência política» simplesmente se «intrometem» — qualquer mudança nas circunstâncias ou nas convicções pode gerar *situações políticas* ou promover o respectivo deslocamento até à eclosão na superfície da *respublica*; mas uma «imaginação política activa» poderá reconhecer e identificar uma *situação política* pelo esboço de um recorte no «horizonte moral». Como será óbvio, qualquer ajustamento na *respublica* será uma perturbação nas «tensões» que garantem o equilíbrio de uma integridade observável — o ajustamento será, pois, passível de revelar discrepâncias até ao momento latentes e ocultas. Assim, saber escolher por entre o circunstancial fluxo de situações aquela que deve ser objecto de atenção, compreender o impacto da situação na prática de uma interacção civil, e deliberar uma resposta civil adequada, eis o empenhamento característico de uma inteligência política. Zelar pelas condições de uma associação civil exige um tão exacto foco de atenção, implica um tal rigor na aplicação do auto-domínio, que faz da condição civil um modo de associação «tão raro como excelente».

Em registo de análise, toda a explanação teórica da ideia de política assinalável no ensaio «On the Civil Condition» aponta de um modo subtil e sofisticado para uma concepção de política que tacitamente sustém e suporta o discurso de Oakeshott ao longo dos ensaios incluídos em *Rationalism in Politics* — a política será o reconhecimento da plausibilidade das avaliações e das ponderações sobre as circunstâncias correntes relativamente aos termos e condições das leis civis, procedimento que implica a busca das intimações emergentes da tradição de uma linguagem civil. Nesta hipótese de interpretação, a política provém de, e por esse motivo pressupõe, um particular modo de vida, facto que justifica um pendor inquestionavelmente conservador, quer na concepção, quer no exercício próprio da política. Talvez deste modo se justifique em termos teóricos a *derivação* da política de uma percepção complementar ao carácter específico da associação civil. Como tal, toda a exploração filosófica do carácter e da latitude da política estará assim marcado por um surpreendente e profundo cepticismo, de tal modo que a política surge com um contraste próximo do *contra-intuitivo* e quase a rondar uma condição *apolítica*.

Importa ainda observar com proximidade a conformação da política na assimilação filosófica da associação civil. Convirá salientar a separação teórica entre a regra da lei e o procedimento da política. Ao convocar o critério da autoridade e a norma da desejabilidade, Oakeshott operacionaliza dois elementos constitutivos da associação civil — uma componente moral derivada da autoridade; uma componente prudencial derivada da desejabilidade. Na efectivação do paradigma da conversação, o autor destaca autonomamente no *ensemble* da conversação, por um lado, a existência de uma conversação moral concretizada no reconhecimento da autoridade da *respublica*; por outro lado, a prossecução de uma conversação política focada na desejabilidade das condições prescritas na *respublica*. Com esta disposição teórica, Oakeshott evita o efeito de moralização da política, ao mesmo tempo que contorna o factor de politização da moral, garantindo uma demarcação e uma fluidez na conversação que conferem à associação civil a capacidade de integração da variedade da inovação no contexto da estabilidade da conservação. Como tal, ao preservar a regra da lei com a neutralidade de um dispositivo deontológico, Oakeshott abre filosoficamente a política às intimações de uma linguagem civil pronunciada num idioma vernacular e diurno. Deste modo, a associação civil, pela representação do elemento da regra da lei, estará num *plano distinto e superior* ao do empenhamento político diurno. Pois, como escreve John Stuart Mill no seu ensaio sobre Coleridge, em todas as associações cuja integridade depende de um elemento de «fidelidade», na circunstância em relação a um sistema de regras, «[There must be] something settled, something permanent, and no to be called in question; something which, by general agreement, has a right to be where it is, and to be secure against disturbance»([23]).

Obviamente que o comparativo entre o estatuto da política na associação civil e na associação projecto obriga e justifica um renovado esforço de interpretação. Em primeira instância, Oakeshott como que opera uma maximização da *distância* entre a **tradição política do cepticismo** e a **tradição política da paixão** — em rigor, o autor não considera a política como uma actividade compatível com as características da associação projecto, a não ser pela analogia de uma extensão metafórica. Por outro lado, um projecto é uma *política* e a associação projecto será um empreendimento *administrativo*. A aparência paradoxal do argumento poderá ser atenuada pelo carácter da associação projecto que, ao reduzir a arquitectura da ordem à definição de um propósito final, projecta uma dimensão instrumental de tal modo absoluta que a política do projecto (*policy*) absorve e anula a actividade prática designada por política (*politics*). Recorrendo à inspiração de Isaiah Berlin, a política só será uma possibilidade num universo em que o exame crítico de pressupostos e conjecturas ocorre espontaneamente, em que o questionamento das prioridades e dos fins derradeiros é uma actividade livre, corrente e vigente; ou seja, a possibilidade da política implica uma associação em que não exista a formulação última de um propósito final. Na Busca do Ideal, a associação projecto revela uma incomensurável dimensão política, uma dimensão de tal modo total que se perspectiva com a evidência de uma resolução teórica e filosófica para o *problema político*. Neste sentido, ao erradicar a reflexão sobre os fins derradeiros do seu horizonte modelar e perfeito, a associação projecto terá reduzido a política a um ramo da ciência e a uma discussão técnica, e tal operacionalização representa simplesmente a abolição da política — quando *tudo* é política, *nada* é política, e a política deixa de *ser* o que *deve ser*. Finalmente, a restrição da política à desejabilidade das prescrições da *respublica* terá como efeito teórico

([23]) Robert Grant, *Oakeshott*, pág. 87.

a configuração de uma actividade independente e liberta de considerações instrumentais e totais. Na reflexão oakeshottiana, o entendimento restrito da prática política será então um método expedito para a identificação e distinção de um universo de discurso consistente, delimitado e dotado de uma inquestionável coerência interna.

Relativamente ao lugar teórico da **liberdade** na sequência do argumento filosófico do ensaio «On the Civil Condition», este encontra-se no espaço que decorre entre a autoridade civil e a obrigação civil([24]). Em função dos postulados da associação civil, a autoridade e a obrigação não dependem da aprovação dos agentes — não se desdobram num discurso vocacionado para a captação da benevolência, ao mesmo tempo que apresentam um distanciamento «indiferente» em relação às convicções e aos «empenhamentos substantivos». No entanto, a autoridade e a obrigação não se afirmam através do estabelecimento de prescrições que representam expressões de uma «vontade», nem as respectivas injunções poderão ser interpretadas como «ordens» que impõem um vínculo de obediência. Por outro lado, o estatuto do indivíduo na associação civil não será compatível com o desempenho de um «executante subserviente» — as condições na concretização do menos ambíguo dos deveres só poderão ser preenchidas por um «**agente *livre***» no exercício de uma escolha. Pela observação de Oakeshott, na associação civil não existe, pois, a prática de um «discurso argumentativo», nem se equaciona a alternativa do domínio de uma *voluntas*, sendo que o que se detecta em plena capacidade será o sistema constitutivo da *lex*. Como tal, a qualidade mais «distintiva» e emblemática da «**liberdade civil**» — o reconhecimento inscrito na *civitas* da capacidade de agência moral — emerge precisamente do facto da associação civil ser uma entidade estabelecida em termos de regras, regras que designam as condições exactas da autoridade e da obrigação. Convirá sublinhar que, no contexto oakeshottiano, a expressão *agência moral* significa a preservação do elo de ligação entre a convicção e a conduta do agente, cláusula que se transmite por definição à liberdade civil.

No entendimento de Oakeshott existe um flagrante contraste com a «não menos genuína», mas «totalmente diferente», concepção de

([24]) Michael Oakeshott, «On the Civil Condition» in *On Human Conduct*, pp. 157-158; pág. 184.

liberdade inteligível na associação projecto. A busca de um propósito final implica o contínuo reconhecimento de uma contínua sucessão de decisões *administrativas*; logo, um qualquer membro da associação projecto estará vinculado a uma sequência de «acções substantivas comuns» estruturadas em função de um desígnio derradeiro. A liberdade do sujeito deriva de uma escolha própria que representa o reconhecimento da situação, mas decorre também da permanente possibilidade de uma desvinculação ao alcance de uma decisão pessoal. Assim, se a pertença a uma associação projecto não reflecte a escolha consciente de um estatuto, de uma condição e de uma circunstância, à qual se adiciona a completa ausência de expectativas relativamente à revogação da decisão por iniciativa do sujeito, tal contexto representa uma ruptura no elo de ligação entre convicção e conduta constituinte da agência moral. Como corolário, poderá afirmar-se que a liberdade na associação projecto estará conceptualmente vinculada à escolha do sujeito em ser e em permanecer membro associado.

Na associação civil observa-se a plenitude do sistema constitutivo da *lex* que, em vez da definição de satisfações específicas e da proposição de acções substantivas comuns, opera através da prescrição de um elenco de condições morais que deverão ser objecto de subscrição pelo agente, quer na prossecução de satisfações individuais e independentes na preferência, quer na *performance* de acções individuais e independentes na decisão. Os termos e as condições da associação civil não exigem a aprovação dos agentes sobre as condutas dos quais incidem de modo adverbial, nem constituem dispositivos instrumentais alegadamente convenientes na hierarquização de uma preferência das satisfações ou convergentes na sequenciação eficiente das acções. Relembre-se que o universo de *cives* se relaciona exclusivamente em virtude do reconhecimento, não da desejabilidade, mas sim da autoridade dos termos e das condições prescritas. Como tal, nada existe na associação civil que venha perturbar ou ameaçar o elo de ligação entre convicção e conduta constituinte e central ao exercício da «**agência *livre***» — no reconhecimento da autoridade civil, os agentes não se constituem como «reféns do futuro», pois numa eventual mudança das preferências e das escolhas, a condição da liberdade não implica um qualquer acto de dissociação. A liberdade civil não estará vinculada à escolha de pertencer e de permanecer associado em termos de um propósito comum — a liberdade civil será precisamente a ausência de tal propósito e de tal escolha. A imaginação oakeshottiana remete então o discurso teórico para o que designa por «**analogia teológica**», analogia em que a liberdade civil será equiparada à liberdade desfrutada quando Deus é entendido como um «legislador», situação em que o «crente» não só terá necessariamente de subscrever e corresponder às suas obrigações, como só o poderá fazer através de um conjunto de acções individuais e independentes na decisão; o contraste não poderia ser maior, quer com a percepção de uma «Vontade divina» perante a qual o «crente» se deverá submeter e submeter a respectiva conduta, ou então partir e abraçar o «partido do diabo», quer com a perspectiva de um «divino Propósito» para o qual o «crente», através da conduta, contribui contrafeito — e entre a Vontade e o Propósito estará o retrato da **associação projecto**.

Numa tentativa de ensaio de interpretação política, será de toda a conveniência sublinhar a utilização do conceito de agente *livre* e a ideia de liberdade livre como plataforma de entendimento condicional, com vista a uma correcta compreensão da liberdade civil abordada, de modo algo breve e lacónico, no ensaio «On the Civil Condition». A liberdade civil surge na exploração filosófica de Oakeshott sem a grandiosidade de uma definição conceptual fundadora, pois o foco central do ensaio centra-se na elucidação das condições e dos termos da associação civil. E por decorrência dos postulados da associação civil, a liberdade surge como factor indirecto, inerente, inscrito na identidade da condição civil. Dito de outra forma, a **liberdade civil** representa sobretudo uma reafirmação da importância e da relevância da **regra da lei** como *método de governação* notavelmente adaptado à preservação de uma associação livre. A liberdade civil corresponde a uma ideia de liberdade política que consiste na autoridade e na obrigação, nos direitos e nos deveres, nos deveres e nas liberdades tradicionais, através dos quais o poder será disperso de tal modo que não poderá ser exercido de modo arbitrário por nenhum membro da associação — e eis uma possível descrição do **modelo de liberdade conservador**. Recorrendo à inspiração que deriva da apropriação do argumento de Hobbes pela filosofia política de Oakeshott([25]), e compaginando a reflexão como

([25]) Michael Oakeshott, «Introduction to *Leviathan*» in *Rationalism in Politics*, pág. 282.

elemento simbólico que separa e distancia a associação civil da associação projecto, poderá então o comentador afirmar que não é a Autoridade que ameaça e compromete a liberdade, mas será sim a Razão que se projecta como condição destrutiva da liberdade.

Refira-se ainda que uma condição emblemática da liberdade civil será precisamente o reconhecimento inserto na *civitas* da capacidade de agência moral ou, em formulação complementar, a confirmação de uma faculdade de agência *livre*, cujo significado aponta para a preservação do elo de ligação entre a convicção e a conduta do agente. Este será precisamente o eixo teórico que enquadra o domínio da acção individual, sendo que a liberdade civil se expressa através da conservação desse exacto nexo de coerência. Considerando a convicção na sua componente de auto-revelação, poderá afirmar-se que será entre os *pontos suspensos* da convicção e da conduta que uma potencial interferência conhece o respectivo campo de actuação, interferência que terá uma elevada probabilidade de se constituir como uma **coerção.** Assim, a percepção oakeshottiana de liberdade civil incorpora de um modo tácito um entendimento da liberdade como ausência de coerção intencional por terceiros, o que equivale a uma clássica definição da **liberdade negativa** característica de um **paradigma liberal.** Essencial na hipótese de interpretação da **liberdade civil** será novamente a constatação de um **cerne conservador** e de uma **periferia liberal,** elementos constitutivos e complementares que não atingem o desenlace de uma qualquer tensão.

Será filosoficamente interessante convocar a interpretação que John Liddington operacionaliza com base na leitura e numa hipotética compreensão do conceito de liberdade civil([26]). Desde logo, na estratégia do argumento adoptado, Liddington desvaloriza a importância da designação e do significado de uma ideia de liberdade civil, e de tal modo que o crítico começa por identificar na associação civil duas categorias distintas de liberdade, nomeadamente, um conceito de **liberdade política** e uma concepção de **liberdade substantiva.** As referidas categorias são absolutamente estranhas à reflexão de Oakeshott, tanto mais que estas categorias não figuram em circunstância alguma

([26]) John Liddington, «Oakeshott: Freedom in a Modern European State» in *Conceptions of Liberty in Political Philosophy*, pág. 297; pp. 302–306; pp. 306–314.

no itinerário teórico do ensaio «On the Civil Condition». Com base no critério da desejabilidade, entende Liddington por liberdade política a possibilidade que assiste ao *cives* na efectivação de um discurso crítico relativamente aos termos da associação, circunstância que se revela na livre expressão de opiniões políticas — para o crítico, a liberdade política terá então um sentido que aponta para a observação de uma **ausência de coerção.** Quanto à liberdade substantiva, Liddington estabelece o respectivo significado na observação de que as acções substantivas do *cives* não serão determinadas pelos termos e condições da associação civil. A liberdade substantiva poderá ser igualmente conjugada como uma consequência da **ausência de coerção**, mas para o crítico, a liberdade substantiva será considerada como o «coração» da narrativa oakeshottiana sobre a liberdade, uma vez que emerge de uma disposição constitutiva da associação civil, mais afirmativamente, do seu carácter moral e formal. Na sequência da definição das duas categorias, Liddington refere que Oakeshott usa «por vezes» a expressão *liberdade civil*, concluindo que o autor pretende significar com a designação, simultaneamente, a liberdade política e a liberdade substantiva. O argumento não deixa de ser paradoxal, pois partindo de um *esvaziamento* da ideia de liberdade civil, acaba com um *preenchimento* teórico da designação com duas categorias filosoficamente *artificiais*. Podem ser identificados dois pontos essenciais que poderão justificar uma certa *oscilação* ou *efeito de distorção* na análise do argumento oakeshottiano: (**1**) Liddington ignora completamente a importância e a centralidade do sistema constitutivo da *lex* na formulação do procedimento da regra da lei na exploração filosófica da associação civil; (**2**) Em rigoroso contraste, a perspectiva adoptada pelo crítico suporta um entendimento liberal utilitário da liberdade e da lei; tal significa que, para Liddington, toda a lei será instrumental, logo, o contorno de uma liberdade civil alicerçado na concepção de uma lei exclusivamente moral ou adverbial representará uma visão da liberdade objectivamente em conflito com o *senso comum* liberal.

No entanto, poderá o comentador derivar uma intuição filosófica relativamente a uma possível e hipotética desagregação do significado histórico e teórico da liberdade civil. Retomando as considerações de Brenkert sobre a questão do entendimento da liberdade no cúmulo do grémio conservador, o autor refere o caso específico de Edmund

Burke(27), e em cujas reflexões políticas será possível identificar, com relevância para a matéria em apreciação, duas significações distintas para a percepção da liberdade: a ausência de restrições ou de coerção; a observação de um elenco de direitos e liberdades(28). A vitalidade desta interpretação permite extrair do conceito de liberdade civil dois entendimentos historicamente legítimos e filosoficamente consolidados de uma ideia de liberdade compatível com a explanação teórica oakeshottiana, uma explanação que exprime a civilidade de uma **disposição política conservadora** no apogeu típico de uma ordem política.

Relativamente à teoria de Efraim Podoksik, o crítico considera que a liberdade em Oakeshott será uma «abstracção prática» que reflecte a presença de um conceito filosófico prévio designado por «reconhecimento da contingência»(29). Esta ideia de liberdade poderá operar em diferentes contextos, adquirindo deste modo significações distintas — na presença de uma comparação entre o agente «humano» e o elemento «não humano», observa-se a distinção de uma «liberdade humana»; na sequência de um conjunto de «relações sociais», observa-se a referência de uma «liberdade civil». A designação simultânea de *liberdade* deriva da aplicação comum da ideia e do critério do reconhecimento da contingência. Na concretização da norma, a liberdade humana significará «ausência de determinabilidade», a liberdade civil terá como significado «ausência de coerção». Podoksik conclui então que não existe «ligação» entre a liberdade humana e a liberdade civil, tal como não se observa qualquer «relação» de «identidade», do mesmo modo que os respectivos significados não podem ser objecto de uma *dedução interna*, nem de uma *refutação interna*, nem mesmo da *demonstração interna de uma contradição* — entre liberdade humana e liberdade civil existe apenas um nexo de «irrelevância lógica». O crítico acrescenta ainda que o significado da liberdade civil será objectivamente coincidente com a concepção negativa da liberdade característica de um padrão liberal.

---

(27) Sobre Edmund Burke e a condição civil, Oakeshott regista em breve referência: «But most of these draughtsmen did better than they knew, even Burke» — *Vide* «On the Civil Condition» in *On Human Conduct*, pág. 181.

(28) George Brenkert, *Political Freedom*, pág. 34.

(29) Efraim Podoksik, «Oakeshott's Theory of Freedom as Recognized Contingency» in *European Journal of Political Theory* 2 (I), 2003, pp. 72–75.

Em tom de comentário, Podoksik pretende assim elaborar uma *teoria unitária da liberdade* em Oakeshott, centrando-se exclusivamente numa obra, *On Human Conduct*, que em si mesma se apresenta como uma sequência de ensaios e não com a unidade e o perfil de um tratado político. E se o argumento do crítico terá alguma aderência parcelar aos conceitos de liberdade humana ou de liberdade civil, tal deve-se ao contexto fechado e circunscrito em que a reflexão circula e se expande. Aliás, só a exclusão dos ensaios incluídos em *Rationalism in Politics*, expoente de uma reflexão alicerçada na observação de um concreto político histórica e filosoficamente inscrito num modo de vida e no carácter da política moderna europeia, justificará a afirmação do crítico de que a liberdade em Oakeshott representa uma «abstracção prática». Por outro lado, Podoksik define um normativo fundacional, o reconhecimento da contingência, a partir do qual deriva um desdobramento teórico contextual que lhe permite a identificação, quer da liberdade humana, quer da liberdade civil. De certo modo, poderá projectar-se uma analogia rawlsiana em que o reconhecimento da contingência funciona como *posição original*, e em que o factor determinante da *estratégia de escolha* determina o conceito terminal. Podoksik, na ambição de uma *teoria unitária da liberdade*, utiliza todo um construtivismo racionalista, normativo e filosófico, que se insere com propriedade no âmbito de um *revisionismo liberal*.

Na lógica da reflexão em torno da consciência dividida da política moderna, com o ensaio «On the Civil Condition», nunca a *filosofia* de Oakeshott se terá aproximado tanto da *política* de Oakeshott. A consideração de uma condição civil, a ponderação de uma associação civil, reflecte uma reafirmação serena, sistemática, sofisticada, de uma **disposição política conservadora**. Quanto à consolidação da liberdade civil, esta revela a consciência e a urbanidade de um modo de associação que com o tempo se transformou na expressão maior de uma civilização política.

CAPÍTULO III

ENTRE A *CIVITAS* E A *UNIVERSITAS*. SOBRE O CARÁCTER DO ESTADO MODERNO EUROPEU E O LUGAR DA LIBERDADE

A exploração filosófica de Oakeshott em *On Human Conduct* conhece ainda um terceiro ensaio intitulado «On the Character of a Modern European State». O Estado moderno europeu não conhece a assinatura de um «arquitecto», logo o inquérito não poderá ser dirigido ao esclarecimento de um desígnio ou de uma «intenção». O carácter do Estado e o ofício do governo não resultam de um «modelo», mas representam o que o esforço de entendimento da experiência de viver sob a égide de um Estado terá produzido em termos de compreensão e de reflexão política. Na continuidade da explanação filosófica, Oakeshott convoca duas categorias teóricas capazes de absorver as direcções do pensamento político moderno em relação a dois modos diferentes de associação humana — o Estado entendido em termos de uma *societas* e o Estado perspectivado em torno de uma *universitas*.

A ideia de uma *societas*(1) implica a existência de agentes que se auto-reconhecem enquanto *socius* e cujo vínculo de ligação assenta numa «lealdade mútua» que aponta para um conjunto de condições que poderão atingir uma formalidade denotada pela evidência de uma ordem alicerçada numa concepção de «legalidade». A *societas* representa um entendimento da associação no sentido do «reconhecimento da autoridade» de um elenco de condições que se aplicam à

(1) Michael Oakeshott, «On the Character of a Modern European State» in *On Human Conduct*, pp. 201-203.

unanimidade dos agentes na prossecução particular das suas acções individuais — a *societas* será, deste modo, uma relação formal estabelecida em função de um conjunto de regras. Em sentido mais abrangente, esta compreensão constitutiva da associação confere aos agentes o estatuto de *socii*, ou seja, a condição de agentes empenhados na concretização dos respectivos desígnios individuais, mas relacionados pelo contínuo reconhecimento da autoridade das regras de conduta, regras que serão objectivamente indiferentes à busca ou à realização de um qualquer propósito exclusivo e final. A *societas* projecta desta forma a imagem e a consistência de uma associação marcada pela vigência de uma «relação moral» objectivada na «condição moral» dos agentes. Por outro lado, a *societas* poderá ter as regras e os termos da associação especificamente inscritos num «sistema de leis», o que certamente implica a existência de uma «autoridade judicial» capaz de estabelecer o significado de uma lei no contexto de uma circunstância contingente, autoridade igualmente habilitada na resolução de disputas e outras dissidências pela aplicação dos recursos da lei, a mesma autoridade que terá ainda a capacidade legitimamente mandatada para garantir a adequada subscrição da lei na efectivação das acções dos agentes. Na incidência de um Estado concebido em torno do conceito de *societas*, o ofício do governo aproxima-se de um exercício centrado na «custódia das lealdades» que suportam a associação, constituindo-se ainda como «guardião e administrador» das condições constitutivas da relação que se estabelece na interacção entre *socii*. Na reflexão oakeshottiana, na consideração do ofício do governo, o «governante» será sempre um «mestre-de-cerimónias» e nunca um «árbitro dos costumes» — a sua preocupação orienta-se no sentido da observação das «maneiras» dos agentes, a sua acção converge na preservação das condições de um modo de «conversação» e nunca na determinação específica de um discurso. Assim, e seguindo sempre a sequência da leitura oakeshottiana, um Estado entendido nos termos e nas condições de uma *societas* coincide nas condições e nos termos de uma *civitas*, sendo que o ofício do governo poderá ser considerado como o exemplar de uma «**nomocracia**», governação em que a lei representa as condições da conduta e não se confunde com dispositivos instrumentais para satisfação de desígnios derradeiros.

O conceito de *universitas*(2) representa um modo de associação «corporativo» ou «colectivo». A *universitas* poderá ser interpretada como um conceito estruturado com base na analogia de uma «**corporação colectiva**», uma categoria de associação em que os sujeitos tanto reconhecem a existência de um propósito comum explicitamente identificado, como admitem a busca de um particular desígnio substantivo, como podem até confirmar a promoção de um interesse específico, estável e duradouro. A ideia de *universitas* tende a constituir uma «associação perpétua», continuamente renovada pela admissão de novos associados, exigindo e exibindo o «controlo completo» das acções e dos discursos dos respectivos membros. Sendo a associação estabelecida em função de um propósito substantivo comum, o vínculo de pertença implica a escolha do agente e a explicitação do compromisso relativamente à promoção do propósito por actos e por palavras; reciprocamente, o nexo da relação exige o reconhecimento e a aceitação dos associados de todo e qualquer novo membro da associação. No âmbito efectivo da vontade do associado existirá sempre a possibilidade de uma desvinculação voluntária, embora tal acto possa exigir a observação de «certas formalidades»; reciprocamente, na esfera de decisão da *universitas* estará sempre a possibilidade de «expulsão» de um membro por actos perturbadores da busca do propósito comum e considerados pelo colectivo da associação como uma variante da «delinquência». Na lógica de uma *universitas*, e nos termos de um desígnio final e comum, a associação deverá propagar a respectiva identidade através de um «nome», nome que representa o selo e o símbolo de um destino político. O carácter do Estado edificado sobre a analogia de uma corporação colectiva envolve deste modo uma uniformidade na acção e no discurso, e tal uniformidade resultará da decisão dos associados, não apenas de adoptarem uma linguagem comum, mas também de incorporarem os termos de um discurso comum, ao mesmo tempo que reconhecem os *meios e as acções do colectivo* como sendo uma representação e uma extensão dos seus *meios e das suas acções individualmente considerados*. Como tal, o Estado entendido nos termos de uma *universitas* afirma-se como uma associação de «agentes

---

(2) Michael Oakeshott, «On the Character of a Modern European State» in *On Human Conduct*, pp. 203–206.

inteligentes» que se auto-reconhecem enquanto membros empenhados no empreendimento conjunto projectado na busca de um desígnio derradeiro e na procura e satisfação de um propósito substantivo comum. O Estado enquanto *universitas* apresenta-se com o perfil de uma *multiplicidade* reduzida a uma *unidade*, transformação concretizada na definição de um compromisso colectivo e na apropriação comum e completa do controlo sobre os modos e os meios a utilizar na demanda do propósito final. Na sequência da apropriação completa dos modos e dos meios a aplicar na procura do propósito comum, o Estado em versão *universitas* poderá instituir um conjunto de «agências administrativas» cujos titulares e detentores dos respectivos cargos terão no domínio das respectivas competências a autorização para decidirem sobre o sentido das acções e sobre o conteúdo dos discursos, acções e discursos que vinculam e representam a escolha comum da associação. Mais ainda, as agências administrativas podem ainda definir um conjunto de regras que passarão a constituir determinações prescritas nas condições da conduta e consideradas instrumentais à busca e concretização do desígnio comum. O Estado na conformação de uma *universitas* assume a «propriedade colectiva» dos recursos naturais sitos nos limites da respectiva jurisdição, nexo de propriedade que será extensível às capacidades e aos talentos dos membros associados. Assim, e seguindo sempre a sequência da leitura oakeshottiana, um Estado entendido nos termos e nas condições de uma *universitas* terá uma compreensão do ofício do governo que poderá ser considerado como o exemplar de uma actividade «**teleocrática**», ou seja, o controlo administrativo de um processo intencional de busca e de procura de um propósito comum.

Na confluência da narrativa de Oakeshott, *societas* e *universitas* representam um reportório de especificações que correspondem a dois modos distintos de associação humana, dois modos que exprimem duas interpretações exclusivas e alternativas do carácter constitutivo do Estado moderno, de tal forma que a afirmação de um resulta na rejeição do outro([3]). As intimações de um «carácter equívoco» associado ao Estado moderno justificam um entendimento das categorias

([3]) Michael Oakeshott, «On the Character of a Modern European State» in *On Human Conduct*, pp. 200–201.

teóricas *societas* e *universitas*, não como dogmas adequados à descrição de uma pretensa identidade dominante, mas certamente como duas «**disposições**» adaptadas à exploração das potencialidades do carácter do Estado moderno relativamente a uma dicotomia na conformação do ofício do governo e na configuração dos arranjos políticos. Na reflexão teórica oakeshottiana, o **Estado moderno** deverá ser entendido como uma «**irresolúvel tensão**» entre duas «**inconciliáveis disposições**» representadas pelas designações de *societas* e *universitas*. O argumento de Oakeshott concorre na afirmação de que esta será a tensão essencial que justifica, não apenas a ambivalência observável nas instituições do Estado moderno, mas que explica também a ambiguidade no vocabulário e no discurso da política moderna.

O comentador mais diligente não poderá deixar de salientar a revisitação e a releitura da conferência «The Character of a Modern European State», incluída no volume genericamente intitulado *Lectures in the History of Political Thought*. Refira-se a propósito, que a compilação das conferências sobre o carácter do Estado moderno constitui o essencial do contexto sobre o qual os ensaios apresentados em *Rationalism in Politics* ganham uma dimensão filosófica e uma abrangência historicamente fundamentais para a percepção da consciência dividida da moderna política europeia. Mais ainda, a releitura não implica na circunstância uma revisão do tema, mas representa sobretudo uma expansão da reflexão filosófica de modo a incluir duas categorias teóricas ausentes da conferência e presentes no ensaio — o Estado observado enquanto *societas* e o Estado perspectivado enquanto *universitas*. Neste sentido, Oakeshott dirige-se ao eixo de uma dicotomia e de uma tensão que serão constitutivas do entendimento da experiência do Estado moderno. Por outro lado, ao convocar as categorias teóricas *societas* e *universitas*, o autor opera filosoficamente a inclusão e a contextualização do carácter do Estado moderno nas duas grandes tradições políticas que servem a compreensão e enquadram o entendimento da política moderna — a *societas* inscreve-se numa percepção do Estado moderno próprio de uma **disposição política conservadora**, na lógica de uma **tradição política do cepticismo**; a *universitas* pertence ao imaginário político racionalista na afirmação de uma **tradição política da paixão**. Relativamente ao ofício do governo, tema que nas *Lectures in the History of Political Thought* capta a atenção e o discurso do autor ao longo de duas conferências, conhece no terceiro ensaio de *On Human Conduct* a breve referência de um corolário derivado das categorias teóricas convocadas — a **nomocracia** corresponde ao carácter da *societas* no âmbito da **tradição política do cepticismo,** e a **teleocracia**([4]) pertence ao carácter da *universitas* no horizonte da **tradição política da paixão.**

Haverá ainda um subtil ponto que legitima uma referência particular. Verifica o comentador a profusão de um vocabulário político com origem na experiência política da Roma Antiga, situação evidente no ensaio «On the Civil Condition» e agora de novo no ensaio «On the Character of a Modern European State». Embora esta opção de Oakeshott possa parecer *a priori* um peculiar *maneirismo*, existe, no entanto, um argumento político que suporta e justifica a opção oakeshottiana. Na conferência intitulada «The Political Experience of the Ancient Romans (1)», será possível ler a seguinte passagem:

> It was the politics of a people whose inventive powers were devoted, *not* to risky political experiments or to dazzling speculative adventures, but to interpreting and responding to the situations into which their impulses or their fortunes led them. The «rationalistic» disposition of the Greeks (or, at least, of the Athenians) was almost wholly absent from Roman politics.([5])

Na reflexão sobre as ambivalências e as ambiguidades da política moderna, na observação de um conjunto de categorias constitutivas do abstracto conservador, Oakeshott não pretende o estabelecimento de uma *teoria geral do Estado*, logo o autor não recorre à conjectura de princípios primeiros nem à concepção de pressupostos fundacionais, optando sim por uma estratégia de construção do argumento que apela para uma experiência política, que nas contingências da sua existência integra um património de conhecimento e de reflexão próximos de

---

([4]) Refira-se que nas conferências «The Office of Government (1)» e «The Office of Government (2)» a designação eleita por Oakeshott para esta configuração de governo será de «**telocracia**».

([5]) Michael Oakeshott, «The Political Experience of the Ancient Romans (1)» in *Lectures in the History of Political Thought*, pág. 177.

uma **disposição política conservadora** e consubstanciais a uma **tradição política do cepticismo**. A opção pela nomenclatura da Roma Antiga, retomada na exploração teórica da política moderna, evita o hipotético efeito não intencional na arquitectura de uma *teoria racionalista*, ao mesmo tempo que confere coerência e consistência a uma visão da política enquanto representação de um particular modo de vida — as palavras transportam no tempo um saber tacitamente inscrito na prática e nos arranjos políticos. O movimento teórico oakeshottiano poderá exibir a *fragilidade* de um intelecto flagelado em permanência pelas intimações da experiência e da tradição, mas nessa exacta *fragilidade* reside o único recurso de uma filosofia política sistematicamente exposta às aventuras de um mundo que, para o Homem, terá sempre a configuração de um labirinto. Nos ensaios de *On Human Conduct*, o «conservador racionalista»(6) foi simplesmente afastado pela **imaginação conservadora**.

Na apreciação do carácter do Estado moderno, Oakeshott procede a uma mudança no foco do inquérito, pois na sensibilidade do autor o Estado moderno poderá ser objecto de um entendimento perspectivado na base e no «**carácter dos associados**»(7). No entanto, quer na consideração de um modo de associação humano, quer na observação da condição dos associados, o Estado moderno terá sempre na composição do seu carácter a marca de uma «**associação abrangente, exclusiva e compulsória**»(8).

Na reflexão sobre o carácter do Estado de acordo com o renovado ponto de vista, Oakeshott enfatiza a importância do postulado do **agente *livre*** na compreensão da evidência constituída pela **conduta humana**(9). Na aproximação ao argumento filosófico, o autor recupera e integra a exploração teórica previamente iniciada nos ensaios

---

(6) Gertrude Himmelfarb, «Michael Oakeshott — *The Conservative Disposition*» in *The Moral Imagination — From Edmund Burke to Lionel Trilling* (Chicago: Ivan R. Dee, 2006), pág. 188.

(7) Michael Oakeshott, «On the Character of a Modern European State» in *On Human Conduct*, pág. 197.

(8) Michael Oakeshott, «On the Character of a Modern European State» in *On Human Conduct*, pág. 242.

(9) Michael Oakeshott, «On the Character of a Modern European State» in *On Human Conduct*, pp. 233–242.

«On the Theoretical Understanding of Human Conduct» e «On the Civil Condition», ensaios que se posicionam enquanto plataformas de conhecimento condicional relativamente ao modo e ao carácter do Estado moderno europeu. Como tal, a análise oakeshottiana assume que os indivíduos interpelados pelas circunstâncias, pelas contingências, pelas eventuais escolhas, sempre orientados por razões concretas e nunca por causalidades abstractas, poderão *culminar* «reunidos» na composição de um Estado moderno, reconhecendo os acontecimentos e as relações *inter homines*, no contexto desse mesmo Estado, como uma representação da conduta humana. Na consideração do carácter dos indivíduos, o que parece estar verdadeiramente implícito na abordagem de Oakeshott será a constatação e a aceitação tácita de uma leitura da *condição* humana em que a liberdade se perspectiva como uma categoria inerente, inescapável, não solicitada, uma leitura em que a liberdade será inseparável de um módico de «responsabilidade» — ou seja, o reconhecimento da *condição* da liberdade como um «emblema da dignidade humana», uma condição que deverá ser individualmente explorada, cultivada, entendida como uma «oportunidade» e nunca com o ónus de uma fatalidade e de um «peso». Neste ponto do argumento observa-se uma interessante *oscilação* entre o abstracto conservador e o concreto político na apreciação da liberdade, pois, para Oakeshott, o que estará efectivamente em questão será o reconhecimento de uma «**disposição histórica**», a disposição de carácter para transformar o «**postulado**» **da liberdade** na «**experiência**» **da liberdade** — o exercício gratificante projectado na escala variável da «auto-determinação» ou da «autonomia pessoal». Desta forma, Oakeshott refere-se a um indivíduo que corresponde a uma «personalidade substantiva», resultante de uma «educação» específica e cujos recursos serão orientados no sentido de uma «auto-compreensão»; e a conduta será o reconhecimento de uma «aventura» em que os recursos cultivados serão objecto de um continuado procedimento de auto-representação e de auto-revelação em resposta a situações contingentes, confirmando-se e expandindo-se a autonomia do agente. Entre a personalidade e a conduta, a grande parcela de auto-compreensão do indivíduo reside precisamente na capacidade em reconhecer os seus próprios limites. Por outro lado, esta disposição, no sentido da afirmação de uma «auto-direcção» na conduta, apresentará um incontornável carácter moral, extrapolando em muito a mera dimensão de um procedimento prudencial — ou seja, a autonomia pessoal será assim fonte de «virtude» com a dignidade inerente a uma prática moral; prática moral que confere à conduta humana o vínculo maior da «autenticidade». Na teoria oakeshottiana, a questão essencial prende-se com a disposição para «cultivar» a liberdade inerente à capacidade de agência do indivíduo, capacidade reflectida no desfrutar da «individualidade», a que se adiciona a disposição para reconhecer o vínculo da virtude no exercício da autonomia pessoal adquirida na base de uma auto-compreensão. Notável para Oakeshott será o facto de todos estes factores convergirem numa «disposição histórica» observável nos usos e nos costumes da Europa moderna, mas também reflectida no carácter atribuído ao Estado e projectada no ofício atribuído ao governo.

Retomando o eixo de argumentação que percorre o entendimento do carácter do Estado moderno europeu e do correspondente ofício do governo, e tendo em consideração as condições e o carácter dos membros associados de acordo com a perspectiva adoptada, Oakeshott passará a afirmar que o Estado que corresponde ao facto da liberdade e à evidência da individualidade só poderá ser uma versão do que o autor anteriormente designou por **associação civil**([10]). Indivíduos observados e percepcionados nas condições da disposição acima descrita apontam no sentido do postulado do Estado moderno enquadrado nos termos de uma *societas*. Assim, a condição de um *cives* implicará o estatuto de um *socii* — ou seja, associados no reconhecimento da autoridade de uma prática. Convirá salientar que o entendimento do Estado moderno na exploração do carácter de uma *societas* será capaz de uma «variedade de idiomas», pluralidade que não será redutível a uma particular configuração ou «constituição» de governo. No entanto, para melhor enfatizar o principal postulado teórico da *societas*, Oakeshott opta pela sugestiva designação de *civitas peregrina* — uma associação, não de «peregrinos» em viagem para um destino comum, mas sim de «aventureiros» respondendo com o melhor das suas capacidades a uma «prova de consciência» face à interpelação de um mundo habitado por iguais, cada um

([10]) Michael Oakeshott, «On the Character of a Modern European State» in *On Human Conduct*, pp. 242–243.

herdeiro das realizações criativas (morais e intelectuais) de todos os que o antecederam; na circunstância, «parceiros» numa prática de civilidade cujas regras não descrevem dispositivos com vista à satisfação de propósitos substantivos, nem as obrigações criam e estabelecem um nexo de «relações simbióticas».

No património do pensamento político, a *civitas peregrina* tornar-se-á num entendimento do Estado moderno europeu pela descrição dos termos e das respectivas características([11]). Como ilustração desta tendência, Oakeshott recupera a autoridade de Benjamin Constant, na clássica conferência de 1819, intitulada *De la liberté des anciens comparée à celle des modernes*:

> [T]he right to be subject only to the laws, the assurance of being neither arrested, nor detained, nor put to death, nor in any way mistreated, by an arbitrary act of will of some one individual or of many. It is for each the right to express his opinion, to choose his occupation and ply it in peace; to dispose of his property, be it abusively, to come, to go, without any permission and without rendering an account of his motives or steps. It is for each the right to assemble with other individuals, either to confer with them upon common interests, or to practice the religion of his choice, or merely to use his leisure conformably to his inclinations or indeed his fancy.

Na interpretação oakeshottiana, as características atribuídas por Benjamin Constant à liberdade dos modernos formam um importante «sumário» dos elementos constitutivos do Estado moderno entendido na configuração de uma *societas*. Pela observação da convergência entre a história política e a teoria política, seja através do modo de associação civil, seja pela designação da categoria teórica *societas*, o carácter do Estado moderno encerra, corresponde e acomoda, a «disposição moral dominante» entre as *gentes* da Europa moderna — a disposição histórica para se tornar «**distinto**»([12]).

([11]) Michael Oakeshott, «On the Character of a Modern European State» in *On Human Conduct*, pp. 245–246.

([12]) Michael Oakeshott, «On the Character of a Modern European State» in *On Human Conduct*, pág. 251.

Face à consciência dividida da moderna política europeia, face ao reflexo de uma irresolúvel tensão que adjectiva o carácter do Estado moderno europeu, a discussão sobre a fisionomia do Estado não poderá ficar encerrada com a exploração de um único pólo constitutivo de uma dicotomia histórica e filosoficamente activa. Na imputação do carácter dos associados, Oakeshott observa as movimentações de uma *persona* cuja disposição dominante só poderá ser convenientemente acomodada num modo de associação em que a *universitas* funciona como analogia teórica para o carácter do Estado moderno, nomeadamente uma «**associação projecto compulsória**» — estilo de associação em que o ofício do governo se afirma na opção por «**escolhas substantivas**» que recaem sobre uma categoria de sujeitos «indisponíveis» ou simplesmente «incapazes» para o exercício e a responsabilidade da escolha individual(13). O argumento do autor desdobra-se no reconhecimento de um primeiro carácter, confiante, habilitado e determinado a enfrentar as contingências de um mundo habitado por «indivíduos autónomos»; o mesmo argumento que se torna sensível a um segundo carácter que, por inclinação, circunstâncias ou temperamento, não demonstra a determinação e a confiança para se envolver no mundo complexo da autonomia individual. Em súmula, a reflexão de Oakeshott virá reforçar a observação de que as condições da Europa moderna terão promovido a emergência, não de um único carácter ou *persona*, mas sim de duas *personas* que se posicionam numa peculiar relação de «oposição oblíqua», mais concretamente, o carácter do indivíduo e o carácter do indivíduo *manqué* — eis de novo a cooptação do argumento do ensaio «The Masses in Representative Democracy», incluído no *ensemble* de *Rationalism in Politics*. Assim, e se a *figura* do indivíduo constitui o «postulado humano» da associação civil e da *societas*, a *persona* do indivíduo *manqué* representa o «**postulado humano**» da associação projecto compulsória e da *universitas*. Quando no discurso político se recorre a uma equivalência entre o indivíduo *manqué* e uma implícita superioridade das «massas», tal não significa a dedução de uma legitimidade baseada na regra dos grandes números. Na narrativa oakeshottiana, o conceito de massas

(13) Michael Oakeshott, «On the Character of a Modern European State» in *On Human Conduct*, pp. 274-279.

deverá ser interpretado como uma referência à incapacidade do indivíduo *manqué* para suportar uma «existência individual» num mundo assinalado por uma infinidade de percursos autónomos; o conceito de massas representa o desejo de pertença, a garantia de segurança, a estabilidade de uma identidade, elementos que progridem e convergem ao «**abrigo de uma comunidade**».

O carácter do sujeito implícito no entendimento do Estado moderno enquanto associação projecto compulsória apresenta uma disposição para reconhecer e aceitar a certeza de uma «satisfação substantiva» em detrimento da «aventura» e do «risco» inerentes aos procedimentos de auto-representação e de auto-revelação. Neste sentido, o protagonista histórico na base da presente versão do carácter do Estado moderno europeu não terá propriamente «desejos» porque tudo será politicamente reduzido à categoria de «necessidades» — necessidades que conhecem uma reformulação na linguagem dos «direitos» e que estabelecem a *liberdade* para desfrutar de «benefícios substantivos». A nostalgia progressista da comunidade e a superioridade do idioma único dos direitos remetem o comentador para uma dimensão ética em que o domínio de uma **moral do bem comum** se revela como evidência de uma visão alternativa e pólo de uma tensão constitutiva do carácter do Estado moderno. Mais ainda, a moral do bem comum reflecte uma ansiedade comum perante uma incontornável e inescapável liberdade inerente à capacidade de agência do sujeito — de certo modo, a *universitas* representa a sublimação dos medos, das incertezas e dos «ressentimentos», através de uma condição em que a escolha inicial e pura reside na própria negação da escolha. Percebe-se então que a emergência do indivíduo *manqué* no panorama da história política terá acentuado a tendência observável no ofício do governo do Estado moderno, no sentido de um «empenhamento administrativo» sobre a existência dos sujeitos — o princípio da **nomenclatura teleocrática** deixará então de conhecer a limitação de um factor moral.

Na admissão de um propósito comum associado ao carácter do Estado moderno, na linguagem milenar que anuncia a expectativa de uma condição substantiva e perfeita, o indivíduo *manqué* rapidamente se transforma no anti-indivíduo, espécie militante que pratica a intolerância relativamente ao mais ínfimo vestígio de diferença, sobretudo na oposição moral à disposição histórica para se tornar *distinto*. Como tal, o anti-indivíduo procura a «**libertação**» na compleição de um Estado moderno do qual serão eliminados os últimos indícios de uma associação civil, abrindo-se politicamente o horizonte a uma *solidariedade comum* na qual não existe distinção nem excepção. No presente entendimento do carácter do Estado moderno, na observação da tensão entre a percepção de uma *societas* e a ambição de uma *universitas*, as instituições civis serão profundamente enfraquecidas, a lei civil comprometida e o vocabulário do discurso civil corrompido([14]). A indiferença relativamente à «liberdade civil» terá como consequência óbvia a volátil dissipação da associação civil. No entanto, na leitura de Oakeshott sobre o carácter da política na Europa moderna, a voz da associação civil poderá ter a espaços mergulhado na sugestão de um «murmúrio», mas nunca terá desaparecido no silêncio total.

Para destacar uma certa *simetria* na descrição das disposições históricas relativas ao carácter do Estado moderno, Oakeshott relaciona a *universitas* com a tendência observável na política moderna europeia para entender o Estado na configuração de uma *civitas cupiditatis*([15]) — uma associação colectiva de produção, centrada na exploração dos recursos materiais e humanos propriedade do Estado, administrada por um governo cujo ofício será, sucessivamente, a direcção política centralizada do desígnio comum; a supressão dos empenhamentos acessórios, laterais e desviantes; a elaboração de regras instrumentais relativamente à conduta do projecto; a atribuição a cada associado de uma função específica enquadrada no contexto global do empreendimento; a implantação e distribuição das energias produtivas e dos talentos classificados dos sujeitos de acordo com um plano deliberado e científico. Na definição de um propósito comum, o Estado será cativo de um movimento perpétuo de criação e de satisfação de necessidades substantivas. Na *epopeia* de uma visão teleocrática, o ofício do governo confunde-se com o domínio de um «regime administrativo» proficiente na concepção e na equação de um «plano geral de trabalho», profícuo na estruturação de decisões substantivas face a situações contingentes

([14]) Michael Oakeshott, «On the Character of a Modern European State» in *On Human Conduct*, pp. 312–313.

([15]) Michael Oakeshott, «On the Character of a Modern European State» in *On Human Conduct*, pp. 290–292; pp. 294–295.

que possam comprometer o propósito comum. O governo teleocrático será a concretização exponencial de um empenhamento científico, a mais sólida e visível mão de uma *civitas cupiditatis*. Na consideração da consciência dividida da política moderna europeia, na observação da dicotomia e da tensão entre dois entendimentos do carácter do Estado moderno, da fortuna histórica da *civitas cupiditatis* terá ficado o entendimento que esta será a associação apropriada e que melhor se adapta às características do indivíduo *manqué*, um sujeito estranho ao exercício e à responsabilidade da escolha, logo a *persona* mais dependente das indicações e das direcções oficiais de uma governação *iluminada*.

A reflexão oakeshottiana sobre o carácter do Estado moderno europeu e do correspondente ofício do governo explora assim duas analogias diversas, cada uma denotando um modo de associação distinto — o Estado moderno entendido nos termos de uma **associação civil**; o Estado moderno perspectivado nos termos de uma **associação projecto**([16]). Observando as circunstâncias históricas e filosóficas da Europa moderna relativamente à caracterização do Estado, o autor identifica duas direcções ideais, uma assinalada com a designação de *societas civilis: imperium*, a outra marcada com a denominação de *universitas: dominium* — a primeira corresponde ao carácter ideal de uma «**condição formal**»; a segunda equivale ao carácter ideal de uma «**condição substantiva**». Na narrativa política de Oakeshott não existe nenhuma «incoerência» no entendimento do Estado moderno, incoerência que possa justificar um largo movimento teórico de unificação. Por outro lado, as duas disposições firmadas no percurso histórico do Estado moderno não representam uma «**disposição dominante**» e uma «**disposição recessiva**», nem se projectam como «**características complementares**» na definição de uma ordem política moderna. Sublinhe-se que no imaginário da política moderna na Europa, a disposição dominante coincide com a identificação da associação projecto, enquanto a disposição recessiva aponta invariavelmente para a observação da associação civil. Assim, as categorias *societas* e *universitas* assinalam concretamente os traços de uma «**consciência política polarizada**»

([16]) Michael Oakeshott, «On the Character of a Modern European State» in *On Human Conduct*, pág. 313; pág. 318; pág. 320; pág. 323.

em relação ao carácter do Estado moderno, representam as marcas no registo do tempo que apontam para uma ambivalência na experiência histórica do Estado, mas expressam sobretudo as intimações de uma imaginação política que se movimenta *in perpetuum* nos limites irresolúveis de uma tensão.

No carácter do Estado moderno percepcionado como uma *societas* e nos termos de uma **associação civil**, haverá o reconhecimento da consolidação tanto histórica como teórica de três cruciais preceitos([17]): (1) Nenhum indivíduo poderá pertencer a duas associações distintas; na exigência de uma lealdade íntegra, a **condição da exclusividade** ficará explícita na impossibilidade do reconhecimento simultâneo da autoridade de dois sistemas constitutivos da *lex*, realidade expressa na hipotética situação de um indivíduo sob duas jurisdições soberanas diferentes; (2) O Estado será uma «**associação inerentemente compulsória**», significando, pois, que é uma relação em torno do reconhecimento da autoridade da *respublica*, mas não em função da aprovação das condições a subscrever no exercício da conduta; (3) O Estado moderno será ainda uma «**associação contingentemente compulsória**», pois, embora o modo de associação possa resultar em teoria da escolha de todos e de cada um dos associados no reconhecimento da autoridade da *respublica*, nunca nenhum Estado moderno europeu terá sido constituído desta forma; a contrapartida lógica para a referida «compulsão contingente» será a não permissão da «proscrição» ou banimento e uma igualdade de estatuto transversal a todos os indivíduos ou *cives*.

No carácter do Estado moderno perspectivado como uma *universitas* e nos termos de uma **associação projecto**, haverá o reconhecimento da consolidação tanto histórica como teórica de três cruciais preceitos([18]): (1) Nenhum sujeito poderá pertencer a duas associações distintas; na exigência de uma fidelidade total, a **condição da exclusividade** ficará explícita na impossibilidade de adopção de dois propósitos comuns diferentes; a hipótese de um Estado dotado de «propósitos múltiplos»

([17]) Michael Oakeshott, «On the Character of a Modern European State» in *On Human Conduct*, pp. 313-314.

([18]) Michael Oakeshott, «On the Character of a Modern European State» in *On Human Conduct*, pp. 315-316.

só poderá significar uma sequência de propósitos política e sistematicamente relacionados ou a mera especificação de um *meio* para atingir um *fim*; neste sentido, o Estado não poderá tolerar nos sujeitos *performances* «excêntricas» ou «indiferentes» ao desígnio constitutivo da associação; (2) O Estado será uma «**associação inerentemente compulsória**», significando, pois, que é uma relação em função da autoridade de um propósito comum, do qual nenhuma divergência poderá ser admitida, mas também no reconhecimento da autoridade das «decisões administrativas» que definem a busca do desígnio comum face às circunstâncias contingentes; o sujeito terá então de abdicar do exercício da escolha; (3) O Estado moderno será ainda uma «**associação contingentemente compulsória**», pois, embora o modo de associação seja, propriamente dito, fundamentado na escolha de todos e de cada um dos associados na aceitação de uma relação baseada nos termos de um propósito comum e no reconhecimento das decisões administrativas necessárias como sendo escolhas individuais e autónomas, nunca nenhum Estado moderno europeu terá sido constituído desta forma; a contrapartida para a referida «compulsão contingente» estará então no ofício de um governo eficiente na definição de um «lugar» para cada associado na escala global do empreendimento comum, minucioso na determinação das instruções e dos comandos específicos, bem como efectivo na distribuição dos talentos em função do desígnio final; a conduta do sujeito reflectida na imagem da contribuição para o propósito comum determinará o respectivo estatuto, bem como poderá originar a exclusão ou a proscrição do sujeito, formas de rectificação substantiva da conduta, modos de correcção política e administrativa dos destinos do Estado moderno.

Relativamente à questão da **liberdade** no entendimento do Estado moderno europeu nos termos de uma *societas* ou **associação civil**, poderá afirmar-se que a liberdade inerente a este modo de associação reside precisamente na ausência de um propósito comum substantivo que se sobreponha aos desígnios individuais que emergem do exercício de uma escolha consciente e livre([19]). Poderá o comentador salientar que a liberdade resulta de uma *multiplicação* de propósitos,

([19]) Michael Oakeshott, «On the Character of a Modern European State» in *On Human Conduct*, pp. 314-315.

reflecte a inexistência de uma hierarquia *oficial* de propósitos, logo estabelece um horizonte de acção livre de um desígnio dominante. Por outro lado, a liberdade emerge do facto de que as acções e os discursos individuais não serão «oficialmente observados ou dignos de nota» relativamente ao carácter substantivo, muito menos submetidos a uma verificação ou objecto de uma orientação específica. O carácter das acções deverá apenas respeitar a autoridade e a conformidade das condições civis correntes e vigentes na subscrição do exercício da escolha. A «*liberdade* para escolher» não será apenas concretizada na prática das *performances* individuais substantivas, mas perspectiva-se como um postulado constitutivo da subscrição das condições da *respublica*. Na teoria de Oakeshott, esta liberdade não poderá ser aumentada, acrescentada, expandida, pelo reconhecimento do direito de participar na conservação e custódia da *respublica*; do mesmo modo que não será coarctada ou diminuída pela ausência de tal direito; do mesmo modo ainda que os indivíduos investidos da autoridade para elaborar ou corrigir as provisões da *respublica* não serão detentores de uma liberdade maior. Em resumo, a condição civil e o Estado moderno concebido nos termos de uma associação civil terão como «**postulado**» o estatuto de **indivíduos** «**autónomos e auto-determinados**» na prossecução dos respectivos desígnios individuais em permanente interacção com outros indivíduos de igual condição.

No que respeita à questão da **liberdade** no entendimento do Estado moderno europeu na configuração de uma *universitas* ou **associação projecto**, poderá afirmar-se que a liberdade inerente a este modo de associação reside na escolha do associado em ser e em permanecer membro, capacidade a que deverá corresponder a consequente possibilidade de dissociação na circunstância de uma não aprovação do desígnio comum, ou na eventualidade de um não reconhecimento das decisões administrativas na demanda do propósito comum([20]). Mas tendo a associação o carácter de um Estado, esta cláusula estará *a priori* excluída pela lógica da formação ou da «constituição» do próprio Estado. O vínculo que se estabelece refere-se a uma relação entre o sujeito e o propósito comum, sendo que o sujeito, na óptica do Estado,

---

([20]) Michael Oakeshott, «On the Character of a Modern European State» in *On Human Conduct*, pp. 316-317.

será considerado como uma extensão da «propriedade» e um *item* no inventário dos «recursos capitais». Deste modo, a permanência ou o afastamento do sujeito, a eventual e contingente *libertação*, dependerá sempre e em última instância de uma «decisão administrativa». Nesta perspectiva, Oakeshott identifica no Estado moderno entendido como associação projecto a evidência de uma «**frágil construção moral**». Mas a questão subsiste com a intensidade de uma interpelação moral e política — o que resta quando a liberdade de associação e dissociação simplesmente desaparece? Na narrativa oakeshottiana, a *liberdade* inerente à presente versão do Estado moderno representa uma condição em que o sujeito terá sido **libertado** de todos os cuidados do mundo em conformidade com uma única excepção, nomeadamente a obrigação de não permanecer inactivo ou ocioso no desempenho das responsabilidades atribuídas em função do propósito final; ou seja, a obrigação de não inibir ou prejudicar a «completa mobilização dos recursos» que caracteriza e constitui o Estado. Da condição da obediência advirá a condição da subsistência reflectida na distribuição de uma parcela dos proveitos do empreendimento. Do sujeito serão assim *extraídos* os sonhos, as ambições, os desejos, sendo que o *espaço libertado* será preenchido pelo direito à segurança ideal dos benefícios universais garantidos. Fica a expressão de Oakeshott referindo-se ao sujeito membro de um Estado moderno em modo de associação projecto, privado da **autonomia e da auto-determinação** na prossecução dos respectivos desígnios individuais absorvidos pelo propósito comum: «**His "freedom" is warm, compensated servility**».

O carácter do Estado moderno, sendo uma associação abrangente, exclusiva e compulsória, exibe, desta forma, uma tensão entre duas disposições históricas e filosóficas distintas. No entanto, a questão desce sobre o argumento relativamente ao carácter da **obrigatoriedade da associação Estado** perante o **lugar e o estatuto da liberdade**. O Estado enquanto *associação civil compulsória* será compatível com a liberdade; o Estado enquanto *associação projecto compulsória* será incompatível com a liberdade. Uma primeira observação do comentador prende-se com a categoria da liberdade em questão. De acordo com a percepção teórica oakeshottiana, o Estado enquanto *associação civil compulsória* cumpre os normativos que permitem a consolidação de uma liberdade inscrita num modo de vida prévio e legitimado pelo uso e pelo tempo;

tal como respeita, através do reconhecimento de uma condição formal das condutas, a existência de uma esfera individual que permitirá o desfrutar de uma ausência de coerção intencional por terceiros — dito de outro modo, para o autor, o Estado como *associação civil compulsória* manterá uma coerência dos arranjos políticos simultaneamente compatível com um entendimento conservador da liberdade e com o exercício liberal de uma liberdade negativa. Na circunstância do Estado entendido como *associação projecto compulsória*, parece ser óbvio pela leitura de Oakeshott que a categoria de liberdade compatível com o referido modelo de Estado aponta para a consolidação de uma liberdade positiva. Ao afirmar que o Estado moderno como *associação projecto compulsória* será incompatível com a liberdade, Oakeshott reafirma o primado exclusivo da liberdade assumido teoricamente no pressuposto do Estado como *associação civil compulsória*; mas mais significativo política e filosoficamente, será o entendimento da liberdade positiva não como uma variante da liberdade, mas sim como uma expressão maior do despotismo moderno.

Na sequência do argumento surgirá então uma segunda observação. A compatibilidade entre o Estado como *associação civil compulsória* e a liberdade poderá ser perspectivada pela relação que se estabelece entre o indivíduo e a condição adjectiva e adverbial das regras constitutivas da associação — o Estado enquanto *associação civil compulsória* aponta no sentido do estabelecimento e da difusão universal de um **procedimento prospectivo positivo e aberto**, compatível com o exercício da escolha no âmbito de um horizonte formal definido pela subscrição das regras gerais de conduta. A incompatibilidade entre o Estado como *associação projecto compulsória* e a liberdade poderá ser percepcionada pela relação que se estabelece entre o sujeito e a condição substantiva do propósito comum — o Estado considerado enquanto *associação projecto compulsória* determina o estabelecimento e a propagação geral e uniforme de um **processo retrospectivo negativo e fechado**, incompatível com o exercício da escolha no perímetro substantivo das decisões administrativas em função de um plano e de um projecto. Na opção de um enunciado equivalente, o Estado na configuração de uma *associação civil compulsória* define as regras à *partida* e depois *abre-se*; o Estado na conformação de uma *associação projecto compulsória* define os fins à *partida* e depois *fecha-se.*

No sincronismo contrário do movimento entre duas disposições históricas, o Estado moderno europeu reflecte e projecta as ambivalências e ambiguidades de duas tradições políticas que, através do carácter da liberdade, continuam a contemplar-se na tensão que emerge de uma distinta compreensão do que significa ser humano.

EPÍLOGO

O presente livro acompanha o longo percurso intelectual de Michael Oakeshott, um percurso que na realidade não se encerra, conhecendo apenas o benefício de uma paragem temporária. A paragem temporária permite a distância e a serenidade que suporta a reflexão sobre as marcas impressas num tempo histórico e num espaço filosófico assinalado pela aventura de um espírito atento e activo. A reflexão oakeshottiana transporta as imagens de uma experiência observada, reflecte a inteligência das evidências pensadas, projecta a profusão de um itinerário filosófico que é também a rota e o rumo de uma civilização da liberdade.

O epílogo invoca o gesto de reproduzir na imaginação, invoca a ideia de fechar, abrindo. O epílogo pretende apenas orientar um certo olhar, assinalando os marcos de uma viagem intelectual complexa e subtil. Mas ao ensaiar a direcção de um olhar, o epílogo abre-se à possibilidade de novas relações implícitas na matéria do livro e que promovem a emergência de uma perspectiva original. E através de uma perspectiva original, tornar explícita a dimensão e a profundidade do argumento filosófico.

Na conjugação do pensamento de Oakeshott, a persistência da liberdade começa por surgir numa *proximidade exterior* em interacção com uma *essencialidade interior*, essencial ao carácter do pensamento sistemático e à concepção de filosofia, mas nunca como objecto autónomo de uma reflexão interna, particular, específica. Com *Experience and Its Modes*, e no âmbito exclusivo de uma experiência prática pautada pela percepção de um conservadorismo tácito, observa-se por derivação a apoteose da liberdade humana como pressuposto constitutivo da condição do homem na consideração da anatomia de um modo de vida. Na transição do abstracto filosófico de *Experience and Its Modes* para o concreto político de *Rationalism in Politics*, na plenitude da experiência prática, o carácter da política moderna revela as ambivalências e ambiguidades de uma consciência política dividida, uma tensão constitutiva e expressa na dicotomia entre a tradição política da paixão e a tradição política do cepticismo. Entre o *pedigree* do racionalista e a *persona* do conservador, Oakeshott perspectiva uma elaborada concepção liberal da tradição conservadora — uma visão em que a ideia de liberdade ocorre no interior de uma tradição. Do mesmo modo, Oakeshott evidencia uma original concepção conservadora da liberdade liberal — uma visão em que a ideia de liberdade apresenta um núcleo conservador e uma superfície liberal. E na economia política da civilização do Ocidente, a liberdade reflecte por excelência o *modus vivendi* de uma tradição política. Na passagem do concreto político de *Rationalism in Politics* para o abstracto conservador de *On Human Conduct*, constata-se a revisitação da consciência dividida da moderna política europeia, uma movimentação teórica que exprime um índex de ideias políticas concretas no idioma das ideias políticas gerais. Na sistemática aplicação de uma imaginação conservadora, Oakeshott elabora sobre o carácter particular da conduta humana, estabelecendo o postulado do agente *livre* e o pressuposto da liberdade livre. Na explanação da condição civil, surgirá então a associação civil no apogeu de uma civilização política, observando-se no axioma da regra da lei a superior condição e garantia de uma liberdade civil — uma visão em que a ideia de liberdade apresenta um cerne conservador e uma periferia liberal. A distância entre a associação civil e a associação projecto corresponde na exacta medida à distância entre a tradição política do cepticismo e a tradição política da paixão. A mesma distância que se observa no âmbito da consciência política polarizada constitutiva do carácter do Estado moderno europeu, fonte de uma irresolúvel tensão consubstanciada nos conceitos de *civitas* e *universitas*. Na cadência concreta dos ensaios de *Rationalism in Politcs* e na sequência teórica dos ensaios de *On Human Conduct*, a ideia de uma concepção conservadora da liberdade liberal consolida-se enquanto paradigma e argumento filosófico preferencial na visão política oakeshottiana.

Na exploração da consistência e coerência da lógica de circulação do argumento interno de Oakeshott, sublinhe-se dois pontos conceptualmente essenciais: (1) Numa dimensão *local* do argumento, observa-se uma ideia de liberdade historicamente derivada e filosoficamente elaborada como factor de coerência interna no âmbito da tradição política do cepticismo; (2) Numa dimensão *total* do argumento, entre o abstracto filosófico de *Experience and Its Modes* e o abstracto conservador de *On Human Conduct*, verifica-se a centralidade dos ensaios de *Rationalism in Politics*, espécie de *ponto de Arquimedes* ao revelar o concreto político como factor de coerência interna intrínseco à teoria política de Oakeshott; na convergência assimétrica e contrária reside uma movimentação filosófica que revela e projecta uma constitutiva disposição conservadora.

Da observação crítica do livro destacam-se quatro conceitos fundamentais que atravessam a teoria política de Oakeshott: o carácter, a contingência, a conversação, o cepticismo. O conceito de carácter, expurgado de um certo moralismo vitoriano, permitirá ao autor observar as implicações históricas e filosóficas de uma particular disposição política sem que para tal tenha de recorrer ao estabelecimento de uma relação de causalidade entre a consciência dividida da moderna política europeia e um elenco de forças sociais e económicas constituídas com a determinação estrutural dos princípios primeiros. O conceito de contingência, entre a continuidade e a mudança, afirmará uma sensibilidade relativamente ao carácter histórico das disposições políticas, percepção que se prolonga no entendimento da conduta humana face ao carácter aberto e contingente do mundo, de tal modo que as intimações de uma tradição política só poderão ser objecto de compreensão na base da observação dos arranjos políticos correntes e vigentes. O conceito de conversação, enquanto dispositivo dialéctico de interpelação de uma realidade vigente e corrente, possibilitará a compreensão de um determinado carácter, não pela imposição exógena de uma conceptualização abstracta, mas sim pela avaliação endógena das intimações políticas tacitamente implícitas. O conceito de cepticismo, ao recusar a potência exclusiva e dogmática de uma Racionalidade Universal, abrirá o campo de reflexão a uma atitude marcada por uma ideia de moderação que se exercita sempre por defeito e nunca por excesso — o gesto céptico de ser exacto sem nunca ser extravagante. De acordo com Luke O'Sullivan, refira-se que a «política do cepticismo» poderá ser observada nos *Notebooks, 1922–86* numa «forma modificada» que apresenta a designação de «política da conversação»(1). A confluência dos conceitos de carácter, contingência, conversação e cepticismo, transmite à teoria política de Oakeshott uma atmosfera particularmente não doutrinal pela emergência de um conservadorismo de matriz civilizacional.

Haverá ainda uma noção que se sente e pressente ao longo de todo o livro e que se associa a uma outra concepção complementar — a ideia de *concordia discors* ou harmonia discordante; a ideia de restabelecimento do equilíbrio ou *via media*. A ideia de *concordia discors* emerge da percepção das disposições políticas historicamente estabelecidas e constitutivas da consciência dividida da política moderna. Na teoria política de Oakeshott não existem formulações que visam a unificação dos extremos, pois os extremos representam os limites de uma tradição política complexa, descentralizada, estabelecida no tempo e na história — a dicotomia, a dialéctica, a tensão entre categorias ou disposições políticas opostas representa o carácter próprio da política moderna e não a formulação de um caos político que aguarda uma intervenção normativa. A ideia de uma *via media*, simbolizada na *persona* do *trimmer*, representa sobretudo o esforço oakeshottiano de restabelecer um equilíbrio político na região média do deslocamento entre disposições. Fundamental será o entendimento de que este equilíbrio só poderá ser concretizado a partir da tradição política do cepticismo, uma vez que o carácter da tradição política da paixão tenderá a exercer naturalmente uma influência total e dominante. A confluência das ideias de *corcordia discors* e de *via media* transmite à teoria política de Oakeshott um subtil equilíbrio que jamais degenera, quer num mais que improvável *construtivismo conservantista*, quer simplesmente num hipotético *cepticismo relativista*.

Recorrendo às categorias de Pascal que identificam um *esprit de géométrie* e um *esprit de finesse*, Oakeshott enquanto filósofo e pensador político pertence a uma tradição intelectual caracterizada pela fortuna de um *esprit de finesse* — o mesmo espírito que reflecte

(1) Michael Oakeshott, *Notebooks, 1922–86* (Org. Luke O'Sullivan) (Exeter: Imprint Academic, 2014), pág. xii.

o detalhe da coerência sistemática da prática face ao mito fundacional dos grandes sistemas racionais. Mas o *esprit de finesse* oakeshottiano encerra uma particular complexidade que se projecta na interpretação do carácter de um percurso intelectual. Por um lado, Oakeshott será considerado um pensador político radicalmente situado no seu tempo, observado e analisado na perspectiva da determinação de um posicionamento político específico. Por outro lado, e tendo em consideração a *reivindicação* oakeshottiana da irrelevância da filosofia para a definição e orientação da conduta prática da vida vigente e corrente, o autor será observado como um filósofo distante da realidade e preocupado com os pressupostos de uma explicação do mundo. A face do pensador político surge nítida em *Rationalism in Politics* e *On Human Conduct*; o rosto do filósofo surpreende na complexidade de *Experience and Its Modes*. No entanto, não será possível isolar o pensador político do filósofo distante, uma vez que a teoria política de Oakeshott constitui parte integrante de uma reflexão maior sobre a condição da civilização moderna do Ocidente. A perspectiva do carácter da política moderna emerge da visão de uma civilização, não nasce de um pragmatismo utilitário orientado no sentido da construção de uma qualquer plataforma política. Retome-se a propósito o tema da liberdade. O argumento filosófico da liberdade com um núcleo conservador e uma superfície liberal poderá expandir-se numa interpretação que estabelece a filiação do liberalismo na tradição política do cepticismo, e por decorrência, um entendimento do liberalismo como uma gradação do conservadorismo. Nos antípodas da determinação das plataformas políticas ou ideológicas, esta narrativa representa precisamente um particular momento em que o carácter da política moderna revela o carácter da civilização moderna.

Michael Oakeshott, no seu conservadorismo civilizacional, apropria-se de um património histórico e filosófico de tal modo que se posiciona como uma espécie de consciência conservadora da civilização política do Ocidente. Oakeshott escreve sobre o tempo presente na perspectiva de uma longa tradição de reflexão, e na cadência da tradição o autor procura o lugar próprio para as intimações de um apelo imaginado. Uma investigação sobre a teoria política de Oakeshott é como uma viagem através de uma *country lane*, surpreendente e encantatória. Na tradição da liberdade, na liberdade entendida na consumação de um modo de vida, a voz única de Oakeshott repete com insistência nos intervalos do som seco que se liberta da gravilha — *o carácter da liberdade é não ter de a definir*. Eis uma disposição que continua a distinguir a teoria política de Michael Oakeshott.

BIBLIOGRAFIA

1. Obras de Michael Oakeshott

Experience and Its Modes (Cambridge: Cambridge University Press, 1933).

The Social and Political Doctrines of Contemporary Europe (Cambridge: Cambridge University Press, 1939). [London: Basis Books by arrangement with Cambridge University Press, 1940].

Rationalism in Politics and Other Essays (London: Methuen & Co., 1962). [Org. and Foreword by Timothy Fuller, New and Expanded Edition, Indianapolis: Liberty Fund, 1991].

On Human Conduct (Oxford: Oxford University Press, 1975).

Hobbes on Civil Association (Oxford: Basil Blackwell, 1975). [Foreword by Paul Franco, Indianapolis: Liberty Fund, 2000].

On History and Other Essays (Oxford: Basil Blackwell, 1983).

[Foreword by Timothy Fuller, Indianapolis: Liberty Fund, 1999].

The Voice of Liberal Learning (Org. Timothy Fuller) (New Haven and London: Yale University Press, 1989). [Foreword and Introduction by Timothy Fuller, Indianapolis: Liberty Fund, 2001].

Religion, Politics and the Moral Life (Org. Timothy Fuller) (New Haven and London: Yale University Press, 1993).

Morality and Politics in Modern Europe — The Harvard Lectures (Org. Shirley Robin Letwin with an Introduction by Kenneth Minogue) (New Haven and London: Yale University Press, 1993).

The Politics of Faith & the Politics of Scepticism (Org. Timothy Fuller) (New Haven and London: Yale University Press, 1996).

What is History? and other essays (Org. Luke O'Sullivan) (Exeter: Imprint Academic, 2004).

Lectures in the History of Political Thought (Org. Terry Nardin and Luke O'Sullivan) (Exeter: Imprint Academic, 2006).

The Concept of a Philosophical Jurisprudence: Essays and Reviews 1926–51 (Org. Luke O'Sullivan) (Exeter: Imprint Academic, 2007).

The Vocabulary of a Modern European State: Essays and Reviews 1952–88 (Org. Luke O'Sullivan) (Exeter: Imprint Academic, 2008).

Early Political Writings: 1925–30 (Org. Luke O'Sullivan) (Exeter: Imprint Academic, 2010).

Notebooks, 1922–86 (Org. Luke O'Sullivan) (Exeter: Imprint Academic, 2014).

2. Obras de outros autores

Abel, Corey and Fuller, Timothy (Org.), *The Intellectual Legacy of Michael Oakeshott* (Exeter: Imprint Academic, 2005).

Abel, Corey (Org.), *The Meanings of Michael Oakeshott's Conservatism* (Exeter: Imprint Academic, 2010).

Ackroyd, Peter, *Albion: The Origins of the English Imagination* (London: Chatto and Windus, 2002).

Annan, Noel, *Our Age: Portrait of a Generation* (London: Weidenfeld and Nicolson, 1990).

Archer, J. R., «Oakeshott on Politics» in *The Journal of Politics*, 41, 1979, pp. 150–168.

Aristotle, *The Ethics of Aristotle: the Nicomachean Ethics* (London: Penguin Books, 1981).

Auspitz, Josiah L., «Individuality, Civility and Theory: The Philosophical Imagination of Michael Oakeshott» in *Political Theory*, 4 (3), 1976, pp. 261–294.

Auspitz, Josiah L., «Michael Oakeshott (1901–90)» in *The Achievement of Michael Oakeshott* (Org. Jesse Norman) (London: Duckworth, 1993), pp. 1–26.

Barber, Benjamin R., «Conserving Politics: Michael Oakeshott and Political Theory» in *Government and Opposition*, 11, 1976, pp. 446–463.

Berki, R. N., «Oakeshott's Conception of Civil Association: Notes for a Critical Analysis» in *Political Studies*, 29 (4), 1981, pp. 570–585.

Berlin, Isaiah, *Four Essays on Liberty* (Oxford: Oxford University Press, 1969).

BERLIN, Isaiah, «Two Concepts of Liberty» in *Four Essays on Liberty* (Oxford: Oxford University Press, 1969), pp. 118–172.

BERLIN, Isaiah, *The Proper Study of Mankind — An Anthology of Essays* (Org. Henry Hardy and Roger Hausheer) (London: Pimlico, 1998).

BERLIN, Isaiah, *The Roots of Romanticism* (Org. Henry Hardy) (London: Pimlico, 2000).

BERLIN, Isaiah, *Freedom and its Betrayal — Six Enemies of Human Liberty* (Org. Henry Hardy) (London: Pimlico, 2003).

BOUCHER, David, «The Creation of the Past: British Idealism and Michael Oakeshott's Philosophy of History» in *History and Theory*, 23 (2), 1984, pp. 194–214.

BOUCHER, David, «Politics in a Different Mode: An Appreciation of Michael Oakeshott» in *History of Political Thought*, 12, 1991, pp. 717–728.

BOUCHER, David, «Human Conduct, History and Social Science in the Works of R. G. Collingwood and Michael Oakeshott» in *New Literary History*, 24, 1993, pp. 697–717.

BOUCHER, David and VINCENT, Andrew, *British Idealism and Political Theory* (Edinburgh: Edinburgh University Press, 2000).

BOUCHER, David and VINCENT, Andrew, «Michael Oakeshott: The Non--Economic Character of Civil Association» in *British Idealism and Political Theory* (Edinburgh: Edinburgh University Press, 2000), pp. 210–235.

BRADLEY, F. H., *Appearance and Reality* (Oxford: Oxford University Press, 1969).

BRENKERT, George G., *Political Freedom* (London and New York: Routledge, 1991).

BURGH, W. G. de, Review of *Experience and Its Modes* in *Hibbert Journal*, 33, 1934, pp. 144–150.

BURKE, Edmund, *Reflections on the Revolution in France* (Oxford: Oxford University Press, 1999).

BURROW, J. W., *The Crisis of Reason: European Thought, 1848–1914* (New Haven and London: Yale University Press, 2000).

BURUMA, Ian, *Voltaire's Coconuts or Anglomania in Europe* (London: Phoenix, 2000).

BUTTERFIELD, Herbert, «Liberty and Tradition in England» in *Liberty in the Modern World* (Toronto: Ryerson Press, 1952).

BUTTERFIELD, Herbert, *The Whig Interpretation of History* (New York and London: W. W. Norton & Company, 1965).

CALLAHAN, Gene, *Oakeshott on Rome and America* (Exeter: Imprint Academic, 2012).

CASEY, John, «Philosopher of Practice» in *The Achievement of Michael Oakeshott* (Org. Jesse Norman) (London: Duckworth, 1993), pp. 58–67.

COATS, Wendell J., Jr., «Michael Oakeshott as a Liberal Theorist» in *Canadian Journal of Political Science*, 18 (4), 1985, pp. 773–787.

COATS, Wendell J., Jr., *Oakeshott and His Contemporaries* (Selinsgrove: Susquehanna University Press, 2000).

COLLINGWOOD, R. G., *Speculum Mentis: Or the Map of Knowledge* (Oxford: Clarendon Press, 1924).

COLLINGWOOD, R. G., Review of *Experience and Its Modes* in *Cambridge Review*, 55, 1934, pp. 249–250.

COLLINI, Stefan, «The Idea of "Character" in Victorian Political Thought» in *Transactions of the Royal Historical Society*, 5th ser., Vol. 35, 1985, pp. 28–50.

COLLINI, Stefan, *Public Moralists: Political Thought and Intellectual Life in Britain 1850–1930* (Oxford: Clarendon Press, 1991).

CONNELLY, James, *Metaphysics, Method and Politics — The Political Philosophy of R. G. Collingwood* (Exeter: Imprint Academic, 2003).

CONSTANT, Benjamin, «The liberty of the ancients compared with that of the moderns» in *Political Writings* (Org. Biancamaria Fontana) (Cambridge: Cambridge University Press, 2002), pp. 309–328.

COTTINGHAM, J., *A History of Western Philosophy — The Rationalists* (Vol. 4) (Oxford: Oxford University Press, 1988).

COVELL, Charles, *The Redefinition of Conservatism: Politics and Doctrine* (New York: St. Martin's Press, 1986).

CRANSTON, Maurice, «Michael Oakeshott Politics» in *Encounter*, 28, 1967, pp. 82–86.

CRICK, Bernard, «The World of Michael Oakeshott: Or the Lonely Nihilist» in *Encounter*, 20, 1963, pp. 65–74.

CROCE, Benedetto, *History as the Story of Liberty* (Indianapolis: Liberty Fund, 2000).

CROSSMAN, R. H. S., «The Ultimate Conservative» in *The New Statesman*, 42, 1951, pp. 60–61.

DEVIGNE, Robert, *Recasting Conservatism: Oakeshott, Strauss, and the Response to Postmodernism* (New Haven: Yale University Press, 1994).

DEVIGNE, Robert, «The Legacy of Michael Oakeshott» in *Political Theory*, 27, 1999, pp. 131–139.

DRAY, William H., «Michael Oakeshott's Theory of History» in *Politics and Experience* (Org. P. King & B. C. Parekh) (Cambridge: Cambridge University Press, 1968), pp. 19–42.

ESPADA, João Carlos, *A Tradição da Liberdade* (Cascais: Principia, 1998).

ESPADA, João Carlos, *Ensaios sobre a Liberdade* (Cascais: Principia, 2002).

ESPADA, João Carlos, «Edmund Burke and the Anglo-American Tradition of Liberty» in *Political Philosophy* (Cambridge: Cambridge University Press, 2006), pp. 213–230.

ESPADA, João Carlos, *O Mistério Inglês e a Corrente de Ouro: Ensaios sobre a cultura política de língua inglesa* (Lisboa: Alêtheia Editores, 2010).

ESPADA, João Carlos, PLATTNE, Marc F., WOLFSON, Adam (Org.), *Liberalismo: O Antigo e o Novo* (Lisboa: Imprensa de Ciências Sociais, 2001).

ESPADA, João Carlos e ROSAS, João Cardoso (Org.), *Pensamento Político Contemporâneo: Uma Introdução* (Lisboa: Bertrand Editora, 2004).

FARR, Anthony, *Sartre's Radicalism and Oakeshott's Conservatism — The Duplicity of Freedom* (Hampshire: Palgrave Macmillan, 1998).

FRANCO, Paul, *The Political Philosophy of Michael Oakeshott* (New Haven and London: Yale University Press, 1990).

FRANCO, Paul, «Michael Oakeshott as a Liberal Theorist» in *Political Theory*, 18, 1990, pp. 411–435.

FRANCO, Paul, «Oakeshott's Critique of Rationalism Revisited» in *Political Science Reviewer*, 21, 1992, pp. 15–43.

FRANCO, Paul, *Hegel's Philosophy of Freedom* (New Haven and London: Yale University Press, 1999).

FRANCO, Paul, *Michael Oakeshott — An Introduction* (New Haven and London: Yale University Press, 2004).

FRANCO, Paul and MARSH, Leslie (Org.), *A Companion to Michael Oakeshott* (University Park: The Pennsylvania State University Press, 2012).

FREEDEN, Michael, *Ideologies and Political Theory: A Conceptual Approach* (Oxford: Clarendon Press, 1998).

FRIEDMAN, Richard B., «What is a Non-Instrumental Law?» in *Political Science Reviewer*, 21, 1992, pp. 81–98.

FULLER, Timothy, Review of *On Human Conduct* in *The Journal of Politics*, 38, 1976, pp.184–186.

FULLER, Timothy, «The Poetics of the Civil Life» in *The Achievement of Michael Oakeshott* (Org. Jesse Norman) (London: Duckworth, 1993), pp. 67–81.

GERENCSER, Steven, *The Skeptic's Oakeshott* (New York: St. Martin's Press, 2000).

GRANT, Robert, *Oakeshott* (London: Claridge Press, 1990).

GRAY, John, *Mill on Liberty: A Defence* (London: Routledge, 1983).

GRAY, John, *Liberalisms: Essays in Political Philosophy* (London: Routledge, 1989).

GRAY, John, Introduction to *On Liberty and Other Essays* (Org. John Gray) (Oxford: Oxford University Press, 1991).

GRAY, John, *Post-Liberalism: Studies in Political Thought* (London: Routledge, 1993).

GRAY, John, «Oakeshott as a liberal» in *Post-Liberalism: Studies in Political Thought* (London: Routledge, 1993), pp. 40–46.

GRAY, John, *Enlightenment's Wake: Politics and Culture at the Close of the Modern Age* (London: Routledge, 1995).

GRAY, John, *Liberalism* (Second Edition) (Buckingham: Open University, 1995).

GRAY, John, *Hayek on Liberty* (Third Edition) (London: Routledge, 1999).

GRAY, John, *Two Faces of Liberalism* (New York: The New Press, 2000).

GRAYLING, A. C., *The Refutation of Scepticism* (London: Duckworth, 1985).

GREEN, E. H. H., *Ideologies of Conservatism: Conservative Political Ideas in the Twentieth Century* (Oxford: Oxford University Press, 2002).

GREENLEAF, W. H., *Oakeshott's Philosophical Politics* (London: Longmans, 1966).

GREENLEAF, W. H., «Idealism, Modern Philosophy and Politics» in *Politics and Experience* (Org. P. King & B. C. Parekh) (Cambridge: Cambridge University Press, 1968), pp. 93–124.

HALL, D. and MODOOD, T., «Oakeshott and the Impossibility of Philosophical Politics» in *Political Studies*, 30, 1982, pp. 157–176.

HAAKONSSEN, K., *Traditions of Liberalism: Essays on John Locke, Adam Smith and John Stuart Mill* (St. Leonards: The Centre for Independent Studies, 1988).

HART, H. L. A., *The Concept of Law* (Second Edition) (Oxford: Oxford University Press, 1994).

HART, J., «The Civilised Imperative» in *The Achievement of Michael Oakeshott* (Org. Jesse Norman) (London: Duckworth, 1993), pp. 82–87.

HAYEK, Friedrich A., *Law, Legislation and Liberty* (One Volume Edition) (London and New York: Routledge, 1998).

HAYEK, Friedrich A., *The Constitution of Liberty* (London and New York: Routledge, 1999).

HEGEL, G. W. F., *Phenomenology of Spirit* (Oxford: Oxford University Press, 1977).

HEGEL, G. W. F., *Elements of the Philosophy of Right* (Cambridge: Cambridge University Press, 1991).

HEGEL, G. W. F., *Lectures on the Philosophy of World History* (Cambridge: Cambridge University Press, 1993).

HIMMELFARB, Gertrude, «The Conservative Imagination: Michael Oakeshott» in *The American Scholar*, 44, 1975, pp. 405–420.

HIMMELFARB, Gertrude, «Supposing History Is a Woman — What Then?» in *The American Scholar*, 53, 1984, pp. 494–505.

HIMMELFARB, Gertrude, «Michael Oakeshott: The Conservative Disposition» in *The Moral Imagination — From Edmund Burke to Lionel Trilling* (Chicago: Ivan R. Dee, 2006), pp. 177–196.

HOBBES, Thomas, *Leviathan* (Org. Michael Oakeshott) (Oxford: Basil Blackwell, 1946).

HOBBES, Thomas, *Leviathan* (Org. Richard Tuck) (Cambridge: Cambridge University Press, 2000).

HUME, David, *A Treatise of Human Nature* (Org. L. A. Selby-Bigge) (Oxford: Clarendon Press, 1978).

HUME, David, *Essays Moral, Political, and Literary* (Org. Eugene F. Miller) (Indianapolis: Liberty Fund, 1987).

HONDERICH, Ted, (Org.), *The Oxford Companion to Philosophy* (Second Edition) (Oxford: Oxford University Press, 2005).

KANT, I., *Political Writings* (Org. H. S. Reiss) (Cambridge: Cambridge University Press, 1991).

KANT, I., *Critique of Pure Reason* (London: Macmillan, 1993).

KANT, I., *Critique of Practical Reason* (New York: Maxwell Macmillan Publishing, 1993).

KEKES, John, *A Case for Conservatism* (Ithaca and London: Cornell University Press, 2001).

KELLY, George A., *The Human Comedy: Constant, Tocqueville and French Liberalism* (Cambridge: Cambridge University Press, 1992).

KENYON, John, *The History Men: The Historical Profession in England since the Renaissance* (London: Weidenfeld and Nicolson, 1993).

KETTLER, D., «The Cheerful Discourses of Michael Oakeshott» in *World Politics*, 16, 1964, pp. 483–489.

KING, P., «Michael Oakeshott and Historical Particularism» in *The History of Ideas* (Org. P. King) (London: Croom Helm, 1983), pp. 96–132.

KING, P. and PAREKH, B. C. (Org.), *Politics and Experience: Essays Presented to Professor Oakeshott on the Occasion of His Retirement* (Cambridge: Cambridge University Press, 1968).

KIRK, Russell, *The Conservative Mind* (London: Faber and Faber, 1954).

KOS, Eric S., *Michael Oakeshott, The Ancient Greeks, and the Philosophical Study of Politics* (Exeter: Imprint Academic, 2007).

KOERNER, Kirk F., *Liberalism and Its Critics* (London: Croom Helm, 1985).

KUKATHAS, Chandran, *Hayek and Modern Liberalism* (Oxford: Clarendon Press, 1990).

LASLETT, Peter, Introduction to Locke's *Two Treatises of Government* (Cambridge: Cambridge University Press, 2000).

LIDDINGTON, John, «Hall and Modood on Oakeshott» in *Political Studies*, 30, 1982, pp. 177–183.

LIDDINGTON, John, «Oakeshott: Freedom in a Modern European State» in *Conceptions of Liberty in Political Philosophy* (Org. Z. Pełczyński & J. Gray) (New York: St. Martin's Press, 1984), pp. 289–320.

LOCKE, John, *Two Treatises of Government* (Org. Peter Laslett) (Cambridge: Cambridge University Press, 2000).

MACINTYRE, A., *Whose Justice? Which Rationality?* (London: Duckworth, 1988).

MALCOLM, Noel, *Aspects of Hobbes* (Oxford: Clarendon Press, 2002).

MALCOLM, Noel, «Oakeshott and Hobbes» in *A Companion to Michael Oakeshott* (Org. Paul Franco & Leslie Marsh) (University Park: The Pennsylvania State University Press, 2012), pp. 217–231.

MANNING, D., «The Philosophical Foundations of Liberal Ideology» in *Journal of Political Ideologies*, 2, 1997, pp. 137–158.

MAPEL, D., «Civil Association and the Idea of Contingency» in *Political Theory*, 18, 1990, pp. 392–409.

MCINTYRE, Kenneth B., *The Limits of Political Theory — Oakeshott's Philosophy of Civil Association* (Exeter: Imprint Academic, 2004).

MILL, John Stuart, «On Liberty» in *On Liberty and Other Essays* (Org. John Gray) (Oxford: Oxford University Press, 1991).

MILLER, David (Org.), *Liberty* (Oxford: Oxford University Press, 1991).

MINCH, Michael, *The Democratic Theory of Michael Oakeshott — Discourse, Contingency, and «The Politics of Conversation»* (Exeter: Imprint Academic, 2009).

MINOGUE, Kenneth, *The Liberal Mind* (London: Methuen & Co., 1963).

MINOGUE, Kenneth, «Oakeshott: The Boundless Sea of Politics» in *Contemporary Political Philosophers* (Org. A. de Crespigny & K. Minogue) (New York: Dodd, Mead & Company, 1975), pp. 120–147.

MINOGUE, Kenneth, «Oakeshott and the Idea of Freedom» in *Quadrant*, 19, 1975, pp. 77–83.

MINOGUE, Kenneth, «Michael Oakeshott (1901–1990)» in *LSE Magazine*, 3 (Summer 1991).

MINOGUE, Kenneth, «Michael Oakeshott and the History of Political Thought Seminar» in *Cambridge Review*, 112, 1991, pp. 114–117.

MINOGUE, Kenneth, «Modes and Modesty» in *The Achievement of Michael Oakeshott* (Org. Jesse Norman) (London: Duckworth, 1993), pp. 43–58.

MINOGUE, Kenneth, «Michael Oakeshott as a Character» in *Michael Oakeshott — Philosopher: A Commemoration of the Centenary of Oakeshott's Birth* (Org. Leslie March) (London: Michael Oakeshott Association, 2001), pp. 19–25.

MODOOD, T., «Oakeshott's Conceptions of Philosophy» in *History of Political Thought*, 1, 1980, pp. 315–322.

MONTAIGNE, Michel de, *The Complete Essays* (Org. M. A. Screech) (London: Penguin Books, 1991).

NARDIN, Terry, *The Philosophy of Michael Oakeshott* (University Park: The Pennsylvania State University Press, 2001).

NORMAN, Jesse (Org.), *The Achievement of Michael Oakeshott* (London: Duckworth, 1993).

NORMAN, Jesse, *Edmund Burke: Philosopher, Politician, Prophet* (London: William Collins, 2013).

O'BRIAN, Conor Cruise, *The Great Melody: A Thematic Biography and Commented Anthology of Edmund Burke* (Chicago: Chicago University Press, 1992).

O'SULLIVAN, Luke, «Michael Oakeshott on European Political History» in *History of Political Thought*, 21, 2000, pp. 132–151.

O'SULLIVAN, Luke, *Oakeshott on History* (Exeter: Imprint Academic, 2003).

O'SULLIVAN, Noël, «In the Perspective of Western Thought» in *The Achievement of Michael Oakeshott* (Org. Jesse Norman) (London: Duckworth, 1993), pp. 101–106.

O'SULLIVAN, Noël, «Visions of Freedom: The Response to Totalitarianism» in *The British Study of Politics in the Twentieth Century* (Org. J. Hayward, B. Barry & A. Brown) (Oxford: Oxford University Press, 1999), pp. 63–88.

PAREKH, Bikhu, «Oakeshott's Theory of Civil Association» in *Ethics*, 106, 1995, pp. 158–186.

PEŁCZYŃSKI, Zbigniew and GRAY, John (Org.), *Conceptions of Liberty in Political Philosophy* (New York: St. Martin's Press, 1984).

PEŁCZYŃSKI, Zbigniew, «Freedom in Hegel» in *Conceptions of Liberty in Political Philosophy* (Org. Z. Pełczyński & J. Gray) (New York: St Martin's Press, 1984), pp. 150–181.

PETIT, Philip, *Republicanism: A Theory of Freedom and Government* (Oxford: Oxford University Press, 1999).

PETIT, Philip, *A Theory of Freedom: From the Psychology to the Politics of Agency* (Cambridge: Polity Press, 2001).

PILBEAM, Bruce, «Conservatism and Postmodernism: Consanguineous Relations or "Different" Voices?» in *Journal of Political Ideologies*, 6, 2001, pp. 33–54.

PITKIN, H. F., «The Roots of Conservatism: Michael Oakeshott and the Denial of Politics» in *Dissent*, 20, 1973, pp. 496–525.

PITKIN, H. F., «Inhuman Conduct and Unpolitical Theory» in *Political Theory*, 4, 1976, pp. 301–320.

PLANT, Raymond, *The Neo-Liberal State* (Oxford: Oxford University Press, 2010).

PODOKSIK, Efraim, «Oakeshott's Theory of Freedom as Recognized Contingency» in *European Journal of Political Theory*, 2 (I), 2003, pp. 57–77.

PODOKSIK, Efraim, *In Defence of Modernity — Vision and Philosophy in Michael Oakeshott* (Exeter: Imprint Academic, 2003).

PODOKSIK, Efraim (Org.), *The Cambridge Companion to Oakeshott* (Cambridge: Cambridge University Press, 2012).

POPPER, Karl, «Towards a Rational Theory of Tradition» in *Conjectures and Refutations* (London and New York: Routledge & Kegan Paul, 2002), pp. 161–182.

POPPER, Karl, *The Open Society and Its Enemies* (2 Vols) (London and New York: Routledge & Kegan Paul, 2003).

QUINTON, Anthony, «Absolute Idealism» in *Proceedings of the British Academy*, 58, 1971, pp. 303–329.

QUINTON, Anthony, *The Politics of Imperfection: The Religion and Secular Traditions of Conservative Thought in England from Hooker to Oakeshott* (London: Faber and Faber, 1978).

QUINTON, Anthony, «Twentieth-Century Conservatism: Michael Oakeshott» in *The Politics of Imperfection: The Religion and Secular Traditions of Conservative Thought in England from Hooker to Oakeshott* (London: Faber and Faber, 1978), pp. 90–96.

QUINTON, Anthony, «Oakeshott's Philosophical Legacy» in *Michael Oakeshott — Philosopher: A Commemoration of the Centenary of Oakeshott's Birth* (Org. Leslie Marsh) (London: Michael Oakeshott Association, 2001), pp. 53–54.

RAPHAEL, D. D., «Professor's Oakeshott *Rationalism in Politics*» in *Political Studies*, 12, 1964, pp. 202–215.

RAPHAEL, D. D., Review of *On Human Conduct* in *Political Quarterly*, 46, 1975, pp. 450–454.

RAWLS, John, *A Theory of Justice* (Cambridge, Massachusetts: Harvard University Press, 1971).

RAWLS, John, *Political Liberalism* (New York: Columbia University Press, 1993).

RAYNER, J., «The Legend of Michael Oakeshott's Conservatism: Sceptical Philosophy and Limited Politics» in *Canadian Journal of Political Science*, 18, 1985, pp. 313–338.

RAZ, Joseph, *The Morality of Freedom* (Oxford: Clarendon Press, 1988).

RILEY, P., «Michael Oakeshott, Philosopher of Individuality» in *The Review of Politics*, 54, 1992, pp. 649–664.

RORTY, Richard, *Philosophy and the Mirror of Nature* (Oxford: Basil Blackwell, 1980).

RORTY, Richard, *Contingency, irony, and, solidarity* (Cambridge: Cambridge University Press, 1989).

RUNCIMAN, David, *Pluralism and the Personality of the State* (Cambridge: Cambridge University Press, 1997).

RYAN, Alan (Org.), *The Idea of Freedom: Essays in Honour of Isaiah Berlin* (Oxford: Oxford University Press, 1979).

RYLE, Gilbert, «Knowing How and Knowing That» in *Proceedings of the Aristotelian Society*, 46, (1945–46), pp. 1–16.

SCRUTON, Roger, *Kant* (Oxford: Oxford University Press, 1982).

SCRUTON, Roger (Org.), *Conservative Thinkers: Essays from* The Salisbury Review (London and Lexington: The Claridge Press, 1989).

SCRUTON, Roger (Org.), *Conservative Thoughts: Essays from* The Salisbury Review (London and Lexington: The Claridge Press, 1989).

SCRUTON, Roger, *The Meaning of Conservatism* (Third Edition) (Hampshire: Palgrave, 2001).

SHILS, Edward, *The Virtue of Civility* (Indianapolis: Liberty Fund, 1997).

SKINNER, Quentin, «The Idea of Negative Liberty: Philosophical and Historical Perspectives» in *Ideas in Context: Philosophy in History* (Org. Richard Rorty) (Cambridge: Cambridge University Press, 1984), pp. 193–221.

SKINNER, Quentin, *Liberty Before Liberalism* (Cambridge: Cambridge University Press, 1998).

SKINNER, Quentin, *Visões da Política — Questões Metodológicas* (Algés: Difel, 2005).

SOININEN, Suvi, *From a «Necessary Evil» to the Art of Contingency — Michael Oakeshott's Conception of Political Activity* (Exeter: Imprint Academic, 2005).

SPITZ, D., «A Rationalist *Malgre Lui*: The Perplexities of Being Michael Oakeshott» in *Political Theory*, 4, 1976, pp. 335–352.

SULLIVAN, Andrew, *Intimations Pursued — The Voice of Practice in the Conversation of Michael Oakeshott* (Exeter: Imprint Academic, 2007).

THOMAS, D., Review of *On Human Conduct* in *Mind*, 86, 1977, pp. 453–456.

TOCQUEVILLE, Alexis de, *Journeys to England and Ireland* (Org. J. P. Meyer) (London: Faber and Faber, 1958).

TREGENZA, Ian, «The Life of Hobbes in the Writings of Michael Oakeshott» in *History of Political Thought*, 18, 1997, pp. 531–537.

TREGENZA, Ian, «Scepticism and Democracy in Michael Oakeshott's Political Theory» in *Review of Politics*, 63, 2001, pp. 617–620.

TREGENZA, Ian, *Michael Oakeshott on Hobbes — A Study in the Renewal of Philosophical Ideas* (Exeter: Imprint Academic, 2003).

TRILLING, Lionel, *The Liberal Imagination* (New York: New York Review of Books, 2008).

TSENG, Roy, *The Sceptical Idealist — Michael Oakeshott as a Critic of the Enlightenment* (Thorverton: Imprint Academic, 2003).

WALSH, W. H., «The Practical and the Historical Past» in *Politics and Experience* (Org. P. King & B. C. Parekh) (Cambridge: Cambridge University Press, 1968), pp. 5–18.

WEMPE, Ben, *T. H. Green's Theory of Positive Freedom — From Metaphysics to Political Theory* (Exeter: Imprint Academic, 2004).

WILLIAMS, Bernard, *In the Beginning Was the Deed — Realism and Moralism in Political Argument* (Org. Geoffrey Hawthorn) (Princeton and Oxford: Princeton University Press, 2005).

WILLIAMS, Kevin, *Education and the Voice of Michael Oakeshott* (Exeter: Imprint Academic, 2007).

WOOD, N., «Guide to the Classics: The Scepticism of Professor Oakeshott» in *The Journal of Politics*, 21, 1959, pp. 645–662.

WORTHINGTON, G., «Michael Oakeshott on Life: Waiting with Godot» in *History of Political Thought*, 16, 1995, pp. 105–119.

WORTHINGTON, G., «Oakeshott's Claims of Politics» in *Political Studies*, 45, 1997, pp. 727–738.

WORTHINGTON, G., «Michael Oakeshott and the City of God» in *Political Theory*, 28, 2000, pp. 377–398.

WORTHINGTON, G., «The Voice of Poetry in Oakeshott's Moral Philosophy» in *The Review of Politics*, 64, 2002, pp. 285–310.

WORTHINGTON, G., *Religious and Poetic Experience in the Thought of Michael Oakeshott* (Exeter: Imprint Academic, 2005).